제 4 판

국제 무역론

International Trade Theory & Policy

김정수 · 심재희

pnc publishing and culture
피엔씨미디어

제4판 머리말

트럼프 행정부 등장 이후 미국의 보호주의적 정책 기조가 강화되고 있는 가운데 미국과 중국 사이의 갈등이 무역분야를 넘어서 다른 분야로까지 확대·심화되고 있고 일본의 반도체·디스플레이 핵심소재에 대한 대한국 수출규제로 촉발된 한·일 간 무역마찰도 지속되고 있다. 최근에는 중국이 주도하는 역내포괄적 경제동반자 협정(RCEP)이 사실상 타결되는 등 국제무역환경은 복잡성을 더해 가고 있으며 다양한 모습으로 변화를 거듭하고 있다.

하루가 다르게 급변하고 있는 글로벌 무역현상을 어떻게 이해하고 대응해 갈 것인가는 무역학도뿐만 아니라 무역이익이나 국가이익을 최우선으로 하는 실무자 및 정책당국에게 있어서도 중요한 문제가 아닐 수 없다. 국제무역 현상이 복잡 다양해질수록 이것을 제대로 이해하고 문제해결 능력을 높여가야 할 필요성 또한 커져야 함은 당연하다. 국제무역론은 국제무역의 다양한 현상을 이해하는 데 훌륭한 이론적 토대를 제공한다. 이러한 측면에서 본 교재는 작으나마 국제무역론 학습서로서의 역할을 수행해오고 있다.

이번 개정 작업을 시작할 때는 제3판을 대폭적으로 바꾸는 전정판을 계획하였으나 저자의 불찰로 원고 집필 기간이 길어지면서 일부 내용을 보완·추가하는 개정에 그치게 되었음을 매우 아쉽게 생각한다. 준비 중인 원고를 탈고하는 데 시간이 더 소요될 것이므로 이번 개정 작업을 건너뛰고 전정 작업을 마무리 지은 다음에 독자들을 만나려고 하였으나 피앤씨미디어의 출판 일정을 고려하여 부득이 제4판으로 진행하였음을 밝히며 이후에 출간될 전정판으로 다시 만날 것을 약속드린다.

이번 개정 작업에서도 변함 없이 애정어린 관심과 수고를 아끼지 않은 피앤씨미디어 박노일 사장님과 심성보 편집이사님 그리고 애써주신 분들께 마음으로부터 우러나는 감사의 말씀을 드린다.

2020년 1월

저자 일동

제3판 머리말

오늘날 WTO 체제 아래 국제무역의 자유화가 확대되고 있는 가운데 중국이 제안하고 주도한 아시아인프라투자은행(Asian Infrastructure Investment Bank)이 설립되어 본격적인 활동 개시를 앞두고 있고, 미국 주도의 다자간 자유무역협정인 환태평양경제동반자협정(Trans-Pacific Partnership) 협상도 협상 참여국들이 조만간 큰 틀에서 원칙적 합의를 선언할 것이라는 소식도 전해지고 있는 등 글로벌 무역 환경은 더욱 복잡하고 다양한 양상을 나타내고 있다.

이러한 상황에서 급격히 변화하고 있는 국제무역 현상을 제대로 이해하기 위해서는 그 이론적 기반을 제공하는 국제무역론에 대한 체계적 학습이 매우 중요하다고 할 것이다.

본서는 처음 출간된 이래 국제무역론 학습서로서의 역할을 충실히 수행하기 위해서 그동안 개정 작업을 계속 진행해 왔다. 그러한 노력의 연장선상에서 이번에 이루어진 개정은 가장 최근에 개정된 책 내용을 바탕으로 하여 여기에서 누락된 일부 내용을 새로 추가하는 한편 독자들의 편의성을 높이기 위해 문맥을 한층 자연스러운 표현으로 바꾸었고 책 크기도 시원스런 판형으로 확대하였으며 색도 인쇄를 도입함으로써 변화를 주었다. 이러한 시도가 조금이라도 독자들의 호응을 이끌어낼 수 있다면 기쁜 일이 아닐 수 없겠다.

이번 개정 작업을 진행하면서도 역시 이런저런 이유로 처음 의도하였던 의욕이 많이 약화되어 가는 것을 경험하였다. 원고를 탈고한 지금 이 순간에도 책의 부족한 부분들이 많이 눈에 띨 정도로 아쉬움이 남는다. 의욕과는 달리 미처 반영하지 못한 부분은 앞으로 진행될 개정 작업을 통해 계속 보완해 감으로써 더 개선된 모습으로 독자 여러분을 만날 것을 약속드린다.

마지막으로 이번 개정 작업에서도 큰 관심을 보여주신 피앤씨미디어 박노일 사장님과 편집 과정에서 많은 수고를 아끼지 않으신 심성보 편집이사님 및 관계자 분들께 깊은 고마움을 전해드린다.

2015년 8월

저자 일동

제2판 머리말

세계무역의 자유화를 지양하는 WTO 체제하에서 지역주의(regionalism)의 확산과 선진국의 금융위기 충격 등으로 세계경제는 급격히 변화되고 있다. 더욱이 일국의 경제적 국경까지도 무의미해지는 세계화(globalization)의 진전은 보다 폭넓은 무역자유화로 이어지게 되었다. 이로 인해 세계 각국은 자국의 이익을 위해 무역의 중요성이 더욱 강조되게 되었다.

특히 우리나라는 자연자원이 부족하고 내수시장이 협소하여 무역의존도가 높으므로 무역에 대한 이해가 필수적이다. 이러한 무역에 대한 이해의 첫걸음이 국제무역론에 대한 것이다. 이를 위해 그간 혼자서 쉽고 평이한 교재를 집필하려고 노력하였지만 본인의 능력부족으로 만족스러운 교재가 되지 못해 아쉬움이 컸었다. 그런데 마침 두 분의 교수님이 함께할 기회가 주어지게 되어 힘을 합쳐 대대적인 개정을 하게 되었다. 두 분의 적극적인 노력으로 부족한 부분이나 미흡한 부분들이 수정 보충되어 새로운 저서가 탄생된 느낌이다. 두 분의 노력에 깊이 감사드립니다.

그러나 대부분의 저자들이 언제나 겪는 일이지만 이번에도 책의 원고를 탈고한 후의 아쉬움과 허전함은 어김없이 찾아오기는 마찬가지였다. 여전히 부족하고 미흡한 부분들이 있어 보여 마음이 편하지 못하다. 이러한 부분에 대해서는 두 분 교수님과 상의하여 함께 보완해나갈 것을 약속드립니다.

끝으로 대대적인 개정작업을 원활하게 이루어질 수 있게 애써 주신 피앤씨미디어 박노일 대표님과 임직원 여러분께 감사드립니다.

2013년 2월

저자 대표 김 정 수

머리말

세계경제의 끊임없는 변화 속에서 세계는 지난 날 GATT 체제하의 국제화사회에서 WTO 체제하의 세계화사회로 이전되었음을 알 수 있다. 여기서 WTO 체제하의 세계화사회란 경제적인 의미의 국경이 사라져 가는 개방화와 무역자유화의 급속한 진전하에 기업이 주체가 되는 무한경쟁이 지배하는 세계를 의미한다고 볼 수 있다.

이러한 경제적 의미의 국경이 무의미해지고 있는 세계화사회에서는 국가나 기업이나 개개인이 그들의 경쟁력을 강화하기 위해서는 무엇보다도 지식, 기술, 정보면에서 우위를 확보하여야 한다. 이를 위해 직접 수출입을 수행하는 데 있어서 직·간접적으로 필요한 무역관련 이론에 대한 체계적인 이해가 필수적이다. 이러한 무역관련 이론에 대해 기존의 어렵고 딱딱한 내용을 쉽고 실제 무역현상과 관련시켜 설명해 줄 수 있는 기본서가 절실히 요구되고 있다.

그런데 "국제무역론"이란 이름으로 책을 출간한 지도 내년이면 10년이나 되어 그 동안 개정판을 거듭하였지만, 이제는 개정만으로는 한계를 인정하고 이번에는 완전히 탈바꿈한다는 생각으로 전 문장을 한글화하고, 가능한 한 그림이나 수식을 줄이고, 난해한 문장은 가급적 용이한 문체로 가다듬었으며, 꼭 필요한 그림이나 수식은 부록에서 취급하였다. 또한, 그 동안 취급하지 않았던 규모의 경제론과 무역정책의 정치·경제 및 생산요소이동론 등을 추가하였으며, 가능한 한 실례를 들어 설명하려고 하였고, 기존의 낡은 이론 등은 제외시켜 체계성과 논리성 및 참신성을 강조하였다.

그러나 책을 저술하는 거의 모든 이의 공통적인 점은 저술을 시작할 때에 생각했던 것이 제대로 반영되지 못한 상태에서 마무리하게 된다는 점이다. 이번의 저술에서도 어김없이 이 통칙이 적용되었음은 말할 나위도 없다. 결국 부족한 부분은 또다시 다음의 개정을 기약하기로 하면서, 모든 것은 저자의 부족함 때문이라는 것을 절감하고 있다.

그리고 지금까지 여러 가지로 부족한 기존의 책을 대학 교재로, 공무원 시험용으로, 특히 관세직 승진시험용으로 애용해 주신 교수님과 수험자 및 학생 등 모든 분들께 깊이 감사드립니다. 끝으로 삼복더위도 아랑곳하지 않고 교정에 기꺼이 응해 준 서동균 겸임교수와 신계선 강사의 노고에 대해 고맙게 생각하며, 본서에 항상 관심을 가져주시는 박영사 안종만 회장님과 박노일 차장님, 그리고 보다 좋은 책을 만들려는 사명감으로 편집일에 전념해 주신 김양형 편집위원님과 박영사 관계자 분들께 심심한 감사의 말씀을 드립니다.

항상 바쁘다는 핑계로 가까이 하지 못해 불효를 저지르고 있어 이 기회에 어머님께 사죄의 말씀을 드리며, 나의 사랑스런 은현이, 민현이가 나의 기대에 어긋나지 않게 나름대로 자신들의 자리를 잡아가고 있어 고맙게 생각한다.

2005년 8월 삼복의 무더위 속에서

저 자 씀

차 례

제 1 부

총 설

제 1 장 국제경제학과 국제무역론

요약 및 도해 3

제 1 절 국제경제학의 의의 5

제 2 절 국제경제의 특징 6

2.1 화폐제도의 차이 • 6

2.2 경제정책의 차이 • 7

2.3 생산요소 이동성의 차이 • 7

제 3 절 국제경제학의 과제와 연구대상 및 국제무역론 8

3.1 국제경제학의 과제 • 8

3.2 국제경제학의 연구대상과 국제무역론 • 9

제 4 절 국제무역론의 과제와 분석방법, 연구대상 및 가정 11

4.1 국제무역론의 과제 • 11

4.2 국제무역론의 분석방법 및 연구대상 • 14

4.3 국제무역론의 기본가정 • 16

4.4 국제무역론의 내용 개관 • 18

제 2 장 국제무역론의 분석도구와 기본개념

요약 및 도해 26

제 1 절 소비자선택이론 31

1.1 소비자선택이론의 개념 • 31
1.2 소비자선택이론과 무차별곡선 • 32
1.3 소비자선택이론과 가격선 • 33
1.4 소비자선택과 소비자균형점 • 35

제 2 절 생산자균형이론 36

2.1 의 의 • 36
2.2 생산자균형이론과 등량곡선 • 37
2.3 생산자균형이론과 요소가격선 • 38
2.4 생산자균형점 • 39

제 3 절 소비의 균형조건 41

3.1 소비의 균형조건과 사회무차별곡선 • 41
3.2 소비의 균형조건으로서 균형소비점 • 42

제 4 절 생산의 균형조건 43

4.1 생산의 균형조건과 생산가능곡선 • 43
4.2 생산의 균형조건으로서 균형생산점 • 47

제 5 절 생산 및 소비의 균형조건 49

5.1 생산 및 소비의 균형조건 성립 • 49
5.2 경제적 자립점과 무역의 발생 • 50

제 6 절 생산함수 52

6.1 생산함수의 개념 • 52
6.2 한계생산력과 평균생산력 • 52
6.3 1차동차 생산함수 • 53

제 7 절 박스 다이어그램(Box Diagram) 53

7.1 박스 다이어그램의 도출 • 54
7.2 계약곡선 • 55
7.3 요소집약도 • 56
7.4 요소가격선 • 57

제 8 절 국제무역이론의 기본개념 57
8.1 무역의존도 · 58
8.2 수입자유화율 · 58
8.3 무역결합도 · 59
8.4 외화가득률 · 60
8.5 무역특화지수 · 60
8.6 국제경쟁력 · 61

제 2 부 국제무역(순수)이론

제 3 장 국제무역이론

요약 및 도해 65
제 1 절 국제분업과 무역 72
1.1 국제분업의 의의와 무역의 발생 · 72
1.2 국제분업의 결정요인 · 74
1.3 국제분업의 형태 · 77
제 2 절 국제무역이론 78
2.1 국제무역론의 의의 및 과제 · 78
2.2 국제무역론의 발전과정 · 79
제 3 절 고전학파의 국제무역이론 82
3.1 스미스의 절대우위론(=절대생산비설) · 83
3.2 리카도의 비교우위론(=비교생산비설) · 85
제 4 절 근대 국제무역이론(=신고전학파 국제무역이론) 92
4.1 하벌러의 기회비용설 · 92
4.2 헥셔·올린정리 · 93
4.3 레온티에프 역설 · 100
4.4 스톨퍼·사무엘슨정리 · 104

부록 요소가격으로 정의한 요소부존비율이론 ··· 107

제 5 절 현대 국제무역이론 ··· 110

5.1 특수요소이론 · 110
5.2 입수가능성이론 · 111
5.3 대표적 수요이론 · 111
5.4 R & D이론(=연구개발요소이론) · 113
5.5 기술격차론 · 114
5.6 제품사이클이론 · 116
5.7 합의적 분업론 · 118
5.8 잉여분출설 · 119

제 6 절 불완전경쟁에서의 무역이론 ··· 121

6.1 산업내무역이론 · 121
6.2 규모의 경제론 · 124

제 7 절 서비스무역 ··· 127

7.1 서비스의 정의 및 범위 · 127
7.2 서비스무역의 의의 · 128
7.3 서비스 경제화와 서비스무역 · 129
7.4 서비스무역의 자유화 · 130

제 4 장 국제가격의 결정과 교역조건

요약 및 도해 ··· 139

제 1 절 국제가격의 결정 ··· 143

1.1 의의와 과제 · 143
1.2 밀의 상호수요균등의 법칙 · 144
1.3 오퍼곡선이론 · 147

부록 1 무역무차별곡선 ··· 157

부록 2 무역무차별곡선과 교역조건선에 의한 오퍼곡선의 도출 ··· 160

부록 3 오퍼곡선의 탄력성과 수입수요탄력성 ··· 161

제 2 절 교역조건(=국제가격) ··· 165

2.1 교역조건과 무역이익 · 165
2.2 국제가격의 실제 · 170

부록 4 덤핑의 경제적 효과 ··· 177

부록 5 국제카르텔의 이윤극대화 ··· 179

제 5 장 국제무역이 경제성장에 미치는 영향

요약 및 도해 ······ 181

제 1 절 수출의 경제성장효과 ······ 183

1.1 수출의 일반적 효과 • 183
1.2 외국무역승수이론 • 186

제 2 절 수입의 경제성장효과 ······ 190

2.1 비경쟁형 자본재 수입 • 190
2.2 비경쟁형 원료 수입 • 191
2.3 비경쟁형 기술 수입 • 191
2.4 경쟁형 수입 • 192

부록 무역승수 분석의 전제 ······ 193

제 6 장 경제성장이 국제무역에 미치는 영향

요약 및 도해 ······ 196

제 1 절 경제성장의 요인 ······ 198

1.1 생산요소의 공급증대 • 199
1.2 기술진보 • 199

제 2 절 기술진보의 의의 및 유형 ······ 200

2.1 기술진보의 의의 • 200
2.2 기술진보의 유형 • 200

제 3 절 경제성장이 국제무역에 미치는 영향(I) : 소국의 경우 ······ 203

3.1 생산효과 • 204
3.2 소비효과 • 207

부록 1 기술진보가 국제무역에 미치는 효과 ······ 209

부록 2 경제성장에 의한 생산효과와 소비효과를 종합한 효과 ······ 211

제 4 절 경제성장이 국제무역에 미치는 영향(II) : 대국의 경우 ······ 214

4.1 교역조건에 미치는 영향 • 214
4.2 경제적 후생에 미치는 영향 • 215

제 3 부
무역정책

제 7 장 무역정책의 본질과 유형 및 수단

요약 및 도해 221

제 1 절 무역정책의 본질 222

1.1 무역정책의 의의와 기조 • 222
1.2 목 표 • 223

제 2 절 무역정책의 유형과 수단 225

2.1 유 형 • 225
2.2 수 단 • 226

제 8 장 무역정책의 사적 구조

요약 및 도해 228

제 1 절 중상주의 231

1.1 본 질 • 231
1.2 일반적 특성 • 232

제 2 절 자유무역론 234

2.1 자유무역론의 이론적 근거 • 235
2.2 자유무역의 이익 • 238
2.3 자유무역의 경제적 효과 • 242
2.4 자유무역론에 대한 비판 • 246

제 3 절 보호무역론과 그 이론적 근거 247

부록 유치산업보호론 255

제 4 절 신보호무역주의 261

4.1 신보호무역주의의 의의 • 261
4.2 신보호무역주의의 등장배경 • 261
4.3 신보호무역주의의 특징과 유형 • 264

제 5 절 무역자유화와 우루과이라운드(UR) ········ 266

5.1 UR의 대두배경 · 266
5.2 UR의 협상체계와 의제 · 268
5.3 UR 협상의 추진경위 및 타결 · 271

제 9 장 수입제한정책

요약 및 도해 ········ 275

제 1 절 관 세 ········ 278

1.1 관세의 의의와 종류 · 278
1.2 관세의 경제적 효과 · 285
1.3 관세의 경제적 후생 · 291
1.4 관세 관련 정책 · 293

부록 1 관세의 경제적 효과 : 부분균형분석(대국의 경우) ········ 302

부록 2 관세의 경제적 효과 : 일반균형분석(소국의 경우) ········ 304

제 2 절 비관세장벽 ········ 306

2.1 신보호무역주의와 비관세장벽 · 306
2.2 비관세장벽의 정의와 특성 · 307
2.3 비관세장벽의 유형 · 309
2.4 비관세장벽의 실제 예 : 수입할당제 · 309

제 3 절 관세동맹이론 ········ 314

3.1 관세동맹의 의의 · 314
3.2 관세동맹의 정태적 효과 · 314
3.3 관세동맹의 동태적 효과 · 319

부록 3 관세동맹의 생산효과와 소비효과를 종합한 총효과(=경제적 후생효과) ···· 322

제 10 장 수출확대정책

요약 및 도해 ········ 325

제 1 절 수출보조금 ········ 326

1.1 수출보조금의 의의와 구분 · 326
1.2 경제적 효과 · 328
1.3 단 점 · 329
1.4 WTO 보조금협정과 수출보조금 · 329

제 2 절 덤 핑 ···· 330

제11장 수출제한정책

요약 및 도해 ···· 331

제 1 절 수출자율규제 ···· 332

1.1 수출자율규제의 의의 • 332
1.2 수출자율규제의 특징 • 332
1.3 WTO 체제에서의 수출자율규제 • 333

부록 수출자율규제의 경제적 효과 ···· 334

제12장 무역정책의 정치경제

요약 및 도해 ···· 336

제 1 절 국제협상과 무역정책 ···· 337

1.1 무역정책에 있어서 국제협상의 중요성 • 337
1.2 무역정책의 딜레마 • 338

제 2 절 전략적 무역정책 ···· 339

2.1 전략적 무역정책의 의의 • 339
2.2 전략적 무역정책의 효과 • 340

제 4 부
국제무역기구

제13장 GATT와 WTO 체제

요약 및 도해 ······ 345

제 1 절 GATT ······ 349

1.1 GATT의 성립배경과 목적 및 조직 · 349
1.2 GATT의 일반원칙 · 353
1.3 GATT의 활동 · 355
1.4 GATT의 성격 및 그 결함 · 357

제 2 절 WTO 체제 ······ 360

2.1 WTO 체제의 출범 · 360
2.2 WTO 체제의 특징과 기본원칙 · 361
2.3 WTO 체제의 구성 · 364

제 3 절 WTO 실체법의 특징과 내용 ······ 368

3.1 WTO 실체법의 의의 · 368
3.2 WTO 실체법의 내용 · 369

제 4 절 WTO 실체법과 국내통상법의 관계 ······ 372

제 5 절 WTO의 설립과 기능 및 조직 ······ 374

5.1 WTO의 설립과 목적 · 374
5.2 WTO의 기능 · 375
5.3 WTO의 조직 · 376
5.4 WTO의 운영 · 378

제 6 절 WTO 체제에서의 신라운드 ······ 380

6.1 그린라운드 · 380
6.2 블루라운드 · 381
6.3 테크노라운드 · 383
6.4 경쟁라운드 · 384
6.5 부패라운드 · 385
6.6 전자상거래 규범 · 386

제 7 절 DDA 협상 ······ 389

7.1 의의와 출범 • 389
7.2 특 징 • 390
7.3 협상방식 및 경과 • 391

제14장 남북문제와 UNCTAD

요약 및 도해 ······ 393

제 1 절 남북문제의 본질 ······ 394

1.1 남북문제의 의의와 등장 • 394
1.2 남북문제의 추이 • 396

제 2 절 남북문제와 UNCTAD ······ 397

2.1 UNCTAD의 성립배경 • 397
2.2 UNCTAD의 주요 내용 • 399
2.3 UNCTAD의 주요 활동 • 400

제15장 경제통합과 지역별 경제협력기구

요약 및 도해 ······ 402

제 1 절 경제통합 ······ 407

1.1 경제통합의 개념과 형성동기 • 407
1.2 경제통합의 형태와 조건 • 409
1.3 경제통합의 경제적 효과 • 413
1.4 경제통합의 문제점 및 과제 • 414

제 2 절 유럽연합(EU) ······ 415

2.1 EC에서 EU • 415
2.2 주요 내용 • 418
2.3 유럽정치동맹 • 420

제 3 절 북미자유무역협정(NAFTA) ······ 421

3.1 추진배경과 각국의 입장 • 421
3.2 주요 기구 • 423
3.3 주요 내용 • 424
3.4 경제적 효과 • 426

제 4 절 아시아·태평양경제협력체(APEC) ······ 428
4.1 APEC의 설립배경 및 필요성 • 428
4.2 APEC의 목적 • 429
4.3 APEC의 추진과정 • 431
4.4 APEC의 조직 • 432
제 5 절 동남아시아국가연합(ASEAN) ······ 434
5.1 설립과정 • 434
5.2 목 적 • 435
5.3 조 직 • 435
5.4 경제협력의 내용 • 436
제 6 절 기타 주요 지역경제통합체 ······ 438

제 5 부

생산요소의 국제적 이동

제 16 장 국제자본이동

요약 및 도해 ······ 443
제 1 절 국제자본이동의 의의와 형태 및 동기 ······ 444
1.1 국제자본이동의 의의 • 444
1.2 국제자본이동의 형태 • 445
1.3 국제자본이동의 동기 • 446
제 2 절 국제자본이동의 경제적 효과 ······ 448
2.1 생산량 증가효과 • 449
2.2 국민소득 증가효과 • 449
2.3 소득재분배효과 • 450
2.4 기타 효과 • 450

제17장 국제노동이동

요약 및 도해 ········ 452

제 1 절 국제노동이동의 동기와 유형 ········ 453

1.1 국제노동이동의 동기 • 453

1.2 국제노동이동의 유형 • 453

제 2 절 국제노동이동의 경제적 효과 ········ 454

2.1 비숙련 노동의 경우 • 454

2.2 숙련 노동의 경우 • 456

색인(국문 · 영문) ········ 459

GIFTS

제 1 부

총 설

제 1 장

국제경제학과 국제무역론

제 2 장

국제무역론의 분석도구와 기본개념

01

01

제 1 장

국제경제학과 국제무역론

요약 및 도해

국제경제학

- 의 의 — 국제경제를 연구하는 학문
  - ↑ 국가 간의 경제교류
    - 국가 — 경제적인 의미의 국가 → 동일한 경제체제 · 경제제도 · 경제정책 실시
    - 경제교류
      - 상품 : 유형무역
      - 서비스 : 무형무역
      - 화폐 : 국제금융관계
      - 생산요소 : 노동, 자본, 기술 등
- 국제경제의 특징
  - 화폐제도의 차이
  - 경제정책의 차이
  - 생산요소 이동성의 차이
- 연구대상
  - 〔국제무역론〕 — 상품과 서비스
  - 〔국제금융론〕 — 화폐
  - 〔국제경제관계론〕 — 경제적인 측면+정치적인 측면
    - 남북문제, 자원문제, 통상문제, 환경문제 등
  - 〔국제생산요소이동론〕 — 생산요소(토지, 노동, 자본, 기술 등)
    - 자본 → 〔국제자본이동론〕

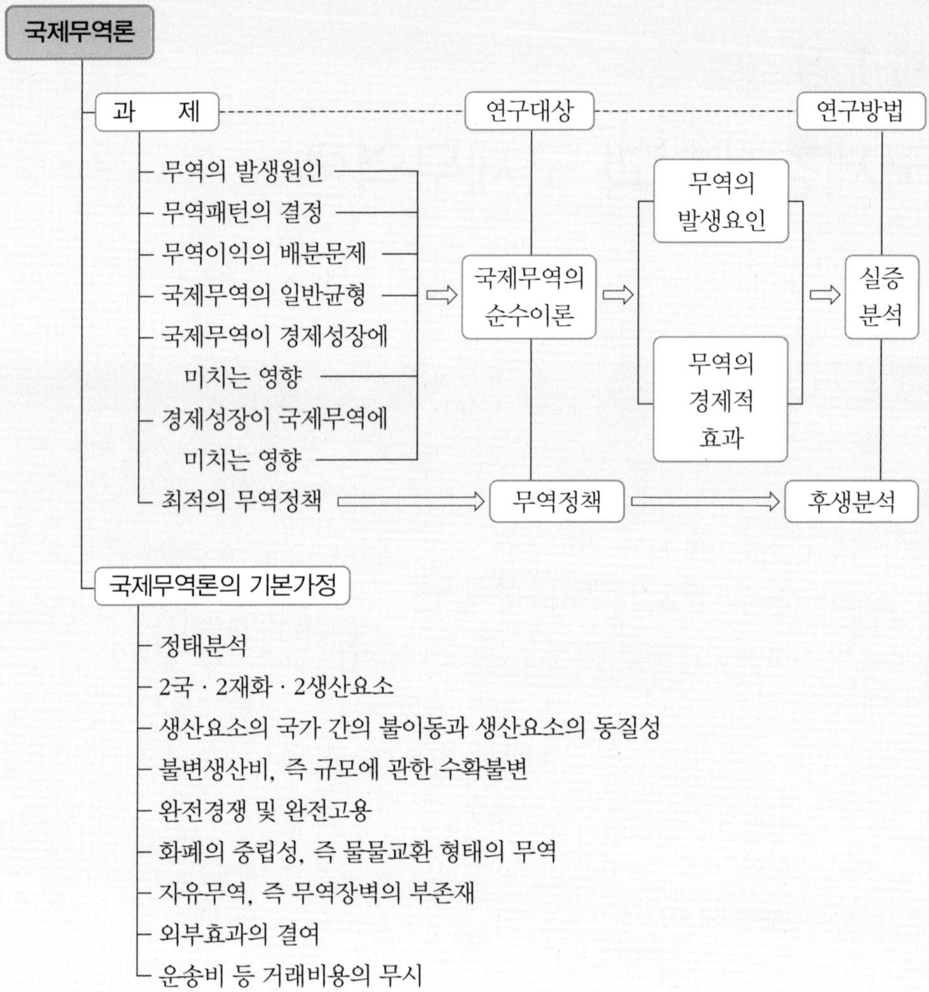
국제무역론
과 제
연구대상
연구방법
무역의 발생원인
무역패턴의 결정
무역이익의 배분문제
국제무역의 일반균형
국제무역이 경제성장에 미치는 영향
경제성장이 국세무역에 미치는 영향
최적의 무역정책
국제무역의 순수이론
무역의 발생요인
무역의 경제적 효과
실증 분석
무역정책
후생분석
국제무역론의 기본가정
정태분석
2국 · 2재화 · 2생산요소
생산요소의 국가 간의 불이동과 생산요소의 동질성
불변생산비, 즉 규모에 관한 수확불변
완전경쟁 및 완전고용
화폐의 중립성, 즉 물물교환 형태의 무역
자유무역, 즉 무역장벽의 부존재
외부효과의 결여
운송비 등 거래비용의 무시

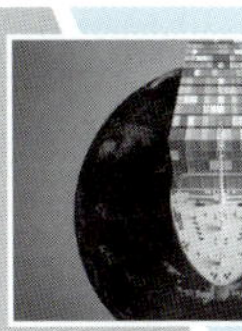

제 1 절

국제경제학의 의의

국제무역론을 이해하기 위해서는 국제경제학에 대한 이해가 선행되어야 한다. 왜냐하면 국제경제학은 국제무역론, 국제금융론, 국제경제관계론, 국제생산요소이동론 등으로 이루어진 학문이기 때문이다.

먼저 국제경제학(international economics)에 대해 간략하게 정의하면 국제경제(international economy)를 연구하는 학문이라고 할 수 있다. 그리고 여기서 국제경제란 국가와 국가 간에 이루어지는 경제교류의 총체라고 할 수 있으며, 또한 국가란 지리적·정치적인 개념의 국가가 아닌 경제적 의미의 국가이며 경제적 개념의 국가란 동일한 경제체제, 경제제도 및 경제정책을 시행하는 지역을 말한다. 예컨대, 독일과 프랑스는 지리적이고 정치적인 개념에서는 서로 다른 국가이지만 경제적인 의미에서는 EU(유럽연합)에 속해 있으므로 한 국가로 취급된다.

한편 국가를 이렇게 경제적인 의미에서 볼 때 국가 간에 이루어지는 경제교류에는 어떤 것들이 있을 수 있는가. 이를 분류하면 상품 및 서비스의 거래, 화폐의 이동, 그리고 생산요소의 이동 등이 있을 수 있다. 여기서 국가 간에 이루어지는 상품의 거래를 유형무역(visible trade)이라 하고 운수·보험·관광 등의 서비스의 거래를 무형무역(invisible trade)이라 하며 화폐의 이동현상을 국제금융관계라 한다. 그리고 상품과 서비스의 생산에 투입되는 생산요소인 토지·노동·자본·기술 등의 이동을 국제생산요소이동이라 하고, 특히 자본이동만을 대상으로 할 때에는 국제자본이동, 국제투자 또는 해외투자라고 하며 노동의 이동만을 대상으로 할 때에는 이민이라고 한다.

결국 국제경제학이란 국가 간에 이루어지는 경제교류인 상품의 수출입만을 의미하는 유형무역은 물론 서비스의 거래인 무형무역과 화폐의 이동관계인 국제금융관계, 그리고 상품 및 서비스와 화폐의 이동이 혼합된 문제뿐만 아니라 상품과 서비스의 이동이나 화폐의 이동문제도 아닌 제3의 영역으로 취급되는 국제경제관계

(예컨대, 국제적인 자원문제와 공해문제, 통상문제, 남북문제 등) 토지·노동·자본·기술 등의 이동인 국제생산요소이동 등에 관하여 연구하는 학문이라고 정의할 수 있다.

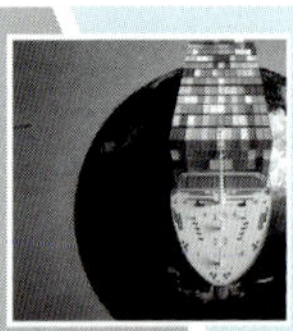

제 2 절

국제경제의 특징

국제경제학을 좀 더 확실히 이해하기 위해서는 국제경제의 특징, 즉 국제경제와 국내경제의 차이점을 밝히는 것이 중요하다. 국제경제는 국가를 그 기본 단위로 취급하기 때문에 국내경제와는 다른 다음과 같은 특징을 찾아볼 수 있다.

2.1 화폐제도의 차이

국제경제가 국내경제와 다른 특징은 각국이 서로 다른 화폐제도를 채택하여 시행하고 있다는 점이다. 즉 국내거래에 있어서는 동일한 화폐에 의해 결제가 이루어지고 상품의 가치가 결정되지만 국제거래에서는 서로 다른 가치를 지닌 화폐단위가 거래의 결제수단이 되며 상품가치의 척도로서의 역할을 한다. 따라서 국제거래에 있어서는 서로 다른 화폐단위의 교환비율인 외환시세, 즉 환율(rate of exchange)이 성립되며 이러한 환율의 변동은 국가 간의 대금결제나 국내외 경제에 상당한 영향을 미치게 된다.

미국의 화폐단위는 달러, 일본은 엔, 한국은 원 등이 사용되며 이들 사이에는 각각의 환율이 존재하게 되고 이들 환율이 변동될 때 수출입에 영향을 미치게 된다. 예컨대, 달러에 비해 원화의 화폐가치가 높으면 환율이 하락하게 됨으로써 수출기업에는 큰 부담이 되지만 수입업자나 국내물가 등에는 유리한 영향을 미치게 된다.

2.2 경제정책의 차이

각국은 서로 다른 경제제도하에서 서로 다른 경제정책을 실시하고 있다. 따라서 각국은 자국의 이익을 우선적으로 고려한 금융·재정·무역정책 등의 경제정책을 실시하기 때문에 다른 나라와 이해관계가 상충될 수 있다. 예컨대, 일국이 무역수지 적자를 해소하려는 정책을 실시하는 경우에 다른 나라에 미치는 영향은 중립적인 경우도 있을 수 있지만 불리한 경우도 있을 수 있어 이것이 양국 간 통상마찰의 원인이 되기도 한다. 하나의 예로 우리나라가 만성적인 무역수지 적자상태에 있는 경우에는 이를 해소하기 위하여 수출을 확대하고 수입을 제한하는 정책을 실시하려 할 것이다. 그런데 미국 역시 무역수지가 적자를 나타내고 있는 경우에는 이를 해소하기 위하여 수출을 장려하고 수입을 제한할 것이기 때문에 우리나라와의 무역에서 마찰이 불가피하게 된다.

2.3 생산요소 이동성의 차이

국가 간에는 토지·노동·자본·기술 등 생산요소의 이동이 국내경제에서처럼 자유롭지 못하다. 왜냐하면 국가에 따라 언어, 관습, 법률, 조세, 교육, 문화, 정치 등이 서로 달라 생산요소의 국가 간 이동이 제약을 받기 때문이다. 따라서 국가 간에는 생산요소의 가격인 지대, 임금, 이자, 이윤 등에 차이가 있게 마련이다. 그러나 최근에는 WTO 체제와 FTA의 확산 등으로 세계경제의 개방화와 세계화의 급속한 진전이 이루어져 자본이나 기술의 국제적 이동이 비교적 용이하여 국내와 국제 간 생산요소 이동성의 차이가 점차 줄어들고 있는 실정이다.

이상과 같이 국제경제의 특징으로 화폐제도의 차이, 경제정책의 차이, 생산요소 이동성의 차이 등을 들 수 있고, 이 외에도 수요패턴의 차이, 국제수지조정 등도 고려될 수 있다.[1)]

1) P. H. Lindert and C. P Kindleberger, *International Economics*, Richard D. Irwin. Inc., 1982, pp.9~13.

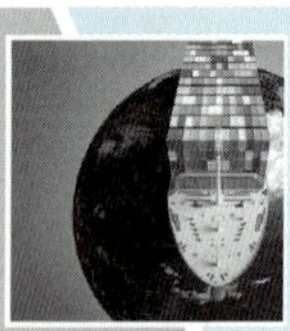

제 3 절 국제경제학의 과제와 연구대상 및 국제무역론

국제경제학에 대한 이해를 확실히 하기 위한 또 하나의 방법은 국제경제학과 국제무역론의 관계를 규명하는 일이다. 이러한 관계 규명을 위하여 먼저 국제경제학의 과제 및 연구대상을 국제무역론과 관련지어 살펴보고자 한다.

3.1 국제경제학의 과제

오늘날 지구상에서 완전한 자급자족 경제를 실현하는 국가는 존재하지 않는다. 왜냐하면 국민생활에 필요한 모든 물자를 국내에서 모두 생산한다는 것은 거의 불가능하기 때문이다. 따라서 각국은 자국의 경제를 보다 효율적으로 운영하기 위하여 여러 측면에서 다른 나라와 관계를 맺고 있다. 특히 이들 관계 중에서 경제관계는 교통과 통신수단의 발달로 상호 의존성이 심화되고 있다. 그런데 우리나라와 같이 자연자원이 빈약하거나 자본, 기술 등이 부족한 국가일수록 그 나라의 해외의존도는 높아지기 때문에 이들 국가가 받는 국제경제의 영향은 크지 않을 수 없다.

여기서 현실의 국제경제를 살펴보면 국제적으로 막대한 양의 상품과 서비스가 이동하는가 하면 국공채·차관·증여 및 원조형태의 장기자본의 이동과 각국의 금리 및 증시에 따라 단기자본이 이동하고 있다. 또한 다국적기업이 출현함에 따라 경영자원 및 기술이 자본과 결합하여 이동하는 직접투자가 국제자본의 이동에서뿐만 아니라 국제경제에서도 중요한 위치를 차지하고 있다.

한편 제도적인 측면에서도 국제거래에서 무역 및 금융의 질서를 확립하기 위한 수단으로 WTO, IMF 등과 같은 여러 국제경제기구가 현존하고 있다.[2] 이들 기구로 인하여 전 세계적인 무역자유화가 급속하게 진행되고 있는 동시에

2) 김신행, 국제경제론, 법문사, 1987, p.15 참조.

EU · USMCA · APEC 등과 같은 FTA가 현저하게 증가하는 지역주의(regionalism)가 강화되는 추세에 있다.

이러한 상황에서 국제경제학은 국가 간에 발생하는 다양한 경제현상들을 연구대상으로 하며, 이들 경제현상들 간에 존재하는 법칙성을 이론적으로 어떻게 설명할 수 있는가를 고찰하고, 또한 이 이론이 내포하고 있는 정책적인 의미를 설명하는 것을 연구과제로 한다. 그리고 국제경제현상에 대한 이론적 설명을 토대로 국제경제기구의 기능과 역할에 대하여 고찰하는 것도 중요한 과제 중의 하나이다.

3.2 국제경제학의 연구대상과 국제무역론

이어서 국제경제학의 연구대상을 살펴보기로 한다. 이를 통해서 국제무역론의 위치와 정의를 파악할 수 있을 것이다. 일반적으로 경제학은 일국의 폐쇄경제의 문제를 취급하지만 국제경제학은 2개국 이상의 개방경제에 관한 문제를 다룬다. 특히 국제경제학은 일반경제학에서 다루는 문제와 동일한 문제를 취급하지만 그러한 문제들이 국제적으로 관련이 있는 것, 즉 국제경제현상이라는 점에서 특징이 있다. 따라서 국제경제학은 인간의 욕망을 충족시키기 위하여 희소한 자원을 최적 배분하는 과정에서 국가 간에 야기될 수 있는 경제적인 문제를 주 연구대상으로 한다고 볼 수 있다.

분명히 국제경제학은 일국의 폐쇄경제를 취급하는 경제학보다는 그 연구범위가 광범위하고 보다 일반적이다. 왜냐하면 일국의 폐쇄경제를 다루는 경제학은 국제경제학의 특별한 경우이기 때문이다. 즉 교역국가의 수가 다수에서 하나로 줄어든 경우이다.

경제학을 미시경제학과 거시경제학으로 분류하는 것과 같이 국제경제학도 크게 두 영역, 즉 국제무역론(international trade theory and policy)과 국제금융론(international monetary theory and policy)으로 분류할 수 있다. 국제무역론은 이론 전개에 있어서 화폐의 개념을 도입하지 않고(화폐의 중립성 가정) 물물교환을 대상으로 하는 장기의 정태적인 균형이론이며 접근방법은 일반적으로 미시적이다. 국제금융론은 주로 국제금융관계에 관한 통화 측면의 연구에 중점을 두고 있으며 분석방법은 주로 거시적이고 외환에 관한 내용과 국제수지의 불균형 및 그 조정에 관한 단기적인 문제를 취급한다.

그리고 국제무역론에서 취급하는 문제는 크게 무역의 발생원인과 무역의 경제적 효과 및 영향 그리고 무역정책의 두 부문이다. 국제금융론에서는 환율결정이론과 국제수지조정이론 및 국제수지 조정정책에 관한 문제가 주된 연구대상이 된다.[3)]

그리고 국제경제현상은 전통적으로 실물(상품과 서비스)부문과 화폐부문으로 양분하는 2분법, 즉 국제경제학을 크게 국제무역론과 국제금융론으로 구분하는 방법을 사용하여 왔다. 그러나 두 부문 이외의 여러 가지 현상, 이를테면 각국의 경제발전, 정치체제, 자원보유, 통상정책 등의 차이에서 야기되는 국제적 갈등문제, 즉 남북문제와 자원문제, 통상문제, 환경문제 등과 관련된 여러 가지 현상을 논의하는 국제경제관계론 역시 국제경제학의 제3부분의 연구대상으로 중요시되고 있다.

한편 국제무역론, 국제금융론, 국제경제관계론 등과 다른 성격을 가진 생산요소의 국가 간 이동에 관한 문제를 취급하는 국제생산요소이동론이 있는데, 이를 세분하면 노동의 이동문제를 다루는 이민과 자본의 이동에 관한 문제를 취급하는 국제자본이동론 등이 있다.

결국 국제경제학의 연구영역을 대별하면 전술한 바와 같이 국제무역론, 국제금융론, 국제경제관계론 및 국제자본이동론 등이 있을 수 있다. 그리고 국제무역론은 국제경제학의 한 분야로서 국가 간의 실물부분, 즉 상품과 서비스의 이동현상을 연구하는 분야라고 정의할 수 있다.

3) M. Chacholiades, *International Economics*, McGraw Hill Publishing Company, 1990, pp.2～3.

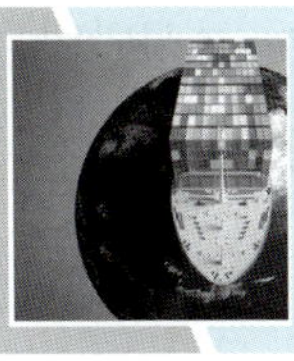

제 4 절

국제무역론의 과제와 분석방법, 연구대상 및 가정

이 절에서는 국가 간 상품과 서비스의 이동현상을 취급하는 국제무역론의 연구과제와 분석방법 및 연구대상에 대하여 고찰함과 동시에 국제무역이론 전개에 필요한 몇 가지 가정들을 제시한다.

4.1 국제무역론의 과제

국제경제학의 한 영역인 국제무역론은 무역의 발생원인과 무역이 국내외 경제에 미치는 영향은 물론 자국의 이익을 극대화할 수 있는 무역정책에 관한 문제를 주요 연구대상으로 한다. 이러한 국제무역론의 세부 연구과제는 대체로 다음과 같다.

(1) What are the gains from trade?(무역의 발생원인)

"국가 간에 왜 무역이 발생하는가?" 환언하면 "무역을 하면 이익이 발생하는가?"라는 문제이다. 무역의 발생원인은 국제분업이 무엇 때문에 이루어지는가를 의미하는 것인데, 이는 국제무역론의 가장 기초적인 연구대상일 뿐만 아니라 중심적인 과제이다. 이러한 무역의 발생원인을 규명하기 위하여 국제분업론, 즉 비교우위론이 전개되고 있다.

(2) What is the pattern of trade?(무역패턴의 결정)

국제무역론의 두 번째 과제는 "무역의 패턴이 어떻게 결정되는가?"하는 것인데, 이는 무역이 이루어진 경우에 일국이 어떤 상품을 수출하고 또 어떤 상품을 수입하는가 하는 무역구조 또는 무역의 방향을 의미한다. 무역패턴의 결정은 무역이 이루어져야 비로소 가능하게 되므로 무역의 발생원인과 더불어 국제무역론의 중심적인 과제이다.

(3) What are the terms of trade?(교역조건의 결정, 즉 무역이익의 교역당사국에의 배분)

이는 "수출품과 수입품의 가격이 국제시장에서 어떻게 결정되는가?" 하는 것이며, 이러한 국제가격의 결정에 따라 무역이익이 교역당사국에 어떻게 배분되어지는가가 결정되게 된다. 국제무역론에서 국제가격은 화폐에 의해 결정되는 것이 아니라 수출품과 수입품과의 교환비율에 의해 결정된다.[4] 결국 국제무역론의 세 번째 과제는 국제가격이 어떻게 결정되며 이에 따라 교역당사국에 무역이익이 어떻게 배분되어지는가 하는 것이다.

그런데 국제무역론에서는 국제가격을 상대가격[5]으로 표시하기 때문에 교역조건(terms of trade)이라고도 한다. 다시 말하면 교역조건이란 수출상품과 수입상품의 교환비율, 즉 수출상품 1단위와 교환되는 수입상품의 단위 수라고 정의할 수 있다. 예컨대, A국의 국내시장에서 사과 10개와 복숭아 15개가 등가 교환되고(A국의 국내가격은 사과 10 : 복숭아 15), B국 시장에서는 사과 10개와 복숭아 20개가 등가 교환(B국의 국내가격은 사과 10 : 복숭아 20)되고 있는 경우에 두 나라 사이에 무역이 이루어져 국제가격, 즉 교역조건이 사과 10개와 복숭아 17개가 등가 교환되는 점에서 결정될 때 양국은 모두 국내시장에서의 교환보다 많은 이익을 얻을 수 있게 된다.

그러나 만약 국제가격이 어떤 요인으로 인하여 사과 10개와 복숭아 18개가 등가 교환되는 점에서 교역조건이 결정되었다면 A국은 이전보다 더 많은 이익을 얻게 되지만 B국은 이 경우에도 무역으로 인하여 이익은 얻지만 이전보다 적은 이익의 배분을 받게 되는 결과가 초래되므로 교역조건이 어떻게 결정되는가에 따라 두 나라의 무역이익의 배분이 달라지게 됨을 알 수 있다.

구체적으로 교역조건을 결정하기 위하여 국제무역의 일반균형점을 구하고, 이 균형점이 안정적인가 불안정적인가를 판정하는 것이 국제무역론의 또 하나의 과제

---

4) *Ibid.*, p.14.

5) 가격의 표시방법에는 절대적 가격표시와 상대적 가격표시의 2가지가 있다. 절대적 가격표시는 책 1권에 15,000원과 같이 화폐로 표시하는 방법이고, 상대적 가격표시는 화폐의 개념을 도입하지 않는 두 상품의 교환비율로 표시하는 예컨대, 책 1권과 노트 20권이 같은 값으로 교환되는 것으로 표시하는 방법이다. 국제무역론에서는 일반적으로 화폐의 개념을 도입하지 않는 물물교환 형태의 상대가격 표시방법이 이용된다.

이다. 여기서 국제무역의 일반균형이란 일국의 수출량과 타국의 수입량이 일치하는 경우를 말하고, 이 일치하는 점이 국제무역의 일반균형점이며 이 점에서 교역조건이 결정되게 된다.[6] 이러한 교역조건이 어떻게 결정되는가에 따라 교역당사국에 무역이익의 배분이 달라지게 된다. 즉 1국의 교역조건이 유리하게 되면 1국의 무역이익이 상대국에 비해 커지게 된다.

이러한 국제무역의 일반균형점을 구하기 위하여 제시된 이론이 밀(J. S. Mill)의 상호수요균등의 법칙이다. 이 법칙에 의하면 두 나라의 상호수요가 일치하는 점에서 국제가격이 결정된다. 그러나 이 이론은 여러 가지 결함으로 인하여 국제가격 결정을 적절히 설명하지 못하였기 때문에 오퍼곡선(offer curve)이론이 등장하게 되었다. 오퍼곡선이론에 의하면 두 나라의 오퍼곡선이 만나는 점이 국제무역의 일반균형점이며 이 일반균형점과 원점을 연결한 직선이 (균형)국제가격선, 즉 (균형)교역조건선이다.

다음으로 국제무역의 일반균형점이 안정적인가 불안정적인가를 판정하는 문제이다. 여기서 국제무역의 일반균형점에서 균형이 성립되어 있는 상태에서 어떤 요인에 의해 국제가격이 일반균형점에서 벗어난 경우에 국제가격과 수출입량에 의해 다시 처음의 일반균형점으로 되돌아오는 경우의 균형점을 안정적인 균형점이라 하고, 일반균형점에서 이탈한 상태에서 더욱 멀어지는 경우의 균형점을 불안정적인 균형점이라 한다.

(4) 국제무역과 경제성장의 관계

여기서는 국제무역이 경제성장에 미치는 영향을 분석하는데, 국제무역은 수출과 수입으로 이루어져 있으므로 수출이 경제성장에 미치는 영향을 분석하는 무역승수이론뿐만 아니라 수입이 경제성장에 미치는 영향도 함께 분석한다. 그리고 역으로 경제성장, 즉 노동량의 증가와 자본축적, 기술진보 등이 이루어진 경우에 국제무역에 미치는 영향도 분석한다. 예컨대, 두 생산요소 중 한 생산요소만 증가시킬 때 상품 생산에 미치는 영향을 분석한 립진스키(Rybczynski) 정리와 경제성장,

6) 그래프에서는 국제무역의 일반균형점과 원점을 연결하는 직선이 바로 균형국제가격선, 즉 균형교역조건선이 된다.

즉 생산량 증가에 따른 국제가격의 하락에 의하여 한 나라의 경제적 후생이 경제성장 이전보다 낮아지는 궁핍화 성장이 분석의 대상이 된다.

(5) 최적의 무역정책

일국 또는 일국 내 경제집단(예컨대, 노동자와 자본가 등)의 입장에서 최대의 이익을 보장하는 무역정책수단을 강구하는 문제가 국제무역론의 또 하나의 과제이다. 이 문제는 무역의 경제적 후생효과를 분석하는 것으로, 이는 규범적(normative) 또는 후생적(welfare) 분석에 해당되고 주요 무역정책의 효과를 연구대상으로 한다. 바꿔 말하면 국제무역이 어떤 경제집단과 국가, 그리고 세계경제에 대하여 어떠한 경제적 후생효과를 미치며 어떤 정책이 경제적 후생을 극대화하는가 하는 문제를 주 내용으로 한다.

여기서는 국가가 일국의 무역에 대하여 보호·간섭·통제를 하지 않는 자유무역에 대한 내용과 이에 대비되는 자국의 유치산업 또는 사양산업의 보호는 물론 국제수지 개선 등을 이유로 하는 보호무역에 대하여 고찰하게 된다.

4.2 국제무역론의 분석방법 및 연구대상

일반적으로 경제현상을 분석하는 방법에는 미시적 분석과 거시적 분석, 부분균형분석과 일반균형분석, 정태분석과 동태분석, 그리고 실증적 분석과 규범적 분석 등 여러 가지가 있다.

국제무역론에서도 위에서 예시한 여러 분석방법이 다양하게 이용되고 있다. 그러나 여기서는 특히 중요시되고 있는 실증적 분석과 규범적 분석에 대하여 고찰하기로 한다.

실증적 분석(positive analysis)이란 어떤 경제현상을 사실(what is) 그대로 기술하고 분석하는 방법을 말한다. 즉 현실의 경제현상이 어떠한 원리·원칙에서 움직이고 있으며, 또한 어떠한 원인에 의하여 어떠한 결과가 초래되는가 하는 원리·원칙(법칙성)을 규명하는 분석방법이다. 결국 이 분석방법은 어떤 경제현상의 변화가 어떤 결과를 초래하는가를 예측하는 데 사용된다. 그리고 실증적 분석의 대상이 되는 내용은 검증(empirical testing or verification)이 가능하다. 예컨대, 대부분의 상품의 경우 상품의 가격이 상승하면 구입하려는 사람이 줄어 수요량이 감소하고 가격이 하락하면 살 사람이 많아져 수요량이 늘어나는 현상이 나타난다. 이러한 현상을 수요의 법칙이라고 하는데 이러한 법칙성을 규명하는 분석방법이 실증적 분석이다.

한편 규범적 분석(normative analysis)이란 후생적 분석(welfare analysis)을 의미하는데, 이는 어떠한 경제현상이나 경제정책의 결과가 유리한가 유리하지 않는가 또는 바람직한가 바람직하지 않는가 하는 문제, 즉 여러 가지 경제현상을 비교하여 그중 어느 것이 바람직한 것인가를 평가하여 가장 바람직한 상태(what ought to be)가 어떠한 것인가를 규명하는 분석방법이다. 따라서 규범적 분석은 당연히 경제현상과 경제정책에 대한 가장 바람직한 것을 평가하는 가치판단을 요구하고 있다. 이러한 가치판단의 기준은 시대와 장소에 따라 달라지겠지만 대체로 그 기준은 효율, 공평, 안정 등이다.

예컨대, 만약 정부가 쌀값을 책정할 수 있을 경우에 우리나라의 현 상태에서 쌀값을 인상하여야 하는가 아니면 인하하여야 하는가 하는 문제에 직면하게 된다. 이러한 상황에서 농민을 위해서는 쌀값을 인상해야 하고 쌀 소비자를 위해서는 인하해야 할 것이다. 따라서 이 문제에 대해서는 어떠한 법칙성도 존재하지 않으므로 실증적 분석의 대상이 될 수 없으며 오로지 가치판단의 문제이다. 즉 우리나라의 현 상황에서 가장 바람직한 상태는 어떠한 것인가 하는 가치판단의 문제이며 이는 앞서 언급한 효율, 공평, 안정의 기준에서 결정할 수밖에 없는 것이다.

국제무역론에서 실증적 분석의 대상이 되는 것은 무역의 발생원인과 무역이 대내외 경제에 미치는 경제적 영향이다. 이를 구체적으로 살펴보면 무역의 발생원인과 무역패턴의 결정에 관한 것을 취급하는 국제분업론, 교역조건의 결정 등을 분석하거나 국제무역이 경제성장에 미치는 영향과 경제성장이 국제무역에 미치는 영향 등을 규명하는 것이 실증적 분석의 영역에 속한다.

한편 규범적 분석의 대상으로는 자유무역과 보호무역의 효율성 문제로, 자유무역이 효율성이 높은가 아니면 보호무역이 효율성이 높은가 하는 것이다. 환언하면 현실적으로 어떠한 무역정책수단이 한 국가 또는 세계의 관점에서 경제적 후생을 극대화할 수 있는가 하는 정책문제를 취급하는 것이 규범적 분석의 내용이다.

4.3 국제무역론의 기본가정

국제무역론에서도 경제학의 여러 분야와 마찬가지로 무역현상을 설명하는 경우 많은 경제적 요소를 고려하지 않으면 안 된다. 국제무역론에서는 복잡한 무역현상을 쉽게 설명하기 위해서 여러 가지 가정을 설정하고 있다.[7)]

그러나 이러한 가정은 단지 이론 전개를 쉽게 하기 위한 것이므로 비현실적인 내용들이다. 그런데 여기서 주의를 요하는 것은 모든 무역이론이 이러한 가정을 필요로 하는 것은 아니며 경우에 따라서는 이들 가정이 완화 또는 강화될 수도 있다는 사실이다.

(1) 정태분석

국제무역론에서는 대부분 시간의 흐름과 자본과 기술 등 여건의 변동을 고려하지 않는 정태분석(static analysis)으로 이론을 전개한다. 그러나 경우에 따라서는 일정 시점에서의 경제현상과 시간의 흐름과 여건이 변동된 후의 어떤 시점에서의 경제현상을 단순하게 비교·분석하는 방법인 비교정태분석(comparative static analysis)을 사용하기도 한다. 또한 시간의 계속적인 변화에 의해 경제현상이 어떻게 변동하는가를 밝히는 동태분석(dynamic analysis)이 이용되기도 한다.

예를 들어, 3살 때 자신의 사진을 연구대상으로 할 경우에는 정태분석이며 3살 때 자신의 사진과 20살 때의 사진을 비교·분석할 경우에는 비교정태분석이고 3살부터 20살까지의 계속적인 변화과정을 촬영해 놓은 경우에 이를 연구하는 것을 동태분석이라고 한다.

(2) 2국·2재화·2생산요소

세계에는 두 나라만이 존재하고 이 두 나라(A국과 B국)는 2가지 생산요소(자본과 노동)를 투입하여 2가지 재화(X재와 Y재)만을 생산한다고 가정한다.

---

7) 小宮隆太郎·天野明弘, 國際經濟學, 岩波書店, 1981, pp.12～16.

(3) 생산요소의 국가 간 불이동과 생산요소의 동질성

생산요소가 국내에서는 자유롭게 이동하지만 국가 간에는 이동하지 않는다고 가정한다. 즉 생산요소가 국내에서 자유롭게 이동한다는 것은 국내의 지역 간에 이동하는 것은 물론 어떤 산업에서 다른 산업으로의 산업 간 이동도 포함된다. 그리고 국가 간의 생산요소의 질은 같다고 가정한다. 그러나 현실적으로 거의 모든 생산요소가 국내적으로는 물론 국제적으로도 질적인 차이가 있게 마련이다.

예를 들어, 노동의 경우 국내적으로는 숙련 노동과 비숙련 노동이 있을 수 있고 국제적으로는 한국의 노동생산성과 미국의 노동생산성이 차이가 있으므로 노동의 질은 국내적으로나 국제적으로 다르다. 그런데 국제무역론에서는 동일한 생산요소는 모두 국내적으로나 국제적으로 질적 차이를 인정하지 않고 동질의 생산요소로 간주한다.

(4) 불변생산비

국제무역이론을 공부할 때 기초적인 단계에서는 생산량이 증가 또는 감소하더라도 단위당 생산비는 변화하지 않고 일정하다는 불변생산비, 즉 규모에 관한 수확불변을 가정한다.

불변생산비란 생산요소를 2배, 3배,⋯, n배 증가시키면 생산량도 2배, 3배,⋯, n배 증가하는 경우를 의미하는데, 이를 생산함수로 표현하면 1차동차 생산함수라고 할 수 있다. 또한 이를 규모에 관한 수확불변 또는 규모에 관한 보수불변이라고 한다.

(5) 완전경쟁 및 완전고용

다수의 생산자와 다수의 소비자가 존재하는 시장인 완전경쟁을 가정하고, 노동과 자본 등 생산요소가 완전히 이용되어 실업이나 자본, 토지 등 자원의 유휴상태가 존재하지 않는 완전고용을 가정한다.

(6) 화폐의 중립성

국제무역론에서는 화폐의 중립성의 가정에 따라 화폐 개념을 도입하지 않으므로 절대가격을 나타내는 화폐로 상품의 가격을 표시하지 않고 수출품과 수입품의 가치를 상대가격, 즉 물물교환(barter trade)에 의해 교환비율로 표시한다.

(7) 자유무역

국가가 무역에 관여하지 않음으로써 무역이 완전히 자유롭게 이루어지는 자유무역(free trade)을 가정한다. 이러한 상황에서는 국가 간에 관세나 비관세장벽 등 일체의 무역장벽이 존재하지 않게 된다.

(8) 외부효과의 결여

외부효과(external effect)란 어떤 경제주체의 활동이 다른 경제주체에게 부수적으로 이익이나 손해를 주는 데도 이에 대해 아무런 대가를 받거나 또는 지불하지도 않는 상태를 말하며, 이때 이익을 주는 경우를 외부경제(external economy)라 하고 손해를 입히는 경우를 외부비경제(external diseconomy)라 한다. 여기서 외부효과의 결여라고 하는 것은 해당 기업이나 소비자가 다른 기업이나 소비자에 의하여 영향을 받지 않는다는 것을 의미한다. 따라서 생산자나 소비자는 다른 경제주체의 활동에 의하여 경제적 이익이나 불이익을 전혀 받지 않는다고 가정한다.

(9) 운송비 등 거래비용의 무시

각종 거래행위에 수반되는 비용을 거래비용(transaction cost)이라고 하는데, 국제무역이론에서는 운송비와 정보비, 통신비, 보험료 등 무역거래에 수반되는 일체의 비용을 고려하지 않는다. 현실적으로 무역거래는 이러한 비용이 반드시 수반되며 심지어는 이들 비용이 무역거래 자체를 좌우할 수도 있지만 국제무역이론에서는 이론을 단순화하기 위하여 이러한 비용이 없다고 가정한다.

4.4 국제무역론의 내용 개관

국제무역론은 크게 7개 분야로 구분할 수 있는데 구체적인 내용은 다음과 같다. 즉 무역의 발생원인과 무역패턴을 설명하는 이론인 국제분업론, 국제가격을 결정하기 위하여 국제무역의 일반균형점을 구하고 그 균형점이 안정적인가 불안정적인가를 판정하는 기준을 알아보고 국제가격을 이론적으로 접근하는 교역조건과 현실적으로 접근하는 차별가격과 관련된 국제가격, 국제무역이 경제성장에 미치는 영향 및 경제성장이 국제무역에 미치는 영향, 국가가 무역에 대해 규제·조정·촉진하는 무역정책, 국제무역기구, 그리고 국제생산요소이동을 포함한다.

(1) 국제분업론(=비교우위론)

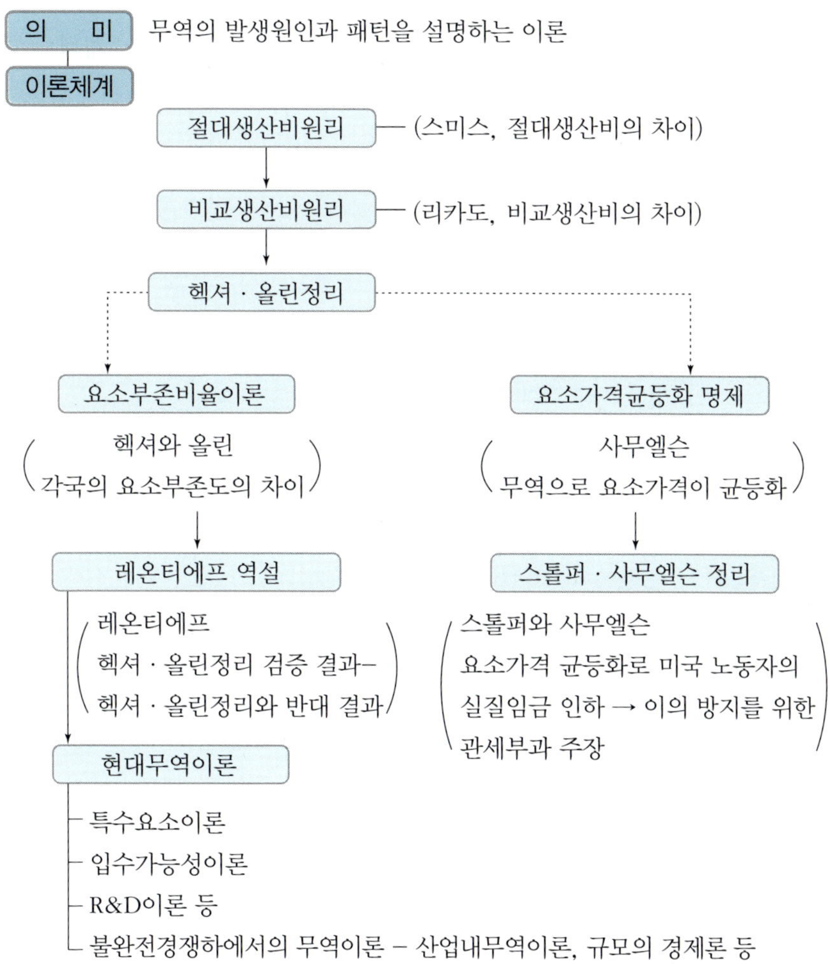

(2) 국제가격의 결정(국제무역의 일반균형)과 교역조건

- **의 미**: 일국의 수출량과 타국의 수입량이 일치하는 상태
- **과 제**
  - 국제무역의 일반균형점 발견 → 국제가격 결정
  - 일반균형점의 안정성 여부 – 안정조건
- **해 결**
  - 밀의 상호수요균등의 법칙 : 국제가격 결정범위 제시
    ↓
  - 오퍼곡선이론 : 양국의 오퍼곡선이 만나는 점 → 국제무역의 일반균형점 → 국제가격 결정
    - 오퍼곡선
      - (의미) – 국제가격 변동에 따른 수출입량의 변동 상황을 표시
      - (도출) 생산가능곡선 + 사회무차별곡선 → 무역무차별곡선 + 교역조건선 → 오퍼곡선
- 이론적 – 교역조건
- 현실적 – 차별가격
- **교역조건**
  - 의미
    - 수출입 상품의 교환비율
    - 무역이익의 지표
  - 종류
    - 상품교역조건 – 단기 무역이익의 지표 역할
    - 총교역조건
    - 소득교역조건
    - 단일요소교역조건 – 장기 무역이익의 지표 역할
    - 이중요소교역조건
  - 개발도상국의 교역조건 문제 – 싱거 · 프레비쉬 명제
- **차별가격** ⇒ 국내가격 ≠ 국제가격
  - 국내가격 > 국제가격 → 덤핑
  - 국내가격 < 국제가격 → 국제카르텔

(3) 국제무역이 경제성장에 미치는 영향

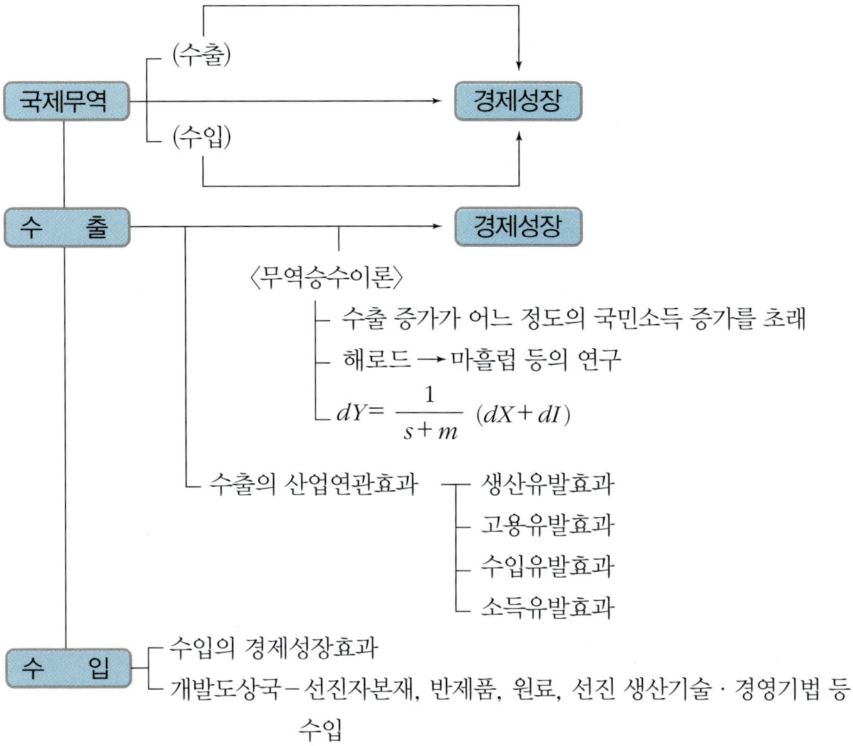

(4) 경제성장이 국제무역에 미치는 영향

- **경제성장**
  - **의미** — 국민소득의 증가, 생산량의 증가
  - **요인**
    - 노동량의 증가, 자본축적 → 생산요소량의 증가
    - 기술진보
  - **영향**
    - 생산효과–립진스키 정리, 소비효과, 종합효과 → 무역에 영향
  - **교역조건 효과** –바그와티의 궁핍화 성장
- **기술진보**
  - **의미**
    - 일정한 생산량을 보다 적은 생산요소 투입으로 산출
    - 신제품 개발, 생산방법 및 경영방법 개선 등
  - **유형**
    - 중립적 기술진보
    - 노동절약적 기술진보
    - 자본절약적 기술진보
  - 국제무역에 미치는 영향
- **립진스키정리** 생산요소 증가의 생산효과 및 무역구조 변화
- **경제성장과 교역조건의 관계**

↓

궁핍화 성장–바그와티 주장

경제성장＝생산량 증가 — 일국의 이익(+)

↓

국제가격 하락

‖

교역조건 악화 — 일국의 손실(−)

∴ 일국의 이익 < 일국의 손실

경제성장 후 일국의 경제적 후생 감소

(5) 무역정책

- **의 의** 무역을 규제 · 조정 · 촉진하는 정책
- **목 표**
  - 대내적–국내균형–경제성장＋물가안정
  - 대외적–국제균형–국제수지균형
- **수 단**
  - 자유무역정책
  - 보호무역정책
    - 수출확대정책–수출보조금 등

- 수출억제정책–수출관세 등
- 수입확대정책–수입자동승인품목 확대 등
- 수입억제정책–관세와 비관세장벽 등

- **자유무역론**
  - 이론적 근거–리카도의 비교생산비원리
  - 이익
    - 무차별곡선에 의한 분석
    - 잉여개념에 의한 분석
  - 비판
    - 비교생산비원리의 비현실적 가정에서의 이론
    - 각국의 산업구조 고정
    - 교역조건 선진국에 유리
- **보호무역론**
  - 이론적 근거
    - 유치산업보호론
    - 국제수지개선론
    - 교역조건개선론
    - 소득분배론
    - 재화시장왜곡론
    - 특정 산업의 진흥과 자급자족론 등
  - 대표적 수단–관세와 비관세장벽
    - **관 세**
      - 의의–관세선을 통과하는 물품에 부과하는 조세
      - 경제적 효과–보호효과, 소비효과, 재정수입효과, 소득재분배효과, 국제수지 개선효과, 교역조건 개선효과 등
      - 관세정책
        - 최적관세
        - 실효보호율
        - 보복관세 등
    - **비관세장벽**
      - 의의–관세 이외의 모든 무역장벽
      - 유형
      - 실제 예) 수입할당제
    - **관세동맹이론**
      - 의의
        - 다수국이 관세에 관한 동맹 체결
        - 동맹국 간–관세감면 또는 철폐
        - 비동맹국–공동관세제도
      - 경제적 효과
        - 무역창출효과
        - 무역전환효과
- **무역정책의 정치경제**
  - 국가협상과 무역정책
  - 전략적 무역정책

(6) 국제무역기구

GATT

- 의미–관세 및 무역에 관한 일반협정
- 일반원칙
  - 무역자유화 원칙
  - 무차별 원칙＝최혜국대우 원칙＋내국민대우 원칙
  - 다자주의 원칙

WTO체제

- 출범–UR협상 타결에 의해 1995. 1. 1. 출범
- 원칙
  - 무차별 원칙＝최혜국대우 원칙＋내국민대우 원칙
  - 자유화 원칙
  - 투명성 원칙
- 구성
  - UR 최종의정서
  - WTO (설립)협정
  - WTO 협정 부속서
  - 각료결정 및 선언
- WTO 실체법
  - 다자간 무역협정(MTAs)
  - 서비스무역에 관한 일반협정(GATS)
  - 지적재산권협정(TRIPs)
- WTO
  - 의의–세계무역기구
  - 조직–사무국–각료회의
    - 일반이사회
      - 상품무역 이사회
      - 서비스무역 이사회
      - 무역관련 지적재산권이사회

남북문제와 UNCTAD

- 적도 이남의 개발도상국
- 적도 이북의 선진국

→ 경제적 격차와 국제적 불평등 문제

경제통합과 지역별 경제협력기구

- 경제통합
  - 개념–다수국이 경제교류에 가해지고 있는 인위적인 장애를 제거하여 단일 경제단위로 변화해 가는 과정
  - 형태
    - 자유무역지역
    - 관세동맹
    - 공동시장
    - 경제동맹
    - 완전경제통합

└ 지역별 경제협력기구
- EU(유럽연합)
- USMCA(미국 · 멕시코 · 캐나다협정)
- APEC(아시아 · 태평양경제협력체)
- ASEAN(동남아시아국가연합) 등

(7) 생산요소의 국제적 이동

국제자본 이동

- **의 의**: 무역대금 결제를 위한 화폐자본은 물론 생산요소로서의 실물자본의 국가 간 이동
- **형 태**
  - 국제단기자본 이동
    - 자발적 단기자본 이동
    - 유발적 단기자본 이동
  - 국제장기자본 이동
    - (해외)직접투자
    - 간접투자
- **동 기**
  - 해외직접투자의 동기
  - 해외간접투자의 동기
- **경제적 효과**
  - 생산량 증가효과
  - 국민소득 증가효과
  - 소득재분배효과
  - 기타 효과－국제수지효과, 동태적 효과

국제노동 이동

- 동기
  - 비경제적 요인
  - 경제적 요인
- 유형
  - 일시적 이동 : 해외취업 등
  - 영구적 이동 : 이민
- 경제적 효과
  - 비숙련 노동의 경우
    - 생산량 증가효과
    - 국민소득 증가효과
    - 소득재분배효과
    - 기타 효과
  - 숙련 노동의 경우
    - 두뇌유출
    - 게스트워커

제 2 장

국제무역론의 분석도구와 기본개념

요약 및 도해

소비자선택이론 = 소비자균형이론

(소비)무차별곡선, 가격선 ⇨ 접점 = 소비자균형점 = 균형구입점 ─ 개개인의 합리적인 소비(효용의 극대화)

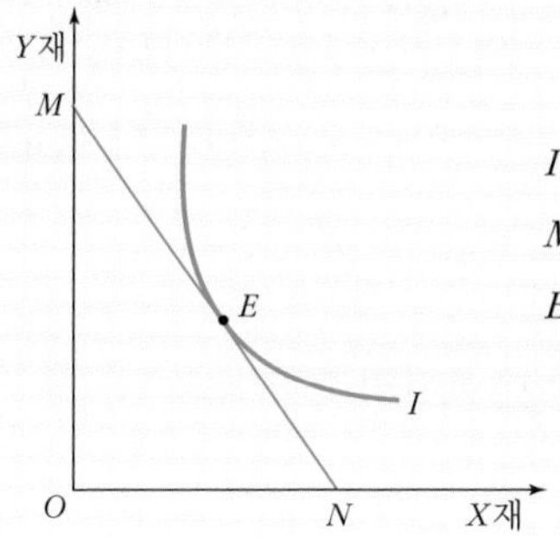

I : (소비)무차별곡선

MN : 가격선

E점 : 소비자균형점 = 균형구입점

E점 ⇨ $\frac{P_X}{P_Y} = MRS_{XY}$ 〔즉 가격선의 기울기 = 한계대체율(무차별곡선의 기울기)〕

생산자균형이론 = 생산요소의 최적 배분점

등량곡선 = 등생산량곡선, 요소가격선 = 등비용선 ⇨ 접점 = 생산자균형점 = 요소의 최적 배분점 = 비용의 최소화

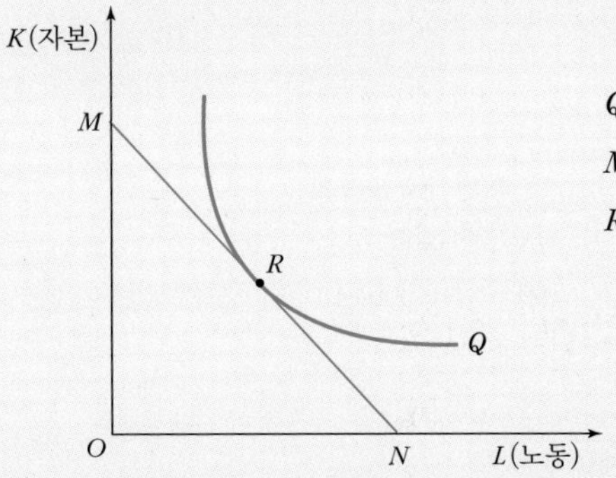

Q : 등량곡선

MN : 요소가격선

R점 : 생산자균형점＝요소의 최적 배분점

R점 ⇨ $\frac{P_L}{P_K} = MRTS_{LK}$ 〔요소가격선의 기울기＝한계기술대체율(등량곡선의 기울기)〕 : 비용의 최소화

소비의 균형조건

- 사회무차별곡선
- 가격선

⇨ 접점＝ 균형소비점 ─ 국가 · 사회의 합리적인 소비 (효용의 극대화)

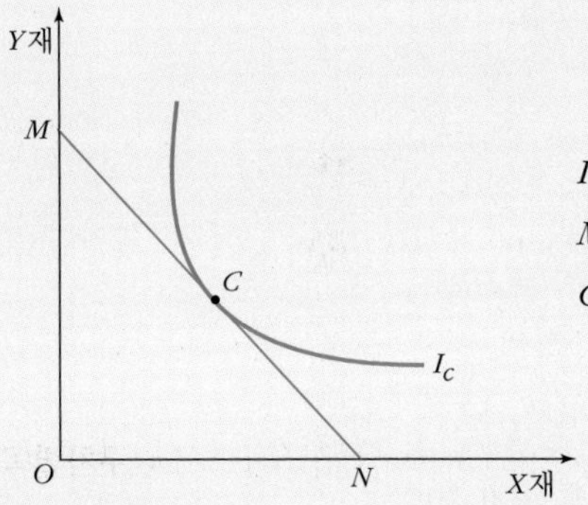

I_c : 사회무차별곡선

MN : 가격선

C점 : 균형소비점

C점 ⇨ $\frac{P_X}{P_Y} = MRS_{XY}$ 〔즉 가격선의 기울기＝한계대체율(사회무차별곡선의 기울기)〕

생산의 균형조건

- 생산가능곡선
- 가격선

⇨ 접점＝균형생산점 − 효율적인 생산

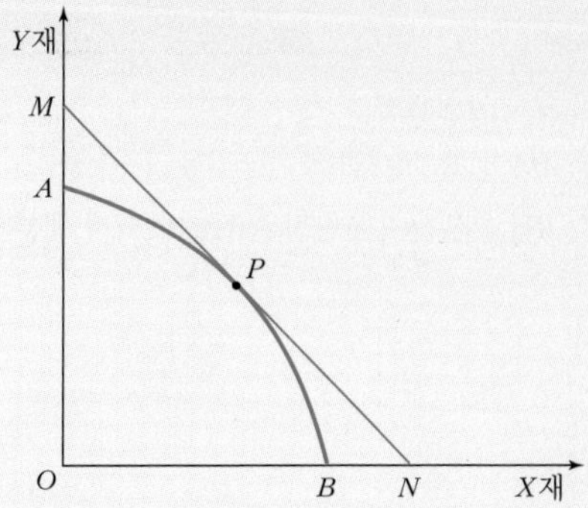

AB : 생산가능곡선
MN : 가격선
P점 : 균형생산점

P점 ⇨ $\frac{P_X}{P_Y} = MRT_{XY}$ 〔즉 가격선의 기울기=한계변형률(생산가능곡선의 기울기)〕

경제적 자립점과 무역의 발생

경제적 자립점

〔균형생산점〕 = 〔균형소비점〕

P점 = C점

$$\left(MRT_{XY} = \frac{P_X}{P_Y}\right) = \left(\frac{P_X}{P_Y} = MRS_{XY}\right)$$

↓

경제적 자립 상태

‖

〔봉쇄경제에서의 파레토 최적 상태〕

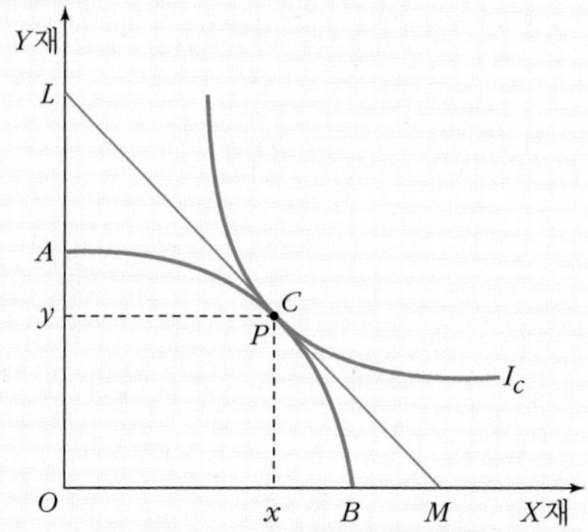

무역의 발생

〔균형생산점〕 ≠ 〔균형소비점〕

⋮ ⋮

P점 ≠ C점

⋮ ⋮

$$\left(MRT_{XY} = \frac{P_X}{P_Y}\right) \neq \left(\frac{P_X}{P_Y} = MRS_{XY}\right)$$

↓

무역의 발생

↓

개방경제에서의 파레토 최적 상태

ΔC_1P_1E : 무역삼각형

수출 : $EP_1 = x_1x_2$

수입 : $C_1P_1 = y_1y_2$

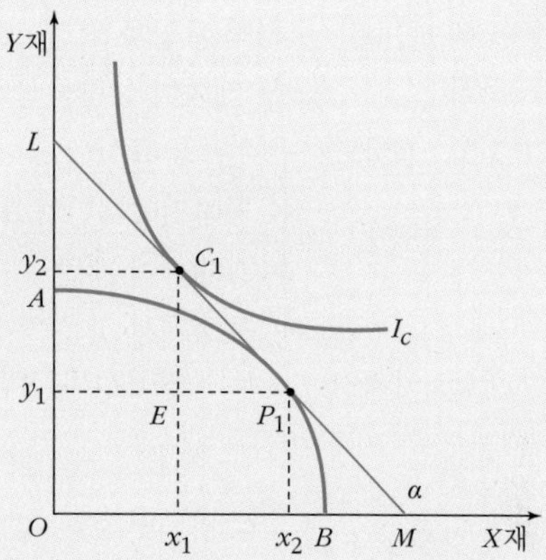

생산함수

〔개념〕— 생산요소 투입량과 생산물의 산출량 간의 관계

$Q = f(L, K, J, \cdots Z)$

〔한계생산력과 평균생산력〕

- 한계생산력
  - 한계실물생산력 : 1단위 생산요소 증가에 따른 총생산물의 증가분
  - 한계가치생산력 : 한계실물생산력×생산물의 가격
- 평균생산력=생산성 : 생산요소 1단위당의 산출량

〔1차동차 생산함수〕

생산요소 투입량 n배 증가 → 생산량도 n배 증가

$f(nL, nK) = nf(L, K)$

〔생산함수와 등량곡선〕

$Q = f(L, K)$ ⇨

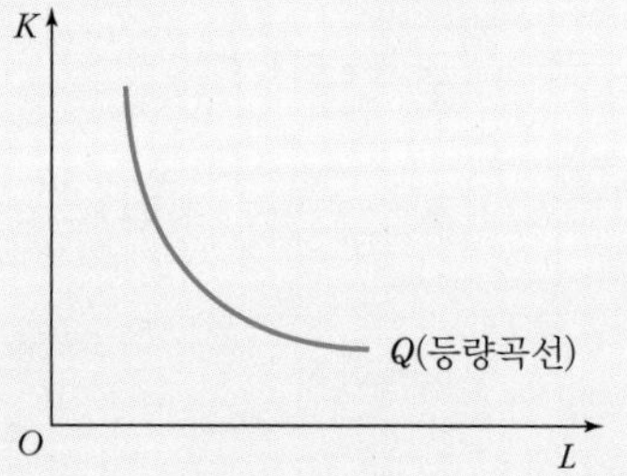

박스 다이어그램(상형도표)

- 〔개념〕
  - 생산요소의 최소 투입과 상품의 최대 산출 표시
  - 에지워스 · 보올레이의 박스 다이어그램
- 〔계약곡선〕
  - 최적 투입과 최적 산출을 나타내는 곡선
  - 두 재화의 등량곡선의 접점의 궤적
- 〔요소집약도〕
  - $\frac{K}{L}$ 로 표시
  - 자본집약재인가 노동집약재인가의 판정
  - 상대적인 개념
  - 원점에서 그은 직선의 기울기로서 표시
- 〔요소가격선〕 — 두 등량곡선의 접점에서 그은 접선의 기울기

기본개념

무역의존도 → $\frac{\text{무역액(수출액+수입액)}}{\text{GDP}} \times 100$

- 수출의존도 $= \frac{\text{수출액}}{\text{GDP}} \times 100$
- 수입의존도 $= \frac{\text{수입액}}{\text{GDP}} \times 100$

무역자유화율 → $\frac{\text{수입자동승인품목 수}}{\text{총수입품목 수}} \times 100$

무역결합도

- 국가별 수출결합도 : $\frac{X_i}{X} \Big/ \frac{M_i}{M}$
- 상품별 수출결합도 : $\frac{X_j}{X} \Big/ \frac{M_j}{M}$
- 상품별 · 국가별 수출결합도 : $\frac{X_{ij}}{X} \Big/ \frac{M_{ij}}{M}$

외화가득률 → $\frac{X_j - M_j}{X_j} = 1 - m_j$

무역특화지수

- 수출특화지수 : $\frac{X_j}{X} \Big/ \frac{W_j}{W}$
- 수입특화지수 : $\frac{M_j}{M} \Big/ \frac{W_j}{W}$

국제경쟁력(RCA지수)

$$RCA_{ij} = \frac{X_{ij}}{X_i} \Big/ \frac{X_j}{X}$$

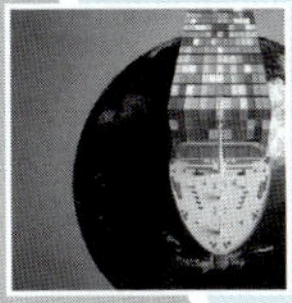

제 1 절

소비자선택이론

1.1 소비자선택이론의 개념

한계효용학설에 입각한 소비이론은 효용(utility)[1]을 측정할 수 있다는 것을 전제로 하고 있다. 그러나 효용, 즉 만족수준은 다분히 주관적이고 심리적인 현상이므로 사실상 측정이 불가능하기 때문에 효용이론 자체가 객관적으로 성립할 수 있는가에 대한 의문이 제기되었다. 예컨대, 맥주에 대한 효용은 사람에 따라 천차만별이며 더욱이 맥주의 효용을 구체적으로 숫자화한다는 것(예를 들면, 효용을 기수적으로 표시하여 맥주의 효용은 20, 담배의 효용은 30 등으로 표시)은 거의 불가능하다.

따라서 이러한 효용이론의 문제점, 즉 효용의 측정이 가능하다는 점을 우회하면서 동일한 결론을 얻을 수 있는 이론이 나타나게 되었다. 즉 효용의 기수적(cardinal) 측정의 가능성을 가정하지 않고 효용을 단지 우선 순위의 지표, 즉 서수적(ordinal)으로 표시(예컨대, 소주보다는 맥주가 맥주보다는 양주가 효용이 높다는 식으로 표시)하여 소비자행동을 설명하려는 방법이 전개되었는데 이 이론이 소비자선택이론, 즉 소비자균형이론이다.

결국 소비자선택이론(theory of consumer's preference)은 일정한 소득을 가지고 소비지출을 할 경우에 소비자의 행동을 객관적인 선택행위에 입각하여 소비자가 극대 만족을 획득할 수 있는 선택기준을 찾으려는 이론을 의미한다.

1) '효용'에 대해 제본스(W.S. Jevons)는 "재화의 성능에 대하여 인간이 주관적으로 부여하는 심리적인 평가"라고 정의하였다.

1.2 소비자선택이론과 무차별곡선

(1) (소비)무차별곡선의 개념

(소비)무차별곡선(indifference curve)이란 소비자에게 동일한 만족을 주는 두 재화의 여러 가지 결합점을 연결한 곡선이다. 따라서 이 곡선상에 위치한 점은 어떤 것을 선택하든 동일한 만족을 주기 때문에 재화 선택에 있어서 차별이 없다. 지금 소비자에게 동일한 만족을 주는 X재와 Y재의 조합이 [표 2-1]과 같다고 하자. 이때 [표 2-1]에 나타난 4가지 조합을 좌표상에 나타내면 [그림 2-1]과 같은 곡선이 나타나는데 이 곡선이 무차별곡선이다.

표 2-1 소비자에게 동일한 만족을 주는 *X*재와 *Y*재의 조합

	A	B	C	D
*X*재의 수량	1	2	3	6
*Y*재의 수량	6	3	2	1

그림 2-1 (소비)무차별곡선

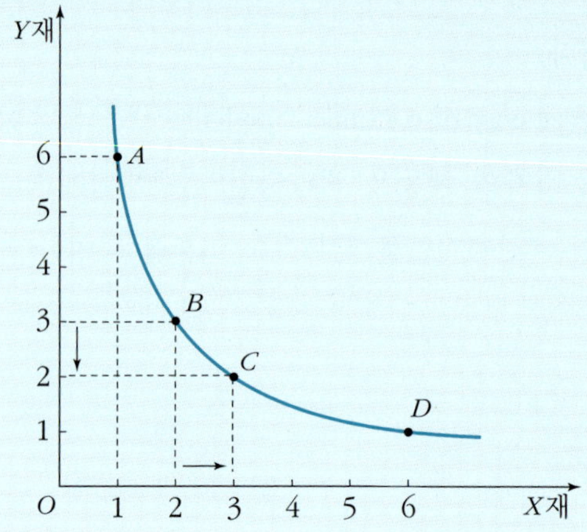

(2) 무차별곡선의 성질

무차별곡선은 다음과 같은 몇 가지 성질을 가지고 있다.

① 무차별곡선은 원점에서 멀어질수록 보다 큰 효용을 나타낸다. 무차별곡선이 원점에서 멀어지는 것은 두 재화의 양 또는 적어도 한 재화의 양이 증가하는 것을 의미하기 때문에 효용수준이 높아지게 된다.

② 무차별곡선상의 임의의 한 점에서의 접선의 기울기는 한계대체율$\left(\frac{\Delta Y}{\Delta X}\right.$ 또는 $\left.\frac{dY}{dX}\right)$을 나타내며 한계대체율은 체감한다. 여기서 X재를 1단위 더 소비할 경우 어느 정도의 Y재를 덜 소비해야 하는가를 표시하는 비율을 Y재로 표시한 X재의 한계대체율(MRS_{XY} : marginal rate of substitution of X in terms of Y)이라 한다.

③ 무차별곡선의 기울기의 절대치는 두 재화의 한계효용의 비율을 표시한다. X재를 ΔX만큼 증가시키고 Y재를 ΔY만큼 감소시켜도 동일한 만족, 즉 동일한 무차별곡선상에 있도록 하기 위해서는 절댓값으로 볼 때 다음과 같은 등식이 성립해야 한다.

$$\Delta X \cdot X\text{재의 한계효용} = -\Delta Y \cdot Y\text{재의 한계효용}$$

$$-\frac{\Delta Y}{\Delta X} = \frac{X\text{재의 한계효용}}{Y\text{재의 한계효용}}$$

여기서 $-\frac{\Delta Y}{\Delta X}$는 한계대체율($MRS_{XY}$)이고 무차별곡선의 기울기이므로 무차별곡선의 기울기의 절대치$\left(\left|-\frac{\Delta Y}{\Delta X}\right|\right)$는 두 재화의 한계효용의 비와 같게 된다.

④ 무차별곡선은 그 자신 또는 다른 무차별곡선과 서로 교차하지 않는다.

1.3 소비자선택이론과 가격선

무차별곡선의 개념을 통하여 동일한 만족을 얻는 데는 여러 가지 X재, Y재의 조합이 존재한다는 것을 알 수 있었다. 그러면 소비자가 일정한 소득을 가지고 있을 때 이 많은 조합 중에서 어느 것을 선택하면 최대의 만족을 누릴 수 있는가 하는 문제에 직면하게 된다. 이러한 문제를 해결하기 위하여 X재와 Y재의 가격을 고려하지 않으면 안 된다.

(1) 가격선의 개념

가격선(price line)이란 일정한 소득을 가지고 최대한으로 구입할 수 있는 두 재화의 여러 가지 조합을 나타내는 직선으로 예산선(budget line)이라고도 한다.

지금 일정한 소득, 즉 지출액을 E, X재와 Y재의 가격을 각각 P_X, P_Y라 하고 구입하는 X재와 Y재의 양을 각각 X, Y라 하면 $E=P_X \cdot X+P_Y \cdot Y$가 된다. 이 식을 변형하면 $Y=-\frac{P_X}{P_Y}X+\frac{E}{P_Y}$가 되고 이를 그림으로 나타내면 [그림 2-2]와 같은 직선 LM이 그려지는데 이것이 가격선이다.

(2) 가격선의 기울기

가격선의 기울기는 앞의 식에서 알 수 있듯이 $\frac{P_X}{P_Y}$로서 두 재화의 가격비로 표시된다. 그런데 이러한 가격선의 기울기는 Y재로 표시한 X재의 기회비용(opportunity cost of X in terms of Y)을 나타내기도 한다. 여기서 기회비용이란 X재 한 단위를 더 생산하기 위하여 포기하지 않으면 안 되는 Y재의 양으로 표시된다.

그림 2-2 가격선

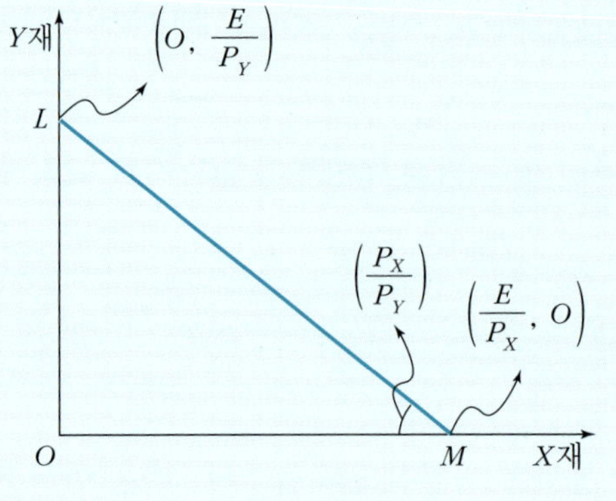

1.4 소비자선택과 소비자균형점

무차별곡선은 소비자에게 동일한 만족을 주는 두 재화의 여러 가지 조합점을 나타내고, 가격선은 소비자가 일정한 지출액으로 최대로 구입할 수 있는 두 재화의 여러 가지 조합점을 표시한다. 이러한 무차별곡선과 가격선을 종합하여 소비자 효용의 극대화 조건을 살펴보면 다음과 같다.

(1) 소비자균형점의 개념

소비자는 일정한 소득으로 소비행위를 함에 있어서 최대의 만족을 누리려고 할 것이다. 이러한 경우에 무차별곡선은 효용을 표시하고 가격선은 일정한 지출액(=소득)으로 구입할 수 있는 두 재화의 조합을 표시하므로 현실적으로 두 개념을 동시에 고려해야 한다. 이를 고려한 것이 무차별곡선과 가격선이 접하는 점이 되고 이 점이 소비자균형점 또는 균형구입점이다. 따라서 소비자는 이 소비자균형점에서 소비를 하면 주어진 지출액으로 최대의 만족을 얻게 된다.

(2) 소비자균형점의 성립조건

위의 내용을 그림으로 표시하면 [그림 2-3]과 같다. 그림에서 최대의 만족은 무차별곡선 I_3와 가격선 LM이 접하는 E점에서 충족된다. 그리고 이 소비자균형점 E에서는 Y재로 표시한 X재의 한계대체율$\left(-\frac{\Delta Y}{\Delta X}\right)$인 무차별곡선의 기울기와 Y재로 표시한 X재의 기회비용인 가격선의 기울기가 같게 된다. 그러므로 소비자균형점 E에서는 다음과 같은 관계가 성립된다.

$$\frac{P_X}{P_Y} = MRS_{XY}$$

여기서 $\frac{P_X}{P_Y}$는 가격선의 기울기(=Y재로 표시한 X재의 기회비용),
MRS_{XY}는 Y재로 표시한 X재의 한계대체율$\left(-\frac{\Delta Y}{\Delta X}\right)$을 나타낸다.

그림 2-3 소비자균형점

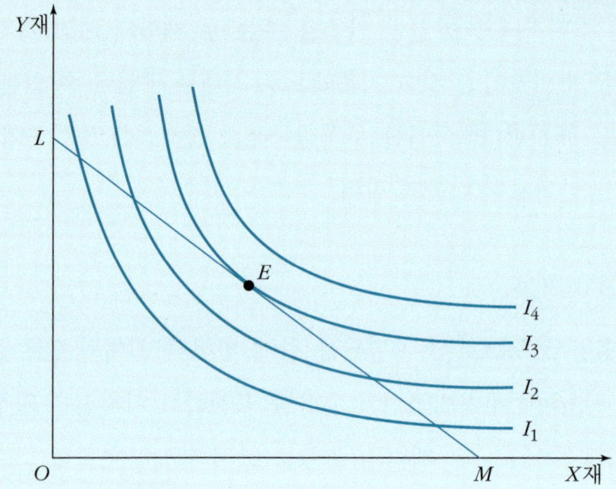

제 2 절

생산자균형이론

2.1 의 의

동일한 생산량을 생산할 수 있는 두 생산요소의 여러 가지 결합점을 연결한 곡선이 등량곡선인데, 여기서 생산비용을 최소화하기 위해 생산요소를 어떻게 결합할 것인가 하는 문제는 두 생산요소의 가격과 총비용에 달려 있다. 즉 생산요소의 결합 방법을 표시하는 등량곡선과 생산의 비용조건을 표시하는 요소가격선이 주어지면 일정한 비용으로 최대 수량의 재화를 생산할 수 있는 생산요소의 결합방법 또는 일정량의 생산물을 최소의 비용으로 생산할 수 있는 생산요소의 결합방법을 구할 수가 있다.

2.2 생산자균형이론과 등량곡선

(1) 등량곡선의 개념

등량곡선 또는 등생산량곡선(isoquant or equal product curve)이란 일정량의 재화를 생산할 수 있는 두 생산요소의 여러 가지 조합을 나타내는 곡선이라고 할 수 있다. 일반적으로 등량곡선을 좌표상에 표시하면 [그림 2-4]와 같다.

(2) 등량곡선의 성질

등량곡선의 성질은 무차별곡선의 성질과 유사하며 그 구체적인 내용은 다음과 같다.

① 등량곡선은 원점에서 멀어질수록 생산량이 많아진다.
② 등량곡선은 우하향의 형태를 취한다.
③ 등량곡선은 그 자신 또는 다른 등량곡선과 서로 교차하지 않는다.

그림 2-4 등량곡선

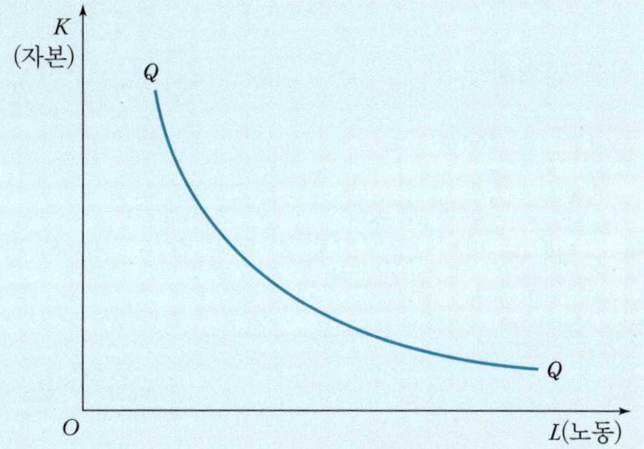

(3) 등량곡선과 기술적 한계대체율

등량곡선상의 임의의 한 점에서의 접선의 기울기를 두 생산요소 간의 기술적 한계대체율 또는 한계기술대체율($MRTS_{LK}$: marginal rate of technical substitution)이라고 한다. 여기서 노동량을 증가시킬 때 산출량을 그대로 유지하기 위해서는 자본량을 감소시켜야 한다. 이러한 경우에 노동량의 증가(ΔL)에 대한 자본량의 감소분($-\Delta K$)의 비율이 한계기술대체율이며 이는 등량곡선상의 임의의 한 점에서의 접선의 기울기라고 할 수 있다. 이를 수식으로 나타내면 다음과 같다.

$$MRTS_{LK} = -\frac{\Delta K}{\Delta L}$$: 등량곡선의 기울기

2.3 생산자균형이론과 요소가격선

(1) 요소가격선의 개념

요소가격선 또는 등비용선(isocost curve or equal cost line)이란 일정한 총비용으로 최대한 구입할 수 있는 두 요소의 여러 가지 결합점을 나타내는 직선이다. 지금 총비용을 TC, 노동의 가격을 P_L, 노동 구입량을 L, 자본의 가격을 P_K, 자본 구입량을 K라 하면

$$TC = P_L \cdot L + P_K \cdot K$$

가 된다. 이 식을 변형하면

$$K = -\frac{P_L}{P_K}L + \frac{TC}{P_K}$$

가 되고, 이를 그림으로 나타내면 [그림 2-5]와 같은 직선 EF가 그려지는데 이것이 요소가격선이다.

그림 2-5 요소가격선

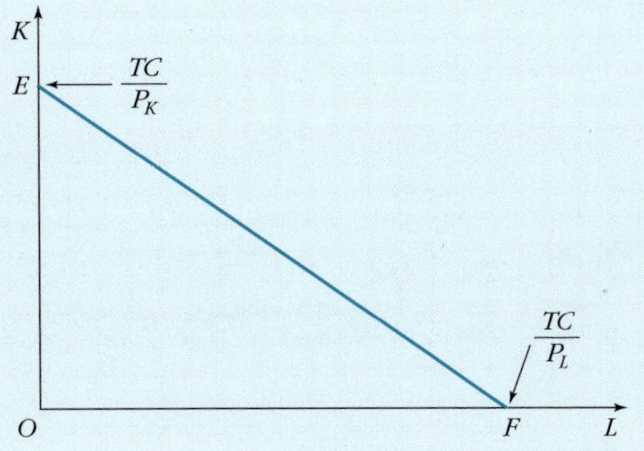

(2) 요소가격선의 기울기

요소가격선의 기울기는 앞의 식에서 볼 수 있듯이 $-\frac{P_L}{P_K}$이며 이는 두 생산요소의 가격비로서 표시된다. 따라서 요소가격선의 기울기는 요소가격비를 나타낸다.

2.4 생산자균형점

(1) 생산자균형점의 개념

생산에 있어서 요소의 결합방법을 표시하는 등량곡선과 생산의 비용조건을 표시하는 요소가격선을 이용하면 일정한 비용으로 최대한 생산할 수 있는 노동과 자본의 결합방법이나 또는 최소의 비용으로 일정량의 상품을 생산할 수 있는 노동과 자본의 결합방법을 알 수 있다. 따라서 일정한 비용으로 최대로 생산할 수 있는 노동과 자본의 결합점 또는 최소의 비용으로 일정량의 상품을 생산할 수 있는 노동과 자본의 결합점은 등량곡선과 요소가격선이 접하는 점이다. 이러한 점이 [그림 2-6]에서의 R점이며 이 점을 생산자균형점 또는 요소의 최적 배분점이라 한다.

그림 2-6 생산자균형점

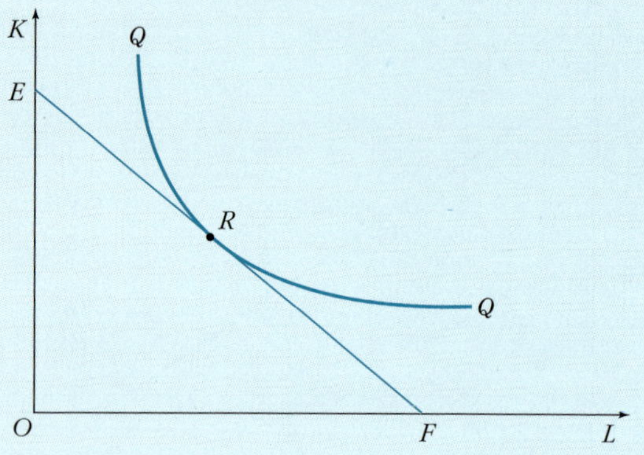

(2) 생산자균형점의 성립조건

앞에서 설명한 바와 같이 생산자균형점에서는 등량곡선의 기울기와 요소가격선의 기울기가 일치한다. 그런데 등량곡선의 기울기는 한계기술대체율을 의미하고 요소가격선의 기울기는 노동과 자본의 상대가격을 표시하므로 최소의 비용으로 최대로 생산할 수 있는 조건은

$$MRTS_{LK} = \frac{\Delta K}{\Delta L} = \frac{P_L}{P_K}$$

이다. 이러한 생산자균형점의 성립조건은 한계기술대체율과 두 생산요소의 가격비와 같다고 볼 수 있다.

일반적으로 기업은 이윤극대화에 목표를 두고 경제활동을 한다. 그런데 기업이 이윤극대화를 위해서는 일정한 생산비로서 최대로 생산할 수 있거나 또는 일정한 산출량을 얻는 데 최소의 생산비를 투입하려고 할 것이다. 이러한 문제를 해결하는 것이 생산자균형점이며 이는 등량곡선과 요소가격선이 접하는 점이다. 그리고 이 점에서는 등량곡선의 기울기와 요소가격선의 기울기가 일치하므로 한계기술대체율과 두 생산요소의 가격비가 같게 된다.

제 3 절

소비의 균형조건

일국의 소비자가 최대의 만족을 얻을 수 있는 소비의 균형조건은 사회무차별곡선과 가격선을 이용하여 구할 수 있다.

3.1 소비의 균형조건과 사회무차별곡선

(1) 사회무차별곡선의 개념 및 성질

국제무역론에서는 일반적으로 일국 전체를 분석대상으로 하기 때문에 일국 전체의 만족수준을 나타내는 분석도구가 필요하다. 그런데 무차별곡선 또는 소비무차별곡선은 개인의 효용수준을 나타내는 개념이므로 여기서는 일국 전체의 집합적인 효용수준을 나타내는 사회무차별곡선(social indifference curve 또는 community indifference curve)의 개념이 필요하다. 사회무차별곡선은 어떤 사회 내의 모든 구성원에게 동일한 만족을 주는 두 재화의 여러 결합점을 연결한 곡선이라고 할 수 있다.[2)]

이러한 사회무차별곡선의 성질도 개인의 효용수준을 나타내는 소비무차별곡선과 동일하다. 그 내용을 정리하면 다음과 같다.

① 사회무차별곡선은 우하향의 형태를 띤다.

② 사회무차별곡선은 원점에서 멀어질수록 효용수준이 높다.

③ 사회무차별곡선상의 임의의 한 점에서의 접선의 기울기는 한계대체율$\left(\frac{\Delta Y}{\Delta X}\right.$ 또는 $\left.\frac{dY}{dX}\right)$을 나타낸다. 여기서 한계대체율($MRS_{XY}$)이란 X재 1단위의 소비를 더 증가시키는 경우 어느 정도의 Y재 소비감소를 수반하여야 하는가를 표시하는 비율을 말하며, 이를 Y재로 표시한 X재의 한계대체율이라고도 한다.

2) T. Scitovsky, "A Reconsideration of the Theory of Tariffs," *Review of Economic Studies*, vol. 9, pp.89~110.

④ 사회무차별곡선은 그 자신 또는 다른 사회무차별곡선과 서로 교차하지 않는다.

3.2 소비의 균형조건으로서 균형소비점

사회무차별곡선과 가격선을 이용하여 소비의 균형조건을 구할 수 있다. [그림 2-7]에서 보는 바와 같이 사회무차별곡선 I_c와 가격선 MN이 접하는 C점이 균형소비점 또는 최적소비점이며 이 점이 소비의 균형조건을 충족하는 점이다. 따라서 이 점에서 소비사는 효용의 극대화, 즉 경제적 후생의 극대화를 누릴 수 있다.

그리고 균형소비점에서는 사회무차별곡선의 기울기와 가격선의 기울기가 일치한다. 사회무차별곡선의 기울기는 두 재화의 한계대체율 MRS_{XY}로 표시되고 가격선의 기울기는 두 재화의 상대가격비, 즉 $\frac{P_X}{P_Y}$로 나타낼 수 있으므로 한 나라의 효용, 즉 경제적 후생이 극대화되는 조건은 다음과 같다.

$$MRS_{XY} = \frac{P_X}{P_Y}$$

위 식은 소비의 균형조건을 표시하며 이는 한계대체율, 즉 사회무차별곡선의 기울기가 두 재화의 가격비, 즉 가격선의 기울기와 같음을 의미한다.

그림 2-7 소비의 균형조건

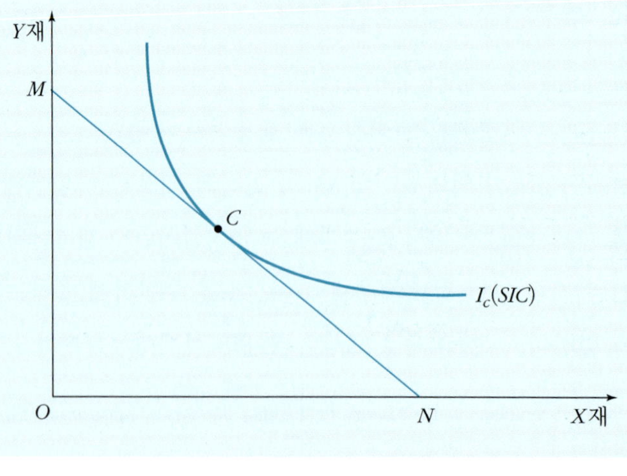

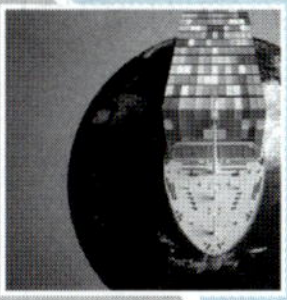

제 4 절 생산의 균형조건

일정한 생산요소를 투입하여 두 재화를 가장 효율적으로 생산할 수 있는 생산의 균형조건은 생산가능곡선과 가격선을 이용하여 구할 수 있다.

4.1 생산의 균형조건과 생산가능곡선

(1) 생산가능곡선의 개념

생산가능곡선(production possibilities curve)이란 일정한 생산요소를 상품 생산에 투입하여 최대한으로 생산할 수 있는 두 상품의 결합점을 연결한 곡선이라고 정의할 수 있다. 예컨대, 노동량 1,000명과 자본량 50억원을 모두 투입하여 두 상품만을 생산할 경우 최대로 생산할 수 있는 자동차와 쌀의 생산량은 [표 2-2]와 같고, 이를 좌표상에 옮기면 [그림 2-8]과 같은 생산가능곡선이 나타나게 된다. 이러한 생산가능곡선을 생산가능경계 또는 생산변환곡선이라고도 한다.

표 2-2 생산 가능한 최대 생산량 (노동량 : 1,000명, 자본량 : 50억원)

	자동차(대)	쌀(가마니)
A	0	25,000
B	100	24,000
C	200	22,000
D	300	18,000
E	400	13,000
F	500	0

그림 2-8 생산가능곡선

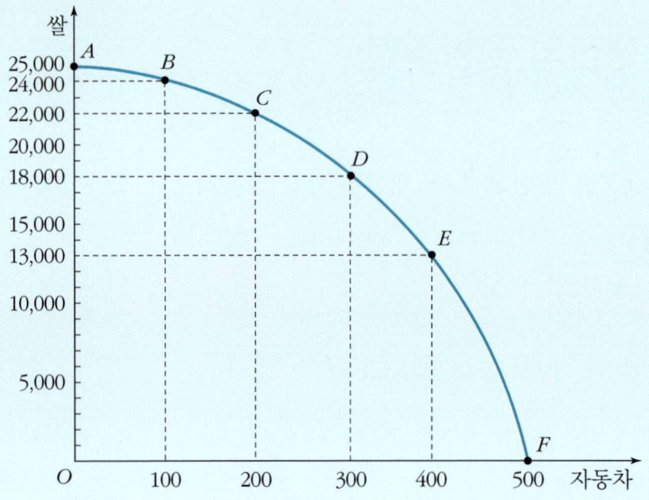

(2) 생산가능곡선의 형태

생산가능곡선은 생산비가 불변, 체증 또는 체감하느냐에 따라 그 형태가 달라진다. 불변비용에서의 생산가능곡선은 직선으로 표시되고 체증비용에서의 생산가능곡선은 원점에 대하여 오목한 형태로 표시되며 체감비용에서의 생산가능곡선은 원점에 대하여 볼록한 형태로 나타난다.

1) 불변비용하에서의 생산가능곡선

불변비용하에서의 생산가능곡선은 [그림 2-9]와 같이 직선의 형태로 나타난다. 여기서 불변비용이라 함은 불변기회비용을 의미한다. 그림에서 X재와 Y재의 기회비용은 전혀 변동하지 않고 일정하므로 이는 불변기회비용이며 그 생산비는 불변생산비이다. 즉 불변비용하에서는 어느 한 상품의 생산량을 증가시킴에 따라 (예컨대, X재의 생산량을 a'에서 b'로, b'에서 c'로, c'에서 d'로 동일하게 증가시킬 때) 다른 상품의 생산량이 동일한 양으로 감소하게 된다(Y재의 생산량은 d에서 c로, c에서 b로, b에서 a로 동일하게 감소한다).

그림 2-9 불변비용하에서의 생산가능곡선

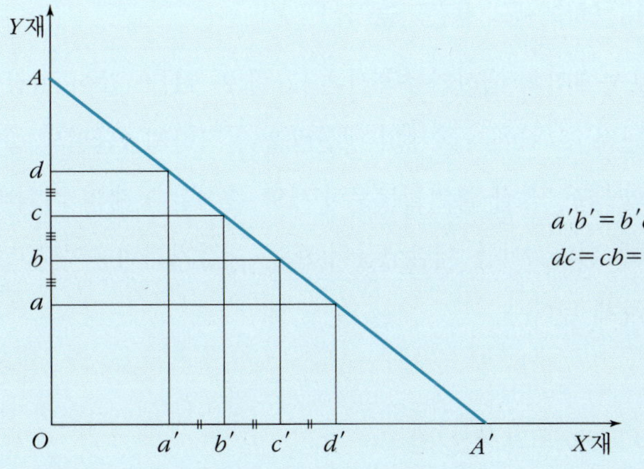

2) 체증비용하에서의 생산가능곡선

체증비용하에서의 생산가능곡선은 [그림 2-10]과 같이 원점에 대하여 오목한 형태가 된다. 그림에서 *X*재 생산량을 1단위씩 추가로 증가시킴에 따라 감소하는 *Y*재의 양은 점점 증가하므로 기회비용의 개념에서 본다면 *X*재의 단위당 생산비(즉, *Y*재로 측정한 *X*재의 기회비용)는 점점 증가하게 된다. 따라서 이러한 생산비가 체증

그림 2-10 체증비용하에서의 생산가능곡선

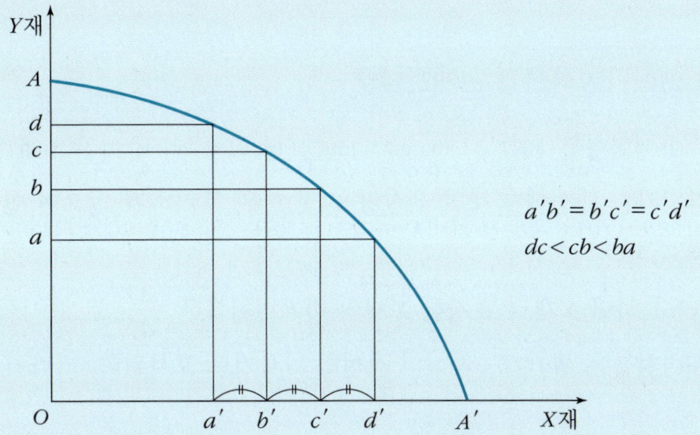

생산비 또는 체증기회비용이며 이는 수확체감조건에서 발생하게 된다.

3) 체감비용하에서의 생산가능곡선

체감비용하에서의 생산가능곡선은 [그림 2-11]과 같이 원점에 대하여 볼록한 형태로 나타난다. 그림에서 X재의 생산량을 일정하게 1단위씩 증가시킴에 따라 감소하는 Y재의 양은 점점 줄어들므로 Y재로 측정한 X재의 기회비용, 즉 생산비는 역시 체감하게 된다. 이를 체감생산비 또는 체감기회비용이라고 하며 수확체증조건에서 발생하게 된다.

그림 2-11 체감비용하에서의 생산가능곡선

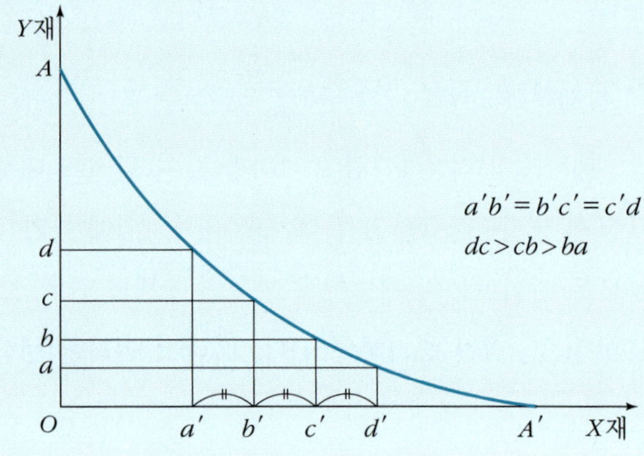

(3) 생산가능곡선과 한계변형률

한계변형률(MRT_{XY} : marginal rate of transformation)이란 X재 생산량을 1단위 더 증가시키는 대신에 Y재의 생산량을 몇 단위 포기하지 않으면 안 되는가를 나타내는 비율이다. [그림 2-12]에서와 같이 X재의 증가분을 ΔX라 하고 Y재의 감소분을 ΔY라고 하면 Y재로 표시한 X재의 한계변형률은 $\frac{\Delta Y}{\Delta X}$로 표시할 수 있다. 그리고 한계변형률은 생산가능곡선의 접선의 기울기로 표시된다. 따라서

그림 2-12 생산의 한계변형률

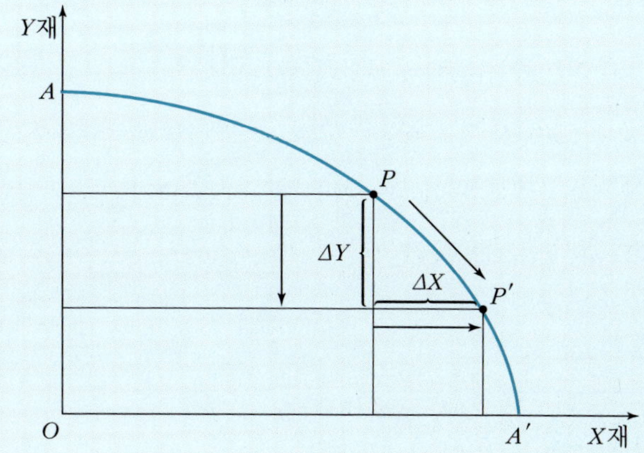

$$MRT_{XY} = \lim_{\Delta X \to 0} \frac{\Delta Y}{\Delta X} = \frac{dY}{dX}$$: 접선의 기울기

가 된다.

4.2 생산의 균형조건으로서 균형생산점

생산가능곡선과 가격선을 이용하면 일정한 생산요소를 사용하여 두 상품을 가장 효율적으로 생산할 수 있는 조건을 구할 수 있다. 이 조건은 [그림 2-13]에서 보는 바와 같이 생산가능곡선과 가격선이 접하는 점에서 충족된다. 이 점을 균형생산점 또는 최적생산점이라고 한다. 그림에서 균형생산점은 생산가능곡선 AA'와 가격선 α가 접하는 P점이다. 즉 일정한 생산요소를 사용하여 X재와 Y재를 생산할 때 이러한 가격조건에서는 X재를 Ox만큼 Y재를 Oy만큼, 생산하면 가장 효율적인 생산이 이루어지게 된다.

그런데 불변비용하에서의 생산가능곡선은 직선으로 표시하기 때문에 가격선과 겹치게 되므로 이러한 경우에는 생산가능곡선상의 어느 점에서도 생산이 가능하게 된다.

그림 2-13 생산의 균형조건

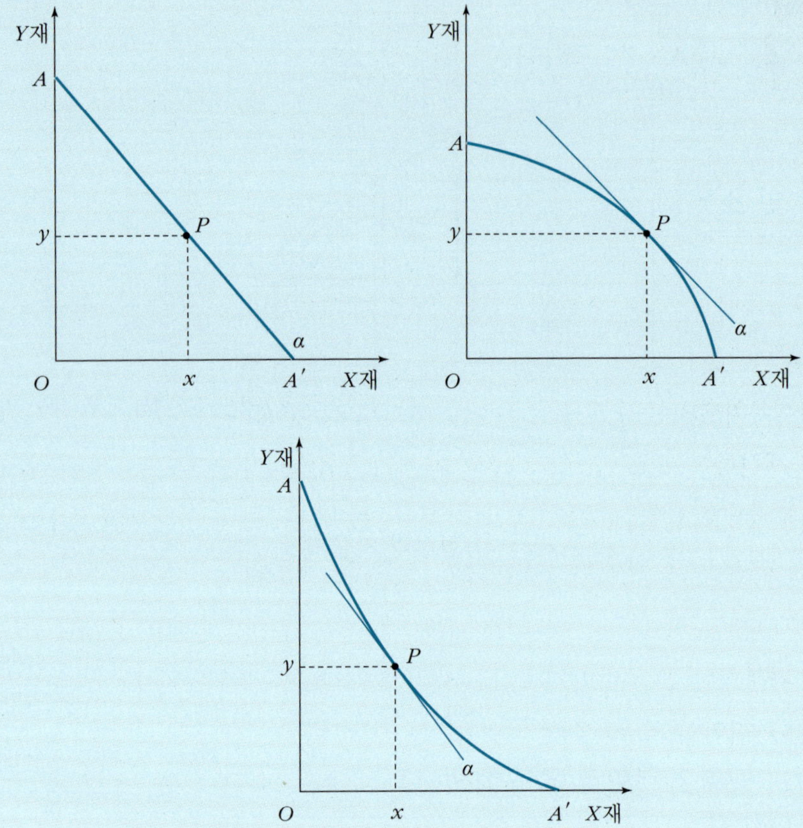

결국 균형생산점에서는 생산가능곡선의 기울기와 가격선의 기울기가 동일하다. 즉 생산가능곡선의 기울기는 두 재화의 한계변형률 MRT_{XY}를 나타내고 가격선의 기울기는 그 재화의 상대가격비를 나타낸다. 따라서 일정한 생산요소를 사용하여 두 재화를 가장 효율적으로 생산할 수 있는 조건은 두 재화의 한계변형률과 두 재화의 상대가격비와 같아야 한다는 것이다. 즉

$$MRT_{XY} = \frac{P_X}{P_Y}$$

는 생산자의 균형조건을 표시한다.

제 5 절

생산 및 소비의 균형조건

5.1 생산 및 소비의 균형조건 성립

생산가능곡선과 사회무차별곡선 및 가격선을 이용하여 생산 및 소비의 균형조건을 구할 수 있다. [그림 2-14]에서 이러한 조건을 충족하는 점은 생산가능곡선 AA', 사회무차별곡선 I_c, 가격선 MN이 모두 접하는 P점이다. 이 점에서는 X재를 Ox만큼 생산하여 Ox만큼 소비하고 Y재를 Oy만큼 생산하여 Oy만큼 소비한다. 따라서 이 점에서는 X재와 Y재의 생산 및 소비에는 과부족이 존재하지 않는다.

그리고 P점에서는 생산가능곡선 AA', 사회무차별곡선 I_c, 가격선 MN이 모두 접하기 때문에 생산 및 소비의 균형조건이 성립되고 있으며, 또한 이 점은 생산 및 소비의 과부족이 존재하지 않으므로 봉쇄경제하에서의 경제적 자립점(autarky point)이 된다. 따라서 외국과의 무역이 없는 상태가 된다.

그림 2-14 생산 및 소비의 균형조건

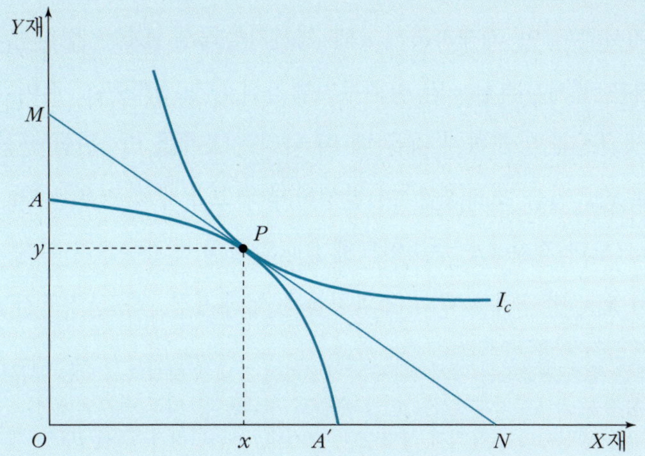

생산과 소비가 균형을 이루는 P점에서는 생산가능곡선과 사회무차별곡선, 가격선이 서로 접하므로 이들의 기울기가 모두 일치한다. 여기서 생산가능곡선의 기울기는 두 재화의 한계변형률 MRT_{XY}이고 가격선의 기울기는 두 재화의 상대가격비 $\frac{P_X}{P_Y}$이며 사회무차별곡선의 기울기는 한계대체율 MRS_{XY}를 나타내므로 생산 및 소비의 균형조건은 다음과 같이 표시된다.

$$MRT_{XY} = \frac{P_X}{P_Y} = MRS_{XY}$$

5.2 경제적 자립점과 무역의 발생

봉쇄경제하에서의 생산 및 소비의 균형조건은 일국의 생산가능곡선 AA'과 사회무차별곡선 I_c 및 가격선 MN이 접하는 P점에서 결정된다는 것을 [그림 2-14]에서 살펴보았다. 이 점에서는 소비에서의 한계대체율 MRS_{XY}와 생산에서의 한계변형률 MRT_{XY}가 일치하고 이는 두 재화의 상대가격비 $\frac{P_X}{P_Y}$와도 일치한다. 그러므로 이 국가는 P점에서 생산하고 소비하므로 X재와 Y재 모두 과부족이 발생하지 않게 된다. 따라서 이 점은 봉쇄경제하에서의 경제적 자립점이 된다는 것을 앞에서 설명하였다.

그러나 새로운 가격, 즉 국제가격(=교역조건) α가 주어지면 균형생산점은 [그림 2-15]에서와 같이 국제가격선 α와 생산가능곡선 AA'가 접하는 P_1점으로 되고 균형소비점은 국제가격선 α와 사회무차별곡선 I_c가 접하는 C_1점이 된다. 균형소비점이 균형생산점과 일치하지 않을 때 이 나라는 X재를 Ox_2만큼 생산하여 Ox_1만큼 소비하므로 x_1x_2만큼 초과공급[3)]이 발생하게 되고 Y재의 경우는 Oy_2만큼 소비하는데 생산은 그보다 적은 Oy_1 수준이므로 y_1y_2만큼의 초과수요가 발생하게 된다.

여기서 x_1x_2만큼의 X재의 초과공급은 국제가격, 즉 교역조건 α에서 이 국가

3) 국내경제를 주로 취급하는 경제학에서는 생산하여 소비에 충당하고 남는 부분(=양)을 초과공급이라고 하지만 국제무역론에서는 이를 수출로 취급한다. 따라서 무역에서는 수출=생산-소비, 수입=소비-생산이라는 등식이 성립한다. 예컨대, 우리나라가 TV를 100만 대 생산하여 70만 대를 소비한 경우에는 30만 대가 남게 되어 이 30만 대를 무역에서는 수출로 간주하게 된다. 그리고 100만 대를 생산하지만 국내소비가 150만 대라면 50만 대는 수입으로 간주한다.

그림 2-15 무역의 발생과 무역의 패턴

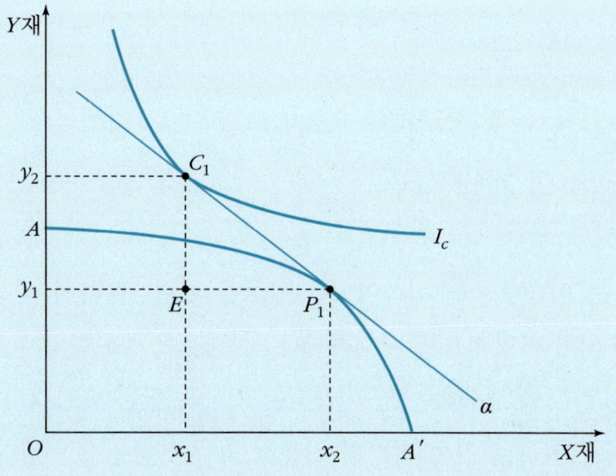

의 수출이 되고 y_1y_2만큼의 Y재의 초과수요는 이 국가의 수입이 되어 무역이 발생하므로 무역의 방향과 규모가 결정되게 된다. 무역의 방향과 규모를 나타내는 무역삼각형(trade triangle)은 그림에서 ΔC_1P_1E가 되며 수출은 EP_1, 수입은 EC_1이 되고 직선 C_1P_1은 국제가격, 즉 교역조건을 표시하게 된다.

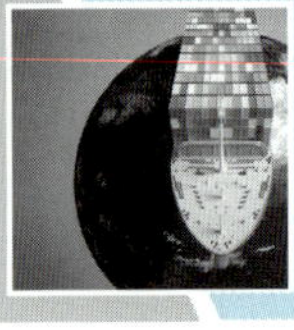

제 6 절

생산함수

6.1 생산함수의 개념

기업가는 이윤추구를 위하여 생산활동을 한다. 따라서 생산이론 분야에서는 극대이윤을 어떠한 방식으로 모색하느냐 하는 것이 중요한 과제이다. 이러한 과제 중의 하나는 상품을 생산하는 데 이용되는 기술과 상품의 가격이 일정할 때 생산요소를 어떻게 구입하는 것이 최소의 비용이 되는가 하는 것이다. 이와 관련된 개념이 생산함수(production function)인데, 이는 생산요소의 투입량과 산출량과의 (기술적) 관계를 나타낸다. 어떤 상품의 생산량을 Q, 이를 생산하는 데 투입되는 생산요소량을 $L, K, J, \cdots, Z$라 하면 생산함수는 다음과 같이 표현된다.

$$Q=f(L, K, J, \cdots, Z)$$

6.2 한계생산력과 평균생산력

생산함수에 있어서 다른 생산요소는 고정시켜 두고 한 생산요소의 투입량을 1단위 증가시킬 때 그 1단위의 생산요소 증가분에 의해 얻어지는 총생산량의 증가분을 그 생산요소의 한계생산력 또는 한계생산물(marginal productivity or marginal product)이라 한다. 예컨대, 지금 노동 4단위와 자본 5단위를 투입하여 시계 20개를 생산하였다고 하자. 여기서 자본 5단위는 고정시켜 두고 노동을 4단위에서 5단위로 1단위 증가하였을 때 시계는 20개에서 22개가 생산되었다고 하면 노동 1단위의 한계생산물 또는 한계생산력은 2가 된다.

그런데 특히 상품의 추가적인 증가분을 수량으로 표시한 것을 한계실물생산력(marginal physical productivity)이라 하고, 이를 화폐가치액으로 표시한 것(한계실물생산력×시장가격)을 한계가치생산력(marginal value productivity)이라 한다. 위의 예에서 한계생산력은 시계 2개이고 이때 시계 1개의 가격이 15,000원이라고 하면 한계가치생산력은 30,000원(15,000원×2개)이다.

한편 평균생산력(average productivity)은 생산요소 1단위당의 생산량 또는 생산액을 의미하며 이를 일반적으로 생산성(productivity)이라고 한다. 위의 예에서 노동의 평균생산력 또는 생산성은 5(20개÷4단위)이고 자본의 평균생산력은 4(20개÷5단위)이다.

6.3 1차동차 생산함수

생산량을 Q, 투입되는 생산요소의 양을 L, K라 할 경우 생산함수는 $Q=f(L, K)$로 나타낼 수 있다. 여기서 생산요소의 투입량을 2배, 3배,…, n배 증가시키면 생산량도 정확히 2배, 3배,…, n배로 증가할 때의 생산함수를 1차동차 생산함수라 한다. 이를 식으로 표시하면 $f(nL, nK)=nf(L, K)$이 되는데 이는 생산요소를 n배 하면 생산량도 n배가 됨을 의미한다. 일반적으로 1차동차 생산함수는 규모에 대한 수확불변, 즉 불변생산비를 의미한다.

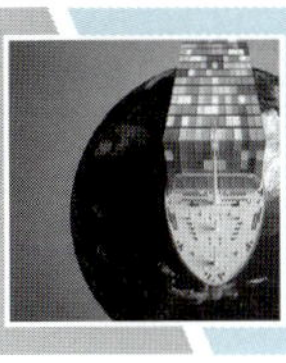

제 7 절 박스 다이어그램(Box Diagram)

기업이 생산활동을 할 때 중요한 것 중의 하나는 생산요소를 가급적 적게 투입하여 최대한 많은 상품을 생산하는 것이다. 이러한 문제를 해결하는 방법의 하나가 박스 다이어그램(box diagram)이다. 이 절에서 박스 다이어그램의 개념은 물론 최소의 투입으로 최대의 산출을 표시하는 곡선을 도출하고 어떤 상품이 노동집약재인가 또는 자본집약재인가를 판정하는 기준이 무엇인가 등을 살펴보고자 한다.

7.1 박스 다이어그램의 도출

박스 다이어그램(상형도표)은 생산요소의 최소 투입(=최적 투입)과 상품의 최대 산출(=최적 산출)을 표시한다.[4] 즉 박스 다이어그램을 통하여 최소의 생산요소 투입으로 최대의 상품생산 상태를 알 수 있다. 이러한 박스 다이어그램을 에지워스·보울레이(Edgeworth·Bowley)의 박스 다이어그램이라고 한다.

박스 다이어그램이 도출되는 과정을 [그림 2-16]을 통하여 살펴보면 다음과 같다. 그림 (a)에 나타난 바와 같이 요소가격선이 *EF*일 때 *X*재에 대한 생산자균형점(=요소가격선과 등량곡선의 접점)은 *P*점이므로 *X*재를 생산하는 데 필요한 노동량은 *Ol*이고 자본량은 *Oc*이다. 그리고 *Y*재에 대한 생산자균형점은 *Q*점이므로 *Y*재를 생산하는 데 필요한 노동량은 *Ol'*이고 자본량은 *Oc'*이다. 따라서 총노동량(*Ol*+*Ol'*)과 총자본량(*Oc*+*Oc'*)으로 두 상품을 생산할 수 있다.

그림 2-16 박스 다이어그램의 도출

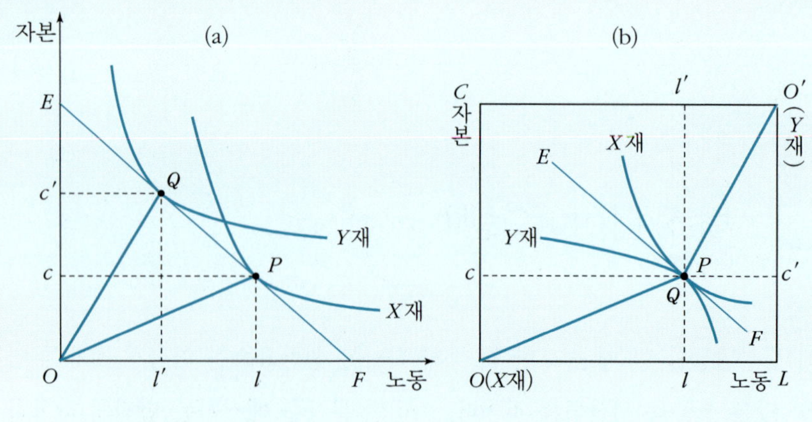

4) Bo Söderstein, *International Economics*, Harper & Row, Publishers, 1980, p.36.

이와 같이 일정한 노동과 자본으로 두 상품을 가장 효율적으로 생산할 수 있는 조건을 사각형의 도표를 통하여 도출할 수 있는데 이것이 그림 (b)에 표시된 박스 다이어그램이다. 박스 다이어그램에는 2개의 원점 O, O'가 표시되어 있는데 원점 O를 기준으로 X재의 등량곡선이, 원점 O'를 기준으로 Y재의 등량곡선이 표시되어 있다. 단지 Y재의 등량곡선의 원점 O'가 X재의 등량곡선의 원점 O의 반대방향에 놓여 있으므로 Y재의 등량곡선이 거꾸로 표시되어 있을 뿐이다. 따라서 그림 (a)에서의 P점, Q점을 그림 (b)에 표시한 것이 P점, Q점으로 나타나 있다.

7.2 계약곡선

[그림 2-17]은 박스 다이어그램으로 횡축에는 노동량이 표시되어 있고 종축에는 자본량이 표시되어 있다. $OL(=O'C)$은 이 국가가 이용할 수 있는 총노동량을, $OC(=O'L)$는 총자본량을 각각 나타내고 있다. 그리고 X_1, X_2, X_3는 원점 O를 기준으로 한 X재의 등량곡선이고 Y_1, Y_2, Y_3는 또 다른 원점 O'를 기준으로 한 Y재의 등량곡선이다.

두 재화의 등량곡선은 각각 원점에 대하여 볼록하므로 볼록한 곳에서 두 재화

그림 2-17 박스 다이어그램

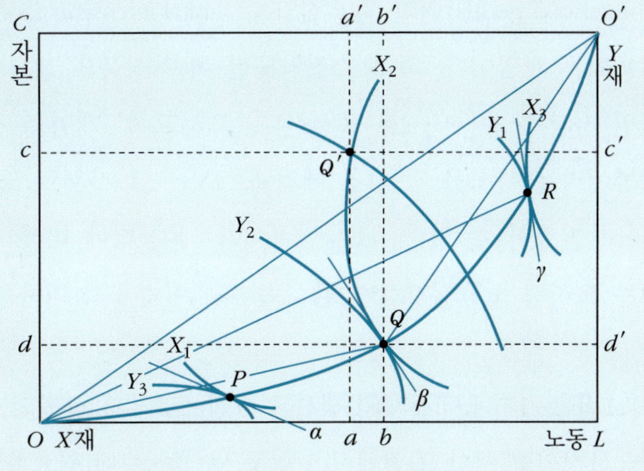

의 등량곡선은 접한다. 그림에서 X_1은 Y_3와 P점에서, X_2와 Y_2는 Q점에서, X_3와 Y_1은 R점에서 각각 접하고 있다. 이와 같이 두 재화의 등량곡선이 서로 접하는 모든 점을 연결하면 $OPQRO'$과 같은 하나의 곡선이 나타나게 되는데 이를 계약곡선(contract curve) 또는 최적궤적(optimum efficiency locus)이라고 한다. 그런데 계약곡선상의 모든 점은 생산요소를 모두 투입하여 가장 효율적으로 생산할 수 있는 X재와 Y재의 생산량을 표시하게 된다.

가령 X_1은 X재 1단위, X_2는 2단위, X_3은 3단위의 X재 생산량을 나타내고 Y_1, Y_2, Y_3는 각각 1, 2, 3단위의 Y재 생산량을 나타낸다고 하면 P점에서는 1단위의 X재와 3단위의 Y재가 생산되고 Q점에서는 2단위의 X재와 Y재가 생산된다. 이 Q점에서는 2단위의 X재 생산에 필요한 노동량은 $Ob(=Cb')$, 자본량은 $Od(=Ld')$이고 2단위의 Y재 생산에 필요한 노동량은 $O'b'(=Lb)$, 자본량은 $O'd'(=Cd)$이다. 따라서 일국이 가지고 있는 모든 생산요소를 완전히 사용하여 두 재화를 가장 효율적으로 생산할 수 있는 조건은 두 재화의 등량곡선이 서로 접하는 계약곡선상의 점들에서 생산하는 것이다.

7.3 요소집약도

요소집약도(factor intensity)란 한 상품이 다른 상품에 비해 상대적으로 노동집약재(labor-intensive goods)인가 자본집약재(capital-intensive goods)인가를 판정하기 위하여 이용되는 개념이다. 즉 요소집약도란 어떤 상품의 생산에 투입되는 생산요소의 비율인 자본/노동$\left(=\frac{K}{L}\right)$로 표시한다. 그리고 이 개념은 절대적 개념이 아닌 상대적 개념이라는 특성을 갖는다. 예컨대, TV는 그 자체로 노동집약재라든가 자본집약재라고 단정할 수 없다. 그러므로 TV는 운동화에 비해 자본집약재, 항공기에 비해서는 오히려 노동집약재가 될 수 있다. 이렇게 정의하는 것을 상대적 개념이라 한다.

앞의 [그림 2-17]에서 X재의 생산은 O점으로부터 산정되고 Y재의 생산은 O'점으로부터 산정되고 있다. Q점에서 X재를 생산하는 데 필요한 노동량이 자본량보다 많으므로 X재는 노동집약재이며 이 점에서 Y재를 생산하는 데 필요한 자본량은 노동량보다 많으므로 Y재는 자본집약재이다. 즉 X재의 요소집약도 $\left(\frac{K}{L}\right)_X$가 Y재의 요소집약도 $\left(\frac{K}{L}\right)_Y$보다 작기 때문에 X재는 Y재에 비해 노동집약재이다. 여기서 Q점에서의 X재의 요소집약도는 직선 OQ의 기울기로 표시되고, Y재의 요소집약도는 직선 $O'Q$의 기울기로 표시된다.

7.4 요소가격선

박스 다이어그램에서 요소가격선(factor price line)은 두 상품의 등량곡선의 접점에서 그은 접선의 기울기로 표시된다. [그림 2-17]에서 P점에서의 요소가격선은 접선의 기울기인 직선 α이고 Q점에서의 요소가격선은 β선이며 R점에서의 요소가격선은 γ선이 된다. 여기서 α선보다 β선이 보다 가파른 것은 P점에서보다 Q점에서의 노동가격이 더 비싸졌다는 것을 의미한다. 이것은 노동집약재인 X재의 생산량이 증가하였으므로 노동을 보다 필요로 하여 노동에 대한 수요가 자본에 대한 수요보다 증가하였기 때문이다.

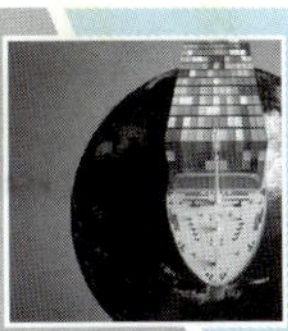

제 8 절 국제무역이론의 기본개념

이 절에서는 국제무역이론을 이해하는 데 필요한 몇 가지 개념과 그 내용에 대해서 살펴보기로 한다.

8.1 무역의존도

한 나라의 무역이 그 나라의 경제에 어느 정도의 비중을 차지하는가에 대한 의문이 제기될 수 있다. 이러한 문제를 해결하는 지표가 무역의존도(degree of dependence upon foreign trade)이다. 즉 무역의존도란 한 나라의 경제(즉 일국의 국민소득)가 어느 정도 무역에 의존하고 있는가를 표시한다. 그리고 무역은 수출과 수입의 합이므로 무역의존도를 수출의존도와 수입의존도의 합으로 표시할 수 있다.

무역의존도는 일정기간(=보통 1년) 동안 한 나라의 국민소득(또는 국내총생산액(GDP))에 대한 무역액의 비율로 표시하며 그 구체적인 표시방법은 다음과 같다.

$$\text{무역의존도} = \frac{\text{무역액(수출액+수입액)}}{\text{국민소득 총액(혹은 국내총생산액)}}$$

$$\text{수출의존도} = \frac{\text{수출액}}{\text{국민소득 총액(혹은 국내총생산액)}}$$

$$\text{수입의존도} = \frac{\text{수입액}}{\text{국민소득 총액(혹은 국내총생산액)}}$$

$$\text{무역의존도} = \text{수출의존도} + \text{수입의존도}$$

8.2 수입자유화율

한 나라의 무역자유화가 어느 정도인가를 표시하는 지표로 이용되는 것이 수입자유화율(import freedom ratio)이며 이는 외환자유화, 자본자유화와 더불어 일국의 대외개방의 정도를 의미하기도 한다. 수입자유화율이란 일국의 총수입품목 수 중 자유롭게 수입할 수 있는 상품, 즉 수입자유화품목 수가 차지하는 비율을 말하고, 식으로는 다음과 같이 나타낼 수 있다.

$$\text{수입자유화율} = \frac{\text{수입자동승인품목 수}}{\text{총수입품목 수}} \times 100$$

8.3 무역결합도

무역결합도(intensity of trade)란 일정기간 동안 한 나라의 무역이 세계무역이나 교역상대국과 어느 정도 밀접한 관계를 유지하고 있는가를 나타내는 지표이다. 이러한 무역결합도는 세계무역이나 교역상대국에 대한 일국의 국가별, 상품별, 상품별·국가별 거래의 결합관계를 파악하는 데 이용될 뿐만 아니라 세계 수입수요에 대한 한 나라 무역의 적합성, 교역상대국과의 교역의 보완성, 그리고 제3국에 대한 국제경쟁력의 정도를 파악하는 데에도 이용된다. 그런데 무역결합도는 보통 수출을 중심으로 이용되고 있으므로 수출결합도(IE: intensity of export)라고 한다.

1) 국가별 수출결합도

$$IE_i = \frac{X_i}{X} \bigg/ \frac{M_i}{M}$$

여기서 IE_i는 일국의 i국과의 수출결합도, X는 일국의 수출총액, X_i는 일국의 i국에 대한 수출액, M은 세계(일국 제외)의 수입총액, M_i는 i국의 세계로부터의 수입액을 나타낸다.

2) 상품별 수출결합도

$$IE_j = \frac{X_j}{X} \bigg/ \frac{M_j}{M}$$

여기서 IE_j는 일국의 j상품의 수출결합도, X_j는 일국의 j상품 수출액, M_j는 세계의 j상품 수입액을 나타낸다.

3) 상품별·국가별 수출결합도

$$IE_{ij} = \frac{X_{ij}}{X} \bigg/ \frac{M_{ij}}{M}$$

여기서 IE_{ij}는 일국의 i국과의 j상품의 수출결합도, X_{ij}는 일국의 i국에 대한 j상품의 수출액, M_{ij}는 i국 j상품의 세계로부터의 수입액을 나타낸다.

여기서 국가별 수출결합도는 세계무역에서 차지하는 일국의 총수출 비율에서 i국에 대한 수출비율이 얼마나 되는가를 나타내고, 상품별 수출결합도는 세계무역에서 차지하는 일국의 총수출 비율에서 j상품에 대한 수출비율이 얼마나 되는가를 나타낸다. 그리고 상품별·국가별 수출결합도는 세계무역에서 차지하는 일국의 총수출 비율에서 i국의 j상품에 대한 수출비율이 얼마나 되는가를 나타낸다. 수출결합도가 1(지수로는 100)보다 클 경우에는 당해 거래에서 그 나라의 수출경쟁력이 강하지만 반대로 1보다 작다면 경쟁력이 약하다고 할 수 있다.

8.4 외화가득률

한 나라가 수출을 통해 과연 어느 정도의 외화를 벌어들이고 있는가를 알아보는 것도 매우 중요하다. 특히 우리나라와 같이 부존자원이 빈약하여 원자재를 수입·가공한 후 수출을 통해 경제성장을 이루어가는 수출주도형 성장전략을 채택하고 있는 국가는 더욱 그러하다. 이러한 경우에 수출액에서 상품의 생산에 사용된 수입 원자재의 금액을 공제한 후 이를 다시 수출액으로 나눈 값을 외화가득률(rate of foreign exchanging earning)이라 한다. 외화가득률의 표시방법은 다음과 같다.

$$E_j = \frac{X_j - M_j}{X_j} = 1 - m_j$$

여기서 E_j는 j상품의 외화가득률, X_j는 j상품의 수출액(FOB가격), M_j는 j상품 생산을 위한 수입 원자재의 수입액(CIF가격), m_j는 j상품의 수입투입계수(M_j/X_j)를 나타낸다.

예컨대, 어느 상품의 수출금액이 100달러이고 수입 원자재의 수입금액이 60달러라고 하면 이 상품의 외화가득률은 $\frac{100-60}{100} = \frac{40}{100} = 0.4$, 즉 40%가 된다. 이러한 경우에 외화가득률을 높이는 방법은 제품 고급화를 통해 수출가격을 높이든가 아니면 수입 원자재를 국산으로 대체하는 것이다.

8.5 무역특화지수

각국은 비교우위가 있는 상품을 특화·수출하고 있지만 실제로 어떤 상품을 수출하고 또 그 수출상품이 어느 정도 특화되어 있는가를 살펴볼 필요가 있다. 이러한 경우에 이용되는 지표가 무역특화지수(TSI : trade specialization index)이며 이는 수출특화지수와 수입특화지수로 구분된다.

여기서 수출특화지수(ESI : export specialization index)란 일국의 수출총액에서 차지하는 그 나라의 특정 상품의 수출액의 비율을 세계의 총무역액에서 차지하는 세계의 당해 상품의 무역액의 비율로 나눈 것을 의미한다. 그리고 수입특화지수(ISI : import specialization index)는 일국의 총수입액에서 차지하는 그 나라의 특정 상품의 수입액의 비율을 세계의 총무역액에서 차지하는 세계의 당해 상품의 무역액의 비율로 나눈 것을 의미한다.

수출특화지수와 수입특화지수를 식으로 표시하면 다음과 같다.

$$ESI = \frac{X_j}{X} \Big/ \frac{W_j}{W}$$

여기서 ESI는 수출특화지수, X_j는 일국의 j상품의 수출액, X는 일국의 수출총액, W_j는 일국의 j상품의 무역액, W는 세계의 무역총액을 나타낸다.

$$ISI = \frac{M_j}{M} \Big/ \frac{W_j}{W}$$

여기서 ISI는 수입특화지수, M은 일국의 수입총액, M_j는 일국의 j상품의 수입액을 나타낸다.

여기서 수출특화지수가 1(지수로는 100)보다 크면 일국의 j상품이 세계의 평균 이상으로 수출되고 있음을 의미하고 1보다 작다면 세계의 평균 이하로 수출되고 있음을 나타내게 된다. 따라서 이 값이 클수록 j상품에 대한 일국의 수출특화의 정도와 비교우위는 강하다고 할 수 있다.

한편, 수입특화지수는 지수값이 클수록 j상품에 대한 일국의 수입특화의 정도는 강하고 그 결과 그 상품은 비교열위를 면치 못하게 된다.

8.6 국제경쟁력

(1) 의의와 결정요인

한 나라의 어떤 상품이 국제시장에서 어느 정도의 경쟁력을 확보하고 있느냐하는 것은 그 국가의 무역과 경제 전반에 상당한 영향을 미치게 된다. 특히 무역의 존도가 높고 수출지향형 성장정책을 시행하는 국가일수록 더욱 그러하다.

국제경쟁력(international competitiveness)은 넓은 의미로는 자국상품의 해외시장에 대한 침투력은 물론 외국상품에 대한 자국시장에서의 방어력을 모두 포함하는 개념으로 정의되고 있다. 그러나 통상 전자를 수출경쟁력이라 하고 후자를 수입대항력이라고 하며 좁은 의미로 정의할 때는 수출경쟁력을 지칭하게 된다. 따라서 일반적으로 무역에서 국제경쟁력이라고 할 때에는 좁은 의미인 수출경쟁력만을 나타내는 경우가 많다.

이러한 국제경쟁력의 개념은 추상적인 것이므로 그 구체적인 결과로 그 나라의 수출규모나 세계시장에서의 시장점유율로서 국제경쟁력을 평가하기도 한다. 국제경쟁력을 결정하는 요인으로는 가격과 관련된 가격경쟁력 요인과 품질, 기술, 마케팅, 애프터 서비스 등을 포함하는 비가격경쟁력 요인으로 구분하기도 한다.

(2) 현시적 비교우위지수(RCA)

국제경쟁력의 평가지표로 발라사(B. Balassa) 교수가 제시한 현시적 비교우위지수(RCA : revealed comparative advantage index)가 있으며 식으로 나타내면 다음과 같다.

$$RCA_{ij} = \frac{X_{ij}}{X_i} \bigg/ \frac{X_j}{X}$$

여기서 X_{ij}는 i국가의 j상품 수출액, X_i는 i국가의 총수출액, X_j는 전 세계의 j상품 수출액(수입액), X는 세계 총수출액(총수입액)을 나타낸다.

여기서 지수값이 1보다 크면 당해 국가의 특정 품목이 자국의 여타 품목에 비해 비교우위(경쟁력)가 있는 것으로 판단한다.

제 2 부

국제무역(순수)이론

제 3 장
국제분업이론

제 4 장
국제가격의 결정과 교역조건

제 5 장
국제무역이 경제성장에 미치는 영향

제 6 장
경제성장이 국제무역에 미치는 영향

02

02

제 3 장

국제무역이론

요약 및 도해

국제무역이론

- **국제분업** →
  - 국제분업=무역
  - 결정요인
    - 기후
    - 생산요소 : 천연자원, 토지, 노동, 자본 등
    - 기술수준
    - 지식 및 정보수준 등
  - 형태
    - 수직적 분업과 수평적 분업
    - 경제적 분업과 비경제적 분업
- **국제무역이론**
  - 과제
    - 무역의 발생원인
    - 무역패턴의 결정
  - 발전과정
    - 절대생산비원리
    - ↓
    - 비교생산비원리 ⇨ 헥셔 · 올린정리
      - ‖
      - 요소부존비율이론 ⇨ 레온티에프 역설
      - 요소가격균등화 명제 ⇨ 스톨퍼 · 사무엘슨정리
    - →
      - 특수요소이론
      - 입수가능성이론
      - 대표적 수요이론
      - 규모의 경제론
      - R&D이론
      - 기술격차론
      - 제품사이클론
      - 합의적 분업론
      - 잉여분출설
      - 산업내무역이론

고전학파의 국제무역론

스미스의 절대생산비원리

- 〔주장자〕 — 스미스, 「국부론」(1776)
- 〔의　의〕 — 절대생산비의 차이
  - 무역의 발생원리
  - 무역패턴의 결정
  - 무역이익의 규명
- 〔이　익〕
  - 생산량의 증가
  - 소비량의 증가
  - 생산요소의 절약

리카도의 비교생산비원리

- 〔주장자〕 — 리카도, 「경제학과 과세의 원리」(1817)
- 〔의　의〕 — 비교생산비의 차이=노동생산성의 차이
  - 무역의 발생
  - 무역패턴의 결정
  - 무역이익의 규명
  - → 국제무역이론의 기본원리 제시
  - → 자유무역주의의 근거
- 〔이론 전개에 필요한 가정〕
  - 2국 · 2재화 · 1생산요소(노동)－노동가치학설
  - 노동의 질 동일, 국가 간 이동 없음
  - 불변비용의 조건
  - 완전고용과 완전경쟁 등
- 〔내　용〕 — 무역이익
  - 생산량의 증가
  - 소비량의 증가
  - 생산요소의 절약
- 〔검　증〕
  - 맥두걸, 스턴, 발라사 : 긍정적인 결과
  - 바그와티 : 부정적인 결과
- 〔비판 및 보완〕
  - 비교생산비 차이의 원인 규명 문제 : 헥셔 · 올린정리의 요소부존비율이론
  - 교역당사국에의 무역이익 배분문제 : 밀의 상호수요균등의 법칙 → 오퍼곡선이론
  - 정태분석 : 동태분석
  - 노동가치학설에 입각 : 기회비용설

근대 국제무역론

하벌러의 기회비용설

- 〔주장자〕 — 하벌러, 「국제무역론」(1936)
- 기회비용 : X재 1단위를 더 생산하기 위해 줄이지 않으면 안 되는 Y재의 단위 수
- 상품의 가치, 즉 생산비의 설명이론

노동가치설 → 실질비용설 → 기회비용설

(스미스, 리카도 등) (마샬, 에지워스 등) (하벌러 등)

헥셔 · 올린정리

- 〔주장자〕 — 헥셔 · 올린, "무역이 소득분배에 미치는 영향(1919)"
- 〔의　의〕
  - 비교생산비 차이의 원인 규명
  - 무역이 요소가격에 미치는 영향
- 〔가　정〕
  - 생산함수 동일
  - 요소집약도의 역전 없음
  - 2국 · 2재화 · 2생산요소의 가정 등
- 〔내　용〕
  - 제1명제 : 요소부존비율이론－비교생산비 차이의 원인 규명－각국의 요소부존도의 차이
  - 제2명제 : 요소가격균등화 명제－무역이 요소가격에 미치는 영향－각국의 요소가격 동일화
- 〔검　증〕 — 레온티에프의 검증 결과 역설적인 현상＝레온티에프 역설
- 〔비　판〕
  - 생산적인 측면만을 고려
  - 2국 · 2재화 · 2생산요소의 가정
  - 생산함수의 동일
  - 요소집약도의 역전 없음

레온티에프 역설

- 〔의　의〕 — 레온티에프의 헥셔 · 올린정리 검증 결과 레온티에프 역설 주장
- 〔내　용〕 — 미국 : 자본풍부국
  - 노동집약재 : 수출
  - 자본집약재 : 수입
- 〔비　판〕
  - 검증방법면의 비판 : 수출품과 수입경쟁상품과의 비교
  - 내용면의 비판 : 미국의 높은 노동생산성을 고려 → 노동집약재 수출 가능, 미국의 노동집약재가 상대국의 자본집약재보다 자본집약적

└ 〔해 석〕 ┬ 생산요소의 질적 차이
├ 인적자본의 무시
├ 자연자원의 무시
├ 수요편향에 의한 무역구조의 반전
└ 요소집약도의 역전

스톨퍼 · 사무엘슨정리

├ 〔주장자〕 — 스톨퍼 · 사무엘슨, "보호무역과 실질임금(1941)"
├ 〔의 의〕 — 자유무역이 미국 노동자의 임금에 미치는 영향
└ 〔내 용〕 — 자유무역 → 요소가격 균등화 경향 → 고임금의 미국 노동자의 실질임금 인하 경향 → 이의방지를 위한 보호관세 제도 주장

현대 국제무역론

특수요소이론

├ 〔주장자〕 — 해로드
└ 〔내 용〕 — 비교생산비의 차이 → 특수요소에 의해 결정
↓
(기후 · 자연자원, 인구분포의 불균형, 인간능력의 차이, 과거의 유산 등)

입수가능성이론

├ 〔주장자〕 — 크라비스
└ 〔내 용〕 — 수출품 : 천연자원, 기술진보에 의한 신제품 개발, 제품차별화 등 입수가능성이 있는 제품
↕
수입품 : 입수가능성이 없는 상품

대표적 수요이론

├ 〔주장자〕 — 린더
└ 〔내 용〕 — 농산물의 무역패턴 : 헥셔 · 올린의 요소부존도의 차이
↕
공산품의 무역패턴 : 대표적 수요
‖
각국의 수요패턴 유사
‖
수평무역 ←— 소득수준 유사 (↑ 공산품의 무역패턴)

R&D이론

- 〔주장자〕 — 키싱, 그루버, 메타, 버논
- 〔내 용〕
  - 무역 발생 원인 및 패턴 결정요소 : 연구개발요소
  - 비교우위산업＝R&D 집약적 산업
  - 연구개발지표와 수출비율의 높은 상관관계

기술격차론

- 〔주장자〕 — 포스터, 허프바우어
- 〔내 용〕
  - 공산품 : 생산기술 혁신에 의한 기술격차 → 비교생산비의 차이 초래 → 타국의 모방 시까지 비교우위 유지
  - 동태적 무역이론

제품사이클이론

- 〔주장자〕 — 버논, 웰즈
- 〔내 용〕
  - 동태적 무역이론
  - 제품의 라이프 사이클에 따라 신제품단계, 성숙제품단계, 표준화 제품단계로 구분
  - 각 단계의 생산 · 소비 · 수출입 관계를 설명

합의적 분업론

- 〔주장자〕 — 뮈르달, 해로드, 고지마
- 〔내 용〕
  - 비교생산비의 차이가 존재하지 않는 경우－교역당사국 간의 합의에 의해 분업 가능
  - 불변비용과 체감비용의 조건이 아닌 체증비용에서도 교역이 가능

잉여분출설

- 〔주장자〕 — 스미스, 민트
- 〔내 용〕
  - 전근대적인 식민국가의 무역 설명
  - 무역이 일국의 잉여자원을 분출 → 경제적 후생 증대

불완전경쟁에서의 무역이론

산업내무역이론

- 〔주장자〕 — 그루벨, 로이드
- 〔의 의〕
  - 동일 상품을 수출입
  - 규모의 경제성, 제품의 차별화에 의해 가능
  - 유사성이 많은 선진국 간의 교역량 증가 추세
- 〔형 태〕
  - 운송비, 보관비, 판매비 등의 차이로 인해 발생
  - 생산단계별 특화에 의한 무역
  - 제품의 차별화와 규모의 경제성에 의한 무역
- 〔산업내무역지수〕
  - 그루벨과 로이드의 산업내무역지수
  - $B_i = (X_i + M_i) - |X_i - M_i|$

    B_i : 산업내무역

    $X_i + M_i$: 총무역

    $X_i - M_i$: 산업간무역
  - $$B_i = \frac{(X_i + M_i) - |X_i - M_i|}{X_i + M_i} \times 100 = \left[1 - \frac{|X_i - M_i|}{X_i + M_i}\right] \times 100$$

규모의 경제론

- 〔의 의〕
  - 리카도와 헥셔 · 올린의 무역이론은 규모에 대한 수확불변(=불변비용)을 가정
  - 현실은 규모에 대한 수확체증 또는 체감
  - 규모에 대한 수확체증, 즉 규모의 경제가 존재하는 경우 노동생산성이나 요소부존도의 차이가 없어도 무역 발생
- 〔내 용〕 — 많은 종류의 재화 생산보다는 단일 제품이나 몇 종류의 제품을 대량으로 생산 → 평균생산비 인하

서비스무역

서비스의 정의 및 범위

- GATT : 농업과 공업부문을 제외한 모든 경제적 활동
- 우리나라 : 산업을 농림어업, 광공업, 전기 · 가스 · 수도 및 건설업, 서비스업으로 분류
- 힐 : 경제주체의 경제활동에 의해 타 경제주체 및 소유물의 상태를 변화시키는 행위
- UN : 도·소매업, 음식 · 숙박업, 운수, 창고 · 보관업, 통신, 보험 · 금융업, 부동산업, 사업서비스, 기계 및 장비대여업, 공공서비스 및 국방, 오락 및 문화서비스 등

서비스무역의 의의

- 무형무역
- 협의 : 화물운수, 기타 운수, 여행, 기타 민간서비스
- 광의 : 협의의 서비스무역+정부서비스+해외투자수익
- 서비스의 국경이동의 예
  - 상품이동과 관련하여 발생 : 운수, 보험 및 관련 금융서비스 등
  - 사람이동과 관련하여 발생 : 여객운송, 통신 등
  - 서비스 수출국 내에서 제공 : 관광, 숙박, 의료서비스 등
  - 서비스 수입국 내에서 제공 : 광고, 회계, 법률, 도·소매업 등

서비스 경제화와 서비스무역

- 〔서비스 경제화〕
  - 전 산업에서 차지하는 서비스산업 비중 증가, 최근 70%를 상회
  - 재화와 서비스 중 서비스에 대한 수요 증대
  - 개인 소비구조 측면 → 서비스적 지출 증대
  - 산업구조와 소비구조의 변화
- 〔서비스무역〕
  - 서비스교역의 지속적인 신장
  - 확대 원인
    - 세계경제의 상호의존도 심화
    - 세계경제의 서비스화

서비스무역의 자유화

- UR협상의 '서비스무역에 관한 일반협정(GATS)'
- 〔GATS의 구성〕— 전문과 본문, 부속서 및 국별양허표

- 전문 : GATS 제정의 목적
- 본문 : 6부 29조로 구성, 제2부는 서비스교역에서 지켜야 할 일반원칙 규정, 제3부 및 제4부에서는 각국의 서비스시장 개방 · 확대를 위한 구체적 약속 및 양허협상에 관하여 규율
- 부속서 : GATS 본문의 조문 해석 적용하는 데 지침이나 보완 역할
- 양허표 : 각 회원국의 구체적 약속이 기재된 표

- 〔GATS의 특징〕
  - 최초의 다자간 무역협정
  - 최혜국대우에 대한 광범위한 예외 인정
  - 자유화 조치의 중심 개념화
  - 자유화 추진방식의 차별화
  - 개도국 참여증진과 특별 대우
  - 분쟁해결수단으로서의 보복조치
- 〔GATS의 기본원칙〕
  - 최혜국대우 원칙 : 여타 국가와 동일한 교역상의 조건 부여
  - 내국민대우 원칙 : 수입품과 국산품의 차별 금지
  - 투명성 원칙 : 명료성과 공개성
  - 점진적 자유화 원칙 : 국가별 산업발전의 차이를 반영하여 시장 개방
  - 다자주의 : 모든 관련국 참여 속에 논의 결정

제 1 절 국제분업과 무역

1.1 국제분업의 의의와 무역의 발생

우리가 바다에서 고기를 잡는다고 생각해 보자. 가장 능률적으로 고기를 잡는 방법은 어떤 것일까? 여러 방법 중 하나는 가장 원시적인 방법인 맨손으로 잡는 것이다. 그러나 이 방법보다 자본을 투입하여 낚싯대를 사거나 아니면 배를 구입하여

고기를 잡는 방법이 보다 능률적일 것이다. 이와 같이 맨손으로 생산하기보다는 도구나 기계 등의 생산 보조수단인 자본재를 갖추어 생산하는 것, 즉 자본화하면 더 많은 생산이 가능하게 된다.

또 하나의 방법은 위의 예에서 한 사람이 고기를 잡는 모든 과정을 맡아서 처리하는 것보다 그물을 치는 데 소질이 있는 사람은 이 작업에, 그물을 걷어올리는 데 적성이 맞는 사람은 이 일에 각각 분담하여 처리하는 것이 보다 능률적이어서 더 많은 고기를 잡을 수 있을 것이다. 이와 같이 생산과정에서 각자의 적성에 맞는 분야에 특화하여 생산하는 것을 분업이라하며 이러한 분업을 통해서도 생산능률을 향상시킬 수 있다.

그리고 이러한 분업에는 어떤 작업이나 기업에서 볼 수 있는 기술적 분업(즉 전문직과 비전문직)과 산업적 또는 사회적 분업(예컨대, 농업, 공업, 상업 등)이 있을 수 있으며 국가 간에도 이와 같은 분업이 이루어지는데 이를 국제분업(international division of labor)이라고 한다. 이러한 국제분업의 예로 우리나라는 반도체를 전문적으로 생산하고 미국은 항공기를 전문적으로 생산하는 국제적인 분업체제를 유지하고 있다. 이에 따라 국가마다 자국의 적성에 맞는 상품이나 서비스를 특화·생산하고 있다.

그런데 이러한 분업은 교환을 전제로 하기 때문에 국제분업은 자연히 국제무역을 전제로 하게 된다.[1] 결국 국제분업이론은 무역이 성립하는 근거를 제공하고 있다. 스미스(A. Smith)는 "만일 A국이 어떤 상품을 B국에서 생산하는 것보다 싸게 생산할 수 있다면 이 상품생산에 특화하여 B국에 수출하고 자국보다 값싼 상품을 B국에서 수입하면 B국에서도 A국에 비해 좀 더 유리한 상품생산에 특화하여 그 상품의 일부를 수출한 대가로 값싼 상품을 A국에서 수입하는 것이 이익이 될 것이다"라고 말하면서 무역에 국제분업을 적용하여 무역의 필연성을 설명하였다.

1) 국제분업이나 특화는 필연적으로 무역을 의미하게 되고 무역 없이는 발생하지 않는다. 즉 국제분업이나 특화가 있는 곳에 반드시 무역이 발생한다는 뜻이다. M. Chacholiades, *Principles of International Economics*, McGraw-Hill Book Company, 1981.

1.2 국제분업의 결정요인

그러면 무역을 가능하게 하는 국제분업이 이루어지는 결정적인 요인이 무엇인가 하는 의문이 제기된다. 만약 각국이 경제적·사회적·문화적 환경이 동일하다면 국제분업은 일어나지 않을 것이다. 그러나 현실적으로 세계 각국은 여러 측면에서 환경이 서로 다르다. 이러한 차이 중에서 국제분업에 가장 큰 영향을 미치는 것이 각국의 생산조건의 차이라고 할 수 있다.

즉 각국은 기후조건이 다르고 천연자원·토지·노동·자본 등의 생산요소의 부존상태가 다르며 더욱이 이러한 조건이 동일하다고 하더라도 기술수준이나 지식 및 정보수준이 다름으로써 각국은 자국에 적합한 상품의 생산에 특화(specialization)하게 된다. 각국의 이러한 특화가 국제분업이고 이러한 국제분업이 국제무역을 발생시키게 된다. 예컨대, 기후조건의 차이에 따라 우리나라의 경우 고무나무나 사탕수수의 재배가 불가능하므로 항상 이들을 수입에 의존할 수밖에 없지만 기술 및 지식수준의 차이에 의해 고품질의 반도체를 저가로 생산할 수 있어 국제분업 면에서 반도체에 특화하여 수출하고 있다.

이하에서는 국제분업의 주요 결정요인에 대해 살펴보기로 한다.

(1) 기 후

우리나라의 경우 1960년대까지만 해도 바나나나 파인애플을 거의 맛볼 수 없었다. 그것은 우리의 토양과 기후조건에서는 이들의 재배가 불가능하였기 때문이었다. 이처럼 많은 농산물의 생산이 기후조건에 영향을 받고 있다. 이러한 기후조건 중에서 기온과 강우는 국제무역에 커다란 영향을 미치고 있다. 특히 농산물 무역이 큰 비중을 차지하였던 수 세기 전에는 이러한 기후의 차이가 국제분업을 야기하는 중요한 요인이었다.

이러한 기후의 차이가 아직도 국제분업의 발생요인으로 작용하고 있지만 그 중요성이 점차 약화되고 있는데 그 이유는 다음과 같다.

첫째, 신품종의 개발과 재배기술의 발달 등으로 전에는 기후조건에 의해 생산이 불가능한 지역에서도 농산물 생산이 가능하게 되었다.

둘째, 과학기술의 발달에 의해 어느 정도 기후조건을 변화시킬 수 있게 되었을 뿐만 아니라 관개시설 및 지하수 개발사업 등으로 물 문제를 해결할 수 있게 되었다.

셋째, 과학기술의 발달에 의해 천연자원을 대체할 수 있는 인조제품이나 합성품 등이 생산되게 되었다.

이러한 이유로 인해 국제분업에서 기후의 중요성이 많이 감소되었지만 아직도 기후의 영향은 국제분업의 결정요인으로서 그 역할을 무시할 수 없다.

(2) 천연자원 · 토지 · 노동 · 자본 등의 생산요소

어떤 국가는 위에서 열거한 생산요소 중 어떤 요소가 다른 국가에 비해 풍부하게 부존되어 있을 수 있다. 이러한 경우에 해당 요소의 가격이 저렴하게 되어 그 나라는 이 생산요소를 보다 집약적으로 투입하여 생산한 제품에 비교우위를 갖게 됨으로써 국제분업이 가능하게 된다.

천연자원의 경우 석유와 금 · 은 등 광물자원에서부터 어류 등 해상자원에 이르기까지 이들의 부존상태가 오늘날에도 국제분업의 중요 요인이 되고 있다.

토지는 식량 생산의 원천으로서 경지면적의 크기와 비옥도에 따라 식량무역의 방향이 결정된다. 즉 인구에 비해 농지면적이 적은 국가에서는 식량을 수입하여야 하며 그 반대의 경우에는 식량을 수출하게 된다.

노동은 그 양과 질에 따라 중요도가 결정되는데 노동의 양은 주로 일국의 인구규모에 의존하나 노동의 질은 노동자의 건강상태, 교육, 훈련의 수준 등에 의해 결정된다. 이러한 노동의 양과 질은 국제분업을 결정하는 중요한 요인이 되고 있다.

자본 또는 자본재란 사람들이 만들어서 다른 상품이나 서비스 생산에 투입되는 생산요소를 말한다. 생산요소로서의 자본에는 화폐를 포함시키지 않는데 여기에는 기계, 공장, 건물, 도로 등과 같이 일정기간 지속적으로 생산에 투입되는 고정자본과 원료, 중간재 등과 같이 생산에 한 번 투입되어 없어지는 유동자본이 있다.

이러한 자본은 생산을 증가시키고 생산기술을 향상시키는 데 필수적인 요소이다. 특히 대다수의 개발도상국은 자본시설이 부족하여 경제성장에 중요한 장애요인이 되어 빈곤에서 벗어나지 못하는 주요한 요인이 되고 있다. 결국 자본 역시 국가마다 부존상태가 다르고 이에 따라 각국의 산업형태가 달라져 국제분업이 이루어지는 요인이 되고 있다.

(3) 기술수준

각국은 자국의 기술수준에 따라 자국에 적합한 산업에 특화하게 된다. 따라서 기술수준의 차이는 기후 및 생산요소의 부존상태와 함께 국제분업을 결정하는 중요한 요인이 되고 있다. 예컨대, 선진국의 경우 새로운 기술의 지속적인 개발에 의해 신제품 생산이 가능함으로써 기술집약재를 특화·수출하게 된다. 그러나 시간이 경과함에 따라 개발도상국도 이러한 선진국의 기술을 모방하여 선진국과 유사한 상품을 저임금으로 값싸게 생산하게 되어 오히려 선진국에 수출하게 된다. 이와 같이 기술수준의 차이에 따른 국제분업의 형태는 고정된 것이 아니라 기술진보에 따라 변화하게 된다.

(4) 지식 및 정보수준

지금까지 언급한 기후, 생산요소, 기술수준이 국제분업의 중요한 결정요인인 것은 부정할 수 없다. 그러나 최근의 세계경제는 WTO체제에서 개방화와 자유화가 급속히 진행되면서 이들 요인의 중요성은 물론 기술과 지식, 정보수준을 가미한 새로운 형태가 국제분업의 중요한 결정요인으로 부각되고 있다.

미국에서는 이들 요인을 산업화한 하나의 형태로 IT(information technology)산업을 주력 산업화하여 수출증대 및 경제성장에서 견인차 역할을 하고 있다. 이는 피터 드러커(P. Drucker) 교수 등이 지적한 지난날의 농경사회에서 노동이, 자본주의 사회에서 자본이, 오늘날 탈근대화 사회(또는 후기자본주의 사회, 세계화 사회)에서 지식, 정보, 기술이 모든 경제주체의 경쟁력의 결정요인이라고 지적한 것과 의미가 같다고 볼 수 있다.

이렇게 볼 때 오늘날 미국을 비롯한 선진국과 여타 국가와의 국제분업에서는 선진국이 지식·정보·기술수준에서 우위를 점하는 가운데 이들 분야에서 열위에 있는 국가와 교역이 이루어지고 있으므로 지식 및 정보수준이 국제분업을 결정하는 또 하나의 중요한 요인으로 등장하게 되었다.

1.3 국제분업의 형태

국제분업은 생산단계의 형태에 따라 수직적 분업(vertical specialization)과 수평적 분업(horizontal specialization)으로 분류할 수 있고, 가격기구(price mechanism)에 의한 비교우위의 원리에 의해 결정되느냐에 따라 경제적 분업과 비경제적 분업으로 구분할 수 있다.

(1) 수직적 분업과 수평적 분업

수직적 분업의 전형적인 형태는 공업국과 농업국 간의 무역이다. 오늘날에는 선진국의 공업제품과 개발도상국의 1차산품(원재료, 농산품 등)과의 무역이 수직적 분업이라고 할 수 있다. 그리고 수평적 분업은 경제적으로 유사한 국가, 즉 선진국과 선진국 간 그리고 개발도상국과 개발도상국 간의 무역이라 할 수 있다. 또한 공업제품과 공업제품 간 그리고 1차산품과 1차산품 간의 무역 역시 수평적 무역이라고 할 수 있다.

(2) 경제적 분업과 비경제적 분업

가격기구에 의한 비교우위의 원리에 의해 자유롭게 이루어지는 바람직한 분업이 경제적 분업으로, 앞서 열거한 수직적 분업과 수평적 분업이 경제적 분업이다. 그러나 과거 종주국과 식민지와의 관계에서는 가격기구에 의한 국제분업의 원리에 의하지 않고 약탈에 가까운 강요된 분업이 이루어졌는데 이러한 분업을 비경제적 분업이라고 할 수 있다.

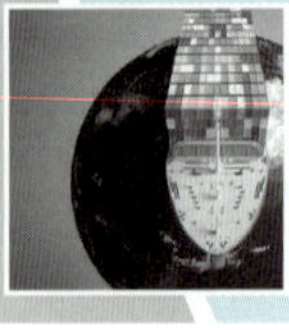

제 2 절

국제무역이론

앞에서 언급한 국제분업의 결정요인에 따라 국가 간에 분업이 이루어진 경우에 무역은 필연적으로 발생하게 된다. 이러한 무역으로 인해 어떤 국가는 자동차나 반도체를 수출하고 석유나 철강석을 수입하며 또 어떤 국가는 쌀과 밀을 수출하고 기계나 선박을 수입하고 있다. 더욱이 국가에 따라서는 서로 유사한 상품을 교역하기도 한다.

그러면 이와 같이 국가에 따라 수출입 패턴이 달라지는 이유는 무엇인가? 이러한 의문은 왜 무역이 이루어지는가 그리고 그것이 국가에 어떠한 이익을 가져다 주는가 하는 문제와 깊은 관련이 있다.

따라서 여기서는 무역이 왜 발생하고 또 무역이 발생할 경우에 무역패턴이 어떻게 결정되는가 하는 문제를 다루는 국제무역론, 즉 비교우위론의 과제와 발전과정에 대해 살펴보기로 한다.

2.1 국제무역론의 의의 및 과제

무역이 어떤 이유로 이루어지며 무역이 이루어지면 어떤 이익이 발생하는가 하는 문제는 고전학파뿐만 아니라 오늘날의 국제무역이론에서도 해명되어야 할 중요한 과제의 하나이다. 국가 간에 무역이 이루어지는 주요한 이유는 무역이익(gains from trade)이 발생하기 때문이다. 그리고 국가 간에 무역이 이루어지면 어떤 국가는 어떤 상품을 수출하고 또 어떤 상품을 수입하게 되는가 하는 무역패턴의 결정에 관한 문제가 뒤따르게 된다.

이러한 2가지 문제, 즉 무역의 발생원인과 무역패턴의 결정을 취급하는 이론이 국제무역론이며 이 이론에서는 이 2가지 문제를 해명하는 것이 주된 과제이다.

(1) 무역의 발생원인

무역의 발생원인은 국제분업이 어떻게 이루어지고 있는가를 의미하는 것인데 이는 국제무역이론의 가장 기초적인 연구대상이며 또한 국제무역이론의 근간을 이루고 있다.

무역의 발생원인은 애덤 스미스의 절대생산비설과 리카도의 비교생산비원리에 의하여 처음으로 규명되었고 그 후 헥셔·올린정리로 새롭게 전개되었으며 또한 레온티에프의 역설을 계기로 새로운 국제무역이론이 등장하게 되었다.

이러한 새로운 국제무역이론으로는 해로드의 특수요소이론과 크라비스의 입수가능성이론, 린더의 대표적 수요이론, R & D이론 그리고 제품사이클이론 등이 있다.

(2) 무역패턴의 결정

무역이 이루어질 경우 어떤 국가가 어떤 상품을 수출하고 또 어떤 상품을 수입하게 되는가 하는 문제가 무역패턴의 결정문제이다. 이 문제는 전술한 무역의 발생원인 규명과 함께 국제무역론의 핵심 내용이다. 따라서 무역패턴의 결정은 전술한 무역의 발생원인을 규명하는 이론에 내포되어 있으므로 비교우위론에 의해 규명될 수 있다.

2.2 국제무역론의 발전과정

앞에서 국제무역론의 주요 과제는 무역의 발생원인과 무역패턴의 결정을 규명하는 데 있다고 한 바 있다. 이론이 국제분업론이라는 것은 앞에서 언급한 바와 같다. 그러면 여기서는 이러한 국제무역론이 어떻게 발전하여 왔는가를 간략히 살펴보기로 한다. 그 발전과정을 그림으로 표시한 것이 [그림 3-1]이다.

스미스는 국제분업을 통하여 무역의 발생원인과 무역이익의 발생을 처음으로 설명하였다. 즉 그는 국내분업의 원리를 국제무역에 적용하여 국제분업론을 체계화한 후 영국의 포도주 생산을 예로 들어 각국의 절대생산비의 차이(absolute difference of cost)가 무역을 발생시킨다고 주장하였다. 환언하면, A국이 B국에 비해 싸

그림 3-1 국제분업론의 발전과정

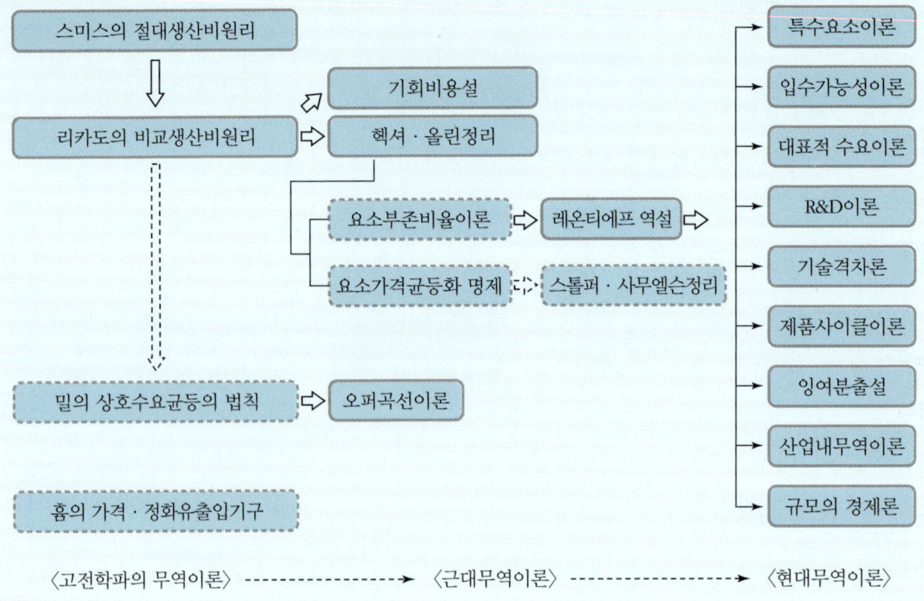

게 생산할 수 있는 상품을 특화·수출하고, B국이 A국보다 어떤 상품을 보다 싸게 생산할 수 있을 경우 이를 수입하면 무역 이익을 얻을 수 있다는 것이 스미스의 절대생산비설 또는 절대생산비원리이다.

한편 리카도는 한 걸음 더 나아가 절대생산비의 차이가 존재하는 경우는 물론 비교생산비의 차이(comparative difference of cost)가 존재하는 경우에도 무역이 발생한다고 주장하였다. 그는 영국과 포르투갈에서 나사(옷감의 일종)와 포도주를 각각 1단위씩[2)] 생산하는 데 필요한 노동량을 예시한 후 일국이 타국에 비하여 보다 유리한 상품 생산에 각각 특화하여 이들 상품을 상호 교역한다면 무역이익을 얻을 수 있다고 주장하였다. 이러한 주장이 리카도의 비교생산비원리이며 이 원리는 무역의 발생원인 및 무역패턴의 결정, 그리고 무역이익의 발생을 설명하고 있는데 이론적으로는 국제무역이론의 기본원리를 제시하는 동시에 정책적으로는 자유무역론의

2) 단위란 어떤 상품의 수량을 측정할 때 사용하는 임의의 기준으로, 예컨대, 각 상품마다 수량 선정의 기준이 다르므로 이를 극복하기 위하여 이론적으로 편리하게 사용할 수 있게 한 것이며, 포도주 1단위는 1병이 될 수도 있고 12병이 될 수도 있으며 심지어는 1박스를 1단위라고 정할 수도 있다.

근거가 되고 있다.

그런데 이 원리에서는 비교생산비의 차이가 어떻게 발생하느냐에 대한 설명이 없었기 때문에 근래에 이르러 이러한 비교생산비의 차이에 대한 원인을 규명하게 되었으며 그 결과 비교생산비의 차이는 국가 간 생산요소의 부존상태와 상품 생산에서의 요소집약도에 의해서 발생된다는 주장이 나오게 되었다. 이러한 주장을 최초로 한 학자는 헥셔이며 그 후 올린이 참여하게 됨에 따라 이 이론을 헥셔·올린정리라고 하였다.

헥셔·올린정리는 일국이 타국에 비해 보다 풍부하게 부존되어 있는 생산요소를 보다 집약적으로 사용하여 생산한 상품이 비교우위를 갖게 되는 경향이 있다는 것이다.

리카도의 비교생산비원리에서는 무역의 발생원인을 비교생산비의 차이라고 하였는데 이 비교생산비 차이의 원인을 각국의 요소부존도의 차이라고 설명한 이론이 헥셔·올린정리이다. 레온티에프는 미국의 통계자료를 이용하여 미국의 무역구조가 현실적으로 헥셔·올린정리에 의해 잘 설명되고 있는지를 검증하였다.

검증 결과 헥셔·올린정리와 반대되는 역설적인 현상이 나타났으므로 이 검증의 결과를 레온티에프 역설이라고 한다. 검증 당시 미국은 자본이 타국에 비해 풍부하므로 헥셔·올린정리에 의하면 자본집약재를 수출하고 노동집약재를 수입하여야 하는데 검증결과는 오히려 노동집약재를 수출하고 자본집약재를 수입하는 역설적인 현상이 나타나게 되었다는 것이다.

이러한 레온티에프 역설이 제기됨으로써 헥셔·올린정리는 부정되었다. 즉 이는 무역의 발생원인을 각국의 요소부존도의 차이가 아닌 다른 요인으로 설명하지 않으면 안 되게 되었다. 이와 같이 무역의 발생원인을 요소부존도의 차이가 아닌 다른 요인으로 설명하는 새로운 이론들이 등장하게 되었는데 그 이론들은 대체로 다음과 같다.

해로드는 무역의 발생원인을 특수요소라고 하고 이들 특수요소로서 기후와 자연자원, 인구분포의 차이, 인간능력의 차이, 과거의 유산 등이 포함된다는 특수요소이론을 전개하였다. 크라비스는 일국이 어떤 상품을 수출하고 수입하느냐를 결정하는 것은 입수가능성에 의해 결정된다고 하는 입수가능성이론을 주장하였다.

그리고 린더는 비교생산비의 차이가 없는 경우에도 무역이 가능하다고 생각하면서 대표적 수요이론을 주장하였다. 이 이론에 의하면 한 상품이 수출상품이 되기 위해서는 우선 그 상품이 국내에서 생산되고 또한 국내에서 어느 정도 크기의 수요가 있어야 한다는 것이다. 또한 버논 등의 공동연구와 키싱에 의해 독립적으로 주장되고 있는 R&D이론은 무역의 발생원인을 연구개발요소에서 찾고 있다. 이 외에도 포스너와 허프바우어가 제기한 기술격차론, 버논과 웰즈가 주장한 제품사이클이론, 뮈르달과 해로드 등이 주장한 합의적 분업론, 스미스와 민트가 주장한 잉여분출설, 그리고 그루벨과 로이드가 주장한 산업내무역이론 등이 제기되고 있다.

오늘날 이렇게 새로운 국제분업론이 다수 등장하게 된 것은 어느 한 요인에 의해서 무역의 발생원인과 무역패턴을 설명할 수 없음을 의미하므로 앞으로 이에 대한 면밀한 연구가 계속되어야 할 것이다.

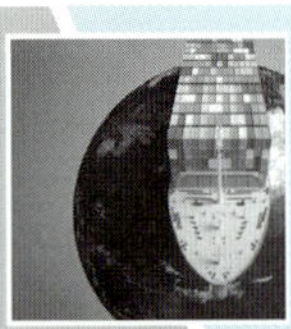

제 3 절 고전학파의 국제무역이론

고전학파 국제무역이론이란 1776년 애담 스미스가 「국부론」에서 주장한 절대우위론에서 시작하여 데이비드 리카도의 비교우위론에 이르는 무역이론을 의미하며, 여기에 밀의 상호수요균등의 법칙과 흄의 가격·정화유출입기구[3] 등을 포함하게 된다. 이 절에서는 스미스의 절대우위론과 리카도의 비교우위론을 중심으로 살펴보기로 한다.

3) 흄(D. Hume)은 가격·정화유출입기구(price-specie flow mechanism)에서 일국이 무역으로 흑자가 발생하면 금이 유입되어 통화량이 팽창함으로써 국내물가가 오르게 된다고 하였다. 이러한 물가상승으로 인해 수출이 감소하고 수입이 증가하여 흑자가 시정된다. 이와 반대로 일국이 적자상태가 되어 금이 유출되면 통화량이 감소하게 되고 이로써 국내물가는 하락하게 됨으로써 수출이 증가하고 수입이 감소하게 되어 적자가 시정되어 국제균형이 회복된다고 주장하였다. 따라서 그는 국제균형기구 자체에 대한 해명뿐만 아니라 일단 교란된 국제균형이 어떠한 과정을 통하여 회복되는가를 해명하였다.

3.1 스미스의 절대우위론(=절대생산비설)

(1) 의 의

스미스[4]는 그의 저서 「국부론」(*The Wealth of Nations*, 1776)에서 국가의 부를 중상주의자들이 주장하는 금·은의 귀금속과 같은 화폐 자체가 아니라 매년의 생산물이라 하고 이러한 부의 원천은 토지가 아니라 노동임을 주장하였다. 따라서 국가의 부를 증대시키기 위해서는 노동량의 증가와 노동생산성의 증대가 필요하며 이러한 노동생산성을 증대시키기 위해서는 분업이 필요하다고 하였다.

스미스는 국내분업의 원리와 이익을 국가 간의 거래, 즉 국제무역에 적용하여 국제분업론을 전개하였다. 그는 절대생산비의 차이가 존재하는 경우에 무역이익을 설명하였는데, 국가 간에 무역이 자유롭게 이루어져 어떤 재화를 자국에서보다 외국에서 유리하게 생산할 수 있다면 이를 수입하고 자국이 외국에 비해 싸게 생산할 수 있는 상품을 수출한다면 무역상의 이익을 얻을 수 있다고 주장하였다. 이러한 스미스의 이론을 절대우위론(theory of absolute advantage)이라고 한다.

(2) 내 용

그러면 절대적 생산비의 차이가 존재하는 경우에 무역의 발생원리와 무역패턴의 결정 그리고 무역이익의 발생을 설명하기 위하여 [표 3-1]을 이용하기로 한다.

[표 3-1]은 무역 개시 전에 영국과 포르투갈의 나사와 포도주에 대한 생산비를 나타낸 것이다. 여기서 생산비를 화폐로 표시하지 않고 노동량으로 표시한 것은 국제무역론에서는 화폐의 개념을 도입하지 않기 때문이다. 따라서 생산비가 상품 생산에

표 3-1 절대적 생산비의 차이가 있는 경우 (1단위 생산에 필요한 노동량)

	영 국	포르투갈
나 사	100명	110명
포도주	120명	80명

4) Adam Smith, *An Inquiry into the Nature and Causes of the Wealth of Nations*, The Morden Library, 1937, book Ⅰ, Ch. 3;Book Ⅳ, Chs. 1~3, 6~8.

투입된 노동량으로 결정되는 것을 노동가치설(labor theory of value)이라 하며 고전학파 무역이론은 이러한 노동가치설을 가정한다.

이렇게 노동가치설에 입각해서 볼 때 [표 3-1]에서 영국은 나사 1단위를 생산하는 데 필요한 노동량이 100명, 포도주 1단위를 생산하는 데 필요한 노동량이 120명이다. 그리고 포르투갈은 영국과 같은 양을 생산하는 데 나사는 110명, 포도주는 80명의 노동을 필요로 한다.

이러한 경우 영국은 나사 생산에 절대우위가 있는 반면 포르투갈은 포도주 생산에 절대우위가 있다. 따라서 영국과 포르투갈은 다같이 절대우위에 있는 상품에 특화하여 그 상품을 서로 교역할 수 있다. 그 결과 양국 전체의 생산량은 [표 3-2]와 같이 특화 전보다 증가하게 된다.

그러면 이러한 경우에 무역을 하면 어떠한 이익이 발생하는가를 살펴보기로 한다. [표 3-2]는 절대적 생산비의 차이가 있는 경우에 특화에 의한 무역이익을 나타낸 것이다. 즉 각국은 절대우위에 있는 상품 생산에 특화하여 무역을 개시함에 따라 특화 전에 비해 나사는 0.2단위,[5] 포도주는 0.375단위가 더 생산되게 된다(생산량의 증가). 그리고 이렇게 증가된 생산량만큼 소비량을 증가시킬 수 있다(소비량의 증가). 또한 무역 전과 동일한 양을 생산한다고 하면 나사 생산에서는 20명의 노동을 절약[6]할 수 있고 포도주 생산에서는 30인의 노동을 절약할 수 있다(생산요소의 절약). 결국 절대생산비의 차이가 있는 경우 무역을 함으로써 생산량의 증가와 소비량의 증가, 생산요소의 절약의 이익을 얻을 수 있다는 것이다.

표 3-2 절대적 생산비의 차이가 있는 경우의 무역이익

		영 국	포르투갈	양국 합계
무역 전	나 사	100명의 노동= 1단위	110명의 노동=1단위	2단위
	포도주	120명의 노동= 1단위	80명의 노동=1단위	2단위
무역 후	나 사	220명의 노동=2.2단위		2.2단위
	포도주		190명의 노동=2.375단위	2.375단위

5) 영국의 경우 나사 1단위 생산에 100명의 노동이 필요하므로 특화 후에는 노동량이 모두 220명이기 때문에 2.2단위의 나사가 생산되게 된다.

6) 영국의 경우 특화 후에는 220명의 노동이 모두 나사 생산에 투입됨으로써 특화 전과 같이 나사를 2단위만 생산하면 200명의 노동만이 필요하므로 20명의 노동이 절약된다.

3.2 리카도의 비교우위론(=비교생산비설)

(1) 의 의

비교우위론(theory of comparative advantage) 또는 비교생산비설은 무역의 발생원인과 무역패턴의 결정 및 무역이익을 밝힌 이론으로서 이론적으로는 국제무역이론의 기본원리를 제시하고 정책적으로는 자유무역론의 근거가 되고 있다. 즉 비교우위론은 무역의 발생원인을 각국의 비교생산비의 차이, 즉 노동생산성의 차이[7)]로 규정함으로써 국제무역 또는 국제분업의 이론적 근거를 제시하였다.

이러한 비교우위론에 의하면 일국이 타국에 비하여 유리한 상품 생산에 특화를 하고 이를 서로 교환한다면 생산량의 증가와 소비량의 증가, 생산요소의 절약이라는 이익을 얻을 수 있다. 이 원리는 리카도의 「경제학과 과세의 원리」(*On the Principles of Political Economy and Taxation*, 1817)[8)]에서 소개되었다.

(2) 가 정

비교생산비원리도 대부분의 경제이론과 마찬가지로 다수의 가정에 의해 전개되고 있다. 이 원리를 전개하는 데 필요한 가정들 중 중요한 것을 열거하면 다음과 같다.

첫째, 2국, 2상품, 1생산요소(즉 노동)를 가정하고 있다. 즉 세계에는 두 국가만이 존재하고 이들 국가는 노동이라는 생산요소만으로 두 상품을 생산한다고 한다. 따라서 이 원리는 노동을 유일한 생산요소로 간주하는 노동가치설에 입각하고 있다.

둘째, 노동의 질은 두 국가에서 동일하며 노동이 국가 간에는 이동하지 않는다.

셋째, 생산은 불변비용의 조건에서 이루어진다고 가정한다. 즉 생산요소를 n배 증가하면 산출량도 n배가 증가하는 규모에 대한 수확불변(constant returns to scale)에서 생산이 이루어진다.

7) 왜냐하면 생산비를 노동투입량으로 결정하는 노동가치설에 입각하고 있기 때문이다.

8) David Ricardo, *The Principles of Political Economy and Taxation*, Homewood, IL:Irwin, 1963.

넷째, 양국의 생산요소 부존량이 동일하다고 가정한다. 즉 두 나라의 총노동량이 같다고 간주한다.

다섯째, 완전고용과 완전경쟁 그리고 무역장벽이 존재하지 않는 자유무역의 가정 등 국제무역론의 이론 전개에 필요한 여러 가지 가정이 대체로 동일하게 적용된다.

(3) 내 용

여기서는 비교생산비의 차이가 존재하는 경우 무역의 발생원리와 무역패턴의 결정, 무역이익의 발생에 대해 살펴보기로 한다. 다음 [표 3-3]의 예시에 의하면 포르투갈은 영국에 비해 나사와 포도주에서 모두 절대우위에 있으므로 이러한 경우 절대우위론에 의하면 무역이 발생하지 않는다. 그러나 리카도는 이러한 경우에도 무역을 하면 이익이 발생한다고 주장한다.

양국이 두 상품을 생산하는 데 필요한 생산비, 즉 투하 노동량이 [표 3-3]과 같으면 양국의 생산관계는 다음과 같다.

첫째, 포르투갈은 영국에 비해 두 상품 모두 생산비 면에서 절대적으로 유리하나 유리한 정도는 나사보다 포도주가 더 크다. 즉 포르투갈의 생산비를 영국과 비교해 보면 나사는 90/100=0.9이지만 포도주는 80/120=0.67이다. 따라서 포르투갈의 경우 영국에 비해 나사 생산비는 90%이지만 포도주 생산비는 약 66.7%에 지나지 않는다.

둘째, 영국은 포르투갈에 비해 두 상품 모두 생산비 면에서 불리하나 불리한 정도는 나사가 포도주보다 적다. 즉 영국의 생산비를 앞의 방법과 같이 포르투갈과 비교해 보면 나사는 100/90=1.1이지만 포도주는 120/80=1.5이다. 따라서 영국의 경우 포르투갈에 비해 나사 생산비는 약 111%이나 포도주 생산비는 150%가 된다.

표 3-3 비교생산비의 차이가 있는 경우 (1단위 생산에 필요한 노동량)

	영 국	포르투갈
나 사	100명	90명
포도주	120명	80명

표 3-4 비교생산비의 차이가 있는 경우의 무역이익

		영 국	포르투갈	양국 합계
무역 전	나 사	100명 = 1단위	110명 = 1단위	2단위
	포도주	120명 = 1단위	80명 = 1단위	2단위
무역 후	나 사	220명 = 2.2단위		2.2단위
	포도주		190명 = 2.125단위	2.125단위

결국 두 나라에서 두 상품의 생산에 있어서 비교생산비의 차이가 존재하는 경우에 양국이 각각 두 상품을 모두 생산하기보다는 자국에게 비교적 유리한 상품이나 혹은 불리한 정도가 적은 상품 생산에 각각 특화하여 교역을 한다면 무역이익이 발생하게 된다. 위의 예에서 영국은 나사 생산에 특화하여 이를 수출하는 대신에 포르투갈의 포도주를 수입하고, 포르투갈은 포도주 생산에 특화하여 이를 수출하는 대신에 영국의 나사를 수입한다면 생산량이 증가하고 이에 따른 소비량이 증가할 뿐만 아니라 생산요소가 절약되는 무역이익이 발생하게 된다. 이러한 내용을 표로 나타낸 것이 [표 3-4]이다.

이 표를 보면 첫째, 생산량의 증가 측면에서 영국은 무역 전보다 나사를 0.2단위 더 생산할 수 있고 포르투갈은 포도주를 0.125단위 더 생산할 수 있다. 둘째, 소비량의 증가 측면, 즉 소비자의 이익 측면에서 영국은 무역 전보다 0.2단위 더 생산된 나사를 소비할 수 있고 포르투갈도 무역 전보다 0.125단위 더 생산된 포도주를 소비할 수 있어 소비량의 증가, 즉 소비자이익이 발생하게 된다. 셋째, 생산요소의 절약 면에서 영국은 나사 생산에 특화함으로써 전체 노동량이 나사 생산에 투입되어 220명이 되므로 2.2단위의 생산이 가능하다. 그러나 특화 전과 같이 2단위의 나사 생산을 유지한다면 200명만 필요하게 되어 20명의 노동이 절약되게 된다. 포르투갈 역시 특화 후에는 전체 노동량이 포도주 생산에 투입되므로 170명이 되어 포도주 2.125단위의 생산이 가능하다. 그러나 특화 전과 같이 2단위의 포도주 생산을 유지한다면 160명만 필요하므로 10명의 노동이 절약되게 된다. 결국 비교생산비의 차이가 있는 경우에 무역이 이루어짐으로써 생산량의 증가, 소비량의 증가로 인한 소비자 이익 증대, 생산요소의 절약 등 무역이익이 발생하게 된다.

(4) 검 증

어떠한 이론이 현실의 경제현상을 잘 설명해 주고 있는가를 알아보기 위하여 검증이 필요하다. 여기서 논의되고 있는 리카도의 비교우위론 역시 현실적으로 타당한 것인가에 대한 검증이 맥두걸을 비롯하여 스턴, 발라사 등에 의하여 시도되었다.

특히 맥두걸(G. D. A. MacDougall)[9]은 1937년의 미국과 영국의 25개 산업을 대상으로 노동생산성과 제3국에서의 시장점유율과의 관계를 검증하였다. 당시 미국 제조업 부문의 평균임금은 영국보다 2배 높았기 때문에 만약 리카도의 비교우위론이 타당하다면 미국의 노동생산성이 영국의 노동생산성보다 2배 이상 높은 제품 생산에서는 비교우위를 갖게 될 것이다. 따라서 미국이 그러한 제품에 대해서는 제3국 시장에서 영국보다 시장점유율이 높게 된다는 것이다.

[그림 3-2]는 맥두걸의 검증결과를 요약해서 보여주고 있다. 수직축은 미국의 노동생산성과 영국의 노동생산성의 비율을 표시한다. 이 비율이 높을수록 미국 노

그림 3-2 미국과 영국의 상대적 노동생산성과 비교우위

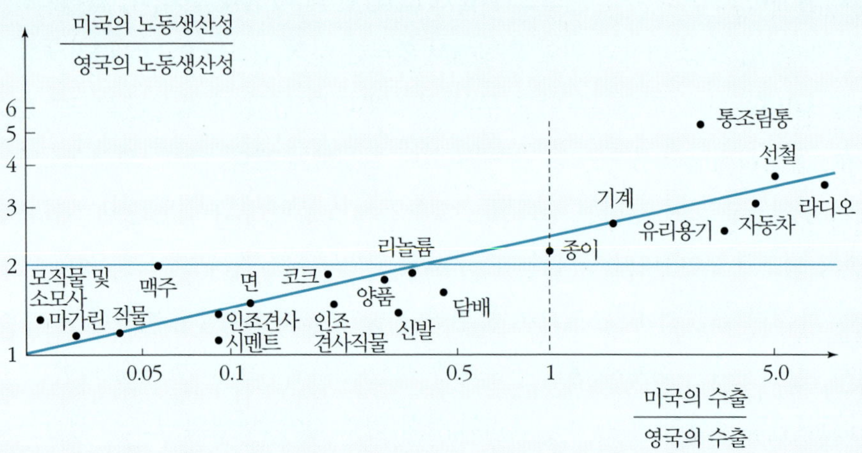

9) G. D. A. MacDougall, "British and American Exports : A Study Suggested by the Theory of Comparative Costs," *Economic Journal*, 61(December 1951), pp.697~724.

동자의 상대적 생산성은 더 크다. 수평축은 제3시장에 대한 미국의 수출과 영국의 수출비율을 표시한다. 이 비율이 높을수록 기타 다른 지역에서 미국의 수출은 영국보다 크다. 양축의 눈금은 (동일한 거리가 절대적 차이를 측정하는) 산술적으로 표시된 것이 아니라 로그함수로 표현하였기 때문(길이가 같으면 변화율이 같음을 의미한다)이라는 점을 주목하자.

[그림 3-2]의 점들은 노동생산성과 수출 사이의 (짙은 선으로 표시된) 정(+)의 상관관계를 보여주고 있다. 즉 미국에서의 노동생산성이 상대적으로 높은 산업은 영국에 대한 미국의 수출비율이 높은 산업이다. 이는 그림에서 표시된 (맥두걸이 연구한 총 25개 산업 중에서) 20개 산업의 경우에 적용된다. 미국과 영국에서 노동생산성과 수출 사이의 양의 상관관계는 그 후에 1950년 자료를 사용한 발라사(B. Balassa)와 1950년과 1959년 자료를 이용한 스턴(R. M. Stern)에 의해서도 확인되었다. 리카도 무역모형은 최근 골럽(S. S. Golub)의 연구[10)]에서 재확인되었다.[11)]

그러나 그 후 바그와티(J. Bhagwati)는 맥두걸, 스턴, 발라사 등의 검증결과에 이의를 제기하였다. 즉 그는 리카도의 비교우위론을 다음과 같이 2단계로 구분하여 검증해야 한다고 하였다. 첫째, 노동생산성의 차이가 수출재의 가격과 상관관계를 가지는가에 대한 검증이 필요하고, 둘째, 이러한 수출재의 가격이 제3국 시장에서의 수출점유율과 상관관계를 가지는가에 대한 검증이 필요하다고 주장하였다. 바그와티의 이러한 주장에 따라 리카도의 비교우위론을 검증한 결과 상관관계가 무의미하다는 결론을 얻게 되었다. 따라서 리카도의 비교우위론은 바그와티에 의해 그 타당성이 부정되게 되었다.

이러한 2가지의 상반된 검증결과는 결론적으로 리카도의 비교우위론이 현실의 무역발생 원인을 완전히 설명하고 있지 못하고 있음을 뜻하는 것으로, 이는 무역의 발생원인을 설명할 새로운 무역이론이 필요함을 의미한다고도 볼 수 있다.

---

10) S. S. Golub, *Comparative and Absolute Advantage in the Asia-Pacific Region*(San Francisco : Federal Reserve Bank of San Francisco, Center for Pacific Basin Monetary and Economic Studies 1995), p. 46; S. S. Golub and C. T. Hsieh, "The Classical Ricardian Theory of Comparative Advantage Revisited", *Review of International Economics*, May 2000, pp.221~234.

11) 최낙일 옮김, 국제무역론, 시그마프레스, 2010, pp.51~52(*International Economics*, 10th edition, John Wiley & Sons, Inc., 2010).

(5) 평가 및 보완

1) 평 가

리카도의 비교우위론은 무역의 발생원인과 무역의 패턴결정 및 무역이익을 규명해 국제무역의 기본원리를 제시하고 정책적으로는 자유무역론의 근거가 되고 있다.

그러나 이 이론은 다음과 같은 몇 가지 문제점을 가지고 있다. 첫째, 리카도의 비교우위론은 노동을 유일한 생산요소로 간주하였다는 점이다. 즉 생산요소는 노동만이 존재하며 노동의 질 역시 동일하다고 가정하고 있으므로 상품의 생산비는 노동의 투입량에 의해 결정된다는 노동가치설에 입각하고 있다는 점이다.

둘째, 리카도의 비교우위론에 의하면 무역의 발생원인을 비교생산비의 차이라고 하였는데 이러한 비교생산비의 차이가 어떻게 발생하는지에 대한 설명이 없다는 점이다.

셋째, 이 이론에 의하면 일국이 타국에 비하여 유리한 상품 생산에 특화하여 수출하면 이익을 얻을 수 있다고 한다. 그러나 리카도는 무역이익을 양국 전체만으로 표시하였을 뿐 양국의 전체 이익이 두 당사국에 어떻게 배분되는가에 대한, 즉 무역이익이 교역당사국에 어떻게 배분되는가에 대한 설명이 없다는 점이다.

넷째, 무역패턴은 시간과 여건(예컨대, 경제성장과 노동량의 증가, 자본축적, 기술진보 등)의 변화에 따라 달라질 수 있음에도 불구하고 리카도는 이러한 변화를 고려하지 않고 정태분석에만 의존하고 있다는 점이다.

위의 비판 외에도 비교우위론은 현실과 다른 여러 가정 아래 이론이 전개되었기 때문에 이론의 적용범위가 매우 제한적이라는 비판을 면하기 어렵다. 이러한 가정을 들어보면 대체로 다음과 같다. 두 나라만이 존재하고 두 재화만을 생산하며, 생산요소는 국내에서는 자유롭게 이동하지만 국가 간에는 이동하지 않는다. 그리고 완전경쟁과 완전고용이 실현되고 자유무역이 이루어지며 무역은 물물교환에 의해 이루어진다는 것 등이다.

2) 보 완

앞서 제기한 비판을 보완하려는 시도가 여러 학자들에 의해 이루어졌는데 그 내용을 살펴보면 다음과 같다.

첫째, 비교우위론의 이론 전개에 있어서 가장 특징적인 가정은 노동이 유일한 생산요소라고 간주하는 노동가치설에 입각하고 있는 점이다. 그런데 현실경제에서는 생산요소로서 노동만이 존재하는 것이 아니고 자본, 토지, 기술 등 다양하다. 따라서 이러한 결점을 해결하기 위하여 상품의 가치를 노동비용으로 보지 않고 기회비용으로 간주하는 기회비용설이 주장되게 되었다. 기회비용설에 의해서도 리카도의 비교우위론을 설명할 수 있을 뿐만 아니라 노동가치설에 의한 결과와도 동일하게 됨을 알 수 있다.

둘째, 비교우위론에서 설명되지 않고 있는 비교생산비의 차이의 원인에 대해서는 헥셔·올린정리의 제1명제인 요소부존비율이론에서 명확히 밝히고 있다. 이 이론에 의하면 비교생산비의 차이의 원인은 각국의 요소부존도, 즉 요소부존 상태의 차이라고 설명하고 있다.

셋째, 비교우위론에서 해결하지 못한 교역당사국에 무역이익이 어떻게 배분되어지는가에 대한 문제로, 이는 교역당사국에게는 매우 중요한 것이다. 이 문제를 해결하려는 첫 시도가 밀의 상호수요균등의 법칙이다. 이에 의하면 교역당사국 간에 배분되는 무역이익은 양국의 상호수요에 의해 결정되는 국제가격에 따라 정해진다는 것이다. 그런데 이러한 밀의 이론 역시 그 자체의 결점, 즉 국제가격의 결정에 상호수요가 구체적으로 어떻게 작용하는지에 대한 문제로 인해 한계에 부딪치게 되었다. 이러한 문제를 해결하기 위하여 에지워스 등은 오퍼곡선이라는 분석도구를 이용하여 국제가격을 결정하는 방법을 제시함으로써 교역당사국 간 무역이익의 배분문제를 해결하였다.

넷째, 비교우위론에서는 시간과 여건이 변하지 않는 정태분석에 의존하고 있지만 현실경제에서는 시간과 여건이 변하고 있으므로 이러한 사실을 고려하여 무역의 발생원인과 무역패턴의 결정을 설명해야 한다. 이렇게 볼 때 비교우위론은 개도국이 공업화되는 과정을 제대로 설명하지 못하고 있어 이에 대한 보완으로 동태분석에 입각한 비교우위이론인 제품사이클이론과 기술격차론 등이 제기되었다.

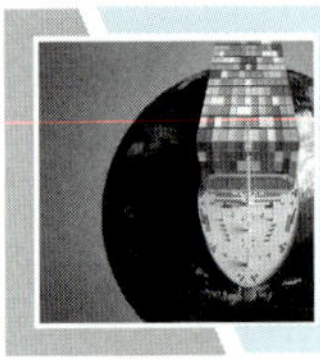

제4절

근대 국제무역이론(=신고전학파 국제무역이론)

4.1 하벌러의 기회비용설

국내경제와 마찬가지로 국제경제에서도 각 경제주체들이 경제행위를 하기 위해서는 먼저 시장에서 가격이 결정되어져야 한다. 그런데 국제무역이론에서는 현실과 다르게 가격결정에 화폐를 도입하지 않는다고 가정하였다. 따라서 가격결정 이전에 상품의 가치를 결정하는 기준에 대해 고전학파 무역이론에서는 상품을 생산하는 데 투입된 노동량에 의해 결정된다는 노동가치설에 의존하고 있다.

그러나 현실경제에서는 생산요소로서 노동 이외에 토지, 자본, 기술 등이 존재할 뿐만 아니라 최근에는 이들의 역할이 오히려 노동보다 중요시되므로 노동가치설이 비판을 면할 수 없게 되었다. 이러한 노동가치설의 결함을 제거한 이론이 하벌러(G. Haberler)에 의해 제기된 기회비용설(theory of opportunity cost)이다.

하벌러에 의하면 상품의 가치, 즉 가격은 고전학파 학자들이 주장한 것처럼 노동의 투입량에 의하여 결정되는 것이 아니고 한 상품을 생산하기 위하여 희생되는 다른 상품의 생산량으로 표시되는 기회비용에 의해 결정된다는 것이다.[12)]

노동가치설에 입각한 고전학파 무역이론에서는 불변생산비를 전제로 하여 이론을 전개하지만 현실적으로는 규모에 대한 수확이 체증하기도 하고 체감하기도 하므로 노동가치설은 이러한 점에서 한계에 부딪치게 된다.

그러나 기회비용설은 노동가치설의 한계를 극복할 수 있어 위의 모든 경우에도 이용이 가능할 뿐만 아니라 노동가치설에 의거하여 전개한 비교우위론의 결과와도 동일함을 보여주고 있다. 결국 근대무역이론인 신고전학파의 무역이론을 전개하는 데 있어서는 노동가치설을 대체하여 기회비용설이 널리 이용되고 있다.

12) G. Haberler, *The Theory of International Trade*, W. Hodge and Company, London, Chap. 12, 1936.

4.2 헥셔·올린정리

(1) 의 의

리카도의 비교생산비원리에 의하면 무역의 발생원인은 비교생산비의 차이, 즉 상품 생산에 필요한 노동량의 차이(=노동생산성의 차이)에 기인한다고 하였다. 그런데 리카도는 무역의 발생원인을 비교생산비의 차이라고 설명하였으나 이러한 비교생산비의 차이가 발생하는 원인에 대해서는 설명하지 않고 있다.

그리하여 비교생산비의 차이가 발생하는 원인을 밝히려는 연구가 1919년 헥셔의 "무역이 소득분배에 미치는 영향(The Effect of Foreign Trade on the Distribution of Income)"[13]이라는 논문에서 처음으로 이루어졌고 그 후 올린에 의해 더욱 정밀하게 되었다. 이러한 비교생산비 차이의 발생원인에 관한 연구결과를 헥셔·올린정리의 제 1 명제라 하고 여기에 사무엘슨의 연구가 추가되었는데 이를 헥셔·올린정리의 제 2 명제라고 한다. 따라서 헥셔·올린정리는 요소부존도에 의하여 비교생산비 차이의 원인이 결정되고 무역에 의하여 요소가격이 어떻게 변화되는가를 설명하는 이론이다.

(2) 가 정

헥셔·올린정리는 여러 가지 가정을 전제로 하여 전개되고 있는데 그중에서 중요한 가정들을 열거하면 다음과 같다.[14]

첫째, 두 국가의 동일한 상품의 생산함수는 같다고 가정한다. 예컨대, A국이 노동 2단위와 자본 3단위로 X재 1단위를 생산하면 B국 역시 노동 2단위와 자본 3단위로 X재 1단위를 생산한다는 것이다. 그러나 현실적으로는 요소가격이 다르기 때문에 각국의 생산자들은 생산비용을 최소화하기 위하여 상대적으로 싼 생산요소를 더 많이 사용하게 된다. 예컨대, 한국은 신발을 생산할 경우 노동보다는 자본을

13) E. F. Heckscher, "The Effect of Foreign Trade on the Distribution of Income", *Ekonomisk Tidskrift*, vol. 21, 1919, pp.1~32.

14) M. Chacholiades, *International Economics*, McGraw-Hill Publishing Company, 1990, pp.63~66.

더 투입하여 (즉 자본집약재로) 생산하고, 중국은 자본보다는 노동을 더 많이 투입하여(즉 노동집약재로) 생산한다.

둘째, 상품이 다르면 요소집약도도 다르고 요소집약도는 역전되지 않는다. *X*재와 *Y*재는 서로 요소집약도가 다르므로 *X*재는 *Y*재에 대해 노동집약재가 되면 *Y*재는 *X*재에 대해 자본집약재가 된다. 그리고 요소집약도가 역전되지 않으므로 생산요소 가격의 변동이 생겨도 노동집약재가 자본집약재로 변하지 않는다. 1970년대에 한국은 임금이 싸서 신발의 경우 노동집약적으로 생산하였으나 그 후 임금이 자본의 가격에 비하여 상대적으로 비싸져서 신발을 자본집약적으로 생산하게 되었다. 그러나 요소집약도의 역전이 없다고 가정하면 이러한 경우에도, 즉 임금이 비싸져도 신발을 계속해서 노동집약적으로 생산한다는 것이다.

그 밖에 위의 가정 외에도 일반적으로 적용되는 2국·2재·2생산요소와 완전고용, 완전경쟁, 자유무역 등의 가정이 필요하다.

(3) 내 용

헥셔·올린정리는 비교생산비 차이의 원인과 국제무역이 요소가격에 미치는 영향을 설명한 이론이다. 즉 헥셔·올린정리는 비교생산비 차이의 원인을 밝히는 요소부존비율이론과 무역이 교역당사국의 요소가격을 균등화시킨다는 요소가격균등화 명제의 두 명제로 구성되어 있다.

1) 이론 전개상의 특징

헥셔·올린정리를 전개하는 데 있어서 다음과 같은 2가지 특징이 있음을 알 수 있다. 첫째, 헥셔·올린정리에서 요소부존 상태(=요소부존도)와 요소집약도를 정의할 때 상대적으로 파악한다는 점이다. 가령 "A국에 비해" 또는 "*X*재에 비해"라는 식으로 상대국 및 여타 상품에 대하여 상대적인 비교에 중점을 두고 있다는 것이다.

둘째, 헥셔·올린정리는 비교생산비 차이의 원인을 각국의 요소부존도의 차이, 즉 요소부존의 상대적 풍부성에 두고 있다. 그런데 요소부존의 상대적 풍부성을 어떻게 정의할 것인가에 대해서는 두 가지 해석이 있을 수 있다.[15)]

---

15) Bo Södersten, *International Economics*, Harper & Row, Publishers, 1971, pp.65~69; M. Chacholiades, *Principles of International Economics*, McGraw-Hill, Inc., 1981, pp.96~98.

하나는 생산요소의 가격을 기준으로 하여 요소풍부성을 정의하는 방법이다. 올린은 일국이 타국에 비해 어떤 생산요소가 상대적으로 풍부하다는 것은 그 생산요소의 가격이 상대적으로 싸다는 것을 의미한다고 보았다. 이와 같은 요소풍부성의 정의를 요소풍부성의 가격정의(factor abundance defined by factor price) 또는 올린의 정의라고 한다.

또 다른 정의는 한 나라의 요소풍부성을 양적으로 정의하는 것이다. 레온티에프는 미국이 자본풍부국이라면 다른 나라에 비하여 자본이 노동에 비해 양적으로 많다는 것을 의미하는 것으로 해석하였다. 따라서 이와 같은 정의를 요소풍부성의 물량적 정의(factor abundance defined in physical terms) 또는 레온티에프의 정의라고 한다.

이와 같이 요소풍부성을 어떻게 정의하는가에 따라 헥셔·올린정리의 해석이 달라질 수 있기 때문에 주의를 요하게 된다. 어떤 국가가 가격정의에서나 물량적 정의에서 자본풍부국(또는 노동풍부국)이라면 문제가 없으나 가격정의와 물량적 정의가 서로 상충될 경우에는 헥셔·올린정리의 해석에 문제가 될 수 있기 때문이다.

2) 제 1 명제 : 요소부존비율이론

이를 표로 요약하면 [표 3-5]와 같다.

A국은 상대적으로 풍부하게 부존되어 있는 노동을 집약적으로 사용하여 생산한 X재, 즉 노동집약재에 비교우위가 있어 이를 특화·수출하게 되고 상대적으로 희소하게 부존되어 있는 자본을 집약적으로 사용하여 생산되는 Y재, 즉 자본집약재를 수입하게 된다. 그러나 B국은 A국과는 반대로 X재를 수입하고 Y재를 수출하게 된다.

표 3-5 요소가격균등화 명제(I)

A국	L풍부 → P_L저렴 → X재 수출 → X재 생산↑ → L수요↑ → P_L비싸짐	P_L↑	양국간에 생산요소 가격의 균등화
	K희소 → P_K비쌈 → Y재 수입 → Y재 생산↓ → K수요↓ → P_K싸짐	P_K↓	
B국	L희소 → P_L비쌈 → X재 수입 → X재 생산↓ → L수요↓ → P_L싸짐	P_L↓	
	K풍부 → P_K저렴 → Y재 수출 → Y재 생산↑ → K수요↑ → P_K비싸짐	P_K↑	

위와 달리 요소부존비율이론을 그림을 이용해서도 설명할 수 있는데 요소가격으로 정의한 요소부존비율이론과 요소부존량으로 정의한 요소부존비율이론의 방법이 있다. 자세한 내용은 부록에서 설명하기로 한다.

3) 제2명제 : 요소가격균등화 명제

사무엘슨은 헥셔·올린정리를 검토하는 과정에서 요소가격균등화 명제를 도출하였다. 이 명제는 무역이 이루어짐으로써 비록 국가 간에 생산요소가 직접 이동하지 않더라도 국가 간에 생산요소의 가격이 상대적으로나 절대적으로 같아지는 경향이 있다는 것이다.

B국의 경우

L(노동) 희소 → *L*의 가격 비쌈 → *X*재(노동집약재)에 비교열위 → *X*재 수입 → *X*재 생산 감소 → *L*의 수요 감소 → *L*의 가격 → 저렴해짐

K(자본) 풍부 → *K*의 가격 저렴 → *Y*재(자본집약재)에 비교우위 → *Y*재 특화·수출 → *Y*재 생산 증가 → *K*의 수요 증가 → *K*의 가격 비싸짐

요소가격균등화 명제에 의하면 A국은 노동이 상대적으로 풍부하여 노동가격이 싼 노동집약적인 *X*재 생산에 특화하여 수출함으로써 *X*재에 대한 생산증가로 노동의 수요가 상대적으로 증가하여 노동의 가격이 비싸지는 반면, *Y*재는 수입에 의존함으로써 *Y*재의 국내생산은 감소하게 되어 자본에 대한 수요가 상대적으로 감소함으로써 자본의 가격이 저렴해진다. 결국 A국의 경우 무역으로 인해 노동의 가격은 상대적으로 상승하고 자본의 가격은 하락한다. 그리고 B국에서는 반대로 노동의 가격은 하락하고 자본의 가격은 상승하여 양국 간에 생산요소의 가격이 균등화되는 경향이 발생한다는 것이다. 이를 표로 나타낸 것이 [표 3-5]이다.

[그림 3-3]은 요소가격균등화 명제를 그림으로 설명하기 위해 제시한 것이다. 그림에서 사각형 $OAO_1'B$는 A국의 박스 다이어그램이고 사각형 $OCO_2'D$는 B국의 박스 다이어그램이다. 여기서 A국은 노동이 풍부하므로 A국의 박스는 노동의 부존량을 표시하는 수평적 길이가 자본의 부존량을 표시하는 수직적 길이보다 길고, B국은 자본이 풍부한 국가이므로 B국의 박스는 A국의 박스와 반대이다.

그림 3-3 요소가격균등화 명제(II)

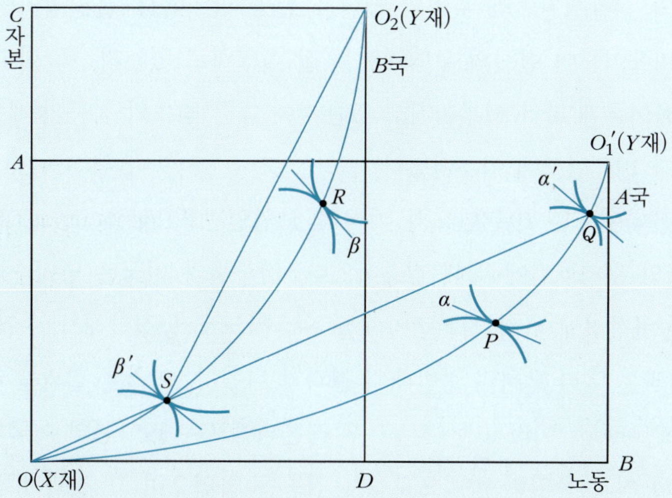

그런데 무역 전에 A국은 P점에서 B국은 R점에서 각각 두 재화를 생산 및 소비한다. 이 경우에 A국의 생산요소의 가격비는 α이고 B국의 생산요소의 가격비는 β로 표시되어 있다. 여기서 A국의 요소가격선 α의 기울기가 B국의 요소가격선 β의 기울기보다 완만하므로 A국에서는 노동가격이 자본가격에 비하여 상대적으로 싸고 B국은 이와 반대의 경우가 된다.

그러나 양국 간에 무역이 이루어지면 노동이 풍부한 A국은 노동집약재인 X재 생산에 특화하므로 X재의 생산량은 증가하고 Y재의 생산량은 감소함으로써 생산점은 P에서 Q점으로 이동한다. 한편 자본이 풍부한 B국은 위와 반대로 Y재 생산에 특화하므로 Y재의 생산량은 증가하고 X재의 생산량은 감소함으로써 생산점은 R점에서 S점으로 이동한다. 그 결과 양국에 있어서 Q점과 S점에서 생산요소의 가격비를 표시하는 α'와 β'의 기울기는 같게 되므로 두 재화의 상대가격비는 양국 간에 균등화되고 이에 따라 생산요소의 가격이 절대적으로도 같아진다.

(4) 검 증

무역의 발생원인과 무역의 패턴을 설명하는 헥셔·올린정리의 제1명제인 요소부존비율이론이 현실의 무역패턴을 잘 설명하고 있는지, 즉 현실의 무역이 요소부존비율이론에 따라 이루어지고 있는지에 대한 최초의 검증이 레온티에프에 의해 1953년과 1956년도에 이루어졌다.

레온티에프는 1947년도의 미국의 산업연관표(input-output table)[16]를 이용하여 미국의 무역패턴에 대해 검증하였다. 검증결과 미국은 당시 자본풍부국이므로 헥셔·올린정리에 따라 자본집약재를 수출하고 노동집약재를 수입해야 할 것이라는 예상과는 달리 오히려 정반대의 결과가 나왔다. 이러한 결과를 레온티에프 역설(Leontief paradox)이라고 한다. 그 후 레온티에프는 1951년의 미국의 산업연관표를 이용하여 전과 동일한 방법으로 2차 검증을 하였으며 그 결과 1차 검증과 동일한 결과가 나왔다.

이러한 역설적인 검증결과는 세계 각국의 학자들에게 충격적인 것이었고 그리하여 각국에서 헥셔·올린정리의 제1명제에 대한 검증이 여러 학자들에 의해 행하여졌다. 이들의 내용을 소개하면 다음과 같다.

첫째, 1959년 일본이 과잉인구로 문제가 되었던 시기에 다테모토(建元正弘)와 이치무라(市村眞一)는 일본의 무역패턴에 대해 검증하였다. 그 결과 일본은 자본집약재를 수출하고 노동집약재를 수입한다는 결론을 얻었다. 이 검증은 레온티에프 역설을 뒷받침하고 헥셔·올린정리를 부정하는 결과이다.

둘째, 월(D. F. Wahl)은 1961년에 발표한 그의 연구에서 캐나다의 무역패턴을 분석하였다. 이 연구에서 캐나다는 자본집약재를 수출하고 노동집약재를 수입한다는 것을 발견하였다. 그런데 이 당시 캐나다의 주요 무역상대국은 미국이었고 캐나다는 미국에 비해 노동풍부국이었으므로 위와 같은 결과는 헥셔·올린정리에 상반되는 것이다.

셋째, 바라드와즈(R. Bharadwaj)는 1962년에 인도의 무역패턴을 연구한 논문을 통해 인도는 노동집약재를 수출하고 자본집약재를 수입한다는 결론을 내렸다. 이

16) 산업연관표는 국민경제의 산업부문 간 상호연관관계를 생산요소의 투입 및 생산물의 분배측면에서 체계적으로 정리한 표이다.

러한 연구 결과는 헥셔·올린정리의 타당성을 뒷받침해 주고 있다.

넷째, 한국의 경우를 분석한 홍원탁[17] 교수에 의하면 1960년도 한국의 경우 수출품의 노동에 대한 자본의 비율(K/L:요소집약도)은 0.6이었는데 수입품은 1.25로 나타나 노동집약재를 수출하고 자본집약재를 수입하고 있는 것으로 나타났다. 1968년의 경우에도 수출품은 1.12이고 수입품은 1.52로 1960년의 경우와 동일한 결과를 얻었다. 그런데 1973년의 경우에는 수출품의 요소집약도는 1.67이고 수입품이 1.62로 나타나 이 시기에 한국은 더 이상 노동풍부국이라고 인정할 수 없으므로 지금까지 한국은 대체로 헥셔·올린정리와 일치한다고 볼 수 있다.

이상과 같이 헥셔·올린정리의 제1명제인 요소부존비율이론에 대한 검증결과가 헥셔·올린정리의 타당성을 인정 또는 부정하는 결과로 나타나고 있는 것은 헥셔·올린정리가 무역의 발생원인과 무역패턴의 결정을 완벽하게 설명하지 못하고 있음을 의미한다고 볼 수 있다.

(5) 한계와 비판

헥셔·올린정리는 비현실적인 여러 가지 가정을 전제로 하기 때문에 무역의 발생원인이나 무역패턴의 결정을 완벽하게 설명하지 못하고 있다. 그러므로 헥셔나 올린이 주장하고 있는 각국의 요소부존도 차이나 재화 간의 요소집약도의 차이라는 두 요인만으로 무역의 발생원인이나 무역패턴의 결정을 규명하는 것은 불가능하고 그 외에 생산측 요인(예컨대, 노동생산성)뿐만 아니라 수요측 요인인 수요상태, 즉 기호까지도 포함하여 고려하여야 할 것이다.이와 같은 한계 내지 비판의 특징적인 것들을 들어보면 다음과 같다.

첫째, 헥셔·올린정리에서는 2국·2재화·2생산요소를 가정하고 있으나 현실세계는 여러 국가로 구성되어 있고 다양한 생산요소로 여러 가지 재화를 생산하고 있다. 따라서 헥셔·올린정리가 비판을 받게 되고 현실적으로 레온티에프 역설이 발생할 수도 있다는 것이다. 둘째, 동일한 상품의 경우 국가 간에 생산함수가 동일하다고 가정하여 헥셔·올린정리를 전개하였지만 현실적으로는 국가마다 생산면에서의 기술적 조건(즉 노동과 자본의 투입비율)이 달라 생산함수가 다르다는 것이다. 셋

17) 홍원탁, "Factor Supply and Factor Intensity of Trade in Korea," KDI, 1976.

째, 헥셔·올린정리를 전개하는 데 있어서 중요한 가정 중의 하나가 요소집약도의 역전이 없는 것이지만 현실적으로는 요소집약도의 역전은 언제나 가능하다는 것이다. 즉 생산요소의 가격이 변함에 따라 요소집약도가 달라지는 것이 일반적이다.

기술한 바와 같이 헥셔·올린정리는 여러 가지 한계가 있기 때문에 헥셔·올린정리에서 설정한 여러 가정들을 완화하여 이 정리를 보완하려고 하였다. 현실적으로 요소집약도의 역전현상이 일어나고 있으며 또한 오늘날 복잡한 무역의 발생원인과 무역패턴의 결정을 각국의 요소집약도의 차이만으로 설명하기에는 한계가 있어 레온티에프 역설과 같은 현상이 나타남으로써 비교우위론에 관한 새로운 이론이 요구되게 되었다.

4.3 레온티에프 역설

(1) 의 의

무역의 발생원인과 무역패턴의 결정요인을 비교생산비의 차이라고 주장한 리카도가 해명하지 못한 비교생산비의 차이의 원인을 규명한 헥셔·올린정리의 제 1 명제인 요소부존비율이론을 최초로 검증한 학자는 레온티에프였다.

레온티에프는 헥셔·올린정리의 제1명제, 즉 일국은 타국에 비하여 보다 풍부하게 부존되어 있는 생산요소를 보다 집약적으로 투입하여 생산한 재화에 비교우위가 있어 이를 수출하고 그렇지 않은 재화를 수입한다는 비교생산비의 차이의 발

표 3-6 레온티에프 역설의 내용

	1954년		1956년	
	수출상품	수입경쟁상품	수출상품	수입경쟁상품
자본(1947년 달러 가격)	2,555,780	3,091,339	2,256,800	2,303,400
노동(연노동 인원수)	182	170	174	168
자본/노동(K/L)	14,010	18,180	12,977	13,726
비 율	1	1.30	1	1.06

생원인을 검증한 결과 헥셔·올린정리와는 반대의 결론을 얻었는데 이를 레온티에프 역설(Leontief Paradox)[18]이라고 한다.

(2) 내 용

그 당시 일반적으로 미국은 다른 국가에 비하여 자본이 풍부하고 노동이 희소한 국가로 인식되고 있었으므로 헥셔·올린정리에 의할 때 미국은 자본집약재를 수출하고 노동집약재를 수입할 것으로 예상되었다. 그러나 레온티에프가 1947년의 미국의 산업연관표를 이용하여 실시한 검증결과는 헥셔·올린정리와는 정반대로 오히려 미국이 노동집약재를 수출하고 자본집약재를 수입하고 있는 것으로 나타났다.

레온티에프의 검증 내용을 [표 3-6]을 통해 구체적으로 살펴보면 다음과 같다. 그는 수출상품과 수입경쟁상품의 생산에 투입된 노동과 자본을 비교하였는데 수출상품 및 수입경쟁상품을 각각 100만 달러어치 생산하는 데 필요한 자본과 노동의 양을 산정하였다. 수출상품의 경우 노동자 1인당 자본이 14,068달러인 데 반해, 수입경쟁상품은 노동자 1인당 자본이 18,184달러이므로 자본 대 노동비율은 수출상품을 1로 한다면 수입경쟁상품은 1.29가 되어 수입경쟁상품이 보다 자본집약적이라는 것이다.

이러한 사실은 자본풍부국인 미국의 경우 헥셔·올린정리의 제1명제인 요소부존비율이론과는 상반되는 것이다. 이 때문에 이를 레온티에프 역설이라고 부르게 된 것이다.

(3) 비 판

레온티에프 역설에 대해서는 대체로 다음의 2가지 측면에서 비판이 제기되고 있다. 그 중 하나는 검증방법상의 비판이고 다른 하나는 검증 결과가 헥셔·올린정리와는 반대로 나타났지만 그 내용이 역설적인 것이 아니라는 것이다.

먼저 방법상의 비판을 제기한 포드(J. L. Ford)에 의하면 레온티에프가 비교한 것은 수출품과 수입경쟁상품(즉 수출국에서 생산되는 상품)이므로 이는 적절하지 못

18) W.W. Leontief, "Domestic Production and Foreign Trade : The American Capital Position Re-examined," *Economica*, vol. 7(February), 1954, pp.3~32.

하다는 것이다. 따라서 적절한 비교는 수출품과 실제의 수입품(즉 수입국에서 생산된 상품)이어야 한다는 것이다.

한편 내용면에서 비판을 제기한 학자는 레온티에프 자신과 존스(R.W. Jones)이다. 즉 레온티에프에 의하면 생산요소의 질은 국가 간에 동일하다는 헥셔·올린정리의 가정은 현실에 맞지 않으므로 미국의 경우 현실적으로 높은 생산성을 고려할 때 미국이 결코 노동이 부족한 국가라고 볼 수 없다는 것이다. 따라서 미국이 노동집약재를 수출할 수도 있다는 것이 레온티에프의 지적이다. 그리고 존스는 자본풍부국인 미국이 설령 노동집약재를 수출한다고 하더라도 미국에 비해 상대적으로 자본이 부족한 국가의 자본집약재보다 미국의 수출재인 노동집약재가 보다 자본집약적이라고 하면서 레온티에프의 검증 결과가 역설적이 아니라는 것이다.

(4) 레온티에프 역설에 대한 해명

레온티에프가 헥셔·올린정리의 제1명제인 요소부존비율이론을 검증한 결과 역설적인 현상이 나타난 데에 대해 여러 학자들이 다양한 측면에서 해명하고 있다. 그중에서 대표적인 것을 들어보면 다음과 같다.

1) 생산요소의 질적 차이

헥셔·올린정리의 가정 중의 하나는 생산요소의 질은 동일하다는 것이다. 그러나 현실적으로 생산요소의 질은 국가마다 다르다. 특히 미국의 경우 노동의 질적 수준은 다른 나라에 비해 높다고 볼 수 있다. 이렇게 볼 때 미국은 다른 나라에 비해 실질적으로 노동이 풍부한 국가라고도 할 수 있으므로 미국이 노동집약재를 수출하고 자본집약재를 수입할 수도 있다는 것이다.

2) 인적자본(human capital)의 제외

레온티에프의 헥셔·올린정리 검증 시에 자본을 물적자본(physical capital)으로만 한정하였다. 즉 인적자본을 자본의 범주에서 제외시켰다는 것이다. 일반적으로 자본에는 기계류, 설비, 공장 등과 같은 물적자본 외에도 인적자본이 있다. 인적자본이란 노동의 생산성을 향상시키는 것으로서 교육, 직업훈련, 건강 등에 필요한 일체의 지출을 의미한다. 따라서 헥셔·올린정리의 검증에서 레온티에프가 자본의 범주에 물적자본은 물론 인적자본까지 포함시켰다면 미국은 자본집약재를 수출한다는 결론을 얻었을 것이다.

3) 자연자원의 무시

헥셔·올린정리에서는 2국·2재·2생산요소를 가정하여 생산요소를 노동과 자본으로 한정하고 있어 자연자원과 같은 당시 중요한 생산요소를 고려하지 않았다. 즉 상품에 따라서는 자연자원집약적일 수도 있는데 레온티에프 역설에서는 모든 상품을 노동집약재와 자본집약재로만 구분하였다. 특히 미국의 경우에 석유나 광물과 같은 자연자원집약적인 상품을 주로 수입하고 있었는데 이들 상품들은 생산과정에서 상대적으로 많은 자본이 투입되기 때문에 생산요소를 노동과 자본으로만 한정할 경우에는 미국이 수입하는 자연자원집약적인 상품은 자본집약재로 간주되게 된다. 따라서 미국은 실제로는 자연자원집약적인 상품을 수입하지만 레온티에프의 검증에서는 자본집약적인 상품으로 간주되어 이를 수입하는 것으로 인정되고 있다.

4) 수요편향에 의한 무역구조의 반전

헥셔·올린정리를 전개하는 데 있어 각국의 수요조건은 동일하다고 간주하고 각국의 요소부존도의 차이로서 무역의 발생원리를 설명하였다. 그러나 국가 간의 수요조건의 차이가 커서 공급조건의 차이를 상쇄하고도 남을 정도인 경우에는 헥셔·올린정리의 결과와는 반대의 현상이 발생할 수도 있다는 것이다.

미국의 경우 실질적으로 다른 나라보다 자본이 상대적으로 풍부하여 자본집약재에 특화·수출하려고 하지만 미국의 수요가 자본집약재에 편향된 경우에는 자본집약재의 국내가격이 다른 나라보다 비싸게 되거나 수요가 공급을 초과하여 미국이 오히려 자본집약재를 수입하게 될 수도 있다는 것이다.

5) 요소집약도의 역전

요소집약도의 역전(factor intensity reversals)이란 요소가격의 변동에 따라 요소집약도가 달라지는 현상으로, 요소가격이 변함에 따라 동일한 재화가 노동집약재에서 자본집약재로 바뀌는 현상을 의미한다. 따라서 현실적으로 요소집약도가 역전되기 때문에 헥셔·올린정리가 성립되지 않고 레온티에프 역설 현상이 나타날 수도 있다는 것이다.

예컨대, 한국의 경우 이전에는 신발을 노동집약재로 생산하였지만 1990년대부터는 노동에 대한 수요가 증가하여 노동가격이 비싸져 신발을 자본집약적으로 생산하게 되었다. 즉 요소집약도의 역전현상이 발생하게 된 것이다. 이러한 현상을 유추해 보면 미국이 노동집약재를 수출하고 자본집약재를 수입하는 현상이 발생할 수도 있다는 것이다.

이상의 레온티에프 역설에 대한 설명은 모두 헥셔·올린정리의 가정을 문제시하고 있는 것이지만 그렇더라도 이들 설명이 헥셔·올린정리 자체를 완전히 부정하는 것은 아니라고 할 수 있다.

4.4 스톨퍼·사무엘슨정리

(1) 의 의

일반적으로 헥셔·올린정리라고 할 때에는 제1명제인 요소부존비율이론만을 가리키고 제2명제인 요소가격균등화 명제는 사무엘슨에 의하여 전개된 이론이다. 헥셔·올린정리의 제2명제인 요소가격균등화 명제는 비록 생산요소의 국제적 이동이 없다 하더라도 무역을 통해 국가 간에 생산요소의 가격이 균등화되는 경향이 있다는 것이 그 내용이다. 결국 무역을 통하여 생산요소의 가격이 변동한다면 생산요소 소유자의 소득[19]이 변동되므로 이는 생산요소 소유자의 소득분배가 변동된다는 것을 의미하게 된다.

이러한 점에 착안하여 스톨퍼(W. F. Stolper)와 사무엘슨은 1941년에 발표한 논문 "보호무역과 실질임금(Protection and Real Wages)"에서 높은 임금을 받고 있는 미국 노동자의 임금수준이 저임금의 외국과 무역을 행할 경우에 어떠한 영향을 받는

19) 생산요소의 가격은 그 생산요소 소유자의 소득이 된다. 예컨대, 노동의 가격은 임금이며 임금은 생산요소인 노동의 소유자인 노동자의 소득이다.

가를 검토한 후 미국 노동자의 입장에서 이들의 소득증대와 유리한 소득분배를 위해서는 자유무역정책이 유리한가 아니면 보호무역정책이 유리한가를 분석하였다.

그 결과 미국 노동자의 실질임금 수준은 저임금의 국가와 자유무역을 할 경우에 점진적으로 하락하게 된다고 하면서 이를 방지하기 위한 정책적 수단으로 보호무역이 필요하다는 점을 주장한 이론이 스톨퍼·사무엘슨(Stolper·Samuelson)정리[20]이다. 이러한 스톨퍼·사무엘슨정리에서 보면 우리나라의 경우 노동자를 위해서는 자유무역정책이 유리한가 아니면 보호무역정책이 유리한가에 대해서도 생각해 보아야 할 것이다.

(2) 내 용

스톨퍼·사무엘슨정리를 박스 다이어그램을 이용하여 설명하면 다음과 같다. [그림 3-4]에서 $OP'PO'$는 계약곡선(contract curve)을 나타내고 횡축은 노동의 투입량을, 종축은 자본의 투입량을 표시한다.

무역이 이루어지지 않는 경우 이 나라는 P점에서 두 상품을 생산하고 있으며 무역이 이루어지면 이 나라는 노동에 비해 자본이 풍부한 국가이므로 자본집약적인 Y재 생산에 특화하여 Y재를 수출하고 노동집약재인 X재를 수입할 것이다. 이렇게 되면 생산점은 P에서 P'로 이동할 것이며 이로 인해 Y재의 생산량이 증가하고 X재의 생산량은 감소한다. 이와 같이 Y재 생산량이 증가함에 따라 생산요소는 X재 산업에서 Y재 산업으로 이동하게 된다. 그런데 여기서 Y재는 자본집약재이므로 자본에 대한 수요는 증가하지만 노동에 대한 수요는 증가하지 않는다.

따라서 생산이 증가하는 Y재 산업에서 집약적으로 사용되는 자본의 가격은 상대적으로 인상되고 이와 반대로 X재 산업에서 집약적으로 사용되는 노동의 가격은 상대적으로 인하된다. 이는 [그림 3-4]에서 무역 후의 요소가격선 β가 무역 전의 요소가격선 α보다 그 기울기가 완만한 것을 보면 알 수 있다.

그러므로 위와 같은 상황에서 자유무역이 이루어지면 노동가격인 임금은 하락하고 자본가격인 이자율은 오르기 때문에 이러한 국가(즉 선진국인 고임금 국가)의

20) W. F. Stolper and P. S. Samuelson, "Protection and Real Wages", *Review of Economic Studies*, vol. 9, 1941, pp.58~73.

그림 3-4 자유무역이 요소가격에 미치는 영향

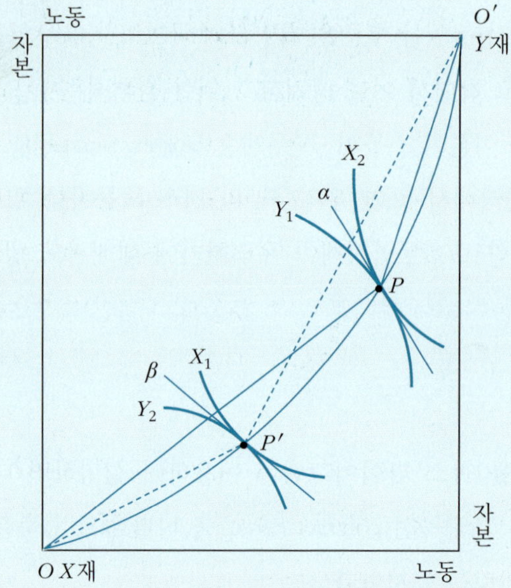

노동자는 불리하게 되고 자본가는 유리하게 된다. 따라서 이러한 노동자의 실질임금이 인하하는 것을 방지하기 위하여 정책적인 배려가 필요하다는 것이다. 이때 노동집약재인 X재 산업인 수입경쟁산업을 보호하기 위해 X재 산업에 보호무역정책, 즉 수입관세를 부과하게 되면 생산점은 P'에서 P로 이동하게 되고 이에 따라 노동집약적인 수입경쟁재의 생산량이 증가하게 됨으로써 실질임금이 인상되게 된다. 따라서 보호무역으로 인하여 자유무역의 경우보다 소득분배가 자본가에게는 불리해지고 노동자에게는 유리해짐을 알 수 있다.

부록

요소가격으로 정의한 요소부존비율이론

올린은 요소가격에 의해 상대적으로 풍부한 요소를 정의하였다. 즉 일국이 타국에 비해 어떤 요소가 상대적으로 풍부하다는 것은 그 요소가격이 상대적으로 싸다는 것을 의미한다고 보았다. 이와 같은 요소풍부성의 정의를 요소풍부성의 가격 정의 또는 올린의 정의라고 한다.

이러한 정의에 따라 헥셔·올린정리 제 1 명제인 요소부존비율이론을 [그림 3-5]를 이용하여 설명하면 다음과 같다.

α선과 α'선이 β선보다 기울기가 완만하다는 것은 A국의 경우 노동의 가격이 상대적으로 싸다는 것을 의미한다. 여기서 T점의 경우 Y재 1단위를 생산할 때 Ol_b의 노동과 Ok_b의 자본이 투입된다. 그런데 Ol_b의 노동은 k_bE의 자본과 등가 교환

그림 3-5 요소가격으로 정의한 요소부존비율이론

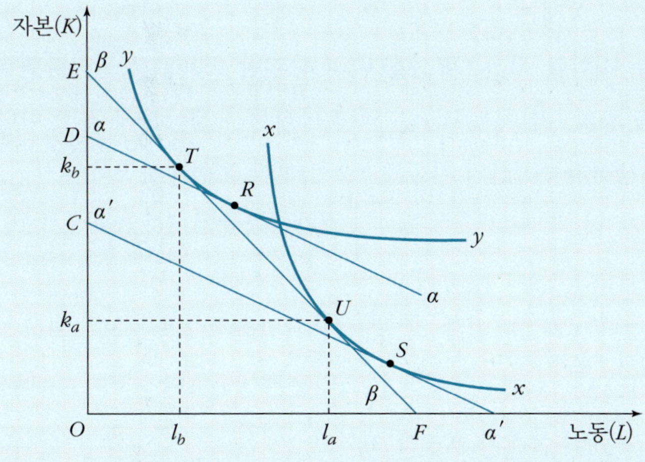

그림에서 xx곡선은 X재의 등량곡선, yy곡선은 Y재의 등량곡선, α선과 α'선은 A국의 요소가격선, β선은 B국의 요소가격선, X재는 노동집약재, Y재는 자본집약재를 나타낸다.

되므로[21] Y재 1단위의 생산비를 자본량으로 표시하면 OE가 되고 동일한 방법으로 노동량으로 표시하면 OF가 된다.

여기서 A국의 경우를 보면 X재 1단위의 생산비를 자본량으로 표시하면 OC이고 Y재 1단위의 생산비를 자본량으로 표시하면 OD이다. 따라서 A국은 X재 일정량을 생산하는 데 드는 비용보다도 Y재의 일정량을 생산하는 데 드는 비용이 더 많다는 것을 알 수 있다. 그런데 B국의 경우는 X재 1단위의 생산비와 Y재 1단위의 생산비가 자본량으로 표시하여 OE로서 동일하다. 따라서 A국은 X재에 비교우위가 있고 B국은 Y재에 비교우위가 있게 되므로 A국은 X재를 특화·수출하고 B국은 Y재를 특화·수출하게 된다.

요소부존량으로 정의한 요소부존비율이론

한 나라의 요소부존의 상대적 풍부성을 물량적으로도 정의할 수 있다. 레온티에프는 일국이 타국에 비해 어떤 요소가 상대적으로 풍부하다는 것은 그 요소가 양적으로 많이 부존되어 있다는 것을 의미하는 것으로 해석하였다. 여기서는 이 정의에 따라 [그림 3-6]을 이용하여 요소부존비율이론을 설명한다.

그림에서 X재는 노동집약재이고 Y재는 자본집약재라고 가정되어 있다. 양국이 모두 두 재화를 직선 OR선을 따라 동일한 비율로 생산한다면 A국은 자국의 생산가능곡선상의 P점에서 B국은 역시 P'점에서 생산하게 될 것이다. 그런데 P점에서 A국의 생산가능곡선의 기울기(=α선)보다 P'점에서 B국의 생산가능곡선의 기울기(=β선)가 더 가파르다. 이것은 X재가 B국에서보다 A국에서 더 싸다는 것을 의미한다.[22]

그러므로 X재 1단위를 더 생산하기 위한 기회비용은 A국이 B국보다 더 낮고 Y재 1단위를 더 생산하기 위한 기회비용은 A국보다 B국이 더 낮음을 알 수 있다. 그리하여 노동이 풍부한 A국은 생산측면에서 볼 때 노동집약재를 특화·수출하려

21) Ol_b의 노동과 k_bE의 자본은 동일한 가치를 지닌다. 왜냐하면 [그림 3-5]에서 $k_bE = k_bT$이고 $k_bT = Ol_b$"이기 때문에 $k_bE = Ol_b$이다.

22) 이러한 관계는 재화의 상대가격선 α보다 β가 더 가파른 것으로도 알 수 있다.

그림 3-6 요소부존량으로 정의한 요소부존비율이론

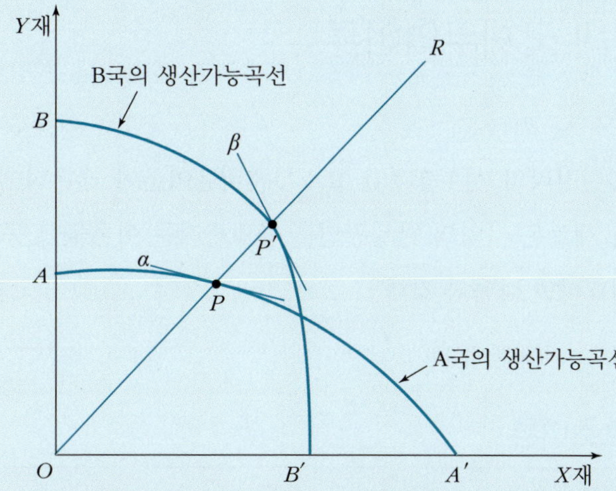

그림에서 AA'곡선은 A국의 생산가능곡선, BB'곡선은 B국의 생산가능곡선을 나타낸다.

는 경향이 있고 자본이 풍부한 B국은 자본집약재를 특화·수출하려는 경향이 있음을 알 수 있다.

제 5 절

현대 국제무역이론

헥셔·올린정리의 제 1 명제인 요소부존비율이론이 레온티에프의 검증에 의해 부정된 결과, 새로운 무역의 발생원인을 규명하려는 이론들이 등장하게 되었다. 이들 이론을 설명하면 다음과 같다.

5.1 특수요소이론

해로드의 주장에 의하면 비교생산비의 차이는 노동과 자본과 같은 일반요소(general factor)의 부존상태에 의해 결정되는 것이 아니고 특수요소(specific factor)에 의해 결정된다고 하였다.[23)]

해로드는 이러한 특수요소로서 ① 기후·자연자원, ② 인구분포의 불균형, ③ 인간능력의 차이, ④ 과거의 유산 등을 들고 있다. 그런데 이들 요소를 살펴보면 ①은 자연환경, ②는 노동자의 수, ③은 노동의 질, ④는 물적자본뿐만 아니라 인적자본까지도 포함한 광의의 자본이라고 할 수 있다.

그런데 헥셔·올린정리의 제 1 명제인 요소부존비율이론에서는 위의 ②에 해당하는 노동자의 수와 ④에 해당하는 물적자본만을 고려하고 있다는 것이다. 따라서 무역의 발생원인을 요소부존비율이론에서 고려하고 있는 요인 이외에도 자연환경은 물론 과거로부터 내려오는 지식·관습·조직 등도 고려하여야 한다는 것이다.[24)] 결국 해로드는 헥셔·올린정리에서 고려하는 요인 이외에도 자연환경과 과거의 유산 등도 포함하는 특수요소에 의해 무역이 발생한다고 주장하였다.

23) R. F. Harrod, *International Economics*, 4th ed., 1957, pp.10~12.

24) *Ibid.*, pp.11~12.

5.2 입수가능성이론

크라비스가 1956년에 주장한 입수가능성이론(availability theory)은 석유, 광물, 목재 등과 같이 천연자원의 지배를 받고 있는 상품의 경우에는 천연자원의 풍부한 부존량에 의해 수출이 결정되고, 또한 기술진보가 수반되는 신제품은 신기술 개발에 의해 수출이 결정된다는 이론이다. 예컨대, 중동의 경우 석유 부존량이 풍부하므로 석유가 수출상품이 되고 우리나라의 경우 사탕수수 재배가 불가능하므로 원당의 입수가능성(availabilty)이 없으므로 수입에 의존하지 않을 수 없다는 것이다.

이와 같이 천연자원뿐만 아니라 기술진보가 수반된 신제품처럼 입수가능성이 있는 상품은 수출품이 되고 입수가능성이 없는 상품은 수입품이 된다는 것이다. 그리고 이러한 입수가능성에 영향을 미치는 요인으로 1차산품은 천연자원, 토지, 기후 등의 자연적 요인을, 공업제품은 기술진보와 제품차별화 등을 들고 있다.[25)]

5.3 대표적 수요이론

(1) 의 의

우리 주위에는 현재 공업국과 공업국 간에도 무역이 발생하고 있다. 예컨대, 한국이 미국에 TV와 냉장고 등을 수출하고 미국은 한국에 항공기 등을 수출하는 수평적 분업이 이루어지고 있다. 이러한 수평적 분업은 국가 간에 비교생산비의 차이가 없어진 경우에도 가능하므로 이를 뒷받침할 새로운 무역이론이 필요하였다.

린더는 각국의 요소부존도가 무역발생의 유일한 요인이 아니라고 주장하였다. 즉 그는 산업을 농산물과 공산품으로 구분하고 농산물의 무역발생의 원인은 헥셔·올린정리의 제 1 명제인 요소부존비율이론으로, 즉 각국의 요소부존도의 차이로 설명될 수 있으나 공산품의 무역발생의 원인은 수요의 측면에서 설명되어야 한다

25) I. B. Kravis, “Availability and other Influences on the Commodity Composition of Trade, *Journal of Political Economy*, April 1956, pp.143~155.

는 대표적 수요이론(theory of representative demand)을 제시하였다. 여기서 대표적 수요란 상당한 규모의 국내수요를 의미하는데, 이러한 대표적 수요가 서로 중복되고 있는 국가 간에 공산품 무역의 비중이 커진다는 것이다.

(2) 내 용

린더의 무역에 대한 견해에 의하면 어떤 상품이 대표적 수요를 확보하는 것이 무역의 필수적 전제조건이라는 것이다. 린더는 농산품과 달리 공산품의 경우 비교우위의 결정에 영향을 미치는 요인으로 기술수준, 경영능력, 규모의 경제 등이 중요하다고 하면서 이들 요인과 국내시장의 크기(즉 대표적 수요)와의 상관관계에 대해서는 명확한 설명을 제시하지 않고 있다.

그러나 대표적 수요가 존재하여 그 크기가 클수록 규모의 경제에 대한 실현 가능성이 높아질 것이고 아울러 연구개발에 대한 투자 역시 증대되고 경영능력도 향상될 것으로 추정하였다. 결국 린더는 대표적 수요와 관련하여 국내시장의 연장으로서 무역을 파악하고 국내에서 생산되고 수요되는 상품의 수출 가능성을 인정하였다.

한편 대표적 수요의 개념을 이용하여 무역의 발생원인과 무역패턴을 설명하는 또 다른 요인으로 각국의 경제성장에 따른 무역패턴의 변화를 들 수 있다. 즉 경제성장에 따라 1인당 소득이 증가하면 수요구조도 고도화하여 대표적 수요를 가질 수 있는 상품구성도 변화한다[26]는 것이다. 따라서 소득수준이 유사한 국가 간에는 수요구조도 유사하므로 이러한 국가들 사이에 무역이 이루어진다는 것이다. 즉 개발도상국과 개발도상국, 선진국과 선진국 간에 무역이 이루어지게 된다는 것이다.

이와 같은 린더의 대표적 수요이론은 수요 그 자체가 공급을 유도한다는 점은 주목할 만한 가치가 있으나 수요 측면을 너무 강조한 나머지 수출입 모두 수요에 의해 결정된다는 것은 문제이다.

---

26) S. B. Linder, *An Essay on Trade and Transformation*, New York: John Wiley and Sons, 1961.

5.4 R & D이론(=연구개발요소이론)

(1) 의 의

신형 스마트폰이 시중에서 판매된다고 하면 아마 모두들, 특히 신세대들의 구매의욕을 자극하게 될 것이다. 그런데 이러한 최신형의 스마트폰은 상당한 연구개발비가 투자되어 구형의 스마트폰보다 여러 기능이 추가되면서 크기와 무게는 작아지고 기능은 다양해져 이용하기에 더욱 편리해질 것이다.

이러한 상황을 무역에 적용할 경우 일국에 있어서 연구개발에 의한 기술진보는 국제무역 및 국제투자에 상당한 영향을 미칠 뿐만 아니라 무역패턴의 결정에도 중요한 역할을 하게 될 것이다.

키싱(D. Keesing)과 그루버(W. Gruber), 메타(D. Mehta), 버논(R. Vernon) 등은 연구개발요소가 무역 및 국제투자에 미치는 영향을 중요시하여 연구개발요소가 무역의 발생원인 및 무역패턴을 결정하는 중요한 요인이 된다는 R&D이론을 주장하였다.[27)]

(2) 내 용

키싱과 그루버가 미국의 수출 실적과 연구개발 노력과의 관계를 실증적으로 검토한 내용을 요약하면, 미국 제조업 중에서 비교우위가 있는 산업은 헥셔·올린 정리에서 말하는 노동집약적 산업도 아니고 자본집약적 산업도 아닌 연구개발에 종사하고 있는 많은 과학자 또는 기술자를 가지고 있고 또한 거액의 연구개발비를 지출하고 있는 R&D 집약적 산업이며 연구개발 노력이 큰 산업일수록 수출실적도 크다고 하였다. 또한 키싱에 의하면 미국에서 연구개발 종사자와 같이 질적으로 우수한 노동이 투입되는 산업일수록 국제경쟁력이 강하고 또 그 산업의 생산제품의 수출점유비율이 높다는 것이 입증되었다.

키싱, 그루버, 메타, 버논 등의 연구는 연구개발요소를 무역의 발생원인 및

27) W. Gruber, D. Metha and R. Vernon, "The R&D Factor in International Trade and Investment of United States Industries," *Journal of Political Economy*, February 1967, pp.20~37

무역패턴의 결정요인으로 간주하였으며 이 요소를 많이 투입하는 기업이 해외직접투자를 행하는 경우가 많다는 것을 보여주고 있는 점에서도 특징이 있다. 따라서 R&D이론은 한 나라의 무역의 발생원인과 무역패턴을 설명하는 이론이라기보다는 한 나라의 기업이 수출기업이 될 수 있는 조건을 제시한 이론이라고 할 수 있다.

5.5 기술격차론

(1) 의 의

신기술을 개발하거나 기술수준이 앞선 나라는 그 기술에 적합한 상품을 생산하여 기술수준이 낮은 국가에 수출할 수 있을 것이다. 즉 기술진보가 발생한 국가는 일시적으로 그 기술을 이용하여 상품을 독자적으로 생산하여 수출할 수 있다. 그러나 기술진보가 낮은 국가는 특허 도입이나 직접투자 유치 등을 통하여 선진기술을 모방할 수 있고 이러한 모방에 의해 기술진보가 낮은 국가에서도 그 상품을 저임금으로 생산하여 이를 오히려 역수출할 수 있다는 것이다.

이와 같이 모방에 의하여 기술이 이전되고 이에 따라 생산업자와 무역패턴이 변동된다는 무역이론이 기술격차론(technology gap theory)으로, 이는 시간의 흐름과 여건의 변화를 고려한 동태적 무역이론에 속한다.

(2) 내 용

이 이론의 주창자인 포스너에 의하면 기술 선진국들 간에 행해지는 공산품 무역은 생산기술의 발달에 의해 비교생산비의 차이를 낳아 타국이 이러한 기술을 모방할 때까지 수출은 계속된다고 하였다.[28] 또한 허프바우어도 일국의 제품차별화나 신제품의 출현에 의해 비교우위를 누리게 되면 타국이 이를 모방할 때까지 그 지위를 유지한다고 하였다. 이와 같이 기술격차를 통한 비교우위와 그 모방에 의한

28) M.V. Posner, "International Trade and Technical Change," *Oxford Economic Papers*, October 1961.

그림 3-7 기술격차론의 모델

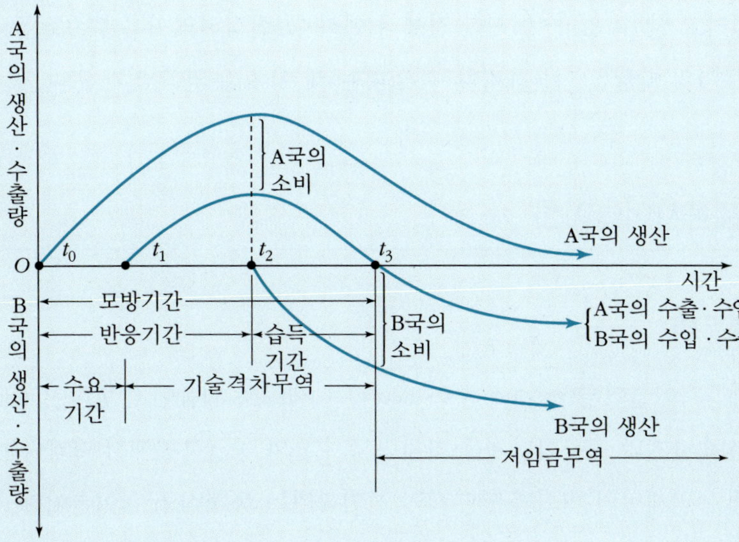

역전관계를 허프바우어의 그림으로 살펴보면 [그림 3-7]과 같다.[29)]

[그림 3-7]에서 신제품의 생산점을 t_0라고 하면 수평축 위쪽에는 기술이 진보된 국가, 즉 선진공업국(A국)의 생산량과 수출량이 표시되어 있고 아래쪽에는 기술이 뒤진 국가, 즉 후진공업국(=기술모방국인 B국)의 생산량과 수출량이 표시되어 있다. A국은 t_0점에서 최초의 생산을 시작하여 시간이 경과함에 따라 t_1점에서 B국에 수출하기 시작한다. 이때 $t_0 \sim t_1$은 A국의 국내수요기간을 나타낸다. 그러나 t_2점에 이르러서는 기술모방에 의하여 B국의 생산이 시작되고 그 생산량이 점차 증가함에 따라 A국의 생산 및 수출량은 점점 감소하게 된다. 결국 t_3점에 이르러서는 이 제품에 대한 A국의 수출과 B국의 수입이 영(0)이 되게 된다. 즉 $t_1 \sim t_3$까지는 기술격차에 의해 A국의 수출이 계속되었으나 $t_0 \sim t_3$(모방기간) 동안에는 B국이 신기술을 모방하여 t_3에서는 그 격차를 완전히 커버하고 t_3 이후에는 저임금으로 모방기술을 습득하여 B국이 A국으로 역수출할 수 있게 된다.

---

29) G.C. Hufbauer, *Synthetic Materials and the Theory of International Trade*, Gerald Duckworth & Co. Ltd., London, 1966.

이와 같은 기술격차론의 특징은 기술격차에 의해 무역의 발생원인이 결정되나 저임금 국가가 선진국의 기술을 모방함에 따라 무역패턴이 역전된다는 동태적 무역이론이라고 할 수 있다. 이러한 점에서 헥셔·올린정리의 요소부존도로서 설명할 수 없는 무역의 발생원인을 해명할 수 있다는 데 이 이론의 의의가 있다.

5.6 제품사이클이론

(1) 의 의

제품사이클이론(product cycle theory)은 새로운 제품이 출현하여 시간의 경과와 함께 성숙단계와 표준화단계를 거치면서 수요와 공급측면에서 나타나는 주요 변동 내용을 무역패턴의 변화와 결부시켜 설명하려는 동태적 무역이론이다. 제품수명사이클이론(product life cycle theory)이라고도 불리는 이 이론은 경제 및 경영학자들에 의해 제시되었다. 특히 버논과 웰즈(L. T. Wells, Jr.)에 의해 무역이론으로서의 일반화가 시도되었다.

(2) 내 용

생물체가 탄생하여 성장·성숙·노쇠해 가는 라이프 사이클처럼 제품 역시 연구개발에 의해 시장에 등장하여 성장·성숙의 단계를 거쳐 쇠퇴해 가는 과정을 밟게 되는데 이러한 이론이 제품사이클이론이다.

제품사이클을 신제품단계(new product stage), 성숙제품단계(maturing product stage), 표준화제품단계(standardized product stage)의 측면에서 살펴보면 다음과 같다.

일국에서 개발한 신제품이 시장에 등장하여 제품사이클을 거치는 과정에서 각 단계에 있어 선진국(예컨대, 미국), 후속 선진공업국(예컨대, 유럽제국) 및 개발도상국에서 전개되는 무역패턴을 보면 [그림 3-8]과 같다.

첫째, 신제품단계에서는 미국이 신제품의 독점적 공급국이고 전시효과를 통하여 수요가 확산된 후속 선진공업국에서는 미국으로부터 신제품을 수입한다.

둘째, 성숙제품단계에서는 미국 시장에 대표적 수요가 형성되고 규모의 경제가 실현됨으로써 제품가격이 인하되는 사이에 유럽의 소득수준과 임금수준이 상승하여 신제품에 대한 수요가 확대되어 미국과의 사이에서 제품에 대한 중복수요가 형

그림 3-8 제품사이클과 국제무역

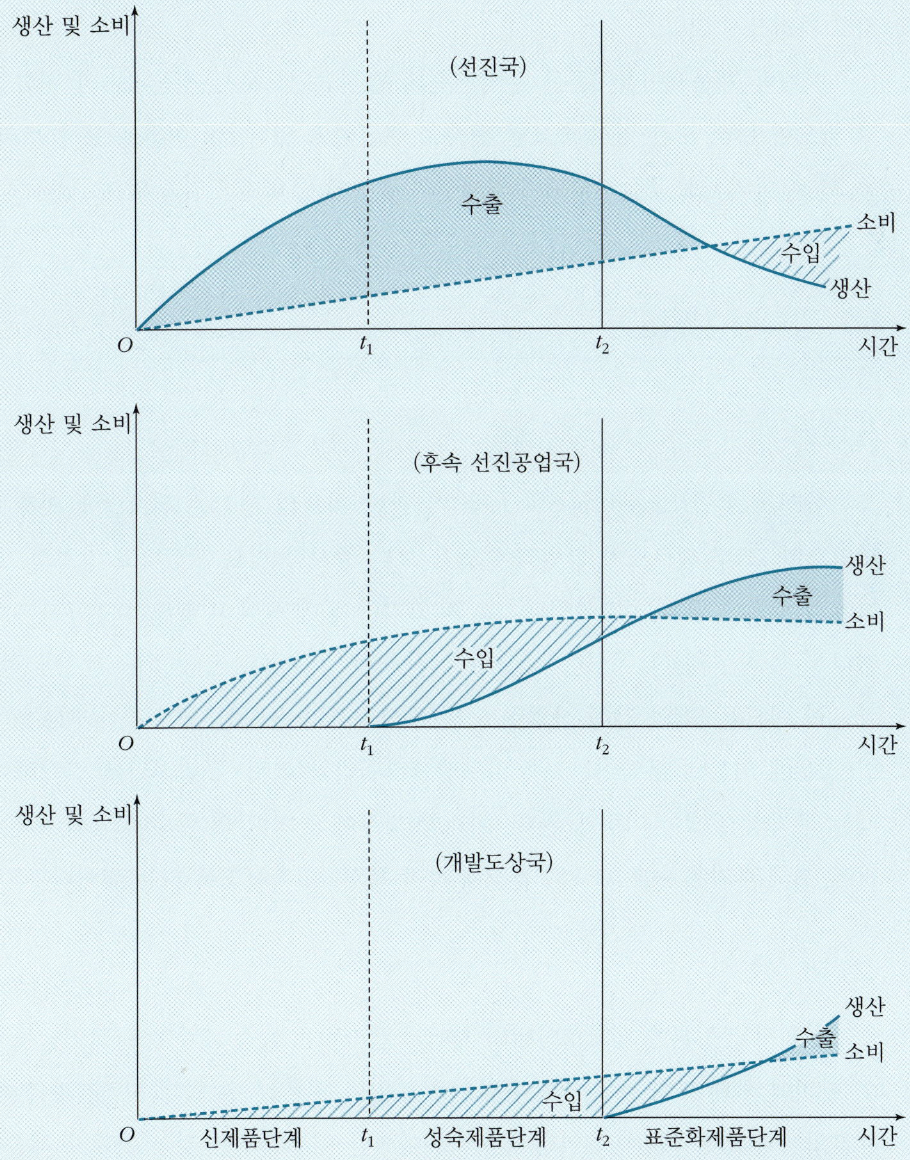

성된다. 따라서 이 제품은 여전히 미국에서 유럽으로 수출되게 된다. 한편 개발도상국에서도 적은 양이지만 수요가 있어 선진국으로부터의 수입에 의존하게 된다.

셋째, 표준화제품단계의 초기에는 후속 선진공업국이 수출국으로 전환하여 개발도상국의 수입량의 일부를 충당하고 중기 이후에는 선진국으로 수출하게 된다. 그리고 표준화제품단계 말기에는 개발도상국도 수출에 참여하게 되어 최적 생산입지로 자리잡게 된다.

이처럼 제품사이클이론은 무역패턴의 결정요인으로서 생산기술의 변화를 들고 있으며 특히 시간 역시 중요한 변수로 취급하고 있다. 이 이론을 통해 토지, 노동, 자본 이외에도 생산기술도 무역패턴의 결정에 중요 요인임을 알 수 있다.

5.7 합의적 분업론

(1) 의 의

합의적 분업(agreed specialization)에 관한 최초의 생각은 뮈르달에 의해 비롯되었으며 그 후 해로드가 합의적 분업을 보다 중시할 필요가 있다고 강조함으로써 학계의 주목을 끌기 시작하였다. 그 후 고지마 등에 의해서 활발한 연구가 이루어졌다.

이 이론은 EU와 같이 산업구조 및 무역구조가 유사한 국가 간에 FTA를 체결한 경우에 기존의 무역이론, 즉 비교생산비원리와 헥셔·올린정리에 입각하여 볼 때는 무역의 발생이 어렵게 된다. 이러한 경우에 국가 간의 합의에 의해 A국은 선박에, B국은 자동차에, C국은 철강에 각각 특화·수출하도록 하는 것이다.

(2) 내 용

합의적 분업론은 비교생산비의 차이가 존재하지 않는 경우에도 교역당사국 간의 합의에 의해 보다 나은 생산방법으로 분업이 일어날 수 있다는 조건과 함께 국제분업이 반드시 체감비용이나 불변비용에서만 이루어지는 것이 아니고 체증비용의 조건에서도 일어날 수 있다는 전제에서 전개된 이론이다.

국제적 분업에 의해 비교생산비의 차이가 축소되고 있고 이러한 추세가 계속되면 비교생산비의 차이가 소멸될 수도 있다는 것이다. 그러나 이러한 경우에도 무역이 소멸되지는 않을 것으로 생각할 수 있다. 왜냐하면 비교생산비의 차이가 없어지더라도 기술격차나 규모의 경제 등에 의해 무역이 계속될 수도 있기 때문이다. 따라서 이러한 상황을 고려하여 국가 간의 합리적인 합의에 의해 분업이 가능할 수 있다.

결국 합의적 분업론에 의하면 생산 및 산업구조가 유사한 국가 간의 무역은 거의 불가능하지만 국가 간의 합의에 의해 무역이 가능하다고 주장함으로써 EU와 같은 역내 무역을 가능하게 하였다는 것이다.

5.8 잉여분출설

(1) 의 의

아프리카 국가들 중에서 자연자원은 풍부하지만 인구밀도가 낮고 미개발의 상태인 최빈국에서 무역을 통해 개도국에 진입한 국가들을 생각해 볼 수 있다. 잉여분출설(vent-for-surplus approach)은 전근대적인 식민지 국가가 어떻게 무역을 시작하게 되는가를 설명하는 이론이라고 할 수 있다.

이 이론의 특징은 일국 내에 잉여자원(즉 풍부한 생산요소, 예컨대, 풍부한 자원과 풍부한 값싼 노동력 등)이 존재하고 있고 이러한 상태에서 무역이 개시되면 무역이 일국 내의 잉여자원을 분출시키게 된다는 것이다. 따라서 무역은 전근대적인 국가에 존재하는 잉여자원에 대해 분출구 역할을 한다는 것이다.

이 이론은 19세기의 아프리카나 라틴아메리카와 같이 자급자족은 가능하지만 인구밀도가 낮고 미개발된 국가를 대상으로 스미스가 주장한 것으로 그 후 민트[30] 등에 의해 정밀화되었다.

30) H. Myint, "The Classical Theory of International Trade and the Underdeveloped Countries," *Economic Journal*, Vol. 68, June 1958.

(2) 내 용

잉여분출설을 다음 [그림 3-9]를 이용하여 설명하기로 한다. 그림에서 이 나라가 완전고용 상태에서 두 재화(즉 수예품과 식량)만을 생산한다고 하면 생산가능곡선인 AA'선상의 어느 점에서 생산해야 할 것이다. 그러나 이 나라는 잉여자원이 존재하므로 완전고용이 달성되지 못하고 있는 상태에 있어 생산가능곡선상이 아닌 생산가능곡선 내의 임의의 P점에서 생산을 하고 소비도 P점에서 이루어지고 있어 경제적 후생수준은 I_c이다.

지금 이 나라가 선진국과 무역을 개시하게 되면 비교우위에 있는 식량을 수출하게 된다. 이러한 식량수출은 상대국인 선진국의 식량에 대한 수요증가를 의미하므로 식량의 가격이 상승하게 된다. 따라서 이 나라의 잉여자원이 식량 생산에 투입되어 식량 생산이 증가하게 되므로 생산점은 생산가능곡선 내에서 생산가능곡선상인 P'점으로 이동하게 된다. 기술한 바와 같이 식량가격이 상승하여 교역조건선이 $CP'(=C'A')$선으로 결정되면 이 나라는 CP'선상의 C점에서 소비가 가능하게 되므로 무역 전보다 높은 경제적 후생 I_c'를 누리게 된다. 또한 시간이 경과할수록 일국은 식량 생산을 늘려 수출이 증가함에 따라 교역조건이 $A'C'$로 개선되면 결국 식량 생산에 완전특화하게 되어 A'점에서 생산하게 되고 소비는 $C'A'$선상의 C'점에

그림 3-9 잉여분출과 무역이익

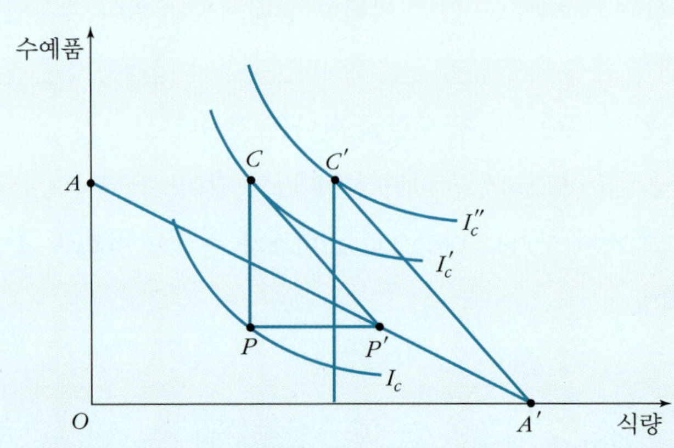

서 이루어지므로 경제적 후생은 I_c''로 크게 증가한다.

그림에서 보면 무역으로 인해 이 나라의 생산점은 $P \rightarrow P' \rightarrow A'$로 이동하여 식량 생산에 완전특화하게 된다. 민트는 스미스의 잉여분출설이 저개발국의 무역 패턴을 설명하는 데 있어서 여타 비교우위론보다 더 적절한 이론이라고 지적하고 있다.

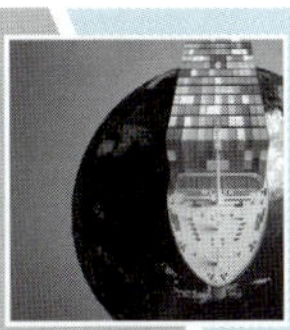

제6절 불완전경쟁에서의 무역이론

지금까지 설명한 무역이론은 완전경쟁을 가정한 상태에서 전개되었다. 여기서는 불완전경쟁을 전제로 한 무역이론의 하나인 산업내 무역이론에 대해 설명한다. 완전경쟁(시장)이란 다수의 수요자와 공급자가 존재하는 시장형태이고 불완전경쟁(시장)에는 수요자와 공급자가 훨씬 제한적인 독점, 복점, 과점, 독점적 경쟁 등의 시장이 있다. 그리고 지금까지의 규모에 관한 수확불변의 가정에서 벗어나 규모에 대한 수확체증을 전제한 규모의 경제론에 대해서도 고찰하기로 한다.

6.1 산업내무역이론

(1) 산업내무역이론의 의의

우리나라와 미국과의 무역을 보면, 우리나라가 미국에 신발을 수출하고 미국은 우리나라에 항공기를 수출하기도 하지만 한편으로는 우리나라도 미국에 자동차를 수출하고 미국도 우리나라에 자동차를 수출하기도 한다. 여기서 전자의 경우를 산업간무역(inter-industry trade)이라 하고 후자의 경우를 산업내무역(intra-industry trade)이라 한다.

앞서 설명한 무역이론은 산업간 무역이론으로서 이들 이론은 무역의 발생원인을 각국의 비교우위, 즉 무역 전의 상대가격의 차이로 보았다. 또한 이러한 각국의 비교우위, 즉 무역 전의 상대가격의 차이의 원인으로 각국의 생산기술, 요소부존 및 수요패턴의 차이 등을 제시하였다. 이렇게 볼 때 산업간 무역이론에서는 2국 간의 유사성이 클수록 2국 간의 교역량은 적어지게 된다는 것이다. 그러나 현실적으로 볼 때는 반드시 그러한 것은 아니다. 다시 말해 세계무역의 절반 이상이 여러 가지 측면에서 유사성이 큰 선진국 간의 무역인 산업내 무역이 이루어지고 있다는 점이다. 또한 우리나라와 미국 간의 냉장고의 수출입 관계의 경우도 마찬가지이다. 한국이 냉장고를 대량으로 미국에 수출하기도 하지만 부분적으로 미국으로부터 냉장고를 수입하기도 한다. 이러한 현상을 산업내무역이라고 한다. 산업내무역이 최근에 현저히 증가하고 있으나 이를 기존의 비교우위론으로 설명하는 것은 곤란하다.

선진국들 간의 수평무역 중에서 큰 부분을 차지하고 있는 산업내무역의 대부분은 규모의 경제성(increasing returns of scale)이라든가 제품의 차별화(product differentiation)에 의한 것이라고 볼 수 있다. 즉 국가 간에 생산기술, 요소부존 및 수요패턴 등에 차이가 없어도 상품 생산에 규모의 경제가 존재하는 한 무역이 발생하게 되고 이에 따라 무역이익이 발생하게 된다.[31] 또한 국가 간에 제품의 차별화가 이루어지고 있는 경우에도 산업내무역이 발생하게 된다. 이러한 산업내무역에 대한 이론은 1975년에 그루벨과 로이드가 선구적인 연구를 발표함으로써 이론적인 체계를 갖추기 시작하였다.

(2) 산업내무역의 형태

그루벨과 로이드는 산업내무역을 다음과 같이 3가지 형태로 구분하였다.[32] 첫 번째 형태는 동일한 상품이 운송비, 보관비, 판매비, 정보비용 등 거래비용의 차이로 인하여 산업내무역이 발생하는 경우이다. 예컨대, 미국의 북부 도시 시애틀

31) 伊藤元重, 大山道宏, 國際貿易, 岩波書店, 1991, pp.121～122.

32) 이영선, "산업내 특화에 의한 국제분업과 무역보호주의," 산업과 경제, 1984, pp.53～78.

의 자동차 회사는 미국 국내의 LA에 판매하는 것보다 캐나다의 남쪽 도시인 밴쿠버에 수출하는 것이 운송비가 적게 들기 때문에 훨씬 유리하다. 캐나다 역시 밴쿠버에서 자국 내의 몬트리올에 국내 판매하는 것보다 미국의 시애틀에 수출하는 것이 운송비가 적게 들기 때문에 유리하므로 미국과 캐나다 간의 자동차에 대한 산업내무역이 이루어지게 된다. 이러한 형태의 산업내무역은 운송비와 보관비, 판매비, 정보 이용 등의 거래비용이 존재하지 않는다고 가정하여 이론을 전개한 헥셔·올린정리에서는 설명될 수 없는 무역의 발생원리를 제시하고 있다. 그런데 그루벨과 로이드는 이러한 형태의 산업내무역은 크게 중요하지 않다고 생각하고 있다.[33)]

두 번째 형태의 산업내무역은 생산단계별 특화에 의한 무역이다. 이 형태의 산업내무역은 한 상품의 생산과정에서 단계별로 소요되는 생산요소의 차이에 따라 국가별로 비교우위가 형성되어 미완성 제품이 교역되는 형태이다. 예컨대, 일본의 자본과 자동차 생산기술이 제공되어 설계가 이루어지고 한국에서는 부품이 공급되어 중국의 값싼 노동력으로 완성차가 생산되는 경우이다. 이러한 경우는 운송비가 크게 문제되지 않을 때 생산단계별 특화에서 오는 비교우위의 이익을 실현하기 위한 무역으로서 근본적으로 헥셔·올린정리로 설명되어지는 산업내무역이며 주로 선진국과 개발도상국 사이에서 일어날 수 있는 현상이다.

세 번째 형태의 산업내무역은 제품의 차별화와 규모의 경제성에 의한 무역으로, 이는 헥셔·올린정리로서는 설명할 수 없는 무역이다. 어떤 산업이 다양하게 차별화된 상품으로 구성되어 있을 때,[34)] 또한 각 상품의 생산이 규모의 경제성을 지니고 있는 경우에[35)] 각국은 어떤 산업 내의 한 상품만을 특화하여 수출할 수 있다는 것이다.

33) H. G. Grubel and P. J. Lloyd, *Intra-industry Trade : The Theory and Measurement of International Trade in Differentiated Products*, John Wiley & Sons, 1975.

34) 예컨대, 한국은 제품의 차별화에 의해 자동차 중 일반 승용차에 특화하여 수출하고 미국은 스포츠카를 특화·수출하는 경우이다.

35) 예컨대, 한국은 등산용 신발 생산에 규모의 경제성이 있어 평균생산비가 인하되어 가격상의 우위에 있으므로 특화·수출하고 중국은 일반 운동화 생산에 규모의 경제성이 존재하여 이를 특화·수출하는 경우이다.

(3) 산업내무역지수

한 나라의 총무역액에서 산업내무역이 차지하는 비율을 백분위로 표시한 것이 산업내무역지수이다. 이러한 산업내무역지수의 측정방법에는 여러 가지가 있으나 가장 일반적인 방법은 그루벨과 로이드가 제시한 측정방법이다. 그루벨과 로이드에 의하면 어떤 산업의 수입액에 정확하게 일치되는 수출액을 그 산업의 산업내무역이라고 정의하면서 다음과 같은 측정방법을 제시하였다.

$$B_i = (X_i + M_i) - |X_i - M_i|$$

여기서 B_i는 i산업의 산업내무역, X_i는 i산업의 수출액, M_i는 i산업의 수입액을 나타낸다.

여기서 총무역($=X_i+M_i$)은 산업간무역과 산업내무역으로 구분되고 산업간무역은 $S_i = |X_i - M_i|$로 정의되므로 산업내무역은 윗식과 같이 $B_i = (X_i + M_i) - |X_i - M_i|$가 된다. 이렇게 정의된 산업내무역을 수출액과 수입액의 합, 즉 총무역액에 대한 비율로 표시하면 산업내무역지수(B)를 도출할 수 있다.

$$B = \frac{(X_i + M_i) - |X_i - M_i|}{(X_i + M_i)} \times 100 = \left(1 - \frac{|X_i - M_i|}{X_i + M_i}\right) \times 100$$

산업내무역지수는 0과 1 사이의 값을 가진다. 어떤 나라가 특정 재화를 수출만 하거나 수입만 하면 산업내무역지수는 0이 된다. 즉 산업내무역은 존재하지 않고 산업간무역만 있게 된다. 반대로 그 재화의 수출액과 수입액이 동일하면 산업내무역지수는 1이 된다

6.2 규모의 경제론

(1) 의 의

리카도와 헥셔·올린의 무역이론에서는 규모에 대한 수확불변(=불변비용), 즉 생산함수를 1차동차함수라고 가정하여 이론을 전개하고 있다. 여기서 규모에 대한 수확불변이란 생산요소의 투입량을 n배 증가시킬 때 생산량도 마찬가지로 n배 증

가하는 생산조건을 의미한다. 그러나 현실에서는 경우에 따라 규모에 대한 수확체증, 즉 규모의 경제(economies of scale)가 존재하는 경우가 많다. 규모의 경제는 생산요소의 투입을 n배 증가시켰을 때 생산량이 n배 이상 증가하는 생산조건이며 이러한 경우에 두 나라 사이에 노동생산성의 차이나 요소부존도의 차이가 없더라도 무역이 발생할 수 있음은 물론 두 교역당사국 모두에게 이익이 된다는 것이 규모의 경제론이다.

규모의 경제, 즉 규모에 대한 수확체증(increasing returns of scale)의 경우 소규모 생산보다는 대규모 생산이 이루어짐으로써 단위당 장기평균비용이 인하되고 수익률이 증가한다는 관점에서 생산규모의 효율성이 강조된다. 따라서 규모의 경제는 대규모 생산설비에 의한 대량생산이 소규모 생산보다 기술개발, 판매전략, 경영조직 등의 측면에서 비교우위를 갖게 됨으로써 장기적으로 비용의 극소화나 수익의 극대화뿐만 아니라 대규모의 분업과 특화를 가능하게 한다.

(2) 그림에 의한 설명

규모의 경제가 존재하는 경우에 무역의 발생과 무역이익을 설명하기 위해 [그림 3-10]을 이용하기로 한다.

여기서 두 나라의 부존자원과 생산기술, 수요조건이 모두 동일한 경우에 리카도나 헥셔·올린의 이론에 의하면 무역이 발생하지 않지만 이러한 경우에도 규모의 경제가 존재하면 무역이 발생할 수 있다는 것이다.

두 나라(A국과 B국) 모두 생산조건과 수요조건이 동일하므로 하나의 생산가능곡선과 사회무차별곡선으로 양국의 생산조건과 수요조건을 나타낼 수 있다. 그리고 규모의 경제가 존재하므로 생산가능곡선의 형태는 원점에 대하여 볼록한 체감비용 상태의 생산가능곡선이다.

두 나라의 생산가능곡선은 동일하게 곡선 APB이며 두 나라의 사회무차별곡선 역시 동일하게 I_c와 I_c'이다. 무역이 이루어지기 전에 양국의 가격선은 α이므로 두 나라 모두 P점에서 생산하고 소비하며 이때의 후생수준 역시 두 나라 모두 I_c이다. 그런데 무역이 이루어져 A국은 X재에 비교우위가 있다고 하면 X재 생산에 완전특화하여 균형생산점은 A점이 되고 균형소비점은 C점(B국 역시 균형소비점은 C점이

그림 3-10 규모의 경제와 국제무역

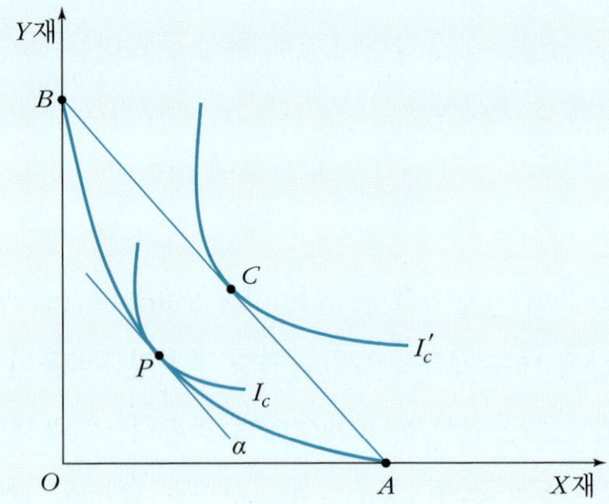

됨)이 되어 I_c'의 후생수준을 향유하게 된다. 이 C점은 무역 전의 균형소비점 P점보다 상위의 후생수준을 나타내는 점이므로 A국은 무역이익이 발생한 것임을(I_c에서 I_c'로) 알 수 있다.

한편, B국의 경우도 무역이 이루어져 Y재에 비교우위가 있다고 하면 Y재 생산에 완전특화하므로 균형생산점은 B점이 되고(B국은 Y재 생산에 규모의 경제, 즉 규모에 대한 수확체증이 존재하므로) 균형소비점은 역시 C점이 되어 I_c'의 후생수준을 누리게 된다. B국도 무역 전의 후생수준인 I_c와 비교할 때 무역 후에는 I_c'의 후생수준을 누리게 되므로 후생수준의 향상, 즉 무역이익이 발생하게 된다.

이상에서 제시한 규모의 경제론은 많은 종류의 재화를 생산하는 것보다 단일 제품이나 몇 종류의 제품을 대량으로 생산할 때 평균생산비, 즉 단위비용이 낮아지는 경우를 설명하는 이론으로 주로 공업화가 진전된 국가들이 이에 해당된다고 볼 수 있다.

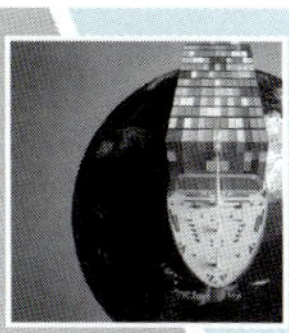

제7절 서비스무역

국제무역론을 국가 간에 상품과 서비스의 이동현상을 연구하는 분야라고 정의하였다. 그런데 지금까지 언급한 상품무역에 관한 이론은 기본적으로 어느 정도 정립되어 있어 계속 발전을 거듭하고 있다.

한편 국제무역론의 다른 한편인 서비스무역에 대한 이론체계는 아직까지 미완의 상태에 머물러 있는 실정이다. 그러나 서비스 경제화는 물론 서비스무역이 급격히 증가하는 추세에 있으므로 이에 대한 연구가 절실히 요구되고 있다.

따라서 여기서는 서비스와 서비스무역을 개관하고 서비스 경제화에 따른 서비스무역의 추세를 살펴본다. 그리고 WTO 체제에서의 서비스무역의 자유화에 대한 '서비스무역에 관한 일반협정', 즉 GATS에 대해서도 고찰하기로 한다.

7.1 서비스의 정의 및 범위

서비스에 대한 정의 및 범위에 관해서는 국제적으로 통일된 개념이 정립되어 있지 않아 국제기구별·국가별로 다르게 정의되고 있다. 예컨대, GATT는 서비스를 농업과 공업을 제외한 모든 경제적 활동으로 정의하고 있고 우리나라의 경우는 산업연관표의 분류방식에 따라 산업을 농림어업, 광공업, 전기·가스·수도 및 건설업, 서비스업으로 분류함으로써 건설업을 서비스업에서 제외시키고 있다.

그리고 힐(T. P. Hill)의 정의에 의하면 (실물)상품은 경제주체에 의한 점유 및 경제주체 간의 이전이 가능한 물적 대상으로 정의되고 있는 반면, 서비스는 경제주체의 경제활동에 의해 다른 경제주체 및 소유물의 상태를 변화시키는 행위로 정의하고 있다. 이렇게 볼 때 서비스는 저장이 불가능하고 무형의 성질을 가지며 생산자와 수요자 간의 근거리 접촉과 통신이 전제되어야 하는 특성이 있다고 볼 수 있다.

서비스의 정의에 대한 여러 가지 논란이 있지만 UN의 국제표준산업분류(ISIC : International Standard Industrial Classification)의 4개 분야(6에서 9까지)를 서비스산업으로 분류하는 데에는 학자들간에 거의 의견이 일치되고 있다. 즉 소·도매업, 음식·숙박업, 운수, 창고, 보관업, 통신, 보험, 금융업, 부동산업, 사업서비스, 기계 및 장비대여업, 공공서비스 및 국방, 오락 및 문화 서비스 등이 서비스산업으로 분류된다. 어떤 경우에는 이들 산업에 전기·가스·수도 및 건설업을 더하여 광의의 서비스산업(혹은 제3차산업)으로 분류하기도 한다.

결국 서비스에 대한 통일된 개념이 없으므로 어떠한 목적으로 서비스의 개념을 정립하려고 하는 것인가에 따라 서비스를 정의할 수밖에 없을 것이다. 예컨대, GATT와 관련된 경우이면 GATT의 정의를, 우리나라의 서비스에 관련된 문제라면 우리나라에서의 정의를 이용하여야 할 것이다.

7.2 서비스무역의 의의

그러면 서비스무역이란 무엇을 의미하고 상품무역과의 차이점은 무엇인가를 알아볼 필요가 있다. 서비스무역의 정의를 살펴보면, 서비스무역은 내국인이 외국인에게 편의를 제공하거나 외국인으로부터 편의를 제공받는 무형의 국제거래로서 오래 전부터 보이지 않는 무역(invisible trade)으로 지칭되어 왔다. 그리고 서비스무역은 상품무역과 구별되는 다른 특징이 있으며 특히 국제적으로 비교할 경우에는 상품무역에 비해 복잡하고 애매한 점이 많다.

따라서 서비스무역을 파악할 수 있는 방법은 국제수지통계표에서 서비스 거래항목을 확인해 보는 것이다. IMF의 국제수지통계에 의하면 각국 공통의 대항목 분류에 따른 서비스 거래항목은 화물운수, 기타 운수, 여행, 기타 정부서비스, 기타 민간서비스로 구성되어 있다.[36] 그러나 중·소 항목 분류에 있어서는 국가마다 다르기 때문에 중·소 항목 분류까지는 국제비교가 거의 불가능한 실정이다. IMF의 국제수지통계에서는 서비스무역에 투자수익거래와 정부거래를 제외하는 것이(=협

36) IMF, "Balance-of-Payments Statistics," *Yearbook*, 1994, Part 2.

의의 서비스무역) 보통이지만 정부서비스뿐만 아니라 해외투자수익도 포함하여 광의의 서비스무역이라고 하는 경우도 있다.

서비스무역협정(GATS)은 국제적으로 서비스가 공급되는 형태를 다음 네 가지로 정의하고 있다.

첫째, 국경간 공급(cross-border supply)으로 이는 서비스수요자(소비자)와 서비스공급자(생산자)의 이동 없이 서비스만 이동되는 형태로 국제전화와 같이 한 국가에서 다른 국가로 공급되는 서비스를 말한다.

둘째, 해외소비(consumption abroad)로 이는 서비스수요자의 서비스공급자로의 이동형태로 관광과 같이 소비자나 기업이 다른 국가에서 이용하는 서비스를 말한다.

셋째, 상업적 주재(commercial presence)로써 이는 서비스공급자의 서비스수요자로의 이동형태로 외국은행 영업과 같은 외국회사가 다른 국가에 자회사나 지사를 설립하여 공급하는 서비스를 말한다.

넷째, 자연인의 이동(presence of natural persons)이 있다. 이것은 서비스공급자의 서비스수요자로의 이동형태로 상업적 주재의 구분은 주체가 자연인 간의 차이이며, 패션모델, 컨설턴트와 같이 개인이 다른 국가로 이동하여 공급하는 서비스를 말한다.

7.3 서비스 경제화와 서비스무역

선진국의 경우 이미 1950년대부터 1970년대에 걸쳐 서비스경제에 진입하였다고 볼 수 있다.[37] 미국은 1960년대에 전 산업에서 서비스산업이 차지하는 고용 및 생산비중이 모두 60% 이상을 차지하였고 최근에는 70%를 넘어서고 있으며 이러한 경향은 유럽제국에서도 동일하다.

이와 같은 서비스 경제화 또는 경제의 서비스화 현상을 공동화 현상 또는 탈공업화 사회(post-industrial society)라고 한다. 결국 서비스 경제(화)란 재화와 서비스

37) V. R. Fuchs, *The Service Economy*, 1968, p.1.

중에서 서비스에 대한 수요가 증대되어 서비스가 큰 비중을 차지하게 되고, 산업구조 측면에서도 운수, 통신, 금융 및 정보산업 등 서비스산업의 생산 및 고용비중이 증대되는 것을 의미한다고 볼 수 있다. 또한 개인소비구조 측면에서도 가계지출 중에서 교육, 문화, 레저 등 서비스적 지출이 증대되는 현상이 나타나고 있음은 서비스 경제화 현상이라고 할 수 있다.[38)]

한편 경제의 서비스화 추세에 따라 서비스의 국제교역도 계속해서 신장되고 있고 그 중요성도 점차 커지고 있다. IMF 통계에 의하면 1998년도 전 세계의 상품 및 서비스 교역규모는 각각 11조 370억 달러와 2조 6,240억 달러를 기록하여 서비스 교역액이 상품 교역액의 약 28%에 달하고 있다.[39)]

이렇게 서비스교역이 확대되는 주 원인은 무엇보다도 세계경제의 상호 의존도 심화와 서비스화에서 비롯되었다고 볼 수 있다.[40)] 따라서 각국 경제의 상호 의존도가 심화됨에 따라 국제거래가 증가하게 되고 이것이 서비스교역의 증가로 나타나게 된다. 예컨대, 생산의 범세계화가 이루어지게 되면 이에 따라 전 세계를 연결하는 국제통신 및 수송서비스에 대한 수요가 증가하게 되는데 이것이 곧 서비스교역의 증가로 나타나게 된다는 것이다. 둘째로, 정보통신기술의 발달에 따라 수요자와 공급자의 국제적 이동이 없어도 서비스의 국제거래가 가능하게 되어 서비스교역이 증가하게 되는 원인이 되고 있다.

7.4 서비스무역의 자유화

서비스무역의 자유화에 관한 내용은 1993년 12월 15일에 타결된 UR협상의 최종협정에 포함되어 있는 '서비스무역에 관한 일반협정'(GATS : General Agreement on Trade in Service)을 보면 알 수 있다.

GATS의 경우 UR이 공식 출범한 1986년 9월까지 서비스 분야를 다자간협상

38) 羽田昇史, サービス 經濟論入門, 同文館, 1993, pp.153~154.

39) GATT, *International Trade*, pp.91~92.

40) 장의태, 다자간 서비스협상과 우리나라 건설산업의 국제화, 대외경제정책연구원, 1990, pp. 20~24.

의 의제에 포함시킬 것인가에 대해 회원국 간의 현격한 시각차를 보였다. 즉 미국, EU, 일본 등 선진국들은 국제무역에서 서비스무역이 차지하는 중요성에 비추어 볼 때 이에 대한 규범의 정립이 시급하다고 주장한 반면 브라질, 인도 등 개도국들은 서비스산업이나 서비스무역에 대한 정확한 정보나 규제시스템에 대한 연구도 미진한 상태이므로 이에 대한 규범 정립은 시기상조라고 반대하였다.

이러한 입장 차이는 UR협상이 개시된 후에도 계속되어 타결의 실마리를 잡지 못하였으나 1988년 몬트리올 각료회의를 계기로 협상이 급진전되었다. 이로 인해 서비스협상은 일반협정, 분야별 부속서, 양허협상의 세 분야로 나누어 진행되었다.

먼저 서비스 일반협정은 1990년 7월의 의장초안과 1991년 12월의 둔켈 초안을 거쳐 1993년 12월 15일 WTO협정 부속서의 하나인 '서비스무역에 관한 일반협정'이 타결되었다.

둘째, 분야별 부속서는 분야별 특성 때문에 GATS의 규정을 적용하기 곤란하거나 분야별로 상세한 추가협정이 필요한 서비스분야에 대해 제정되었으며 8개의 부속서가 있다.

셋째, 서비스분야의 양허협상은 상품분야와는 달리 일률적으로 진행될 수 없기 때문에 쌍무적인 시장개방 요청 및 제안(request & offer)방식에 의해 진행되어 최종 서비스 양허표로 집성되었다.

결국 GATS는 서비스무역 일반에 적용될 협정 본문과 분야별 부속서 및 각국의 양허계획서로 구성되어 있다. 또한 법적 효력을 가진 협정문 이외에도 각료결정 및 양해가 있다.

(1) GATS의 구성

GATS는 전문과 본문, 부속서, 국별 양허표 및 각료결정 및 양해로 구성되어 있다.

1) 전 문

GATS 제정의 목적은 보통 다음과 같이 네 가지로 설명되고 있다.

① 서비스무역을 위한 제반 원칙의 수립
② 다자간 협상을 통한 서비스무역 자유화의 조기 달성
③ 서비스산업의 국가 간 비대칭적 발전에 따른 개도국, 특히 최빈개도국에 대한 특별 배려
④ 개도국의 서비스무역 증대 등

2) 본 문

본문은 6부 29조로 되어 있으며 제2부에서는 서비스교역에 있어서 지켜야 할 일반적인 원칙을 규정하고 있고, 제3부 및 제4부에서는 각국의 서비스시장 개방을 확대하기 위한 구체적 약속(=양허) 및 그 양허협상에 관하여 규율하고 있다.

제1부 (제1조) 범위 및 정의(협정의 적용범위)
제2부 (제2조~제15조) 일반적 의무 및 규율(서비스무역에 적용될 기본원칙)
제3부 (제16조~제18조) 구체적 약속(시장접근, 내국민대우, 추가 약속에 관한 사항 등 서비스무역의 자유화에 관한 핵심적 내용)
제4부 (제19조~제21조) 점진적 자유화(향후 추진될 후속협상의 기본원칙과 일정 및 양허표의 수정)
제5부 (제22조~제26조) 제도적 규정(서비스협정의 운영을 위한 기구, 분쟁해결 등)
제6부 (제27조~제29조) 최종 조항(협정에서 사용되는 용어에 대한 정의 규정)

3) 부속서

부속서(Annexes)는 GATS 본문(제1부~제6부)의 조문을 해석하거나 적용하는 데 있어 지침이나 보완 역할을 한다. 또한 부속서는 각료결정 및 양해와는 달리 GATS와 불가분의 일부(integral part)를 구성하므로 모든 회원국에 대하여 부속서 규정이 적용되며 특정 부속서의 전부 또는 일부 내용의 적용을 유보할 수 없다. 그리고 부속서는 특정 분야에 대한 원칙과 규칙을 규정한다. 부속서는 다음과 같이 8개로 구성되어 있다. 즉 GATS 제2조[41] 면제에 관한 부속서, 협정에서 서비스를 공급하는 자연인의 이동에 관한 부속서, 금융서비스 부속서, 해운서비스 협상 부속서,

41) GATS 제2조는 최혜국대우 원칙을 규정하고 있다.

금융서비스에 관한 제2부속서, 항공운송서비스 부속서, 기본 통신 협상 부속서, 통신 부속서로 구성되어 있다.

4) 양허표

양허표는 양허협상을 통해 합의된 바에 따라 각 회원국이 특정 서비스에 대한 무역을 자유화하는 구체적 약속이 기재된 표로서 이 협정의 말미에 첨부되며 협정의 중요한 일부이다.

5) 각료결정 및 양해

이는 GATS의 운영면에서 협정 본문과 동일한 법적 효력을 가지나 부속서와 달리 법적인 면에서 GATS의 불가분의 일부를 이루는 것은 아니다. GATS에 8개의 각료결정과 1개의 양해가 첨부되어 있다.

(2) GATS의 특징

GATS를 상품무역을 규율하는 GATT 1994와 비교하면 다음과 같은 특징이 있다.

1) 최초의 다자간 무역협정

GATS는 서비스무역을 규율하는 최초의 다자간 무역협정이다. UR 이전에는 국제적인 차원에서 서비스무역을 규율하는 어떠한 규범도 존재하지 않았다. 역사적으로 GATT는 상품만을 규율대상으로 하였고 서비스무역은 1970년대까지는 주로 개별 국가의 국내 법규에 의해 규제되었다. 그리고 1970년대까지 서비스는 주로 항공이나 해운 등과 같은 특정 서비스 분야별로 양자 또는 다자간 협정이 체결되기도 하였다.

이에 비해 UR협상에서 타결된 GATS는 특정 서비스 분야만을 대상으로 하는 것이 아니라 서비스무역 일반을 국제규범으로 규율하는 최초의 다자간 무역협정이라는 특징을 갖는다. 즉 GATT가 상품무역 일반에 관한 다자간 무역협정인 데 반해 GATS는 서비스무역 일반을 대상으로 하는 다자간 무역협정이다.[42)]

---

42) 법무부, GATS 해설서, 2000, p.111.

2) 최혜국대우에 대한 광범위한 예외 인정

최혜국대우 원칙은 GATT와 WTO 체제에서 중요한 기본원칙이나 GATS의 경우에는 GATT와 달리 광범위한 예외를 인정한다. 서비스무역의 경우에는 해운, 항공, 금융, 보건 등과 같은 서비스 분야별로 서로 특성이 달라 상호주의에 입각한 양자협정 체제가 지배적이며 최혜국대우 원칙을 무조건적으로 적용할 경우 관련 서비스 분야를 개방하지 않는 국가가 무임승차(free ride)를 하게 되는 불공정한 경우가 발생할 수 있기 때문에 GATS의 경우에는 최혜국대우의 광범위한 예외를 인정하고 있다. 또한 서비스무역에서는 제2차 세계대전 후 40여 년 이상 통일적이고 국제적인 협정이 없는 상태에서 각 서비스 분야별로 상호주의를 중심으로 당사국 간의 협정 체결에 의존하는 질서가 형성되어 왔기 때문에 서비스협정을 제정함에 있어서 최혜국대우를 원칙으로 하면서도 기존 관행과의 조화를 도모하기 위하여 최혜국대우에 대한 예외조치를 광범위하게 인정하지 않을 수 없었다.[43)]

3) 자유화 조치의 중심 개념화

GATT는 상품무역에 관련된 장벽을 가능한 관세로 일원화하여 관세장벽의 감소 및 철폐를 통하여 무역자유화를 도모하였다. 그러나 서비스무역은 상품무역과 달리 국경이동, 현지법인의 설립, 서비스 제공자의 일시적 입국, 소비자(예컨대, 관광객)의 일시적 이동이라는 형태를 통하여 이루어지므로 이러한 경우 관세라는 개념은 의미가 없게 되어 시장접근이나 내국민대우가 자유화의 중심 개념이 된다고 할 수 있다.

4) 자유화 추진방식의 차별화

위와 같이 서비스무역의 자유화에 대한 개념이 상품무역의 자유화와 근본적으로 차이가 있으므로 자유화 추진방식도 GATT와는 다른 독자적인 규범의 제정이 필요하게 되었다. 즉 서비스무역 자유화의 추진과정에서는 서비스협정 발효 당시의 국별 양허표에 무역장벽을 모두 기재토록 하고 기재하지 않는 경우에는 장벽이 없는 것으로 간주하며 새로운 무역장벽도 추가할 수 없도록 하고 있다. 이렇게 한 후

43) 山浦廣海, "GATT 서비스 교섭의 위기와 전망," 국제상사법무, vol. 19, 1991, p.334.

이를 토대로 자유화 협상이 네거티브(negative) 방식과 포지티브(positive) 방식 사이에서 절충이 계속 이루어져 왔다. 네거티브 방식이 포지티브 방식보다 자유화의 정도가 강하므로 서비스 분야의 자유화를 주장하는 선진국은 전자의 방식을 개도국은 후자의 방식을 주장하였다.

협상 결과 각 분야별로 자유화에 대한 양허가 가능한 분야를 양허표에 기재하고(포지티브 방식), 기재한 분야에 대해서도 양허표에 제한조치를 기재하지 않는 한 제한이 없는 것으로 간주하는(네거티브 방식) 절충안이 채택되었다.[44)]

5) 개도국의 참여증진과 특별 대우

개도국의 서비스산업은 선진국에 비해 매우 취약한 상태에 있으므로 동일한 기준에서 교역을 할 경우 개도국의 서비스산업은 심각한 피해를 입을 수 있기 때문에 개도국은 GATS 체제에 참여하려고 하지 않을 것이다. 따라서 GATS에서는 개별 개도국을 위하여 그들의 서비스산업의 발전 정도에 따라 보다 적은 부분을 개방하고 보다 적은 거래 유형을 자유화하며 점진적으로 시장접근을 확대할 수 있도록 적절한 융통성을 부여하고 있다.

개도국에 대한 이러한 특별 대우는 서비스무역의 자유화를 위해 개도국의 적극적인 참여가 필수적이라는 인식에 따라 마련된 것으로 개도국의 서비스산업의 발전과 경쟁력 강화에 도움을 줄 수 있기 때문이다.

6) 분쟁해결 수단으로서의 보복조치

분쟁해결 절차로서 분쟁처리의 수단으로 인정되는 보복조치와 관련하여 동일 분야에 대한 보복으로 한정할 것인지 또한 다른 서비스 분야에도 보복조치를 인정할 것인지(cross-sector 보복) 그리고 더 나아가 보복관세 등 서비스무역을 초월한 상품무역에 대해서도 보복조치가 가능한가(상품과 서비스의 cross-link) 하는 3가지 방안이 고려되었는데 이번 협상에서는 이 모든 형태의 보복조치가 채택되었다.

분쟁해결 규칙 및 해결에 관한 양해각서(DSU : understanding on rules and procedures governing the settlement of disputes)에 의하면 먼저 동일 분야에서의 양허 등의

44) 법무부, UR협정의 법적 고찰(하), 1994, pp.35~39.

정지를 하도록 하고, 이러한 조치가 비효율적이라고 판단될 경우에는 다른 서비스 분야에의 양허정지 등의 보복조치가 인정되며, 위의 2가지 조치도 비현실적이거나 비효율적이라고 판단될 경우에는 다른 협정상의 특정 분야(예컨대, 상품분야)에 대해서도 양허정지 등의 보복조치를 취할 수 있도록 허용하고 있다.

(3) GATS의 기본원칙

GATS의 기본원칙으로는 최혜국대우 원칙, 내국민대우 원칙, 투명성 원칙, 점진적 자유화 원칙 및 다자주의를 들 수 있다.

1) 최혜국대우 원칙

최혜국대우의 원칙에서 최혜국대우 원칙(MFN treatment : most-favored-nation treatment)이란 어떤 국가에 대해 다른 국가보다 불리한 교역상의 조건을 부여해서는 안 된다는 것을 말한다. 이러한 최혜국대우는 내국민대우와 함께 무차별주의를 의미하고 이 무차별주의는 자유무역체제의 기본목표이기도 하다.

GATS는 이러한 최혜국대우를 기본적으로 채택하고 있다. 즉 GATS의 대상이 되는 '모든 조치'(any measure)에 대하여 각 회원국은 어떤 회원국의 서비스와 서비스 공급자에게 특정 회원국에게 부여한 대우보다 불리하지 아니한 대우를 즉시 무조건적으로 부여하여야 한다[45]는 것이다. 이 최혜국대우 원칙은 GATT 및 WTO 체제에서도 주요한 기본원칙이지만 GATS에서의 최혜국대우 원칙은 상품무역협정과 달리 광범위한 예외가 인정된다는 것은 이미 설명한 바와 같다.

2) 내국민대우 원칙

내국민대우의 원칙에서 내국민대우(national treatment)란 어떤 상품이 한 국가에 수입되었을 때 그 수입품을 국산품과 차별하지 않고 동등하게 취급하여 국산품과 수입품 간 경쟁의 기회를 균등하게 보장하는 것을 말한다. 이 내용은 GATT에 해당하는 것으로 GATS에서의 내국민대우는 GATT와 달리 상당히 제한적이다. 즉 GATS의 경우 내국민대우는 회원국의 일반적 의무로서가 아니라 구체적 약속(spe-

45) GATS 제2조 제1항.

cific commitment)의 형태로 규정되어 있다는 점에서 다르다. 따라서 일단 양허를 약속한 서비스 분야에 대해서는 외국인의 서비스 공급을 제한하는 조치를 양허표에 기재하지 않는 한, 회원국의 서비스 및 서비스 공급자에 대하여 내국민대우를 부여해야 한다.[46]

3) 투명성 원칙

WTO는 투명성(transparency) 원칙을 다자간 무역규범의 기본원칙으로 채택하였다. 여기서 투명성 원칙은 무역과 관련된 국내법규, 사법적·행정적 결정 및 정책을 명확히 하고 공개하는 원칙을 말하는데, 명료성(clearness)과 공개성(publicity)을 주요 내용으로 한다. 투명성 원칙은 무역 관련 규칙의 자의적인 해석과 적용을 방지함으로써 국제무역규범의 예측 가능성을 제공하고 협정의 실효성을 확보하기 위한 것이다.

예컨대, 회원국은 GATS의 운영에 관련되거나 영향을 미치는 모든 조치를 즉시 공포하여야 하고, 또한 서비스무역에 관련되거나 영향을 미치는 국제협정에 서명한 경우에도 이를 공포하여야 한다[47]고 규정하고 있다.

4) 점진적 자유화 원칙

GATS의 경우 서비스산업에서 개별 업종의 자유화(=시장개방)는 국가별 산업발전의 차이를 반영할 수 있도록 '점진적 자유화(progressive liberalization) 원칙'이 채택되고 있다.[48] 즉 모든 회원국의 모든 서비스시장을 일시에 개방하는 것이 아니라 5년을 협상주기로 하여 점진적으로 자유화를 진전시켜 나가야 하는데, 점진적 자유화 과정은 서비스무역 이사회에서 마련한 구체적인 협상지침과 절차에 따라 양자간·다자간 협상을 통해 진행된다.[49]

---

46) GATS 제16조 제1항.

47) GATS 제3조 제1항.

48) GATS 제14조~제21조.

49) GATS 제14조 제1항, 제3항, 제4항.

5) 다자주의

다자주의(multilateralism)란 관세인하 및 무역제한조치 철폐는 물론 각종 국제무역규범의 제정, 변경, 적용 및 집행은 모든 관련 국가가 참여한 가운데 논의되고 결정되어야 하며, 또한 당사국 간에 분쟁이 발생한 경우에도 일방적 해결이 아닌 유관 국가가 모두 참여한 다자간 협상을 통하여 해결되어야 하는 원칙을 말한다. 이는 강대국에 의한 국제무역규범의 제정과 집행, 분쟁해결의 일방성 및 자의성을 방지하여 국제무역규범의 실효성을 높이기 위한 것이라고 볼 수 있다.[50)]

50) 법무부, 전게서, pp. 114~121.

제 4 장

국제가격의 결정과 교역조건

요약 및 도해

국제무역의 일반균형

- 〔의　의〕 — 일국의 수출량과 타국의 수입량이 일치
- 〔과　제〕
  - 국제무역의 일반균형점 발견
  - 일반균형점의 안정성 여부와 안정조건
- 〔이　론〕 — 〈상호수요균등의 법칙〉 → 〈오퍼곡선이론〉

밀의 상호수요균등의 법칙

- 〔의　의〕 — 국제교환비율(교역조건)과 교역당사국에 대한 무역이익의 배분 비율 규명
- 〔주장자〕 — 밀
- 〔내　용〕
  - 교역조건의 한계결정 : 비교생산비의 상한과 하한 내, 즉 양국의 국내교환비율의 범위 내
  - 교역조건의 결정 : 상대국의 상품에 대한 상호수요와 수요의 탄력성에 의해
- 〔비　판〕
  - 가격결정 원리의 차이
    - 국내가격 : 투하노동량에 의해 결정
    - 국제가격 : 상호수요와 수요의 탄력성에 의해 결정
  - 수요와 수요의 탄력성이 어떻게, 어느 정도 작용하는가

오퍼곡선이론

- 〔의 의〕
  - 국제가격 변동에 따른 수출입량의 변화를 나타내는 곡선
  - 마샬과 에지워스가 처음 사용
- 〔도 출〕
  - 생산가능곡선 + 사회무차별곡선 → 무역무차별곡선
  - 무역무차별곡선 + 교역조건선 → 오퍼곡선
- 〔오퍼곡선에 의한 국제무역의 일반균형점〕
  - 양국의 오퍼곡선이 만나는 점
  - 원점과 국제무역의 일반균형점을 연결한 직선=균형교역조건선 (균형국제가격선)
- 〔국제무역의 일반균형점의 안정성〕— 안정적인 균형점과 불안정적인 균형점
- 〔국제무역의 일반균형점의 안정조건〕
  - 마샬 · 러너의 안정조건
  - 두 나라 수입수요탄력성의 합이 1보다 클 때

    $\eta_a + \eta_b > 1$

교역조건(=국제가격)

교역조건과 무역이익

- 〔교역조건의 개념〕
  - 수출상품과 수입상품의 교환비율
  - 수출상품 1단위와 교환되는 수입상품의 단위 수
  - 무역이익의 지표
- 〔교역조건의 종류와 무역이익의 판단〕
  - 상품교역조건 : 수출입 상품 간의 가격 비교 : 단기적인 무역이익의 지표

    $$N = \frac{P_x}{P_m} \times 100 = \frac{P_{x1}/P_{x0}}{P_{m1}/P_{m0}} \times 100$$

  - 총교역조건 : 수출입 상품 간의 수량 비교 – 서비스교역의 불포함

    $$G = \frac{Q_m}{Q_x} \times 100 = \frac{Q_{m1}/Q_{m0}}{Q_{x1}/Q_{x0}} \times 100$$

  - 소득교역조건 : 수입능력지수

    $$I = N \cdot Q_x = \frac{P_x}{P_m} \times Q_x \times 100$$

- 단일요소교역조건 : 일국의 수출산업에서의 실질소득의 변화−장기적인 무역이익의 지표

  $$S=N\cdot Z_x=\frac{P_x}{P_m}\times Z_x\times 100$$

- 이중요소교역조건 : 일국의 수출산업의 변화뿐만 아니라 상대국의 수출산업의 생산성 변화

  $$D=N\cdot\frac{Z_x}{Z_m}=\frac{P_x}{P_m}\cdot\frac{Z_x}{Z_m}\times 100$$

〔개발도상국의 교역조건 문제〕

- 개발도상국 교역조건악화론＝싱거 · 프레비쉬 명제
- 싱거와 프레비쉬 주장
- 싱거 · 프레비쉬 명제의 근거
  - 기술진보의 효과가 다르게 나타남
  - 경제성장 → 소득증가 → 공산품 수요 증가 → 공산품 가격 인상
  - 경기변동 과정에서 1차산품의 변동 심함 → 1차산품 가격 급락

국제가격의 실제

〔국제가격의 차별화〕

- 운송비만큼 상품의 가격차이 발생
- 무역장벽만큼 가격차이 발생
- 예) 덤핑과 국제카르텔

〔덤 핑〕

- (의의) — 수출국의 국내시장가격보다 낮은 가격으로 수출
- (동기)
  - 과잉상품 처분
  - 특정 시장 신규 개척과 기존 시장 확보
  - 독점기업의 판매정책 일환
  - 경쟁대상 제거하고 다른 기업의 시장 탈취
  - 다른 기업의 덤핑행위에 대한 보복
  - 시장의 독점적 지배 및 독점이윤 확보
- (형태)
  - 동기와 목적 : 우연적 덤핑, 방어적 덤핑, 공격적 덤핑
  - 기간 : 산발적 덤핑, 단기적 · 간헐적 덤핑, 장기적 · 지속적 덤핑
  - 기타 유사덤핑 : 환덤핑, 사회적 덤핑
- (영향)

- 수출국에 영향
  - 국내소비자 : 불리
  - 생산업자, 무역업자 : 독점형성의 계기－유리
  - 수출산업－규모의 경제 → 평균생산비 인하 → 경제적 후생 향상
- 수입국에 영향
  - 소비자의 효용수준 향상
  - 수입국 국내시장 교란－수입국 국내기업에 심각한 영향

〔국제카르텔〕

- (의의) ― 국제적으로 생산량 및 가격담합에 의해 자유경쟁 배제와 독과점 이윤 유지 위한 시장조직
- (전제조건) ― 새로운 경쟁기업의 시장진입 견제
- (일반적 수단)
  - 가격정책 : 담합에 의한 고가격 유지
  - 생산 및 판매제한 : 생산 · 공급측면에서 물량 제한
  - 시장분할 : 지역적 판로 배정
- (평가)
  - 긍정적 견해 : 가격안정화 → 물자공급의 원활화
  - 부정적 견해 : 자유경쟁 배제 → 고가격 유지 →
    - 카르텔 구성원에게 독과점 이윤 보장
    - 소비국의 희생

제 1 절 국제가격의 결정

1.1 의의와 과제

일국의 국내경제만을 대상으로 할 경우에 어떤 상품의 수요와 공급에 의해 시장가격이 결정되면 이에 따라 개별 소비자와 생산자는 각각 자신들의 소비량과 생산량을 결정하게 된다. 마찬가지로 국제시장에서도 어떤 상품의 국제가격이 결정되면 이에 따라 수출업자와 수입업자는 자신의 수출량과 수입량을 결정하게 된다. 환언하면 일국의 국내가격은 공급곡선과 수요곡선이 만나는 점에서 결정되는데 그 점을 (국내)균형점이라고 하고 이때의 가격을 균형국내가격이라 한다. 마찬가지 방법으로 일국의 수출량과 타국의 수입량이 일치하는 상태를 국제무역의 일반균형이라 하고 이때 결정되는 가격을 균형국제가격이라 한다. 결국 국제무역에서 수출업자와 수입업자가 그들의 수출입 행위를 결정할 수 있도록 국제가격이 우선적으로 결정되어야 한다.

여기서는 먼저 국제가격이 어떻게 결정되는가를 알아보기 위해 앞서 언급한 바와 같이 일국의 수출량과 타국의 수입량이 일치하는 상태인 국제무역의 일반균형에서 균형점을 찾아 일국의 수출입량과 타국의 수출입량은 물론 균형국제가격의 결정을 이해하도록 한다. 그리고 이러한 국제무역의 일반균형점이 안정적인 균형점인가 불안정적인 균형점인가를 판정한다. 여기서 안정적인 균형점이란 어떠한 충격에 의해 균형국제가격이 균형점에서 벗어났을 때 수출입량의 조절에 의해 다시 원래의 균형점으로 돌아오는 경우를 말한다.[1)] 이와 같이 국제무역의 일반균형점을 발견함은 물론 이 균형점이 안정적인가 불안정적인가를 판정하는 것이 국제무

1) 예컨대, 자동차의 대당 균형국제가격이 2만 달러에서 균형상태에 있는데 유가의 급등으로 인해 자동차에 대한 수입량이 줄어 가격이 1만 달러로 떨어진 경우에 수입량의 증가에 의해 다시 가격이 2만 달러로 상승할 때 그 균형점은 안정적인 균형점이 된다.

역의 일반균형에서의 과제이다.

그러면 다음에는 국제가격이 어떻게 결정되는가에 대하여 처음으로 이론을 제시한 밀(J. S. Mill)의 상호수요균등의 법칙에 대해 알아보기로 한다.

1.2 밀의 상호수요균등의 법칙

(1) 의 의

리카도는 비교생산비원리를 통하여 무역의 발생원리와 무역이익을 규명하였지만 이러한 무역이익이 교역당사국에 어떻게 배분되는가에 대한 설명이 없었다. 따라서 이러한 결함을 보완하기 위하여 밀은 리카도가 규명하지 못한 국제가격의 결정과 교역당사국에 대한 무역이익의 배분문제를 규명하였는데 이 이론을 상호수요균등의 법칙(law of equation of reciprocal demand) 또는 국제가치설(theory of international value) 혹은 상호수요설이라고 한다.[2)]

(2) 내 용

국제가격의 결정은 교역당사국의 이해관계와 직접적인 관련이 있다. 즉 국제무역론에서는 화폐의 개념을 도입하지 않고 물물교환 형태의 무역거래를 대상으로 하기 때문에 수출상품 1단위와 교환되는 수입상품의 단위수가 많을수록 이익이 크게 된다.

밀은 상품의 국제가격, 즉 국제교환비율(=교역조건)이 비교생산비의 상한과 하한의 어느 점에서 결정되는가를 중시하면서 그의 이론을 전개하였다. 즉 그의 주장에 의하면 국제가격은 자국상품에 대한 외국의 수요와 외국상품에 대한 자국의 수요가 상호 일치하는 점에서 결정된다는 것이다. 그리고 밀은 이 교역조건에 의하여 교역당사국에 대한 무역이익의 배분비율이 결정된다고 하였다.

이와 같이 밀은 상대국 상품에 대한 양국의 수요규모가 교역조건을 결정한다

2) J. S. Mill, *Principles of Political Economy*, with Some of their Applications to Social Philosophy, 2 vols., London, 1848.

는 명제를 제시하였고 그 후에는 수요의 탄력성도 교역조건을 결정한다고 주장하였다. 결국 교역조건, 즉 국제가격은 교역당사국의 상호수요의 규모와 수요의 탄력성에 의하여 결정된다는 것이다. 그러면 이하에서는 구체적인 예를 들어 살펴보기로 한다.

1) 교역조건의 범위

밀은 다음 [표 4-1]을 이용하여 교역조건의 결정원리를 설명하였다. 표를 보면 동일한 노동량으로[3] 영국에서는 10야드(yards)의 나사와 15야드의 리넨을 생산할 수 있고 독일에서는 10야드의 나사와 20야드의 리넨을 생산할 수 있다. 이러한 상황에서는 나사 생산에서는 두 나라 모두 동일한 조건이지만 리넨 생산에서는 독일이 보다 유리하므로, 즉 동일한 노동투입량으로 영국보다 더 많은 리넨을 생산할 수 있으므로 독일이 리넨 생산에 특화하게 되고 영국은 나사 생산에 특화하게 된다.

이러한 경우 영국은 국내에서는 나사 10야드와 리넨 15야드를 교환할 수 있으므로 무역에서 이익을 얻기 위해서는 국제가격, 즉 교역조건이 나사 10야드와 리넨 15야드 이상이 교환되도록 결정되어야 한다. 한편 독일은 국내에서는 나사 10야드와 리넨 20야드가 교환되므로 무역에서 이익을 얻기 위해서는 교역조건이 나사 10야드와 리넨 20야드 이하가 교환되도록 결정되어야 한다. 따라서 두 나라가 모두 무역을 통해 이익을 얻기 위해서는 교역조건은 무역 이전의 양국의 국내교환비율인 나사 10야드 대 리넨 15야드와 나사 10야드 대 리넨 20야드 사이에서 결정되어야 한다. 즉 그림에서 직선 ge부분이 교역조건의 범위가 된다.

표 4-1 밀의 생산량 비교

	영 국	독 일
나 사	10야드	10야드
리 넨	15야드	20야드

3) 밀은 상호수요균등의 법칙을 전개함에 있어서 노동가치학설을 원용하고 있기 때문에 '일정한 노동량'으로 생산한다는 것은 '일정한 생산비'로서 생산한다는 것을 의미하게 되며 이는 다시 '동일한 비용'을 뜻하게 된다.

2) 교역조건의 결정

그러면 위의 교역조건의 범위 내에서 교역조건은 구체적으로 어떻게 어디에서 결정되는가. 이에 대해 밀은 교역조건은 양국이 각각 상대국의 상품에 대해 갖는 수요에 의해 결정된다고 하였다. 즉 교역조건은 영국의 나사에 대한 독일의 수요의 크기 및 그 탄력성과 독일의 리넨에 대한 영국의 수요의 크기 및 그 탄력성에 의존하며 이러한 두 수요가 일치하는 점에서 결정된다는 것이다. 환언하면 상호수요가 균등한 점에서 교역조건이 결정된다는 것이다.

이를 [그림 4-1]을 통해 설명하면 다음과 같다. 그림에서 직선 OE는 영국의 국내가격선(즉 국내교환비율은 나사 10야드와 리넨 15야드)이고 직선 OG는 독일의 국내가격선(즉 국내교환비율은 나사 10야드와 리넨 20야드)이다. 그런데 여기서 영국이 국제시장에서 교역할 수 있는 범위, 즉 무역을 함으로써 국내교환비율보다 유리하여 이익을 얻을 수 있는 범위는 나사 10야드를 수출하는 대가로 독일의 리넨을 15야드 이상을 수입할 수 있는 경우이다. 반면에 독일이 국제시장에서 교역할 수 있는 범

그림 4-1 교역조건의 결정

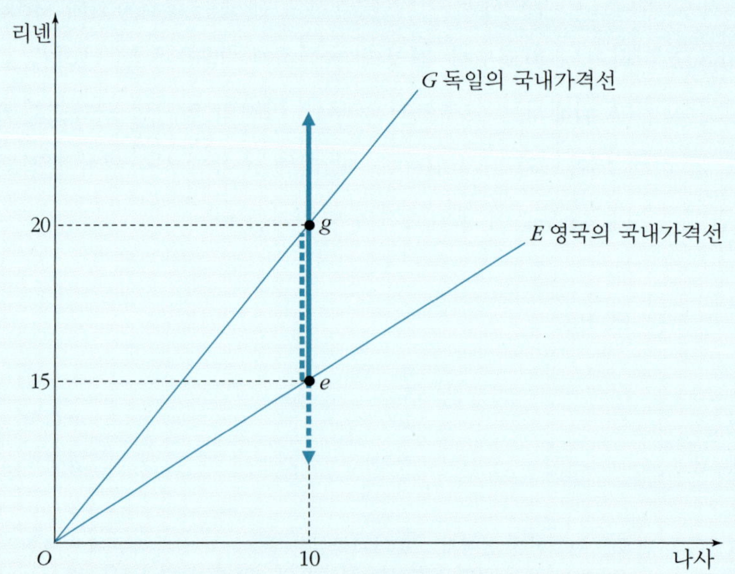

위, 즉 무역을 함으로써 국내교환비율보다 유리하여 이익을 얻을 수 있는 범위는 영국의 나사 10야드를 수입하는 대가로 리넨을 20야드 이하를 수출하는 것이다.

따라서 두 나라가 무역을 통해 이익을 얻을 수 있는 범위는 영국의 국내교환비율인 10:15에서 독일의 국내교환비율인 10:20까지이므로 국제가격비율인 교역조건은 이 범위 내에서 두 나라의 상호수요의 크기와 탄력성에 의해 결정되게 된다. 국제가격선(=교역조건선)이 *ge* 구간에 있게 될 때 영국과 독일에게 모두 이익이 발생하지만 *OE*에 가깝게 되면 독일에 더 많은 이익이 있게 되는 반면에 *OG*에 가깝게 되면 영국에 더 많은 이익이 있게 된다.

3) 비 판

밀은 상호수요균등의 법칙을 주장하면서 리카도가 밝히지 못하였던 국제가격의 결정 및 무역이익의 교역당사국에의 배분문제를 규명하는 데 크게 공헌하였다. 그러나 이 이론은 다음 두 가지 점에서 비판을 받고 있다.

첫째, 가격결정의 원리를 하나의 기준에 의하지 않고 국내가격과 국제가격으로 기준을 달리하고 있는 점이다. 즉 밀은 국내가격은 노동가치설에 의해 결정되고 국제가격은 두 나라의 상호수요의 크기와 탄력성에 의해 결정된다고 하여 하나의 이론을 전개하는 데 있어서 두 가지 기준에 의해 가격결정을 설명하고 있다.

둘째, 국제가격, 즉 교역조건은 두 나라의 상호수요의 크기와 탄력성에 의해 결정된다고 하였는데 그 구체적인 결정기준을 제시하지 못하고 단지 국제가격 결정의 범위만 제시하는 데 그치고 있는 점이다. 즉 밀은 두 나라의 상호수요의 크기와 탄력성이 어떻게 얼마만큼 작용하는지에 대해 설명하지 못하고 있다.

이러한 밀의 상호수요균등의 법칙의 모순을 극복하면서 국제가격의 결정을 그림으로 설명한 이론이 오퍼곡선이론이다.

1.3 오퍼곡선이론

(1) 오퍼곡선의 의의

일국의 국내경제만을 고려할 경우 수요곡선은 가격의 변동에 따른 수요량의 변동을 나타내는 곡선이고 공급곡선은 가격의 변동에 따른 공급량의 변동을 나타내는 곡선이라 할 수 있다. 결국 수요·공급곡선은 일국의 국내가격의 변동에 따른 수요·공급량(=수급량)의 변동을 나타낸 곡선으로 정의할 수 있다.

여기서 외국을 포함한 국제경제를 고려할 경우 국제가격이 변동하면 수출입량이 영향을 받게 된다. 예컨대, 국제유가가 오르면 우리나라와 같은 수입국은 원유 수입량을 줄일 것이고 수출국은 그 수출량을 늘릴 것이다.

이처럼 국내경제에서의 수요·공급곡선에 해당하는 국제경제에서의 곡선이 오퍼곡선(offer curve)이다. 따라서 오퍼곡선이란 국제가격(=교역조건)의 변동에 따른 수출입량의 변동을 나타내는 곡선으로 정의할 수 있다. 이러한 오퍼곡선은 마샬[4]과 에지워스[5]가 최초로 사용하였으며 국제무역이론의 분석에 유용한 도구로 널리 사용되고 있다.

(2) 오퍼곡선의 도출방법

앞에서 언급한 바와 같이 오퍼곡선은 마샬과 에지워스에 의해 최초로 사용되었으며 이후 미드(J. E. Meade)에 의해 더욱 정밀화되었다. 오퍼곡선을 도출하는 방법에는 생산가능곡선과 사회무차별곡선 및 교역조건선을 이용한 무역삼각형에 의한 방법과 무역무차별곡선[6]과 교역조건선을 이용하는 방법이 있다. 후자의 방법은 부록에서 다루도록 하고 여기서는 전자의 방법만 설명하려고 한다.

[그림 4-2]에서 AA'는 생산가능곡선이고 α_1, α_2, α_3는 교역조건선이며 I_c', I_c'', I_c'''는 사회무차별곡선을 나타낸다. 그림 (a)에서 교역조건선이 α_1인 경우 균형생산점과 균형소비점이 P점이므로 X재와 Y재의 생산량과 소비량이 일치하여 무역이 성립하지 않는다.

그러나 교역조건선이 α_2처럼 변동한다면 균형생산점은 P'점, 균형소비점은 C'점이 되어 X재는 EP'만큼 수출되고 Y재는 EC'만큼 수입된다. 이러한 수출입량을

4) A. Marshall, *The Pure Theory of Foreign Trade*, London, School of Economics and Political Science, 1879.

5) F. Y. Edgeworth, The Theory of International Values, *Economic Journal*, vol. 4, 1894.

6) 무역무차별곡선에 관한 내용은 부록을 참조할 것.

그림 4-2 무역삼각형에 의한 오퍼곡선의 도출

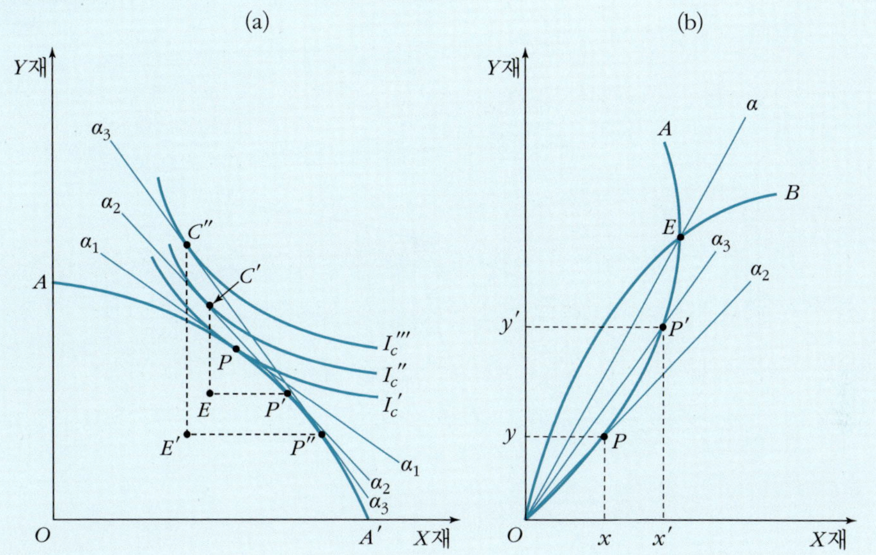

그림 (b)에 표시할 수 있다. 즉 그림 (a)의 교역조건선 α_1에서 무역이 성립하지 않는 경우를 그림 (b)에 *O*로 표시하고 그림 (a)의 교역조건선 α_2에서 *X*재의 수출량 *EP′*, *Y*재의 수입량 *EC′*를 그림 (b)에 각각 *Ox*와 *Oy*로 표시할 수 있다. 그러면 그림 (a)의 무역삼각형 *P′EC′*와 그림 (b)의 무역삼각형 *OxP*는 같으므로 두 재화의 수출입량은 동일하다. 또한 그림 (a)에서 교역조건선이 α_3로 변동한다면 *X*재는 *E′P″*만큼 수출되고 *Y*재는 *E′C″*만큼 수입되므로 수출입량도 위와 같은 방법으로 그림 (b)에 *P′*점으로 표시할 수 있다. 이러한 방법으로 두 재화의 수출입량을 표시하는 점 *O*, *P*, *P′*…를 연결하면 *OA*와 같은 곡선이 나타나는데 이 곡선이 오퍼곡선이다. 마찬가지 방법으로 교역상대국인 B국의 오퍼곡선도 도출할 수 있는데 이렇게 도출된 것이 곡선 *OB*이다.

(3) 오퍼곡선에 의한 국제무역의 일반균형점

앞서 설명한 밀의 상호수요균등의 법칙에 의하면 두 나라의 상호수요와 수요의 탄력성에 의해 국제가격, 즉 교역조건이 결정된다고 하였으나 구체적인 결정방

그림 4-3 오퍼곡선에 의한 국제무역의 일반균형점

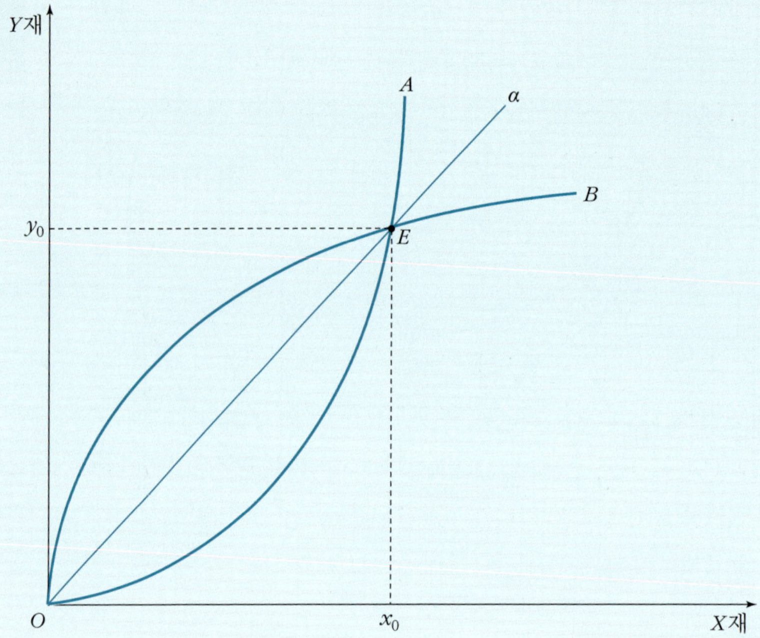

법을 제시하지 못하였다. 그러나 오퍼곡선을 이용하면 밀의 상호수요균등의 법칙의 한계를 극복하고 국제무역의 일반균형점을 쉽게 찾을 수 있다. [그림 4-3]을 이용하여 이를 살펴보기로 한다.

[그림 4-3]에서 *OA*는 A국의 오퍼곡선, *OB*는 B국의 오퍼곡선이고 횡축은 A국의 *X*재 수출량과 B국의 *X*재 수입량을 표시하고 종축은 A국의 *Y*재 수입량과 B국의 *Y*재 수출량을 나타낸다. 그리고 두 나라의 오퍼곡선 *OA*와 *OB*가 만나는 *E*점이 (국제)무역의 일반균형점이고 α선은 균형국제가격선(=균형교역조건선)이다. 이때 A국은 *X*재를 Ox_0만큼 수출하고 *Y*재를 Oy_0만큼 수입하며 B국은 *X*재를 Ox_0만큼 수입하고 *Y*재를 Oy_0만큼 수출하므로 양국의 무역이 균형을 이루게 되며 이 경우 균형국제가격은 α선으로 표시된다.

(4) 국제무역의 일반균형점의 안정성과 안정조건

앞서 언급한 바와 같이 국제무역의 일반균형에서의 첫 번째 과제는 국제무역의 일반균형점을 찾는 것이고, 두 번째 과제는 국제무역의 일반균형점이 안정적인 균형점인가 불안정적인 균형점인가를 판정함은 물론 이러한 균형점이 안정적인 균형점이 되기 위한 조건은 어떠한가를 알아보는 것이다. 첫 번째 과제는 이미 언급한 바와 같고 두 번째 과제에 대해 고찰하기로 한다.

1) 국제무역의 일반균형점의 안정성

국제무역의 일반균형점은 두 나라의 오퍼곡선이 만나는 점이며 이 점이 안정적인 균형점인가를 알아보기 위해 다음 [그림 4-4]를 이용하기로 한다. 그림에서 양국의 오퍼곡선은 E점에서 교차하고 있는데, 이 점이 국제무역의 일반균형점이고 이때의 교역조건은 α선으로 표시되고 있다.

그림 4-4 안정적인 균형점

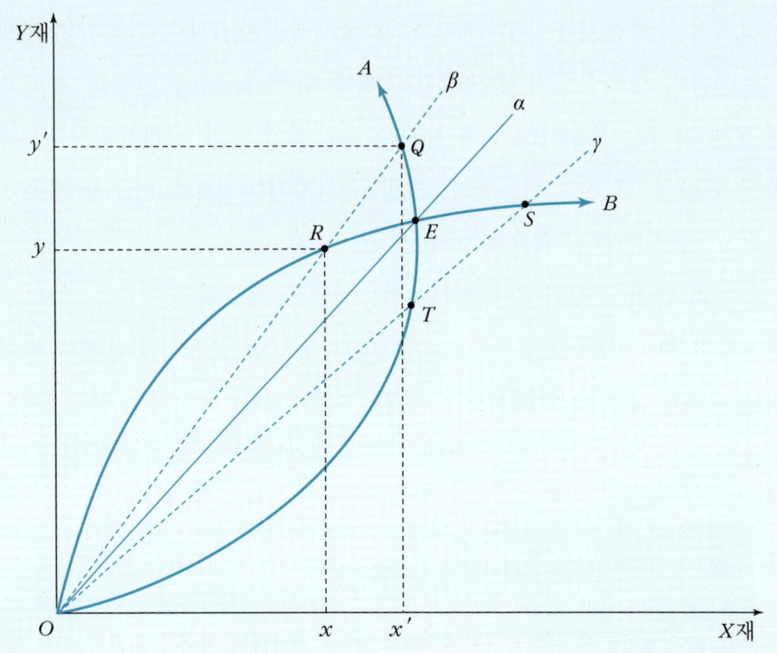

그런데 어떤 요인에 의해 국제가격이 β로 변동하면 A국의 X재 수출량은 Ox'[7] 이고 B국의 X재 수입량은 Ox이므로 xx'만큼[8] X재의 초과공급이 발생하게 된다. 또한 A국의 Y재 수입량은 Oy'이고 B국의 Y재 수출량은 Oy이므로 yy'만큼의 Y재의 초과수요가 발생하게 된다. 따라서 X재의 초과공급으로 X재의 가격은 하락하고 Y재의 초과수요로 Y재의 가격은 상승하므로 그 결과 국제가격선 β는 α선 쪽으로 이동하여[9] 결국 수출량과 수입량이 균형을 이루는 E점에서 멈추게 된다.

한편, 국제가격이 γ로 변동하면 Y재의 초과공급과 X재의 초과수요에 의해 X재의 가격은 상승하고 Y재의 가격은 하락하여 국제가격은 α선으로 되돌아와 수출량과 수입량이 균형을 이루게 된다.

이와 같이 국제가격이 어떠한 요인에 의하여 β나 γ선과 같이 변동해도 두 재화의 수급상태에 의해 원래의 균형점으로 되돌아오게 될 때 그 균형점은 안정적인 균형점이 된다. 즉, [그림 4-4]에서 E점과 같은 국제무역의 일반균형점은 안정적인 균형점이 된다.

그러나 오퍼곡선의 형태가 [그림 4-5]와 같은 경우는 앞에서 설명한 내용과 다르게 된다. 이 그림에서는 세 개의 균형점 E, F, G가 있고 이 중에서 E점은 불안정적인 균형점이다. 왜냐하면 만약 국제가격이 β처럼 변동하면 X재에 대해서는 x_1x_2만큼의 초과수요가 발생하고 Y재에 대해서는 y_1y_2만큼의 초과공급이 발생하여 X재 가격은 상승하고 Y재 가격은 하락함에 따라 국제가격선(=교역조건선)은 α 쪽이 아닌 β' 쪽으로 이동한다. 또한 국제가격이 γ처럼 변동한 경우에도 국제가격선은 α 쪽이 아닌 γ' 쪽으로 이동한다.

이와 같이 국제가격이 β처럼 변동하면 국제가격선은 F점 쪽으로 이동하고 또한 γ처럼 변동하면 G점 쪽으로 이동하므로 설령 균형이 E점에서 성립되었다 하더라도 사소한 교란에 의해서도 E점에서 이탈하여 F점이나 G점과 같은 균형점에 머무르게 된다. 따라서 E점은 불안정적인 균형점이 되고 F점과 G점은 안정적인 균

7) 국제가격선 β와 A국의 오퍼곡선 OA가 Q점에서 만나므로 A국은 X재를 Ox'만큼 수출하게 된다.

8) 국제가격선 β와 B국의 오퍼곡선 OB가 R점에서 만나므로 B국의 X재 수입량은 Ox가 된다.

9) 국제가격선이 β선인 상태에서 X재의 가격이 하락하고 Y재의 가격이 상승할 때 국제가격선이 α선 쪽으로 이동하는 이유는 동일한 X재 수출량으로 교환되는 Y재 수입량이 α선일 경우가 더 적기 때문에 X재의 가격이 하락하게 된다.

그림 4-5 불안정적인 균형점

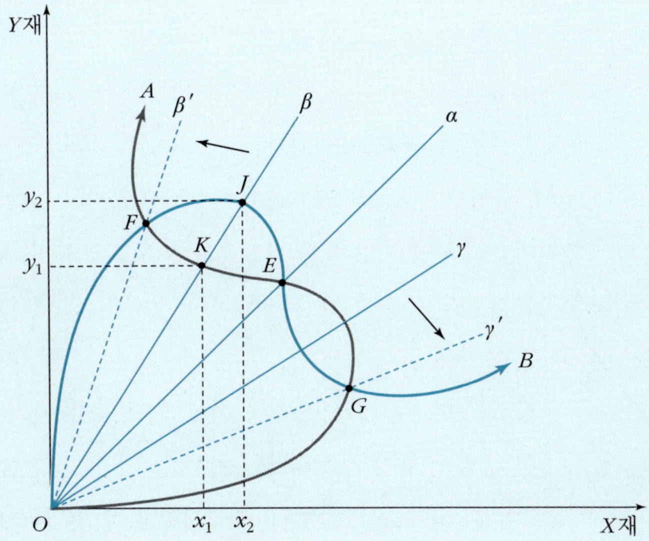

형점[10)]이 된다.

2) 국제무역의 일반균형점의 안정조건

두 나라의 오퍼곡선이 만나는 점은 국제무역의 일반균형점인데 이러한 균형점

10) 안정적인 균형점과 불안정적인 균형점을 그림으로 설명하면 다음과 같다.

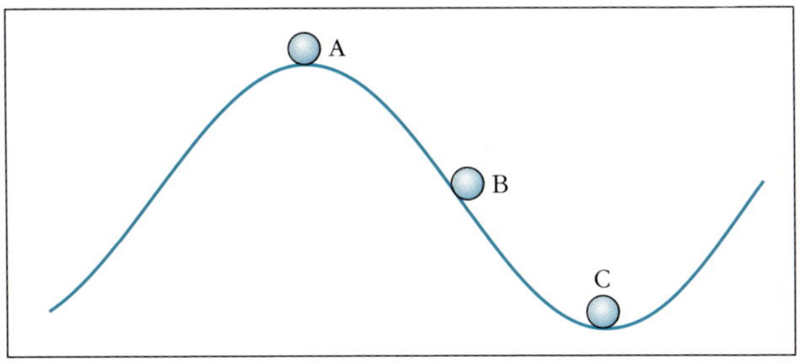

그림에서 3개의 공 A, B, C가 있는데 A와 C공은 균형을 유지하고 있으나 B공은 불균형 상태에 있다. 그런데 균형을 유지하고 있는 A공과 C공에 약간의 힘만 가하여도 A공은 미끄러져 내려가게 되어 다시 원래의 위치로 되돌아오지 않지만 C공은 어느 정도의 시간 후에는 원래의 위치로 돌아오게 된다. 이처럼 A공과 같은 경우는 불안정적인 균형점이며 C공과 같은 경우가 안정적인 균형점이라 할 수 있다.

그림 4-6 무역균형의 안정조건(I)

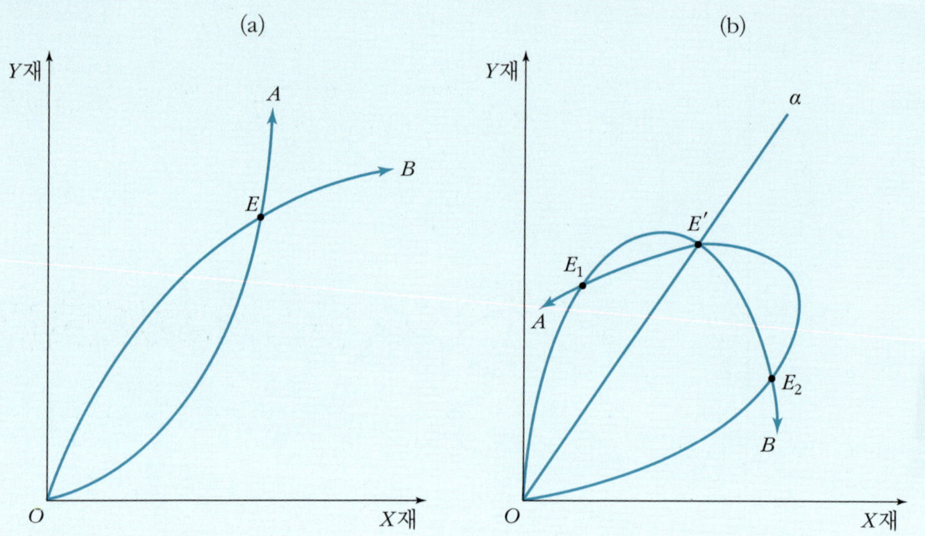

이 안정적인 것이 되기 위해서는 어떠한 조건이 필요한가에 대하여 살펴보기로 한다. 균형점이 안정적인가를 판정하는 방법에는 그림으로 판정하는 방법과 수식으로 판정하는 방법이 있다.

첫째, 그림으로 판정하는 방법은 다음 [그림 4-6]의 (a)와 같이 두 나라의 오퍼곡선이 바깥쪽으로 굽어지면서 만나는 경우는 그 점(E점)이 안정적인 균형점이다. [그림 4-6]의 (b)와 같이 안쪽으로 굽어지면서 만나는 경우는 그 점(E'점)이 불안정적인 균형점이 된다.

둘째, 수식에 의한 방법은 [그림 4-7]을 이용하기로 한다. 그림에서 OA는 A국의 오퍼곡선이고 OB는 B국의 오퍼곡선이며 E점은 국제무역의 일반균형점이다.

먼저 균형점 E에서 A국과 B국의 수입수요탄력성[11]을 각각 η_A, η_B로 표시하면 다음과 같이 정의된다.

$$\eta_A = OS/OT \quad \cdots\cdots (1)$$

$$\eta_B = OR/OQ \quad \cdots\cdots (2)$$

11) 수입수요탄력성에 관한 구체적인 내용은 부록에서 소개하고 있음.

그림 4-7 무역균형의 안정조건(Ⅱ)

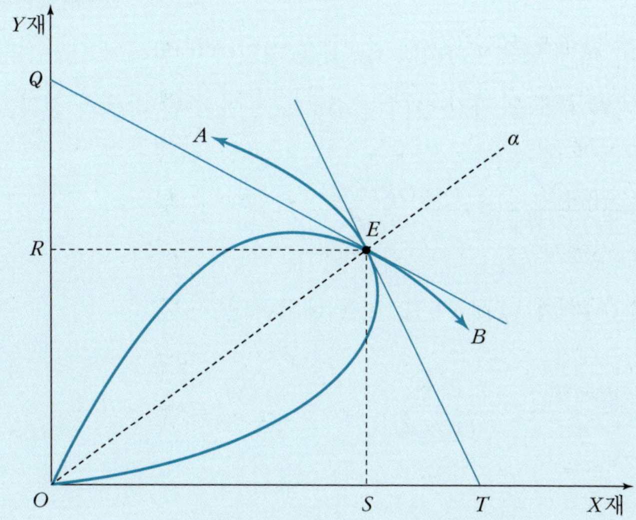

그런데 안정적인 균형점의 특성은 [그림 4-6]의 (a)에서 보는 바와 같이 A국의 오퍼곡선 *OA*가 B국의 오퍼곡선 *OB*와 만나는 균형점 이후부터는 곡선 *OA*가 곡선 *OB*보다 위쪽에 있어야 한다는 것이다. 이를 달리 표현하면 균형점에서 A국의 오퍼곡선에 접하는 접선의 기울기(=SE/ST)가 B국의 오퍼곡선에 접하는 접선의 기울기(=RQ/RE)보다 커야 한다는 것이다. 따라서 균형점이 안정적일 조건을 표시하면 다음과 같다.

$$\frac{SE}{ST} > \frac{RQ}{RE} \quad \cdots\cdots (3)$$

그런데 그림에서 $ST = OT - OS$이고 $RQ = OQ - OR$이므로 이를 (3)식에 대입하면

$$\frac{SE}{OT - OS} > \frac{OQ - OR}{RE} \quad \cdots\cdots (4)$$

이 되고, 또한 그림에서 $SE = OR$이고 $RE = OS$이므로 이를 (4)식에 대입하면

$$\frac{OR}{OT-OS} > \frac{OQ-OR}{OS} \quad \cdots\cdots (5)$$

이 성립된다. 이제 앞의 (1)식과 (2)식을 대입하기 위하여 (5)식의 왼쪽 항과 오른쪽 항의 분자와 분모를 각각 OT와 OQ로 나누어 주면 다음과 같다.

$$\frac{OR/OT}{1-(OS/OT)} > \frac{1-(OR/OQ)}{OS/OQ} \quad \cdots\cdots (6)$$

여기서 (6)식에 (1)식과 (2)식을 대입하면

$$\frac{OR/OT}{1-\eta_A} > \frac{1-\eta_B}{OS/OQ} \quad \cdots\cdots (7)$$

또는

$$(1-\eta_A)(1-\eta_B) < \frac{OS}{OT} \cdot \frac{OR}{OQ} = \eta_A \cdot \eta_B$$

가 된다. 따라서 식을 정리하면

$$1-\eta_B-\eta_A+\eta_A \cdot \eta_B < \eta_A \cdot \eta_B$$

가 되고, 이를 다시 정리하면 다음과 같은 식을 얻을 수 있다.

$$\eta_A+\eta_B > 1 \quad \cdots\cdots (8)$$

이 식을 무역균형의 안정조건(=국제무역의 일반균형의 안정조건) 또는 마샬·러너(Marshall·Lerner) 조건이라고 한다. 즉 무역균형이 안정적인 균형이 되기 위해서는 균형점에서의 자국의 수입수요탄력성과 상대국의 수입수요탄력성의 합이 1보다 커야 한다는 것이다.

그런데 마샬·러너 조건은 지금까지 설명한 것처럼 국제무역이라는 실물적 측면에서의 현상과 국제금융론에서 취급하는 화폐적 측면에서의 현상으로 구분할 수 있다. 국제금융론에서의 마샬·러너 조건은 평가절하에 의해 상품수지가 개선될 수 있는 조건으로 해석되고 있다.

부록 1

무역무차별곡선

1. 의 의

각 경제주체, 특히 소비자의 만족수준을 비교·분석하는 데 필요한 분석도구가 무차별곡선이다. 그런데 무차별곡선에는 소비무차별곡선과 사회무차별곡선, 무역무차별곡선 3가지가 있다. 이미 앞에서 설명한대로 소비무차별곡선은 개개 소비자의 만족수준을 표시하는 곡선이고 사회무차별곡선은 한 사회(또는 국가)의 만족수준을 나타내는 곡선이다. 여기서는 무역무차별곡선에 대해 설명하기로 한다.

무역무차별곡선(trade indifference curve)이란 일국에 동일한 수준의 효용을 주는 여러 가지 수출량과 수입량의 결합점을 나타내는 곡선이라고 정의할 수 있다. 이 곡선은 미드에 의해 국제무역이론에 도입되었고 무역을 통한 효용수준을 비교·분석하는 데 이용되는 유용한 개념이다.[12)]

2. 도 출

[그림 4-8]에서 볼 수 있는 바와 같이 생산가능곡선 AA'와 사회무차별곡선 I_c로부터 무역무차별곡선 TI를 도출할 수 있다. 즉 생산 팬(production fan, production block) OAA'를 사회무차별곡선 I_c에 외접시키고 그 밑변인 OA'를 수평으로 유지하면서 오른쪽 위로 점진적으로 이동시키면 생산 팬의 점 O가 점 O', 점 O''처럼 하나의 궤적을 만드는데, 이 궤적이 무역무차별곡선이다.

그러므로 무역무차별곡선은 생산가능곡선과 사회무차별곡선의 이동을 합성한 것이라고 할 수 있으며 수많은 사회무차별곡선에 대응하는 무역무차별곡선 역시

12) J. E. Meade, *A Geometry of International Trade*, George, Allen and Unwin, 1952, Chaps. 2~3.

그림 4-8 무역무차별곡선의 도출

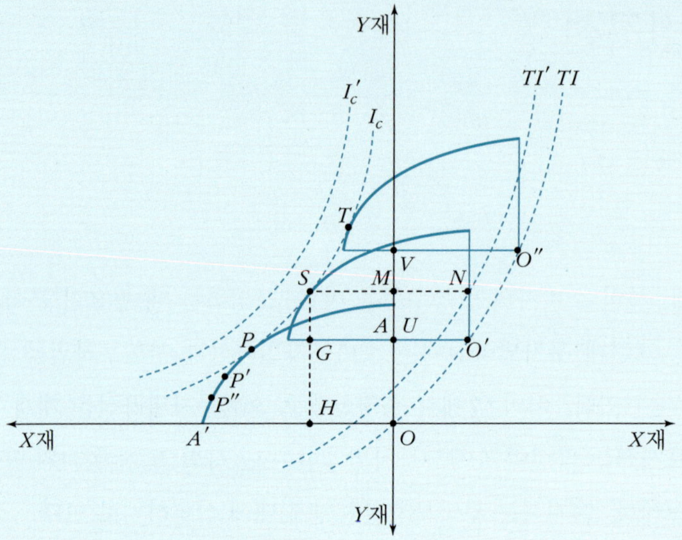

수없이 존재하게 된다.[13)]

3. 성 질

무역무차별곡선의 일반적 성질은 다음과 같다.

첫째, 무역무차별곡선과 사회무차별곡선 간에 1:1의 대응관계가 존재한다. 그러므로 보다 높은 수준의 사회무차별곡선에 대응하는 무역무차별곡선 역시 효용수준이 높다.

둘째, 무역무차별곡선상의 어느 한 점에서의 기울기는 그 대응점에서의 사회무차별곡선의 기울기와 같으며 그 대응점에서의 생산가능곡선의 기울기와도 같다. 즉 다음의 관계가 성립한다.

13) M. Chacholiades, *Principles of International Economics*, McGraw-Hill, Inc., 1981, pp.84~85.

$$MRS_d = MRT_d = MRT_f$$

여기서 MRS_d는 소비의 한계대체율로 사회무차별곡선의 기울기, MRT_d는 생산의 한계변형률로 생산가능곡선의 기울기, 그리고 MRT_f는 무역의 한계변형률로 무역무차별곡선의 기울기를 나타낸다.

셋째, 사회무차별곡선의 기울기가 정(+)이면 무역무차별곡선의 기울기도 정(+)이다. 즉 사회무차별곡선이 우상향이면 무역무차별곡선도 우상향이다.

4. 효용수준

앞의 [그림 4-8]에서 무역 전에 이 나라는 P점에서 생산하여 소비하므로 자급자족 상태에 있고 이때 이 나라의 효용수준은 사회무차별곡선 I_c로 표시된다. 이러한 상태에서 만약 생산점이 P에서 P'로 이동한다면 X재 생산량은 증가하고 Y재 생산량은 감소한다. 그런데 이때 무역이 이루어지지 않는다면 이 나라의 효용수준은 이전에 비해 하락하게 된다. 왜냐하면 그림에서 P'점을 지나는 사회무차별곡선을 생각해 보면 분명 이전의 생산점인 P점을 지나는 사회무차별곡선 I_c보다 낮은 위치에 있기 때문이다.

그러면 이전과 동일한 효용수준을 유지하기 위해서는 어떠한 조치가 필요할까? 그것은 국내수요를 초과하여 생산한 X재를 수출하고 국내수요를 충족하지 못하는 Y재를 수입하는 것이다.

결국 P'점이 P점과 동일한 효용수준을 유지하기 위해서는 생산 팬을 사회무차별곡선 I_c에 접하게 해야 하므로 결과적으로 P'점에 해당하는 점이 S[14]가 된다. 그러면 이 S점에서는 X재의 생산량은 SN, 소비량은 SM이므로 나머지 MN[15]을 수출해야 하고 Y재 생산량은 SG인데 소비량은 SH이므로 부족분 GH만큼 수입해야 한다. 이와 마찬가지로 생산점 P가 P''로 이동하는 경우에도 X재를 VO''만큼 수출하고 Y재를 OV만큼 수입하면 전과 동일한 효용수준을 유지할 수 있다.

14) S점은 P'점과 동일한 생산패턴을 나타낸다.

15) 여기서 생산의 기준점은 O'이고 소비의 기준점은 O이므로 X재 생산량은 $SN(=GO')$이고 소비량은 $SH(=MO)$가 된다.

부록 2

무역무차별곡선과 교역조건선에 의한 오퍼곡선의 도출

무역무차별곡선과 교역조건선에 의해 오퍼곡선을 도출하는 방법을 [그림 4-9]를 통해 살펴보면 다음과 같다. TI, TI', TI''는 무역무차별곡선을 표시하고 α_1, α_2, α_3은 교역조건선이다. 여기서 TI는 α_1과 O점에서 접하고 TI'는 α_2와 P점에서 접하며 TI''는 α_3과 Q점에서 접한다. 이와 같이 무역무차별곡선과 교역조건선의 접점인 O, P, Q 등을 연결하면 하나의 곡선이 도출되는데 이 곡선 OA가 오퍼곡선이다.

곡선 OA가 오퍼곡선이 되는 것은 α_1의 국제가격에서는 O점의 수출입량을, α_2의 국제가격에서는 P점의 수출입량을, 그리고 α_3의 국제가격에서는 Q점의 수출입량을 표시하므로 기술한 오퍼곡선의 정의와도 일치하기 때문이다. 여기서 O, P, Q 점들은 각각 무역무차별곡선상에 있기 때문에 각각의 수출입량을 나타내고 있다.

그림 4-9 무역무차별곡선과 교역조건선에 의한 오퍼곡선의 도출

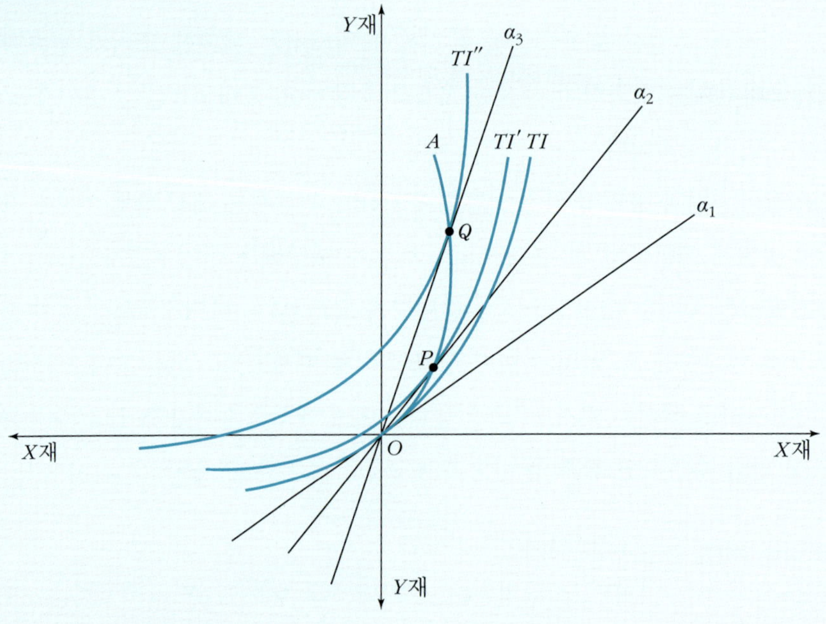

부록 3

오퍼곡선의 탄력성과 수입수요탄력성

1. 오퍼곡선의 탄력성

먼저 탄력성의 개념에 대해서 살펴보면, 탄력성이란 어떤 변수가 다른 어떤 변수의 변화에 얼마나 민감하게 반응하는가를 보여 주는 지표라고 할 수 있다. 예를 들면, 수요의 가격탄력성은 가격의 변화에 대해 수요량이 얼마나 민감하게 반응하는가를 나타내는 지표이다. 즉 가격이 1% 변화할 때 수요량이 몇 % 변하는가를 나타내는 지표이다. 이를 식으로 표시하면 다음과 같다.

$$\text{수요의 가격탄력성} = \frac{\text{수요량의 변화율}}{\text{가격의 변화율}} = \frac{\text{수요량의 증감분/원래의 수요량}}{\text{가격의 증감분/원래의 가격}}$$

여기서 구체적으로 수요의 가격탄력성을 계산해 보자. 예를 들어, 라면 가격이 1,500원일 경우에는 1일 수요량이 5,000개였으나 라면 가격을 2,000원으로 인상하자 1일 판매량이 4,000개로 감소하였을 경우 수요의 가격탄력성[16)]은 다음과 같다.

$$\text{수요의 가격탄력성} = \frac{\text{수요량의 증감분}}{\text{원래의 수요량}} \div \frac{\text{가격의 증감분}}{\text{원래의 가격}}$$

$$= \frac{5,000-4,000}{5,000} \div \frac{1,500-2,000}{1,500}$$

$$= \frac{1}{5} \div \left(-\frac{5}{15}\right) = \frac{1}{5} \times \left(-\frac{3}{1}\right) = -\frac{3}{5}$$

$$= |-0.6| = 0.6$$

16) 탄력성은 일반적으로 절대치로 표시한다. 즉 부(-)의 값이 없다.

그러면 위의 내용을 참고하여 오퍼곡선의 탄력성에 대해서 살펴보자. 일국이 X재를 수출하고 Y재를 수입하는 경우에 오퍼곡선의 탄력성을 ε이라고 하면 다음과 같이 정의된다.

$$\varepsilon = \frac{\text{수입량의 변화율}}{\text{수출량의 변화율}} = \frac{dY/Y}{dX/X} = \frac{dY}{Y} \cdot \frac{X}{dX} = \frac{dY}{dX} \cdot \frac{X}{Y} = \frac{dY/dX}{Y/X}$$

위 식에서 $\frac{Y}{X}$는 일국의 평균교역조건(average terms of trade)으로 이는 수출품 1단위와 교환되는 수입품의 단위수를 나타낸다. 그리고 $\frac{dY}{dX}$는 X재를 1단위 더 추가로 수출할 때 그와 교환으로 Y재를 몇 단위 더 수입하게 되는가를 나타내는데 한계교역조건(marginal terms of trade)이라 한다. 따라서 오퍼곡선의 탄력성은 한계교역조건을 평균교역조건으로 나눈 것으로 정의할 수 있다.

이러한 내용을 [그림 4-10]을 이용하여 살펴보면 다음과 같다. 여기서 A국의 오퍼곡선이 그림과 같은 경우 이 오퍼곡선상의 K점에서 오퍼곡선의 탄력성을 다음과 같이 구할 수 있다. K점을 지나는 오퍼곡선의 접선이 X축과 만나는 점을 D,

그림 4-10 오퍼곡선의 탄력성과 수입수요탄력성

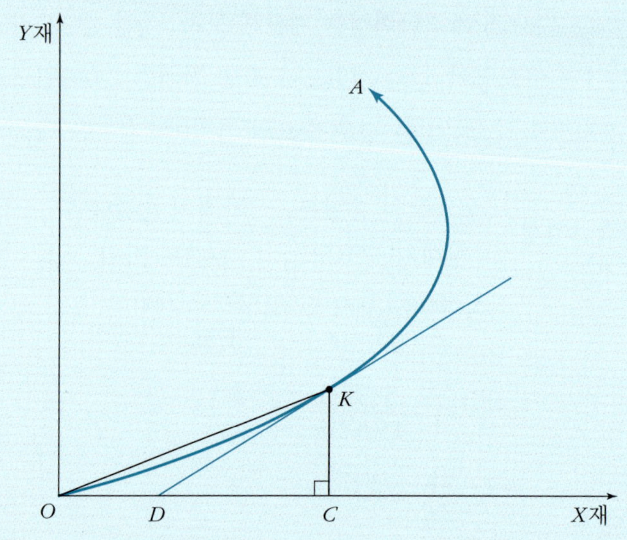

그리고 K점에서의 수직선이 X축과 만나는 점을 C라 하면 위 식에서 $\frac{dY}{dX}$는 접선 KD의 기울기, 즉 $\frac{CK}{DC}$이고 $\frac{Y}{X}$는 직선 OK의 기울기, 즉 $\frac{CK}{OC}$이므로

$$\varepsilon = \frac{dY/dX}{Y/X} = \frac{CK/DC}{CK/OC} = \frac{CK}{DC} \cdot \frac{OC}{CK} = \frac{OC}{DC}$$

이다.[17)]

2. 수입수요탄력성

수입수요탄력성이란 수입재의 가격이 변화할 때 수입수요량이 얼마나 변화하는가를 나타내는 비율이다. 예컨대, 수입재의 가격이 5% 인상된 경우에 수입수요량이 10% 감소한다면 수입수요탄력성은 2.0이다. 수입수요탄력성을 η_m이라 하면 η_m은 다음 식과 같이 정의된다.

$$\eta_m = \frac{\text{수입량의 변화율}}{\text{수입재가격의 변화율}}$$

그런데 오퍼곡선상에서는 수출액$(=P_x \cdot X)$과 수입액$(=P_y \cdot Y)$이 일치하므로 수입재의 가격[18)](즉 P_y/P_x)은 X/Y로 표시된다. 따라서 η_m을 식으로 표시하면 다음과 같다.[19)]

$$\eta_m = \frac{-dY/Y}{d\left(\frac{X}{Y}\right)\Big/\frac{X}{Y}} = \left(-\frac{dY}{Y}\right) \cdot \frac{1}{d\left(\frac{X}{Y}\right)} \cdot \frac{X}{Y} = \frac{-dY}{d\left(\frac{X}{Y}\right)} \cdot \frac{X}{Y^2} \text{[20)]}$$

$$= \frac{-dY}{\frac{YdX - XdY}{Y^2}} \cdot \frac{X}{Y^2} = (-dY) \cdot \frac{Y^2}{YdX - XdY} \cdot \frac{X}{Y^2}$$

17) M. Chacholiades, *International Trade Theory and Policy*, McGraw-Hill, Inc., 1978, pp.171~175.

18) 여기서의 가격은 상대가격이다. 그러므로 수입재의 상대가격은 P_y/P_x이다. 그리고 $P_x \cdot X = P_y \cdot Y$이므로 수입재의 (상대)가격은 $P_y/P_x = X/Y$이다.

19) $d\left(\frac{X}{Y}\right)$를 풀면, 즉 $\frac{X}{Y}$를 미분하면 $\frac{YdX - XdY}{Y^2}$가 된다.

20) "−" 부호를 붙이는 것은 수입재의 가격이 상승하면 수입량이 감소하기 때문이다.

$$= \frac{XdY}{XdY - YdX} = \frac{1}{1 - \dfrac{YdX}{XdY}} = \frac{1}{1 - \dfrac{dX}{dY} \cdot \dfrac{Y}{X}}$$

이다. 따라서 [그림 4-10]의 점 K에서 수입수요탄력성을 구하면

$$\eta_m = \frac{1}{1 - \dfrac{dX}{dY} \cdot \dfrac{Y}{X}} = \frac{1}{1 - \dfrac{DC}{CK} \cdot \dfrac{CK}{OC}}$$

$$= \frac{1}{\dfrac{OC - DC}{OC}} = \frac{OC}{OC - DC} = \frac{OC}{OD}$$

이다.

제 2 절

교역조건(=국제가격)

2.1 교역조건과 무역이익

(1) 교역조건의 개념

국제무역이론을 전개하는 데 있어서 중요한 가정 중의 하나는 화폐의 중립성의 가정이다. 이는 기술한 바와 같이 무역을 물물교환으로 취급하고 있음을 의미한다. 따라서 국제무역이론에서는 현실경제에서와 같이 화폐단위로 가격을 책정하지 않고 상품 간의 교환비율로 책정하면서 교역조건이라는 용어를 사용한다.

교역조건(terms of trade)이란 수출상품과 수입상품의 교환비율을 의미하며 구체적으로 말하면 수출상품 1단위와 교환되는 수입상품의 단위 수를 뜻한다. 또한 교역조건은 무역이익과 매우 밀접한 관련이 있다. 예컨대, 어떤 국가에서 작년에는 수출상품 1단위와 교환되는 수입상품의 단위가 3단위였는데 금년에는 5단위와 교환된다면 이 나라의 올해 무역이익이 증가하였음을 의미한다.

(2) 교역조건의 종류와 무역이익의 판단

교역조건은 그 분석목적에 따라 여러 종류가 있고[21] 이에 따라 무역이익의 판단기준이 달라지게 된다.

1) 상품교역조건(commodity terms of trade)

순교역조건(net barter terms of trade)이라고도 하는 상품교역조건은 수출상품과 수입상품 간의 가격비율로서 기준연도와 비교하여 일정량의 수출에 의해 얻어지는 수입량의 변동을 가격면에서 파악한 것으로 다음과 같이 표시한다. 일반적으로 교

21) G. M. Meier, *International Trade and Development*, Harper & Row, Publishers, 1963, pp.40~47; 小島 淸, 交易條件, 勁草書房, 1968, pp.88~95.

역조건이라고 하면 이 개념을 의미한다.

$$N=\frac{P_x}{P_m}\times 100=\frac{P_{x1}/P_{x0}}{P_{m1}/P_{m0}}\times 100$$

여기서 N은 상품교역조건, $P_x(=P_{x1}/P_{x0})$은 수출가격지수, $P_m(=P_{m1}/P_{m0})$은 수입가격지수, P_{x0}은 기준연도의 수출가격, P_{x1}은 비교연도의 수출가격, P_{m0}은 기준연도의 수입가격, P_{m1}은 비교연도의 수입가격을 나타낸다

상품교역조건의 유리화 또는 불리화는 무역이익의 증대 또는 감소를 뜻하는 것으로서, 이 교역조건의 개선(=N의 증가)은 수입가격에 비하여 수출가격의 상승률이 더 크기 때문에 일정량의 수출로써 전보다 더 많은 양의 수입이 가능하게 되었음을 의미하고, 교역조건의 악화(=N의 감소)는 수입가격에 비하여 수출가격의 상승률이 더 작기 때문에 일정량의 수출로써 더 적은 양의 수입이 이루어지게 된다는 것을 의미한다.

따라서 상품교역조건은 한 나라의 무역이익을 판단하는 좋은 지표가 되며 특히 단기적인 무역이익의 지표로 유용하다. 그러나 상품교역조건이 갖는 단점은 한 나라의 무역이익을 총체적으로 나타내기 위해서는 가격의 변동도 중요하지만 여기에 더하여 수량의 변동도 함께 고려하여야 하는데 이 부분이 고려되지 않고 있는 점이라고 할 수 있다.

2) 총교역조건(gross barter terms of trade)

상품교역조건이 수출상품과 수입상품 간의 가격비율로써 교역조건을 파악하는 반면 총교역조건은 수출상품과 수입상품 간의 수량비율로써 파악한다. 즉 총교역조건은 수출수량과 수입수량의 교환비율로서 기준연도와 비교하여 일정량의 수출에 의해 얻어지는 수입량의 변동을 수량면에서 파악한 것으로 다음과 같이 표시된다.

$$G=\frac{Q_m}{Q_x}\times 100=\frac{Q_{m1}/Q_{m0}}{Q_{x1}/Q_{x0}}\times 100$$

여기서 G는 총교역조건, $Q_x(=Q_{x1}/Q_{x0})$는 수출수량지수, $Q_m(=Q_{m1}/Q_{m0})$은 수입수량지수, Q_{x0}은 기준연도의 수출수량, Q_{x1}은 비교연도의 수출수량, Q_{m0}은 기준연도의 수입수량, Q_{m1}은 비교연도의 수입수량을 나타낸다.

이러한 총교역조건은 국가 간의 무역이 상품무역만으로 이루어질 경우에는 문제가 없으나 수량화할 수 없는 서비스무역이 포함될 경우에는 이를 반영하지 못하는 단점이 있다.

3) 소득교역조건(income terms of trade)

소득교역조건을 수입능력지수(measure of the capacity to import) 또는 수출구매력(purchasing power of exports)이라고도 하며, 이 교역조건은 수출총액지수(=수출가격지수×수출수량지수)를 수입가격지수로 나누고 그 값을 지수화한 것으로 나타낸다. 따라서 소득교역조건은 실질적으로는 상품교역조건에 수출수량지수를 곱한 것과 같다.

$$I=\frac{P_x \cdot Q_x}{P_m}\times 100=\frac{P_x}{P_m}\cdot Q_x\times 100=N\cdot Q_x$$

여기서 I는 소득교역조건을 나타낸다.

위 식에서 보면 수출수량지수(Q_x)의 증가는 그 나라의 수출수량의 증가에 의해 보다 많은 수입수량을 얻을 수 있음을 나타내는 것이며 이 경우에 그 나라의 수입능력은 증대되었다고 할 수 있다. 그러므로 소득교역조건은 무역이익의 관점에서 가격과 무역량을 동시에 고려하고 있다는 점에서 의의가 있다. 그러나 이 교역조건의 변화를 무역이익의 척도로 해석하는 것은 곤란하므로 단순히 수출에 의해 얻을 수 있는 수입량의 변동을 판단하는 척도로만 사용하여야 할 것이다.

4) 요소교역조건(factoral terms of trade)

이상에서 고찰한 3가지의 교역조건은 모두 재화의 국제적 교환에 관한 것인 데 비해 요소교역조건은 생산요소와 관련된 개념으로서 한 나라의 수출산업에서의 실질소득의 변화를 통해서 소득 또는 무역이익의 변동을 판단하려는 것이다. 이 경우에 한 나라의 수출산업에서의 실질소득의 변화를 반영하는 교역조건을 단일요소교역조건(single-factoral terms of trade)이라고 한다. 단일요소교역조건을 식으로 표시하면 다음과 같다.

$$S = N \cdot Z_x$$

여기서 S는 단일요소교역조건, Z_x는 일국의 수출산업 생산성지수를 나타낸다.

일국의 경제성장은 생산성의 향상을 수반하기 때문에 단일요소교역조건은 경제성장 과정에서 나타나는 장기의 무역이익의 변동, 즉 일국의 실질소득 수준 및 복지수준의 변동을 측정하는 데 유효하다.

한편 이중요소교역조건(double-factoral terms of trade)은 한 나라의 수출산업에서의 변화뿐만 아니라 상대국의 수출산업에서의 생산성 변화도 함께 고려하는 교역조건이다. 이 교역조건을 식으로 표시하면 다음과 같다.

$$D = N \cdot \frac{Z_x}{Z_m}$$

여기서 D는 이중요소교역조건, Z_m은 타국의 수출산업 생산성지수를 나타낸다.

이 경우에 외국의 수출산업에 비해 자국의 수출산업 생산성지수가 높다면 생산성 향상으로 투입되는 요소량이 그만큼 절약되게 된다. 따라서 $\frac{Z_x}{Z_m}$는 일국의 수출산업 생산요소 1단위와 타국의 생산요소 몇 단위가 교환될 수 있는가를 나타낸다. 이중요소교역조건을 실제 사용하는 데에는 많은 어려움이 있다. 왜냐하면 수출품 및 수입품에 포함된 생산요소에는 여러 종류가 있고 또한 이들 요소의 단위가 상이하므로 이를 종합한 합리적인 단위를 정하고 측정하기가 매우 어렵기 때문이다.

(3) 개발도상국의 교역조건 문제
(=개발도상국 교역조건악화론=싱거·프레비쉬 명제)

일반적으로 1차산품[22]을 주로 생산하여 수출하는 개발도상국과 공산품을 주로 생산하여 수출하는 선진국 간에 무역이 이루어질 경우에 교역조건은 개발도상국에 어떻게 작용하는가? 만약 교역조건이 개발도상국에 유리하게 작용하면 무역으로

22) 1차산품을 1차상품이라고도 하며 공산품에 대비되는 상품으로 원료, 농산품, 광물 및 수산품 등을 의미한다.

인해 개발도상국은 이익을 얻게 되고 불리하게 작용하면 선진국에 비해 손실을 보게 된다.

이러한 문제에 대해 싱거(H. Singer)와 프레비쉬(R. Prebisch) 등은 1차산품을 주로 생산하여 수출하는 개발도상국의 교역조건이 장기적으로 악화된다는 개발도상국 교역조건악화론, 즉 싱거·프레비쉬(Singer·Prebisch) 명제[23)]를 주장하고 그 근거로서 다음 세 가지를 들고 있다.

첫째, 기술진보가 있는 경우에 그 효과가 다르게 나타난다는 점이다. 즉 개발도상국의 1차산업 부문에서 기술진보가 일어나 생산성이 향상되면 이는 생산물의 가격하락으로 반영되지만 선진공업국의 경우는 기술진보에 따른 생산성 향상의 이익은 가격인하로 반영되지 않고 생산에 참여한 노동자나 기업가들의 이익으로 돌아가게 된다. 따라서 선진공업국과 개발도상국 사이에 공산품과 1차산품에 대한 수출입이 이루어지면 교역조건의 장기적 추세는 1차산품을 주로 수출하는 개발도상국에 불리하게 된다는 것이다.

둘째, 일반적으로 경제가 발전함에 따라 개개인의 소득이 증가하므로 1차산품에 대한 수요보다 공산품에 대한 수요가 상대적으로 증가하게 되고, 또한 공업부문에서의 기술진보로 자원절약적 대체품 및 합성품의 개발로 1차산품에 대한 수요가 상대적으로 감소하게 되어 1차산품의 가격은 하락하고 공산품의 가격은 상승하게 되어 교역조건은 개발도상국에 불리하게 된다. 뿐만 아니라 소득이 증가함에 따라 총가계지출 중에서 음식료 비용이 차지하는 비중이 감소한다는 엥겔의 법칙(Engel's law)에 비추어 볼 때도 소득이 증가함에 따라 식량 등의 1차산품에 대한 수요가 상대적으로 감소함에 따라 1차산품의 가격이 하락하므로 교역조건은 1차산품을 주로 수출하는 개발도상국에 불리하게 된다는 것이다.

셋째, 경기가 변동하는 과정에서 교역조건은 선진공업국보다는 개발도상국에 더욱 불리하게 작용한다는 것이다. 예컨대, 경기상승기에는 선진공업국의 공산품이나 개발도상국의 1차산품은 함께 상승하지만 통상 공산품은 독과점적 시장가격을 형성하고 1차산품은 완전경쟁적 시장가격을 형성하기 때문에 그 상승속도에 있

23) R. Prebisch, *op. cit.*, pp.12~14; H.W. Singer, "The Distribution of Gains between Investing and Borrowing Countries," *American Economic Review Papers and Proceedings*, May, 1950.

어서는 공산품이 1차산품보다 빠르게 나타나 교역조건이 개발도상국에 불리하다는 것이다.

반면 경기하강기에는 1차산품은 물론 공산품의 가격도 다같이 하락하지만 그 양상이 다르다. 즉 선진공업국에서는 독과점과 강력한 노동조합의 압력에 의해서 공산품의 가격은 하방경직성을 가지므로 공산품에 대한 경기하강의 영향이 공산품의 원재료인 1차산품에 대한 가격인하 압력으로 작용하여 1차산품의 가격하락 속도를 더욱 가속화한다. 이러한 가격하락으로 인해 1차산품이 입은 손실은 경기상승기에 가격상승에서 얻은 이익으로는 도저히 커버할 수 없다고 한다.

이러한 요인에 의해 1차산품을 수출하는 개발도상국은 선진공업국과의 교역에서 그들의 경제구조 자체에서 나타나는 구조적인 문제로 장기적인 교역조건 악화를 경험하게 된다는 것이다.

2.2 국제가격의 실제

(1) 국제가격의 차별화

일반적으로 국제가격은 완전한 자유경쟁 상태에서 결정된다고 하였으나 실제로 국제가격은 국제시장에서 수요와 공급에 의해 일물일가로 결정되지 않고 있다. 현실적으로 국제가격이 동일하여야 함에도 불구하고 차이가 발생하는 이유는 대체로 다음과 같다.

첫째, 국제적으로 상품의 이동에는 운임, 보험료 등 각종 비용이 필요하게 되며 이들을 총괄하여 거래비용이라고 한다면 이 비용만큼 상품의 가격차가 발생하게 된다. 둘째, 관세를 비롯한 수량제한 등 비관세장벽이 있는데 이러한 무역장벽을 가격으로 환산한다면 수송비 이외에도 그만큼 가격차가 생길 수 있다는 것이다.

국제무역에서 문제가 되는 국제가격의 하나의 형태로 차별가격이 있다. 이는 독점자가 의식적으로 동일한 상품인 경우에도 단일가격을 책정하지 않고 시장에 따라, 즉 국내시장과 국제시장에 따라 차별적으로 가격을 설정하여 더 많은 이윤을 확보할 수 있다고 생각하는 경우에 2가지 이상의 가격을 설정하는 것이다. 이와 같은 가격설정을 차별가격(discriminatory pricing) 또는 가격차별(price discrimination)이라고 한다. 그리고 이러한 차별가격의 일례로서 덤핑(dumping)과 카르텔(cartel)을 들 수 있다. 이하에서는 국제차별가격의 대표적인 예로 이들 두 문제에 대하여 고찰하기로 한다.

(2) 덤 핑

1) 의 의

일반적으로 덤핑(투매 또는 부당염매) 또는 수출덤핑은 수출국의 국내시장가격보다 낮은 가격으로 수출하는 경우를 말하며 이때 수출가격은 수입국의 동종상품의 국내시장가격보다 낮은 경우를 의미한다.[24] 그러나 이와 같은 덤핑의 정의는 통일적으로 사용되는 것이 아니라 다음과 같은 의미를 포함하는 광범위한 뜻으로 사용되고 있다.

즉 덤핑이란 수입국의 시장가격보다 낮은 가격으로 수출하는 경우, 수출국의 시장가격보다 낮은 가격으로 수출하는 경우, 수입국의 동종상품의 생산원가보다 낮은 가격으로 수출하는 경우, 수출국의 동종상품의 생산원가보다 낮은 가격으로 수출하는 경우를 모두 포함하는 넓은 의미로 사용되고 있다.

2) 동 기

덤핑의 주요한 동기를 들어보면 대체로 다음과 같다.

첫째, 국내에서 과잉 생산된 상품을 처분하기 위하여 덤핑을 하는 경우이다. 이러한 덤핑은 일시적인 것이므로 덤핑 수입국의 소비자에게 이익이 될 뿐만 아니라 덤핑 수입국의 생산자에게도 계속적인 손해를 입히는 것이 아니기 때문에 큰 문제가 되지는 않는다.

둘째, 특정 시장을 신규로 개척하거나 기존 시장을 확보하기 위하여 덤핑을 행하는 경우이다. 그런데 이러한 덤핑에는 해외경쟁을 차단하거나 침략적인 의도가 필연적으로 내재되어 있음을 알 수 있다.

셋째, 국내시장에서 독점력을 행사하고 있는 독점기업의 판매정책의 일환으로

24) P. H. Lindert, *International Economics*, Richard, D. Irwin, Inc., 1986, p.183.

국내가격을 높이고 해외 판매가격을 낮추기 위하여, 넷째, 경쟁대상을 제거하고 다른 업자의 시장을 탈취하기 위하여, 다섯째, 다른 업자의 덤핑행위에 대한 보복으로 행하는 경우, 여섯째, 시장의 독점적 지배 및 독점이윤을 확보하기 위해 덤핑이 행해진다.

3) 형 태

일반적으로 덤핑은 그 분류기준에 따라 다음과 같이 여러 가지 형태로 구분될 수 있다.

① 동기와 목적에 의한 분류

덤핑을 동기와 목적을 기준으로 분류하면 우연적 덤핑, 방어적 덤핑 및 공격적 덤핑으로 구분할 수 있다. 우연적 덤핑(unintentional dumping)이란 수출부진 등과 같은 예기치 않은 돌발적인 사고에 대해 자본회전 및 기타 경영상의 이유로 인하여 해외시장에 저렴한 가격으로 수출하는 경우를 말한다. 방어적 덤핑(defensive dumping)이란 해외시장에서 외국 경쟁기업의 침투에 대항하기 위하여 덤핑을 행하는 것을 의미하고 보복덤핑(retaliatory dumping)이라고도 한다. 공격적 덤핑(offensive dumping)은 해외시장에서 적극적으로 경쟁기업을 제거하고 시장을 확보할 목적으로 행하는 덤핑으로 이것이 더욱 격화되면 약탈적 덤핑(predatory dumping)이 된다.[25)]

② 기간에 의한 분류

덤핑은 그것이 계속되는 기간에 따라 산발적 덤핑, 단기적 또는 간헐적 덤핑, 조직적·지속적 또는 장기적 덤핑으로 구분된다. 산발적 덤핑(sporadic dumping)이란 국내가격은 인하하지 않고 예기치 않은 일시적인 상품의 초과량을 처분하기 위해서 때때로 국내보다 외국에서 더 싼 가격으로 판매하는 것을 말한다. 단기적 또는 간헐적 덤핑(short-run or intermittent dumping)은 일시적인 것도 항구적인 것도 아니며 상황에 따라 덤핑을 행하는 것으로 공격적·방어적 덤핑이 이에 속한다고 볼 수 있다. 조직적·장기적 덤핑(systematic or long-run dumping)이란 독점기업이 독점

25) M. Chacholiades, *International Economics*, McGraw-Hill Publishing Company, 1990, p.206.

이윤을 확보하기 위하여 행하는 덤핑이다.

③ 기타 유사덤핑

덤핑의 요건을 구비하지 않아 엄밀한 의미에서는 덤핑이라고 할 수 없지만 덤핑과 동일한 효과를 가지는 것으로 환덤핑과 사회적 덤핑이 있다. 환덤핑(exchange dumping)이란 평가절하 또는 환율의 상승으로 그 나라의 수출이 증가하게 되면 수입국 측에서는 매우 낮은 가격으로 투매하는 것과 같은 효과가 발생하게 되어 마치 덤핑현상이 나타나는 결과가 된다. 사회적 덤핑(social dumping)은 낮은 임금, 긴 노동시간 등 불리한 노동조건에서 생산된 상품의 가격이 이와 반대의 노동환경에서 생산된 상품의 가격에 비하여 현저하게 저렴한데 이러한 불리한 환경에서 생산된 상품이 외국으로 수출될 때 나타나는 현상을 말한다. 이러한 사회적 덤핑은 개발도상국에서 생산된 상품이 선진국으로 수출될 때 가끔 나타나는 현상이다.[26)]

4) 영 향

일반적으로 덤핑의 영향을 경제적 측면에서 보면 수출국과 수입국에 미치는 영향으로 나누어 볼 수 있다.[27)]

① 수출국에 미치는 영향

덤핑이 덤핑 수출국에 여러 가지 영향을 미치게 되는데 이를 국내 소비자에게 미치는 영향과 생산자 및 무역업자에게 미치는 영향으로 구분하여 살펴보기로 한다.

우선 덤핑상품을 소비하는 국내 소비자는 높은 가격을 지불해야 하므로 불리하다. 특히 조직적 덤핑의 경우에는 대량생산의 이익이 국내 소비자에게도 있을 수 있음에도 불구하고 독점의 형성을 통하여 의식적으로 이러한 소비자의 이익을 희생시키고 해외시장에만 덤핑을 강행하여 생산 확대만을 꾀하게 된다. 그리고 생산업자 또는 무역업자는 산발적 덤핑을 행함으로써 일시적인 어려움은 해결할 수 있으나 결국 국내 소비자의 희생을 통해서 덤핑이 가능하게 되므로 일국 전체의 입장에서 덤핑이 유리하다거나 불리하다고 판단하는 것은 어렵다.

---

26) 油本豊吉, 貿易と貿易政策, 廣文社, 1981, pp.293~295.

27) *op. cit.*, pp.295~302.

결국 덤핑은 국내외 경제에 불리한 영향을 미치는 경우가 일반적이지만 반드시 불리한 영향만이 존재하지는 않고 예외적으로 유리한 영향을 미치는 경우도 있다. 즉 덤핑상품의 수출산업에서 규모의 경제가 실현되어 생산량이 증가함에 따라 평균비용이 대폭 낮아지는 경우에는 덤핑에 의해 경제적 후생이 향상될 수 있다.

② 수입국에 미치는 영향

수입국 입장에서 보면 덤핑상품이 생산재이거나 소비재임을 막론하고 정상적인 경우보다는 싸기 때문에 지속적으로 덤핑이 행해진다면 수입국은 유리해질 것이다. 반면에 만약 덤핑을 행하는 기업이 착취적 목적에 의해 수입국 시장에서 경쟁대상을 추방하고 시장을 독과점적으로 지배한 후에 판매가격을 인상한다면 수입국의 소비자들은 결국 손해를 입게 될 것이다.

한편 덤핑으로 인해 수입국의 관련 국내기업은 그들의 국내가격을 인하해야 하고 생산량도 줄여야 하는 등 심각한 영향을 받을 수 있다. 즉 덤핑은 생산비보다 낮은 가격으로 투매하는 행위이므로 수입국의 국내시장을 교란하게 된다. 극단적인 경우에는 수입국 국내기업의 조업이 단축되거나 생산이 중단되는 사태까지도 발생할 수 있다.

(3) 국제카르텔

1) 의미와 전제조건

국내시장에서 카르텔이 소수 생산자들의 생산량 및 가격 담합에 의해 자유경쟁을 배제하고 독과점이윤을 유지하려는 시장조직을 의미하고 있는 것과 같이 국제카르텔(international cartel)은 이러한 시장조직이 국제적 차원에서 이루어지는 국제적 담합을 의미한다.

그런데 이러한 국제카르텔의 목표는 자유경쟁을 배제하고 인위적인 시장관리를 통하여 독과점이윤을 실현하고 유지하는 데 두고 있다. 그리고 이러한 독과점 지위를 유지하기 위해서는 새로운 경쟁기업의 시장진입을 원칙적으로 견제할 수 있어야 하는 것이 그 전제조건이다. 따라서 국제카르텔 조직의 실효성 여부는 카르텔 가입자들이 그들의 합의사항을 얼마나 충실히 자율적으로 준수하느냐와 함께 외부경쟁자(outsider)들의 시장침투에 대하여 어느 정도 효율적으로 저지할 수 있는 능력을 갖추고 있느냐에 달려 있다고 볼 수 있다.[28)]

2) 일반적 수단

국제카르텔이 그들의 독점적 지위를 유지하기 위하여 일반적으로 사용하고 있는 수단들은 다음과 같다.[29)]

① 가격정책

국제카르텔은 그 형성 동기가 상품가격의 인위적인 관리를 위한 것이므로 주요 공급자 간의 담합에 의하여 일반적으로 높은 가격을 유지하려고 한다. 또한 국제카르텔은 그들의 가격정책에 있어서 시장분할에 의하여 동일 상품에 대하여 지역에 따라 다른 가격을 적용하는 가격차별정책(price discrimination)을 쓰기도 하지만 경우에 따라서는 외부경쟁자의 시장진입을 배제하기 위하여 고의로 저가격정책을 쓰기도 한다.

② 생산 및 판매정책

앞에서 설명한 국제카르텔의 고가격 유지정책은 공급량 제한이 있어야만 가능하다. 따라서 국제카르텔 조직은 그 구성원들에게 직접적으로 생산량 및 판매량을 할당하고 또한 구성원들의 그러한 할당량 준수 여부를 감시하는 권한을 부여받아 이를 위반하는 구성원들에게는 벌과금 징수 등의 제재를 가할 수 있게 하고 있다.

③ 시장분할

국제카르텔이 과당경쟁을 방지하고 고가격을 유지하기 위하여 흔히 사용하는 수단은 구성원들에게 지역적 판로를 배정하여 줌으로써 국제적인 시장분할을 꾀하는 것이다.

3) 평 가

국제카르텔의 궁극적인 목표는 생산량을 인위적으로 제한하거나 시장분할을

28) M. Chacholiades, *op. cit.*, pp.203~204.

29) 東洋經濟新聞社, 經濟學大辭典 I, 1980.

통하여 고가격을 유지함으로써 자유경쟁시장의 경우에 비하여 보다 높고 안정적인 이윤을 실현하는 데 있다. 이러한 국제카르텔을 형성함에 있어서 바람직한 국제경제질서의 추구와 관련하여 국제카르텔의 필요성과 정당성을 인정하는 견해와 이것의 부당성과 해체를 요구하는 상반된 견해가 있다.

① 긍정적인 견해

1차산품과 같은 상품 생산에 있어서 국제카르텔이 형성되면 해당상품의 가격이 안정되고 물자의 공급이 원활하게 되어 상품의 생산국은 물론 소비국에게도 유리하게 된다는 것이다. 뿐만 아니라 이로 인해 보다 질서 있는 국제적인 물자수급의 이점을 살릴 수 있으므로 적정규모를 갖춘 생산자가 존재하는 경우에는 반드시 카르텔을 해체해야 할 필요성은 없다.

② 부정적인 견해

국제카르텔에 대한 부정적인 견해에 의하면 카르텔은 국내시장이든 국제시장이든 간에 자유경쟁을 배제하고 인위적으로 생산량을 제한하여 고가격을 유지함으로써 카르텔 구성원에게 독과점적 이윤을 보장하여 주는 방편에 불과하다는 것이다. 뿐만 아니라 가격안정화의 혜택도 실제에 있어서는 소비국의 희생 속에서 생산국들에게만 돌아갈 뿐이라는 것이다. 그리고 국제카르텔 구성원들이 스스로 시설을 확장하고 생산량을 늘리는 것은 용이하지 않고 또한 언젠가는 외부자의 시장진입이 있을 수 있으므로 카르텔에 의한 생산량 제한이 계속해서 지켜지는 것은 쉽지 않다. 따라서 이러한 가능성이 현실화될 때는 가격하락이 불가피하므로 처음부터 국제카르텔의 형성이 불필요하다는 견해이다.

부록 4

덤핑의 경제적 효과

덤핑은 가격차별의 한 예이다. 덤핑이 성립될 수 있는 필수조건은 생산자가 국내시장에서 독점력을 행사할 수 있고 덤핑상품에 대해 해외의 수요탄력성이 국내의 수요탄력성보다 큰 경우이다. 이러한 경우에 생산자는 국내시장에서 독점력을 갖고 있으므로 가격을 높게 책정하고 국제시장에서는 완전경쟁 상태이므로 상품에 대한 수요가 탄력적이기 때문에 가격을 낮게 책정하게 된다.

이러한 덤핑의 경제적 효과를 [그림 4-11]로 설명하면 다음과 같다. 그림에서 생산자는 국제시장에서 가격에 영향을 미칠 수 없으므로 가격인수자(price-taker)의 입장이어서 외국의 수요곡선과 한계수입곡선은 모두 D_i이다. 이 독점생산자가 수출할 기회가 없다면 국내시장에서 한계수입과 한계비용이 일치하는, 즉 이윤이 극대화되는 독점기업의 균형점은 E점이 되고 이때 국내수요곡선 D_h상에서 가격이

그림 4-11 덤핑의 경제적 효과

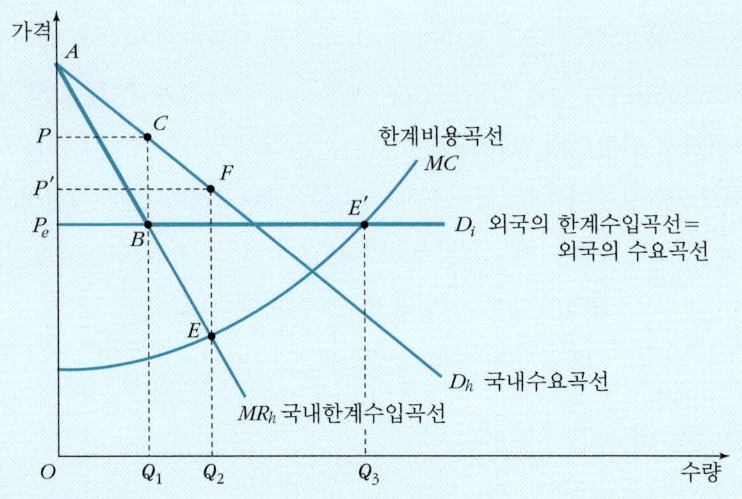

결정되므로 가격은 OP', 산출량은 OQ_2가 된다.

이제 독점생산자에게 수출할 기회가 주어진다고 하면 이때 자신의 이윤을 극대화할 수 있는 방법은 국내시장과 국제시장에서 각각 한계수입과 한계비용이 일치하는 점에서 가격과 공급량을 결정하는 일이다.

여기서 국내한계수입곡선 MR_h와 외국의 한계수입곡선 D_i를 합한 총한계수입곡선은 ABD_i가 된다. 왜냐하면 국내 독점생산자는 한계수입이 OP_e 이하가 되면 국내시장에는 판매하지 않기 때문에 총한계수입곡선은 한계수입이 D_i가 되는 B점에서 수평선이 된다. 환언하면 국내가격 OP_e는 국내 독점생산자의 수출량에 영향을 받지 않으므로 해외시장에서의 한계수입곡선은 P_e에서 횡축에 평행한 직선이 된다. 국내시장뿐만 아니라 해외시장에서도 판매를 개시할 경우에 이 독점생산자는 이윤의 극대화를 달성하기 위해 한계비용곡선 MC와 총한계수입곡선 ABD_i가 교차하는 E'점에서 가격과 생산량이 결정되게 되므로 이때 가격은 OP_e, 생산량은 OQ_3이 된다.

그런데 이 OQ_3의 생산량으로 국내시장에 OQ_1만큼 공급하고 해외시장에서는 Q_1Q_3만큼 수출하게 된다. 이때 국내공급량이 OQ_1이므로 국내가격은 OP가 되고 국제가격은 OP_e가 된다. 국내가격을 수출 이전과 비교해 보면 국내에서만 판매할 경우에는 가격이 OP'였으나 수출 이후의 국내가격은 OP로서 수출 이전보다 인상되었음을 알 수 있다. 국내판매량 역시 OQ_2에서 OQ_1으로 감소되었다. 이는 국제가격을 인하하기 위해 국내 소비자가 그 대가를 지불하고 있음을 의미한다. 그 결과 국내소비자잉여는 수출 전의 $\triangle AFP'$에서 수출 후의 $\triangle ACP$로 감소되었다.[30)]

따라서 덤핑으로 인한 경제적 효과로는 국내생산량이 OQ_2에서 OQ_3로 증가하게 되고(생산량 증가효과) 국내소비자에게는 국내가격이 덤핑 이전의 가격인 OP'에서 OP로 인상되게 되어(국내가격 인상효과) 국내소비자잉여는 덤핑 이전의 $\triangle AFP'$에서 $\triangle ACP$로 감소(국내소비자잉여 감소효과)하게 된다.

30) Bo Södersten, *International Economics*, St. Martins Press, 1980, pp.82~84.

부록 5

국제카르텔의 이윤극대화

국제카르텔을 형성하는 주 목적은 보다 많은 이윤을 확보하려는 것이다. 그러면 카르텔 구성원들이 자신들의 총이윤을 극대화하기 위해서는 어떻게 해야 하는가? 다음 [그림 4-12]는 국제카르텔의 이윤극대화의 내용을 나타낸 것이다.

여기서 완전경쟁에서의 균형점은 E점에서 성립된다. 따라서 이러한 상태에서는 OP_1의 가격으로 OQ_1만큼 수출하게 된다. 그러나 국제카르텔이 형성된 경우에는 여타국의 수입수요곡선 DD'로부터 한계수입곡선을 도출하면 곡선 DJ가 되고[31)]

그림 4-12 국제카르텔의 이윤극대화

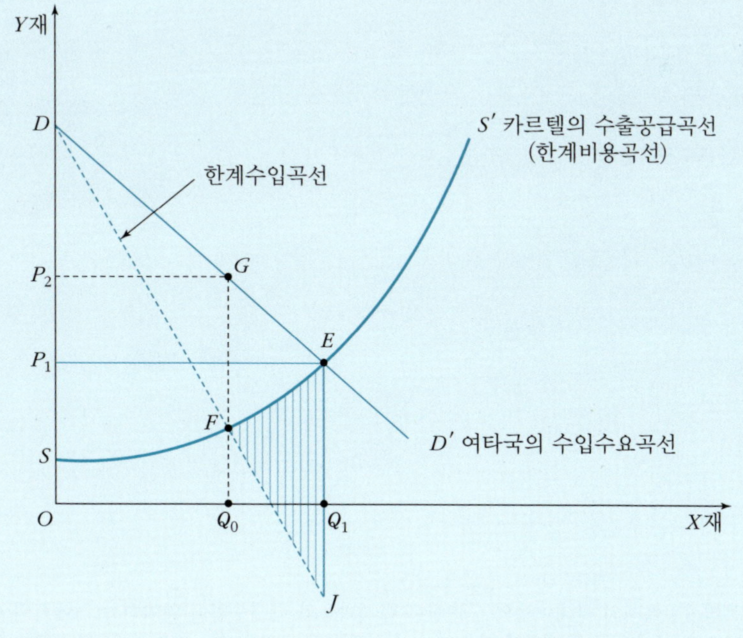

31) 한계수입곡선의 도출과정에 대해서는 강태진 외, 미시적 경제분석, 박영사, 2005, pp.305~307을 참조할 것.

이 *DJ*곡선과 한계비용곡선인 *SS′*가 만나는 점이 *F*이다. 그러므로 국제카르텔이 형성된 경우에 이윤을 극대화하기 위해서는 수출량을 OQ_0로 감축하고 가격을 OP_2로 인상해야 한다.[32)]

이때 빗금 친 △*FEJ*의 영역이 카르텔에 의한 총이윤의 증가를 의미한다. 균형점 *E*점에서 카르텔의 한계비용(=Q_1E)은 한계수입보다 훨씬 높다(그림에서 완전경쟁에서 수출량 OQ_1에서는 한계수입이 부(-)의 값이고 한계비용과의 차이는 *EJ*에 해당한다). 실제로 OQ_0와 OQ_1 사이의 수출량에서는 한계비용이 한계수입보다 높다.

국제카르텔이 수출량을 감축함으로써 한계비용은 낮아지고 한계수입은 높아지게 된다. 즉 Q_0Q_1 사이에서는 한계비용이 한계수입보다 높기 때문에 카르텔의 이익은 수출량을 OQ_1에서 OQ_2로 감축함으로써 한계비용과 한계수입의 차에 의해 점점 증가하게 된다. 그 결과 발생하는 카르텔의 총이윤의 증가가 빗금 친 △*FEJ*의 영역이다.[33)]

32) 독점시장에서의 극대이윤의 산출량은 한계비용과 한계수입이 일치하는 점에서의 산출량이고 극대이윤의 가격은 극대이윤의 산출량과 수요곡선의 교점에서의 가격이다. 그림에서 한계비용과 한계수입이 일치하는 점은 *F*이고 *F*점에서의 산출량은 OQ_0이며 OQ_0에 해당하는 산출량의 수요곡선상의 점이 *G*이고 이 *G*점에서의 가격이 OP_2이다.

33) M. Chacholiades, *op. cit.*, pp.201~203.

제 5 장

국제무역이 경제성장에 미치는 영향

요약 및 도해

수출의 경제성장효과

수출의 일반적 효과

- 〔경제성장에 있어서 수출의 역할〕
  - 스미스 : 무역이 노동력 증대 → 국부 증대
  - 리카도 : 무역이 사용가치 증대와 자본축적
  - 하벌러 : 무역
    - 자본재, 기계, 원료 등 공급
    - 해외의 기술 및 경영기법과 교류
    - 국제투자를 통한 자본수수
    - 자유경쟁을 통한 경제 자극
  - 케인즈 : 수출의 소득 및 고용창출효과
- 〔수출의 산업연관효과〕
  - 생산유발효과
  - 고용유발효과
  - 수입유발효과
  - 소득유발효과
- 〔수출의 증가가 경제성장에 미치는 영향〕
  - 외국무역승수이론

외국무역승수이론

- 〔의 의〕 (수출의 증가) ——→ (국민소득의 증가) = (경제성장)
  - (수출의 증가) — 무역승수배만큼 → (국민소득의 증가)

- 불완전고용, 즉 실업은 통상적인 경제현상
- 해로드 : 케인즈의 이론을 국제경제면에 적용

〔내 용〕 — 상품시장의 균형조건=국민소득의 균형조건

$Y+M=C+I+G+X$

$Y=C+I+G+X-M$

정부부문 없다고 가정

$Y=C+I+X-M$

$dY=cdY+dI+dX=mdY$

$\left(c=\dfrac{dC}{dY},\ m=\dfrac{dM}{dY}\ \text{이므로}\right)$

$dY(1-c+m)=dI+dX$

$dY=\dfrac{1}{1-c+m}(dI+dX)$

($c+s\equiv 1$이므로)

$dY=\dfrac{1}{s+m}(dI+dX)$

〔비 판〕
- 수출은 국민소득 증가 요인, 수입은 국민소득 감소 요인으로 인정하고 있으나 항상 타당한 것은 아님
- 수출의 승수효과가 어느 산업부문에서나 일률적으로 이루어지는 것은 아님

〔정책적 의의〕
- s 및 m을 감소시키거나 I 및 X를 증가시키면 경제성장이 가능
- s나 m을 변동시키는 정책은 곤란
- s에 비해 m을 작게 하는 것은 용이함
- I를 증가시키기 위해 이자율 변동, 공개시장정책, 재정정책 등 사용
- X를 증가시키기 위해 평가절하 단행

수입의 경제성장효과

수 입

- 개발도상국의 경우 — 선진자본재, 반제품, 원료조달 등

  ↑ ↓

  수입 — 선진 생산기술, 경영기법 도입

- 비경쟁형 자본재 수입
- 비경쟁형 원료 수입
- 비경쟁형 기술 수입
- 경쟁형 수입

∴ 경쟁형 : 국내에서도 생산공급 가능
비경쟁형 : 국내에서 생산공급이 불가능

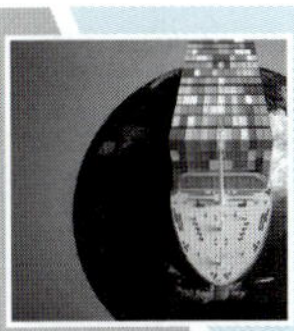

제 1 절

수출의 경제성장효과

1.1 수출의 일반적 효과

오늘날과 같은 세계화 사회[1)]에서는 어떤 나라든지 국제사회와 고립되어서는 그 나라의 경제를 효율적으로 운영할 수 없다. 특히 무역의존도가 높은 국가는 무역이 그 나라의 국민경제에 지대한 영향을 미치게 된다. 따라서 무역은 일국의 경제발전을 촉진하는 기본적인 전략이 되는 동시에 국민경제의 발전에 중요한 요인이 된다.

특히 수출은 국민경제의 유지·발전에 필요한 원자재와 자본재 등의 수입을 가능하게 해 주는 확실한 외화획득의 수단일 뿐만 아니라 수출품의 생산에서 선적에 이르기까지 관련 산업(즉 해운, 항만, 보험, 은행, 포장, 디자인 등의 산업) 전반에 걸쳐 광범위한 파급효과를 유발함으로써 경제성장, 즉 소득증대 및 고용창출, 자본축적,

1) 저자는 세계화 사회를 경제적인 의미의 국경이 없는 경제적으로 무한경쟁 시대의 사회, 즉 세계적으로 WTO 체제에서 상품, 화폐, 생산요소 등이 자유롭게 국가 간에 이동하는 사회라고 정의한다.

기술진보 등에도 크게 기여하게 된다. 그러므로 수출이 국민경제에서 차지하는 비중은 매우 크다. 특히 외국무역승수이론에서 수출이 국민소득을 증가시킨다는 국민소득효과에서 경제성장에 대한 의의를 찾을 수 있다.

(1) 경제성장에 있어서 수출의 역할

무역이 경제성장에 미치는 영향은 다양하고 또한 시대에 따라 달라지게 된다. 즉 고전학파의 스미스는 무역이 생산면에서 노동력을 증대시키고 이로 인해 국부(즉 성장)를 증대시킨다고 하였고 소비면에서는 잘못된 판단이기는 하지만 교역에 의한 교환가치의 증대를 통하여 생활수준을 향상시킨다고 하였다. 그 후에 리카도는 무역이 직접적으로 사용가치를 증대시키고 자본을 축적시키게 된다고 하였다.

한편 하벌러는 무역이 경제발전을 위한 물적 수단인 자본재, 기계, 원료 및 반제품 등을 공급하고 해외의 기술 및 경영기법과 교류하게 하며 국제투자를 통한 자본수수를 매개할 뿐만 아니라 독점 저지 효과가 있어 건전한 자유경쟁을 통해 경제를 자극한다고 하였다.

그리고 근대학파의 케인즈(J. M. Keynes)는 무역승수를 이용하여 수출의 국민소득 증대효과와 고용창출효과를 분석함으로써 무역을 통해 국내 불완전고용 상태를 해소할 수 있음을 제시하였는데, 이는 곧 무역이 경제성장에 이바지할 수 있을 것이라는 데 근거를 두고 있다.

(2) 수출의 산업연관효과

수출의 산업연관효과를 킨들버거(C. P. Kindleberger)는 경제성장에 대한 무역의 기여도로서 생산유발효과, 고용유발효과, 소득유발효과 그리고 수입유발효과 등을 들고 있다.

1) 생산유발효과

수출은 당해 수출산업의 수출품 생산을 유발하고 이는 다시 그 수출품 생산에 관련된 모든 산업의 생산을 연쇄적으로 유발함으로써 전 산업에 걸쳐 생산을 증대시키게 된다.

2) 고용유발효과

수출은 당해 산업뿐만 아니라 연관산업에 대한 생산활동을 증대시키기 때문에 이에 따른 고용유발효과도 그에 비례하여 증가하게 된다. 수출의 고용유발효과는 양적 효과와 질적 효과로 구분할 수 있다. 전자는 일국의 수출이 그 나라 총취업인구 중 몇 명에게 취업기회를 제공하는가를 보여 주는 양적인 면이다. 한편 후자의 질적인 면은 제조업에 집중된 수출에 의한 고용유발은 어느 정도의 고급인력 수요를 창출함으로써 그 나라의 인력구조를 고도화시키는 데 기여하고 있는가 하는 점이다.

3) 소득유발효과

수출은 수출상품을 생산함으로써 관련 산업에 생산을 유발하고 이로 인해 생산의 각 부문에 참여한 모든 경제주체에게 부가가치, 즉 소득증가를 유발하게 한다. 즉 수출을 위해 수출산업은 물론이고 그 밖의 관련 산업들도 그 생산과정에서 다른 산업부문으로부터 중간투입물을 구입하는 한편 가계로부터는 자본과 노동을 구입하게 된다. 이러한 자본과 노동을 구입한 대가로 기업은 임금과 이자를 지불하게 되는데 이것이 바로 가계의 소득으로 나타나는 것이다.

4) 수입유발효과

수출의 수입유발효과는 수출과 관련하여 직·간접으로 필요한 원자재 및 자본재의 유발수입액이 어느 정도인가를 나타내는 것이다. 따라서 수입유발도와 외화가득률은 표리관계에 있는 것으로서 외화가득률을 높이려면 수입유발도를 낮추어야 하며 수입유발도를 낮추려면 원·부자재의 국산화를 위해 수입대체산업을 육성해야 한다. 그리고 수입유발효과는 수출액에 대비한 수입유발액으로 측정되며 이러한 수입유발효과는 수출상품구조가 경공업제품 위주에서 중공업제품 위주로 고도화되기까지 상당한 기간 동안 높게 나타나는 것이 일반적이다.

(3) 수출의 증가가 경제성장에 미치는 영향

이상에서 경제성장에 있어서 수출의 역할을 살펴보았고, 이제 수출의 증가가 경제성장에 어떠한 영향을 미치는가를 외국무역승수이론에 입각하여 고찰하기로 한다.

일반적으로 개방경제체제에 있는 일국이 경제성장을 이룩하려고 하거나 원자재나 자본재를 수입한 대금을 결제하기 위해서는 수출이 어느 정도 증가해야 한다. 만약 수출증가가 수입증가를 능가하지 못한다면 상품수지상 적자에 놓이게 되어 긴축금융정책을 채택하게 되는데 이는 경제성장을 둔화시키는 요인이 된다.

1.2 외국무역승수이론

(1) 의 의

완전고용의 가정을 전제로 이론을 전개하고 있는 고전학파 무역이론과 다른 이론이 나타나게 되었는데 그것이 바로 케인즈의 「일반이론(*The General Theory*)」에서의 무역이론이다. 케인즈이론에서는 고전학파 무역이론과 다르게 완전고용의 가정에서 벗어나 불완전고용, 즉 실업을 통상적인 경제현상으로 간주한다. 그런데 이러한 케인즈의 이론을 무역에 적용하여 외국무역승수이론(=무역승수이론)을 전개한 학자는 해로드이다.

일반적으로 투자와 수출의 증가는 국민소득 수준을 변동시킨다. 이러한 투자와 수출의 증가가 어느 정도의 소득증가를 유발하는가를 규명하는 것이 승수이론이다. 승수는 봉쇄경제에서의 승수인 투자승수(investment multiplier)와 개방경제에서의 승수인 무역승수(foreign trade multiplier)로 구분된다.

(2) 무역승수이론의 내용

무역승수이론이란 불완전고용 상태에서 수출의 증가가 국민소득을 얼마나 증대시키느냐 하는 문제를 분석하는 이론이다. 여기서는 무역승수를 도출하고 아울러 수출증가와 국민소득의 증가 사이의 관계를 고찰하고자 한다.

무역이 있는 경우 상품시장의 총공급은 생산국민소득 Y와 수입 M을 합한 것이고 총수요는 가계의 소비수요 C, 기업의 투자수요 I, 정부의 지출 G, 그리고 해외로의 수출 X[2)]의 합이다. 따라서 상품시장의 균형조건, 즉 국민소득의 균형조건은 다음과 같은 식으로 표시될 수 있다.

$$Y+M=C+I+G+X$$

위 식을 변형하면

$$Y=C+I+G+X-M$$

이 된다. 여기서 이론의 단순화를 위해 정부부문이 없는 것으로 가정하면

$$Y=C+I+X-M$$

이 된다.

이 식에서 소비수요 C와 수입 M은 국민소득 Y와 함수관계를 가지므로 한계소비성향 $MPC\left(=\frac{dC}{dY}\right)$[3)]를 c라 하고 한계수입성향 $MPM\left(=\frac{dM}{dY}\right)$을 m이라 하면 위 식은 다음과 같이 된다.

$$dY=dC+dI+dX-dM$$

이 되고 이는

$$dY=cdY+dI+dX-mdY$$

가 되므로

$$dY(1-c+m)=dI+dX$$

---

2) 여기서 국민소득 Y는 yield, 수입 M은 import, 소비 C는 consumption, 투자 I는 investment, 수출 X는 export를 의미한다.

3) 경제학에서 국민소득 Y에서 소비가 차지하는 비율인 $\frac{C}{Y}$를 평균소비성향 또는 소비성향이라 하고 국민소득에서 저축 S가 차지하는 비율 $\frac{S}{Y}$를 (평균)저축성향이라 하며 $\frac{M}{Y}$은 (평균)수입성향 즉, 수입의존도라고 한다. 또한 소득증가분 dY에 대한 소비증가분 dC의 비율인 $\frac{dC}{dY}$를 한계소비성향이라 하고 $\frac{dS}{dY}$를 한계저축성향, $\frac{dM}{dY}$을 한계수입성향이라고 하며 통상 한계저축성향과 한계소비성향의 합은 항상 1이 된다($s+c=1$).

이고 따라서

$$dY = \frac{1}{1-c+m}(dI+dX)$$

이다. 그리고 $1-c=s$(한계저축성향$=MPS=\frac{dS}{dY}$)이므로

$$dY = \frac{1}{s+m}(dI+dX)$$

가 된다. 여기서 무역승수는 $\frac{1}{s+m}$, 즉 $\frac{1}{MPS+MPM}$이다.

(3) 무역승수이론의 비판

무역승수이론은 여러 가지 비현실적인 가정을 전제하여 전개되었기 때문에 다음과 같은 비판을 받고 있다.

첫째, 무역승수이론에 의하면 수출은 국민소득을 증가시키는 요인으로, 그리고 수입은 국민소득을 감소시키는 요인으로 작용하고 있어 수출은 플러스(+)적인 것이고 수입은 마이너스(-)적인 것이다. 그런데 이는 항상 타당한 것은 아니다. 예를 들면, 현실적으로 개발도상국의 경우 선진공업국으로부터 원자재나 자본재를 수입하게 되면 생산활동이 활성화되어 국민소득이 증가하므로 마이너스적인 것이라고 볼 수 없다.

둘째, 수출의 승수효과가 어느 산업부문에서나 일률적으로 이루어지도록 되어 있다는 점이다. 즉 직물 수출에서나 선박 수출에서 똑같이 소득수준을 증가시킨다는 것은 비판의 대상이 될 수 있다.

(4) 무역승수이론의 무역정책적 의의

무역승수이론은 일국의 무역정책에 중요한 시사점을 제시하고 있다. 즉 다음의 무역승수 식

$$dY = \frac{1}{s+m}(dI+dX)$$

에서 살펴볼 때 이 식은 일국이 불완전고용 상태에 놓여 많은 유휴자원이 존재하고

있는 상태에서 국민소득 Y를 증대시키기(즉 경제성장을) 위해서는 s와 m을 감소시키거나 아니면 I와 X를 증대시켜야 함을 의미한다.

여기서 한계저축성향 s 및 한계수입성향 m을 정책적으로 변동시키는 것은 일반적으로 곤란하며 만약 변동시킨다면 이는 시장경제의 효율을 해치는 것이 된다. 예컨대, s를 작게 하기 위해서는 소비자에게 소비를 장려하고 저축을 줄이도록 하는 것이 필요하지만 이에 대한 유효한 정책을 찾는다는 것이 쉽지 않다. 그러나 s에 비해 m에 영향을 미치는 정책은 비교적 용이하다. 이를테면, 관세를 높임으로써 m을 작게 할 수 있다. 또한 수입할당이나 수량제한 등과 같은 보다 직접적인 규제수단에 의해서도 m을 작게 할 수 있다. 그러나 이와 같은 수입통제는 어느 것이나 무역량을 축소시킴으로써 무역이익을 해치게 된다. 예컨대, s를 작게 하려면 저축을 줄이고 소비를 증가시켜야 하는데 이는 개발도상국의 경우 저축을 줄이면 투자재원이 축소되어 경제성장이 어렵게 되므로 개발도상국의 경우는 오히려 저축을 장려해야 한다. 그러나 선진국의 경우는 이와 반대로 오히려 저축을 줄이고 소비를 늘려 생산을 유발시킴으로써 경제성장을 달성할 수 있으므로 개발도상국과는 접근방식이 다르다.

한편 I 및 X는 정책적으로 변화시키는 것이 가능하다고 생각할 수 있다. 국내투자 I에 영향을 미치는 정책으로 이자율 변동, 공개시장정책 및 재정(조세·공공지출)정책 등이 있을 수 있다. 이러한 정책은 간접적으로 경제활동을 규제하므로 시장경제의 효율성을 해칠 위험이 적어 적절한 정책이라고 볼 수 있다.

또한 수출 X에 영향을 미치는 정책으로는 평가절하를 들 수 있으며 이를 통해 수출의 증가와 수입의 감소효과가 나타나게 된다. 즉 평가절하는 가격체계를 일괄적으로 변경시키기 때문에 관세 및 수입제한과 같은 개개의 상품가격에 영향을 미치는 정책과는 달리 시장의 가격기구 효율성을 해칠 위험이 적다. 그러나 자유변동환율제도를 채택하고 있는 국가의 경우는 평가절하정책을 이용하기가 용이하지 않다.

제2절

수입의 경제성장효과

국제무역을 통한 일국의 경제성장에 있어서 수입의 역할을 살펴보기로 한다. 개발도상국은 수입에 의해 경제성장에 필요한 선진자본재 및 반제품과 국내에서 생산되지 않는 원료를 조달할 수 있고 이를 통해 선진생산기술 및 경영기법의 도입도 가능하게 된다.

이러한 수입의 경제성장효과를 비경쟁형 자본재 수입, 비경쟁형 원료 수입, 비경쟁형 기술 수입 및 경쟁형 수입으로 나누어 고찰하기로 한다. 여기서 비경쟁형이란 국내에서 생산·공급이 불가능한 경우를 말하고, 경쟁형이란 국내에서 생산·공급이 가능한 경우를 말한다.

2.1 비경쟁형 자본재 수입

선진자본재 수입이 개발도상국에서는 생산할 수 없는 소위 비경쟁형 수입(non-competitive import)일 때 국내투자가 증대되어 경제성장을 촉진시킬 수 있다는 점을 많은 학자들이 강조하고 있다.

힉스(J. R. Hicks)는 경제성장을 위해서는 자본축적을 통한 생산력의 증대가 필요한데 축적된 자본이 투하됨으로써 일국의 생산력이 얼마나 증대할 것인가는 자본재의 공급량과 자본재의 생산성에 달려 있다고 하면서 자본재 수입의 경제적 효과를 강조하고 있다.

개발도상국의 경우 한정된 자원으로 자체적으로 생산할 수 있는 자본재의 종류와 규모에는 상당한 한계가 있고 생산비 또한 매우 높다. 따라서 저축이 투자로 전환되어 일국의 생산력을 증대시키는 데는 한계가 있다. 더욱이 무역을 하지 않는 개발도상국에서는 축적된 자본이 생산적인 투자로 전환될 수 있는 기회, 즉 투자기회가 소규모의 국가경제로 인하여 제한을 받게 된다. 이러한 애로를 타개하는 방법으로 개발도상국이 어느 정도의 원료 등을 수출하고 그 대가로 선진자본재를 수입한다면 낮은 국내 저축능력에 대응하는 투자기회가 주어지게 된다.

2.2 비경쟁형 원료 수입

경제성장을 위해 공업화를 추진하는 과정에서 신상품의 생산을 시도할 때 필요한 원료 중에는 국내원료만으로는 불가능한 것들이 있다. 따라서 국내에서 공급불가능한 원료는 수입에 의존하지 않을 수 없고 또한 생산과정에서 이들 원료는 국내원료와 상호 보완적으로 결합하게 된다.

이와 같이 특정 산업부문에서의 비경쟁 원료의 수입은 국내원료가 투입될 수 있는 기회를 부여하여 생산시설의 가동을 가능하게 함으로써 당해 특정 산업제품이 생산되어 타 산업의 중간재로 투입될 수도 있다. 이러한 경우에 산업연관관계에 의해 연쇄적으로 생산 및 고용효과를 초래하게 되어 일국의 경제성장을 가능하게 한다.

2.3 비경쟁형 기술 수입

선진기술의 상당한 부분이 선진국에서 생산되는 자본재에 포함되어 도입되고 있으나 한편으로는 생산기술 및 경영기법 등이 직접 수입되는 경우도 있다. 그러나 실제적으로는 대개의 경우 생산기술과 경영기법의 도입은 자본재나 원료 및 반제품의 수입과 함께 하나의 묶음으로 도입되는 것이 일반적이다. 왜냐하면 어떤 선진국이든 특정 산업에서 개발한 생산기술 및 경영기법상의 우위 유지를 위해 기술 자체만을 수출하려고 하지 않기 때문이다. 선진국으로서는 기술을 수출할 뿐만 아니라 자본재와 원료 및 반제품도 동시에 수출하려고 한다.

2.4 경쟁형 수입

기술한 바와 같이 경쟁형 수입이란 국내재화와 대체관계에 있는 재화의 수입을 의미한다. 따라서 자본재와 원료, 반제품 여하를 불문하고 경쟁형 수입의 경제성장효과는 국내산업과의 경쟁을 통해서 특정 산업의 비능률적인 독점화를 견제한다는 데에 있다.

이상에서 개발도상국의 수입이 그 나라의 경제성장에 기여할 수 있는 점을 고찰하였다. 그러나 수입이 개발도상국의 경제성장을 저해하는 요인이 될 수도 있다. 이에 대한 이론적 근거는 수입의 전시효과(demonstration effect)이다. 즉 개발도상국이 선진국의 소비재를 수입하는 경우에 전시효과에 의해 개발도상국의 소비수준이 높아짐으로써 저축률이 낮아지게 되고 이로 인해 투자가 감소함으로써 경제성장에 부정적인 영향을 미칠 수도 있다는 것이다.

부록 1

무역승수 분석의 전제

1. 소득분석의 대두

고전학파 무역이론에서는 완전고용을 가정하고 있으므로 주어진 자원을 어떻게 배분해야 최대의 산출량을 얻을 수 있는가 하는 문제가 중요시되었다. 그러나 불완전고용을 전제로 하고 있는 케인즈이론에서는 자원을 완전히 이용하여 최대의 산출량을 얻는 것이 선행되어야 할 문제라고 하였다.

케인즈는 그의 저서 「일반이론」에서 실업문제의 해결과 그 과정에서 국민소득이 어떻게 증대되는가 하는 이론을 전개하였다. 이 이론을 요약하면 국민소득수준이 투자와 소비 등의 지출수준에 의하여 결정된다는 유효수요이론과 투자의 증가가 승수배만큼 국민소득을 증가시킨다는 승수이론이라고 할 수 있다. 그러나 케인즈는 이 이론을 국제무역에 적용하지 못하였으나 해로드가 승수이론을 국제무역에 도입하여 무역승수이론을 전개하였다.

2. 개방경제체제에서의 균형국민소득

개방경제체제(open economic system)에서의 국민소득의 결정에 관한 이론을 전개하기 전에 폐쇄경제체제(closed economic system)에서의 국민소득이 어떻게 결정되는가를 살펴보기로 한다.

무역과 정부의 활동을 고려하지 않는 경우에 국민소득 Y는 소비 C와 투자 I에 의하여 창출되고 소득 Y는 소비 C와 저축 S로 처분될 것이다. 이를 식으로 표현하면

$$C+I=Y=C+S$$

가 성립된다. 여기서 소비 C는 소득 Y의 함수로 Y의 종속변수이고 투자 I는 신투자분으로서 이자율의 함수이므로 Y에 대해서는 독립변수가 된다는 것이다. 물론 투자는 Y의 종속변수가 된다고도 볼 수 있는데 이러한 투자를 유발투자[4)]라고 한다. 그러나 여기서는 이론을 단순화하기 위하여 투자는 자발적 투자만을 의미하며 소득 변화에 대해서는 독립적이라고 가정한다.

한편 Y로부터 지출되는 C는 그대로 유효수요로 나타나 Y를 창출하지만 저축 S는 반드시 투자화되지는 않는다. 저축은 소득의 함수이지만 유효수요를 형성하지 않고 누출(leakage)되는 것으로 보며 이것이 투자됨으로써 유효수요를 창출하게 된다.

따라서 저축량과 동일한 양의 투자가 없다면 Y는 변동하게 된다. 즉 $S>I$가 되면 유효수요가 그만큼 부족하여 다음 기의 소득수준은 낮아지고 $S<I$이면 소득수준은 높아지게 된다. 그리고 $S=I$일 때는 소득이 변동하지 않게 된다. 환언하면 $S=I$라는 조건에서 균형국민소득이 결정되게 된다.

지금까지 무역이나 정부의 활동을 제외한 경제를 가정하여 균형국민소득수준의 결정을 살펴보았지만 이하에서는 무역과 정부활동을 고려한 개방체제에서의 균형국민소득수준의 결정에 대해 살펴보기로 한다. 이러한 경우 국민소득 Y를 창출하는 변수는 소비와 투자 이외에도 정부지출 G와 수출 X가 추가된다. 그리고 국민소득의 지출면에서는 국민소득 Y는 소비와 저축뿐만 아니라 조세 T와 수입 M으로도 지출된다. 따라서 이들 관계를 식으로 표현하면

$$Y=C+I+G+X$$

$$Y=C+S+T+M$$

이 된다. 그런데 정부지출과 수출은 국민소득 Y에 대하여 독립변수이지만 조세와 수입은 국민소득의 함수로 간주되어 종속변수가 된다.[5)]

4) 유발투자란 국민소득의 변동에 따라 발생하는 투자를 의미하여 자발적 투자는 국민소득 증감과 관련이 없는 투자를 말한다. 여기서 논하는 승수이론에서는 유발투자는 고려하지 않고 자발적 투자만을 취급하므로 이는 국민소득의 변화에 대해 독립적이다.

5) 실제로 정부지출 G는 일국의 정책에 따라 결정되고, 수출 X는 상대국의 수입으로 이는 상대국의 소득에 의존하기 때문에 자국의 국민소득 Y와 직접적인 관계가 없으므로 독립변수이다. 이에 대

앞서 봉쇄체제에서는 $S=I$의 조건이 요구되었지만 개방체제에서는 $I+G+X=S+T+M$이면 균형국민소득수준이 결정된다. 여기서 이론을 단순화하기 위해 정부 활동을 배제하면

$$I+X=S+M \quad \text{또는} \quad S-I=X-M$$

이 되어 균형국민소득수준이 결정된다.

해 얼마만큼의 조세로 지출되는가(T)와 또한 얼마만큼 수입되는가 하는 것은 소득수준에 의존하므로 Y의 종속변수가 된다.

제 6 장

경제성장이 국제무역에 미치는 영향

요약 및 도해

경제성장

- 〔의 의〕
  - 경제활동규모가 커지는 현상
  - 국민소득의 증가=생산량 증가
- 〔요 인〕
  - 생산요소의 공급증대
    - 노동량의 증가
    - 자본축적
  - 기술진보

기술진보

- 〔의 의〕
  - 일정한 생산량을 보다 적은 생산요소의 투입으로 산출
  - 과학의 발달, 신자원 및 신제품의 개발, 생산방법 및 경영방식 개선 등
- 〔유 형〕
  - 중립적 기술진보 : 두 요소의 한계생산성이 동일한 비율로 증가
  - 노동절약적 기술진보 : 자본의 한계생산성 증가 > 노동의 한계생산성 증가
  - 자본절약적 기술진보 : 자본의 한계생산성 증가 < 노동의 한계생산성 증가

경제성장이 국제무역에 미치는 영향(Ⅰ) : 소국의 경우

생산효과

- 〔생산요소의 공급량 증가에 의한 생산효과와 무역구조의 변화(=립진스키 정리)〕

(수입경쟁재 감소)
‖
노동 : 고정 ─ 경제성장 ─ 노동집약재 생산량 감소 ─ 무역구조의 변화
자본 : 증가 ─ 경제성장 ─ 자본집약재 생산량 증가
‖
(수출재 증가)

└ 〔경제성장에 의한 생산효과〕 성장률
- 중립적 효과 : 수출산업=수입경쟁산업
- 역무역편향적 : 수출산업<수입경쟁산업
- 순무역편향적 : 수출산업>수입경쟁산업
- 초역무역편향적 : 수출산업 감소, 수입경쟁산업 증가
- 초순무역편향적 : 수출산업 증가, 수입경쟁산업 감소

소비효과

- 중립적 : 수출재에 대한 수요=수입경쟁재에 대한 수요
- 순무역편향적 : 수출재에 대한 수요<수입경쟁재에 대한 수요
- 역무역편향적 : 수출재에 대한 수요>수입경쟁재에 대한 수요
- 초순무역편향적 : 수출재에 대한 수요 감소, 수입경쟁재에 대한 수요 증가
- 초역무역편향적 : 수출재에 대한 수요 증가, 수입경쟁재에 대한 수요 감소

경제성장이 국제무역에 미치는 영향(Ⅱ) : 대국의 경우

경제성장과 오퍼곡선

└ 일국의 경제성장 패턴이 수출재인 X재 생산에 편향적으로 이루어진 경우
→ 오퍼곡선은 바깥쪽으로 이동 → 교역조건 악화, 교역량 증가

궁핍화성장

- 〔의 의〕 ― 경제성장에 의한 생산량 증가에 따라 발생하는 이익보다 교역조건의 악화에 의하여 발생하는 손실이 더 큰 경우의 경제성장
- 〔주장자〕 ― 바그와티
- 〔내 용〕 ― 경제성장=생산량 증가 ⟶ 일국의 이익
  ⇩ ∧ ⇨ 경제성장 후 경제적 후생 감소
  교역조건 악화 ⟶ 일국의 손실
- 〔발생 가능성〕
  - 대국이어서 세계시장에서 수출비중이 큰 경우

- 수출산업에 편향적인 성장
- 수출재와 수입경쟁재 간의 대체관계 희박
- 교역상대국의 수입수요의 가격탄력성이 비탄력적인 경우

〔개발도상국의 궁핍화 성장〕
- 프레비쉬, 싱거, 뮈르달 등이 주장
- 개발도상국의 교역조건악화론=싱거 · 프레비쉬 명제의 근거

제 1 절 경제성장의 요인

경제성장(economic growth)이란 시간이 경과함에 따라 경제활동규모가 커지는 현상을 의미하는데 경제활동규모는 일반적으로 실질GDP(=실질국내총생산)로 측정한다. 여기서 실질GDP는 노동, 천연자원, 자본 등의 생산요소의 투입증가와 기술진보에 의해 증대된다. 예컨대, 경제활동규모가 어떤 속도로 증가하고 있는가 하는 것은 일국의 경제성장을 나타내는 중요한 지표가 되는데 이를 경제성장률(economic growth rate)이라 한다. 이를 실질GDP를 사용하여 나타내면 다음과 같다.

$$\text{경제성장률}(\%) = \frac{\text{금년도 실질GDP} - \text{전년도 실질GDP}}{\text{전년도 실질GDP}} \times 100$$

그런데 국제무역이론을 전개해 가는 데 있어서 일반적인 가정 중의 하나는 생산요소의 공급량이나 기술진보가 일정 불변이라는 정태분석에 입각하고 있다. 그러나 현실세계는 시간이 경과함에 따라 생산요소의 공급량이 일정 불변이지 않고 기술수준 역시 일정수준에 고정되어 있지 않다. 따라서 이러한 생산요소의 공급증대와 기술진보가 국제무역에 미치는 영향을 알아보는 것 역시 중요한 과제가 되고

있다.

결국 경제성장의 주요 요인은 노동, 천연자원, 자본 등의 생산요소의 공급증대와 기술진보라고 할 수 있다.

1.1 생산요소의 공급증대

생산요소라 함은 일반적으로 노동, 자본, 천연자원을 일컫는다. 이 중에서도 과거의 역사를 볼 때 경제성장의 주요 요인으로 작용한 것은 노동과 자본이라고 할 수 있으나 자원민족주의(resource nationalism) 시대에 있어서는 천연자원이 경제성장의 중요한 요인으로 작용하였다.

노동은 인구증가에 따라 증가하며 이는 노동력의 공급을 증가시키고 아울러 저임금의 노동력을 제공함으로써 국제경쟁력 향상에 의한 경제성장을 촉진시킨다. 자본은 자본축적 과정에서 증대하여 투자를 증가시키고 투자증가는 공장이나 기계설비와 같은 물적 생산능력을 높여주는 동시에 승수효과(=투자승수효과)에 의해 국민소득을 증가, 즉 경제성장을 가능케 한다. 또한 천연자원의 발견이나 개발로 천연자원의 공급량이 증가하면 천연자원의 의존도가 높은 1차산품의 생산력을 증대시키는 요인이 된다.

1.2 기술진보

경제성장의 또 다른 요인으로 기술진보를 들 수 있다. 시간이 경과함에 따라 과학과 기술 등의 지식이 발달함으로써 생산기술도 현저하게 진보한다. 기술이 진보함에 따라 생산요소의 공급증가가 없어도 국민소득의 증가가 가능하게 된다.

제2절
기술진보의 의의 및 유형

2.1 기술진보의 의의

일반적으로 어떠한 현상이 일어났을 때 기술진보가 있었다고 할 수 있는가? 기술진보(technical progress)란 일정한 생산량을 보다 적은 생산요소의 투입으로 산출할 수 있게 하는 기술적 변동을 의미한다. 또한 일정한 생산요소로써 보다 많은 생산을 할 수 있게 하는 변동을 기술진보라고 한다. 이와 같이 기술진보는 과학의 발달, 신자원 및 신제품의 개발, 생산방법 및 경영방식의 개선 등으로 이루어진다.

슘페터(J. A. Schumpeter)는 기술진보를 기술혁신(technical innovation)이라 하고 이는 창조와 파괴의 작용을 통해서 경제발전의 원동력이 된다고 하였다. 따라서 현실 경제사회는 부단히 성장하고 발전하기 위하여 기술진보를 고려하지 않을 수 없고 또한 기술진보가 경제성장과 국제무역에 미치는 영향은 매우 크다고 할 수 있다.

2.2 기술진보의 유형

기술진보의 유형으로는 중립적 기술진보, 노동절약적 기술진보, 자본절약적 기술진보 등이 있다.

(1) 중립적 기술진보

중립적 기술진보(neutral technical progress)란 두 생산요소(즉 노동과 자본)의 한계생산성이 동일한 비율로 증가하는 기술진보를 의미한다. 이를 그림으로 설명하면 [그림 6-1]의 (a)와 같다.

그림 6-1 기술진보의 유형

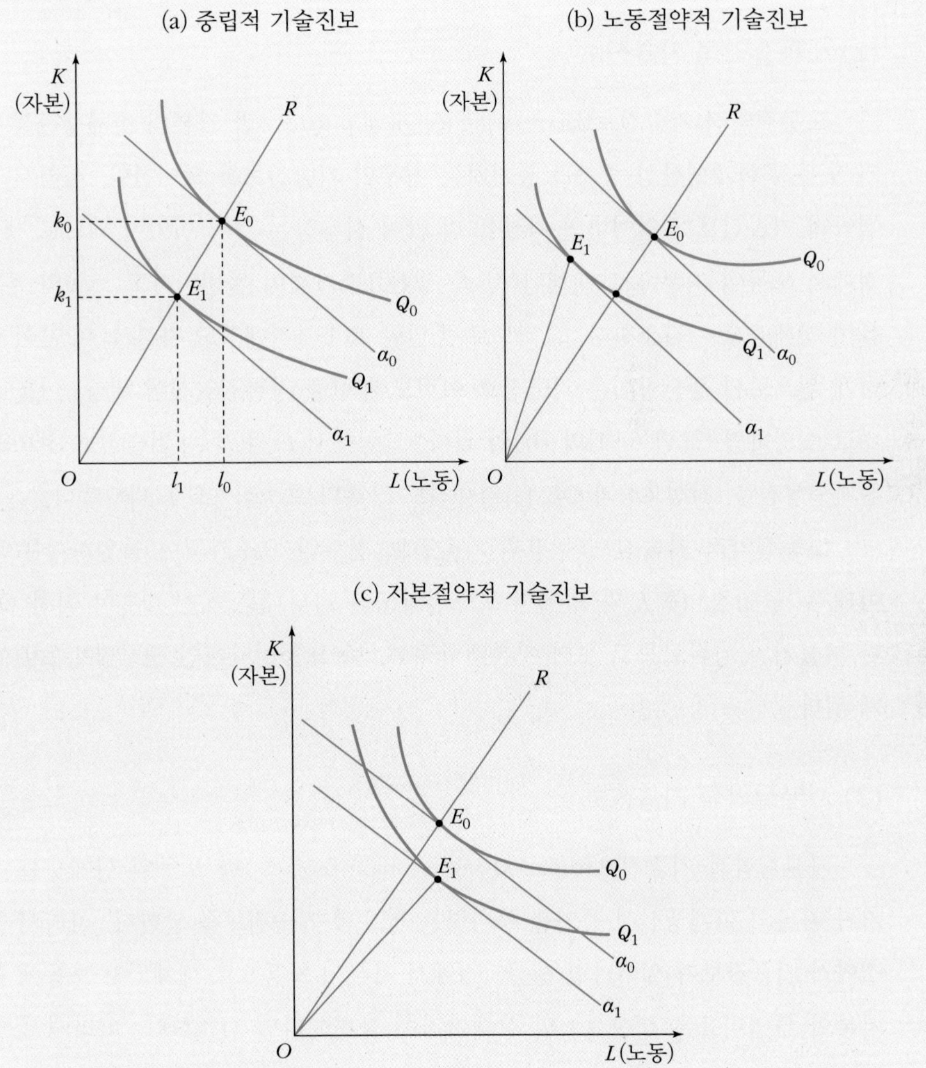

그림에서 Q_0는 기술진보 전 상품 1단위 생산에 필요한 노동과 자본의 결합관계를 나타내는 등량곡선, Q_1은 기술진보 후 상품 1단위 생산에 필요한 노동과 자본의 결합관계를 나타내는 등량곡선, α_0와 α_1은 요소가격선, E_0와 E_1은 생산자균형점, OR은 요소집약도를 나타내는 직선을 나타낸다.

기술진보의 결과 노동과 자본은 같은 비율, 즉 $\frac{l_1 l_0}{OL_0} = \frac{k_1 k_0}{Ok_0}$ 로 감소되어 요소집약도에 변화가 없으면[1] E_0와 E_1점에서의 요소의 상대가격 역시 변화가 없다.[2]

(2) 노동절약적 기술진보

노동절약적 기술진보(labor-saving technical progress)란 자본의 한계생산성 증가가 노동의 한계생산성 증가를 능가하는 경우의 기술진보를 의미한다. 따라서 노동절약적 기술진보가 일어나면 자본을 더 많이 사용하는 것이 이익이 되므로 생산과정에서 노동이 자본으로 대체된다. 즉 생산요소가격이 불변이라도 노동의 투입비율이 상대적으로 감소한다. 그러므로 동일한 요소가격에서도 자본을 더 많이 사용하게 됨으로써 생산방법은 기술진보 이전보다 한층 자본집약적이 된다. 이를 그림으로 설명하면 [그림 6-1]의 (b)와 같다. 그림에서 E_0와 E_1은 기술진보 전후의 생산자균형점을, 직선 OR과 OE_1은 기술진보 전후의 요소집약도를 나타낸다.

노동절약적 기술진보의 경우 기술진보 전후의 요소가격이 동일하다는 전제 아래 두 균형점, 즉 E_0와 E_1에서 요소집약도를 나타내는 직선 OE_1이 직선 OR보다 기울기가 가파르므로 보다 자본집약적인, 즉 노동절약적인 생산방법으로 바뀌게 된다.

(3) 자본절약적 기술진보

자본절약적 기술진보(capital-saving technical progress)란 노동의 한계생산성 증가가 자본의 한계생산성 증가를 능가하는 경우의 기술진보를 말한다. 따라서 자본절약적 기술진보가 일어나면 생산과정에서 자본이 노동으로 대체되고 노동에 대한 자본의 투입비율은 생산요소의 상대가격이 불변이라면 감소한다. 따라서 동일한 요소가격에서는 노동을 더 많이 사용하는 것이 유리하므로 기술진보 이전보다 생산방법은 보다 노동집약적이 된다. 이를 그림으로 설명하면 [그림 6-1]의 (c)와 같다. 그림에서 E_0와 E_1, 그리고 직선 OR과 OE_1에 대한 설명은 앞의 노동절약적 기

---

1) 기술진보 전의 생산자균형점 E_0와 기술진보 후의 생산자균형점 E_1이 동일하게 직선 OR선상에 위치하고 있다.

2) E_0점에서 요소가격선 α_0와 E_1점에서의 요소가격선 α_1의 기울기가 동일하다. 즉 $\alpha_0 = \alpha_1$이다.

술진보의 경우와 같다.

자본절약적 기술진보의 경우 기술진보 전후의 요소가격이 동일하다는 전제에서의 두 균형점, E_0와 E_1에서 요소집약도를 나타내는 직선 OE_1이 직선 OR보다 기울기가 완만하므로 보다 노동집약적인, 즉 자본절약적인 생산방법으로 바뀌게 된다.

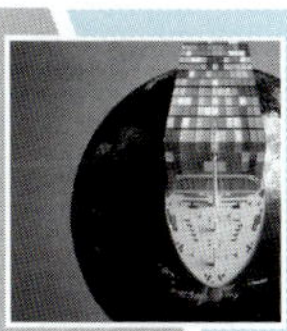

제 3 절 경제성장이 국제무역에 미치는 영향(I) : 소국의 경우

일국의 경제가 성장한 경우 무역에 미치는 영향을 분석하기 위해 먼저 경제성장이 일국의 생산에 미치는 영향과 소비에 미치는 영향을 분석하여 그 결과를 종합하면 무역에 미치는 영향을 알 수 있다. 왜냐하면 이론적으로 수출은 생산해서 소비하고 난 후의 잔여분으로 표시되고(수출=생산−소비) 수입은 소비를 충당한 생산분을 공제한 잔여분(수입=소비−생산)으로 표시되기 때문이다. 따라서 여기서는 당해 국가의 경제가 성장해도 국제가격(=교역조건)에 영향을 미치지 않는 소국(small country)의 경우부터 고찰하기로 한다.

그리고 경제성장은 생산요소의 공급량이 증가하거나 기술진보에 의하여 가능하게 되며 이는 생산량의 증가(=국민소득의 증가) 형태로 나타난다. 이러한 과정에서 수출산업의 생산량이 수입대체산업의 생산량보다 더 증가하느냐에 따라 그 나라의 무역구조가 달라지게 된다. 또한 수요측면에서도 경제성장으로 국민소득이 증가함으로써 지출의 내용에 따라 무역구조 역시 달라지게 된다. 따라서 이러한 경제성장이 생산과 소비에 미치는 효과를 고찰하고 이들 두 효과를 함께 고려하여 무역구조에 미치는 종합효과는 부록에서 다루기로 한다.

3.1 생산효과

(1) 생산요소의 공급량 증가에 의한 생산효과와 무역구조의 변화

립진스키(T. N. Rybczynski)는 두 생산요소 중에서 한 생산요소의 공급량 증가에 의한 경제성장은 생산효과를 초래하여 무역구조에 어떠한 영향을 미치는가를 검토하였다. 립진스키 정리는 2국·2재·2생산요소의 가정 아래 한 생산요소의 공급량을 고정시켜 두고 다른 생산요소의 공급량을 증가시키면 증가한 생산요소를 집약적으로 사용하는 재화의 생산량은 증가하고 다른 생산요소를 집약적으로 사용한 재화의 생산량은 감소한다는 것이다.[3)]

이러한 내용을 [그림 6-2]를 통해 설명하면 다음과 같다. 그림에서 X재는 노동집약재, Y재는 자본집약재이고 이 국가의 요소부존량은 박스의 크기로 나타나며 횡축이 종축보다 길이가 긴 것은 자본에 비해서 노동이 상대적으로 풍부하다는 것을 나타낸다.

생산요소의 공급량이 증가하기 전에는 P점에서 X재 60단위와 Y재 30단위만큼 생산이 이루어지고 있다. 그러나 노동량이 증가하여 경제성장이 이루어지게 되면 Y재의 원점은 O_Y에서 O_Y'로 이동하기 때문에 새로운 생산점은 P'가 되고 여기서 X재 100단위와 Y재 20단위가 생산된다. 이 정리에서는 2가지 조건, 즉 국제가격이 요소공급량의 증가 전후에 동일하다는 것과 생산함수가 1차동차함수를 전제로 하고 있다. 그림에서 노동공급량의 증가 전후에도 이러한 두 조건이 유지되기 위해서는 X재의 생산은 직선 O_XP와 같은 기울기를 가진 직선상에서 이루어져야 하고 Y재의 생산은 O_Y에서 그은 직선 O_YP와 평행한 직선상에서 이루어져야 하므로 두 재화의 새로운 생산점은 두 직선이 만나는 P'점에서 이루어지게 된다는 것이다. 또한 P점과 P'점에서의 요소가격선의 기울기가 같으므로 요소가격비율은 같다. 따라서 두 재화의 가격비율을 나타내는 가격선 α선과 α'선의 기울기 역시 같으므로 재화의 가격비율도 동일하다.

---

3) T. N. Rybczynski, "Factor Endowment and Relative Commodity Prices," *Economica*, November 1955, pp.336~341.

그림 6-2 립진스키 정리

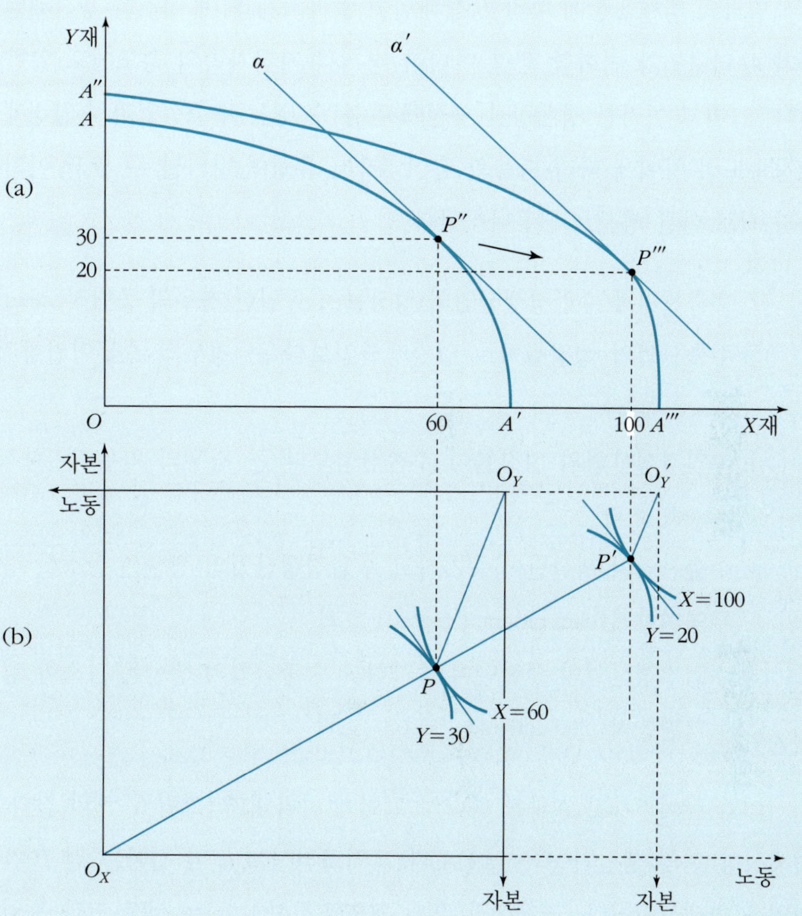

결국 앞의 예에서 두 생산요소 중 자본은 고정시켜 두고 노동량만 증가시키면 (=경제성장) 노동집약재인 X재의 생산량은 40단위 증가하고 자본집약재인 Y재의 생산량은 10단위 감소한다. 그리고 이 경우 생산요소의 공급량 증가 이전에 노동집약재인 X재가 수출재인가 수입경쟁재인가에 따라 경제성장 후에 무역구조에 영향을 미치게 된다.

(2) 경제성장에 의한 생산효과

일국의 경제성장에 따라 생산패턴이 달라지게 되며 이러한 생산패턴의 변화에 따라 무역구조가 변화할 뿐만 아니라 경제적 자급자족의 정도에도 영향을 미치게 된다. 그리고 이러한 경제성장 과정에서 볼 수 있는 수출산업과 수입경쟁산업 간의 성장속도의 차이에 따라 다음과 같이 5가지 유형이 나타날 수 있고 이러한 유형에 따라 서로 다른 생산효과가 나타난다.

① 수출산업과 수입경쟁산업의 성장률이 동일한 경우의 중립적(neutral) 효과
② 수출산업의 성장률이 수입경쟁산업보다 큰 경우의 순무역편향적(pro-trade biased) 효과
③ 수입경쟁산업의 성장률이 수출산업보다 큰 경우의 역무역편향적(anti-trade biased) 효과
④ 수출산업의 생산만이 증가하고 수입경쟁산업의 생산은 감소한 경우의 초순무역편향적(ultra pro-trade biased) 효과
⑤ 수입경쟁산업의 생산만이 증가하고 수출산업의 생산은 감소한 경우의 초역무역편향적(ultra anti-trade biased) 효과

이와 같이 5가지 효과를 하나의 그림에 나타내면 [그림 6-3]과 같다. 그림에서 경제성장 전의 생산가능곡선 A_0A_0'와 교역조건선 $\alpha_0\alpha_0'$이 접하는 점 P_0가 경제성장 전의 균형생산점이다. 경제성장 후의 교역조건선 $a_1\alpha_1'$는 성장 전과 동일하다고 가정하므로 $\alpha_0\alpha_0'$와 평행하다. 경제성장 후의 균형생산점도 생산가능곡선과 교역조건선 $a_1\alpha_1'$와의 접점이 $a_1\alpha_1'$선상의 어디에 위치하느냐에 따라 위의 5가지 효과가 나타난다.

그림에서 새로운 균형생산점이 직선 P_1P_2선상의 임의의 P_4점에 위치한다면 순무역편향적 효과가 나타나고 직선 α_1P_3선상의 임의의 P_7점에 위치한다면 초역무역편향적 효과 등으로 나타난다.

그림 6-3 경제성장의 생산효과

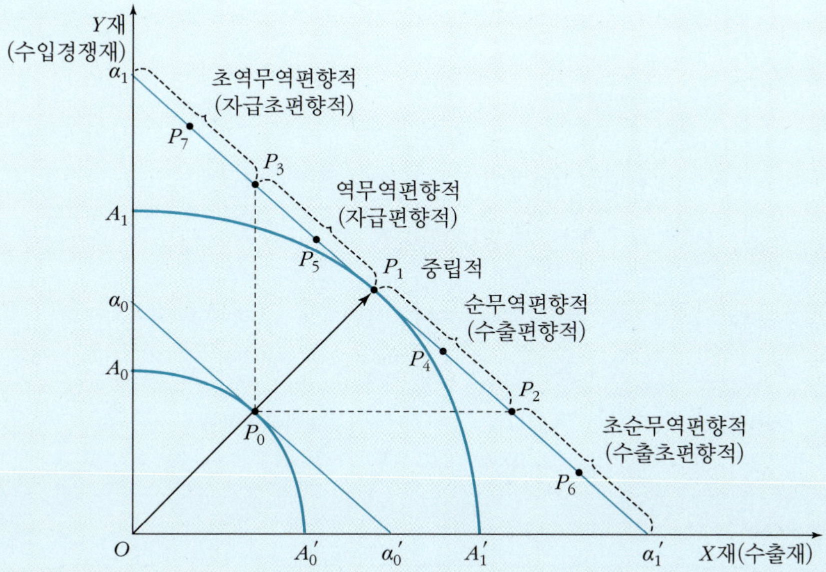

3.2 소비효과

경제성장에 의해 국민소득이 증가한 경우 소득증가에 의해 소비패턴이 변화하고 소비패턴의 변화는 일국의 무역패턴에 영향을 미치게 된다. 이러한 경제성장에 의한 소비효과를 [그림 6-4]로 설명하면 다음과 같다.

지금 경제성장 후에도 교역조건, 즉 국제가격이 성장 전과 같다는 가정에서 그리고 경제성장 후에도 소비수요가 성장 전과 같은 비율로 증가한다면 [그림 6-4]에서 새로운 균형소비점은 직선 OC_0의 연장선상의 점 C_1이 될 것이다. 즉 수입경쟁재에 대한 수요의 소득탄력성[4]이 1이면 수입경쟁재의 수요는 국민소득의 증가에 따라 같은 비율로 증가하고 이 경우 경제성장의 소비효과는 중립적이다.

경제성장 후의 균형소비점은 C_1뿐만 아니라 교역조건선 $a_1\alpha_1'$상의 어떠한 점도 될 수 있다. 가령 수입경쟁재에 대한 수요가 수출재보다 크다면, 즉 수입경쟁재

4) 수요의 소득탄력성이란 소득의 변화에 대한 수요량의 변화 정도를 측정하는 지표로서 수요의 소득탄력성이 1이라면 소득의 변화율과 수요량의 변화율이 동일한 경우를 의미한다.

그림 6-4 경제성장의 소비효과

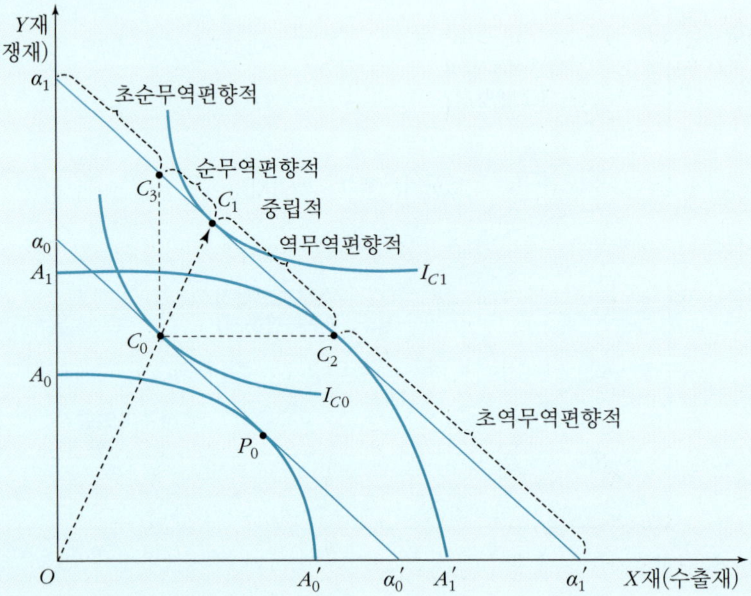

에 대한 수요의 소득탄력성이 1보다 크다면 새로운 균형소비점은 점선 C_0C_1의 왼쪽으로 이동하게 된다. 그런데 수입경쟁재의 수요와 수출재의 수요가 모두 증가하지만 수입경쟁재에 대한 수요가 수출재보다 더 큰 경우의 새로운 균형소비점은 직선 C_3C_1선상에 위치하게 되고 이러한 경우를 순무역편향적이라 한다. 그리고 수입경쟁재의 수요는 증가하지만 수출재의 수요는 감소하는 경우는 균형소비점이 직선 α_1C_3선상에 위치하게 되고 이러한 경우는 초순무역편향적이라 한다.

한편 수입경쟁재에 대한 수요의 소득탄력성이 1보다 작다면 새로운 균형소비점은 직선 C_0C_1의 오른쪽으로 이동하게 되고 이러한 경우에 소득의 증가로 수출재에 대한 수요는 성장 전에 비해 크게 된다. 그런데 수입경쟁재의 수요와 수출재의 수요가 모두 증가하지만 수출재에 대한 수요가 보다 큰 경우의 새로운 균형소비점은 직선 C_1C_2상에 위치하게 되고 이러한 경우를 역무역편향적이라 한다. 그리고 수입경쟁재의 수요는 감소하고 수출재의 수요는 증가하는 경우의 새로운 균형소비점은 직선 $C_2\alpha_1'$선상에 위치하게 되고 이러한 경우는 초역무역편향적이 된다.

부록 1

기술진보가 국제무역에 미치는 효과

기술진보의 유형인 중립적 기술진보, 노동절약적 기술진보, 자본절약적 기술진보가 생산량과 무역 및 교역조건에 미치는 영향 가운데[5] 여기서는 중립적 기술진보가 이들에 대해 어떠한 영향을 미치는가를 살펴보기로 한다.

(1) 생산량에 대한 효과

다음 [그림 6-5]의 박스 다이어그램을 이용하여 자본집약재산업에서의 중립적 기술진보가 두 재화의 생산과 무역에 미치는 영향을 살펴보기로 한다. 그림에서 $OP'PO'$를 연결한 곡선이 계약곡선인데 이 곡선이 대각선 아래에 놓여 있는 것은 X재가 노동집약재이기 때문이다.

기술진보가 실현되기 전의 생산점은 P점이고 이때 X재의 요소집약도는 직선 OP의 기울기이며 Y재의 요소집약도는 직선 $O'P$의 기울기로 표시되므로 X재는 노동집약재, Y재는 자본집약재임을 알 수 있다. 그런데 자본집약적인 Y재 산업에서 중립적 기술진보가 실현되면 재화의 상대가격이 일정하게 유지되기 위해서는 요소가격은 변화해야 하고 두 재화의 요소집약도도 역시 변화해야 한다. 즉 Y재 산업에서 기술이 진보된 후의 새로운 생산점은 P'점이고 이때 X재의 요소집약도는 OP'의 기울기이며 Y재의 요소집약도는 $O'P'$의 기울기이다. 이는 두 재화의 요소집약도가 작아지는 것을 의미한다. 따라서 기술진보 후에 두 산업의 생산방법은 보다 더 노동집약적이 되고 그 결과 X재의 생산량은 감소하고 Y재의 생산량은 증가하게 된다.

---

5) Bo Söderstein, *International Economics*, Harper & Row, Publishers, 1980, pp.135~144.

그림 6-5 자본집약재산업에 있어서의 중립적 기술진보의 생산효과

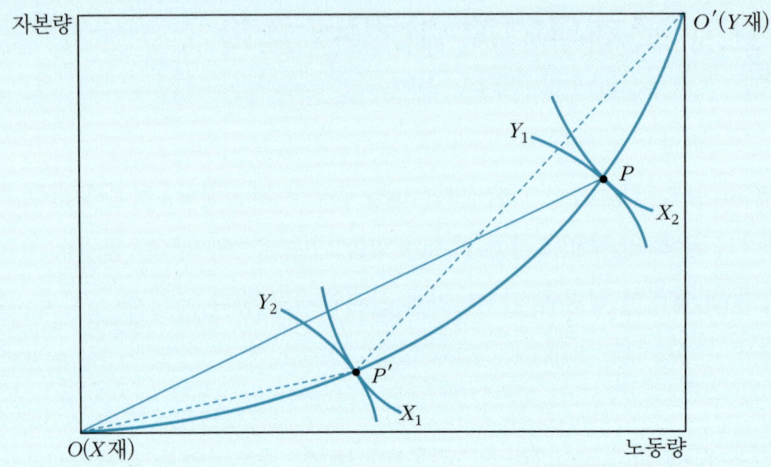

(2) 무역에 대한 효과

X재 산업이 수입경쟁산업이고 Y재 산업이 수출산업이라고 가정하면 자본집약적인 Y재 산업의 중립적 기술진보는 초수출편향적이다. 수출산업의 중립적 기술진보는 항상 그 나라의 교역조건을 악화시키고 수입경쟁산업의 중립적 기술진보는 그 나라의 교역조건을 개선시킨다. 그 이유는 다음과 같다. 위의 [그림 6-5]에 표시된 P'점은 진정한 의미의 새로운 균형점이 아니다. 일반적으로 생산된 모든 상품이 소비된다고 가정할 경우 기술진보는 국민소득을 증가시키므로 생산물이 하급재가 아닌 이상 두 생산품에 대한 수요는 증가하게 된다. 따라서 생산물의 가격이 변동되지 않는다면 X재에 대한 초과수요가 발생하게 될 것이다. 이로 인해 X재가 수출품이라고 한다면 수출산업의 중립적 기술진보는 그 나라의 교역조건을 악화시키고 만약 Y재가 수입경쟁상품이라고 한다면 이 산업의 중립적 기술진보는 그 나라의 교역조건을 개선시키게 된다.

부록 2

경제성장에 의한 생산효과와 소비효과를 종합한 효과

경제성장에 따른 생산이 무역이 미치는 효과와 소비가 무역에 미치는 효과를 각각 분리하여 분석하였지만, 실제로는 이들 두 효과는 동시에 발생하기 때문에 두 효과를 종합한 효과를 분석하여야 한다. 따라서 일국의 경제가 성장하면 생산패턴과 소비패턴이 변동되고 이에 따라 결과적으로 무역패턴이 어떻게 변동되는가를 분석하는 것이다.

[그림 6-6]에서 경제성장 전후의 생산점이 직선 OQ선상의 Q_1과 Q_2가 되고 마찬가지로 소비점은 직선 OC선상의 C_1과 C_2가 된다. 이러한 경우 무역의 종합효과는 A_1, A_2를 원점으로 하는 무역삼각형 $\triangle C_1Q_1A_1$과 $\triangle C_2Q_2A_2$가 닮은 삼각형이므로 수출과 수입은 동일한 비율로 증가한다. 따라서 $\frac{A_1Q_1}{A_2Q_2}=\frac{A_1C_1}{A_2C_2}$의 관계가 성립되어 무역이 중립적이 된다.

여기서 생산효과가 중립적이고 소비효과가 편향적인 경우를 살펴보면, 무역삼각형의 원점은 A_2점을 중심으로 순무역편향적인 경우에는 A_2점의 좌측에, 역무역편향적인 경우에는 A_2점의 우측에 위치하게 된다.

이에 대한 각각의 경우를 설명하기 전에 종합효과의 내용을 먼저 살펴보면 다음과 같다.

① 중립적 : 수입증가율이 소득증가율과 동일할 경우

② 순무역편향적 : 수입증가율(수출증가율)이 소득증가율보다 큰 경우

③ 역무역편향적 : 수입증가율(수출증가율)이 소득증가율보다 작은 경우

④ 초순무역편향적 : 수입증가량(수출증가량)이 소득증가량보다 큰 경우

⑤ 초역무역편향적 : 수입량(수출량)이 소득증가에도 불구하고 감소하는 경우

그러면 위의 편향적 성장에 대해서 살펴보기로 하자.

먼저 생산효과는 중립적이므로 생산점은 Q_1에서 Q_2로 이동하게 된다. 이때 소

그림 6-6 종합효과 분석

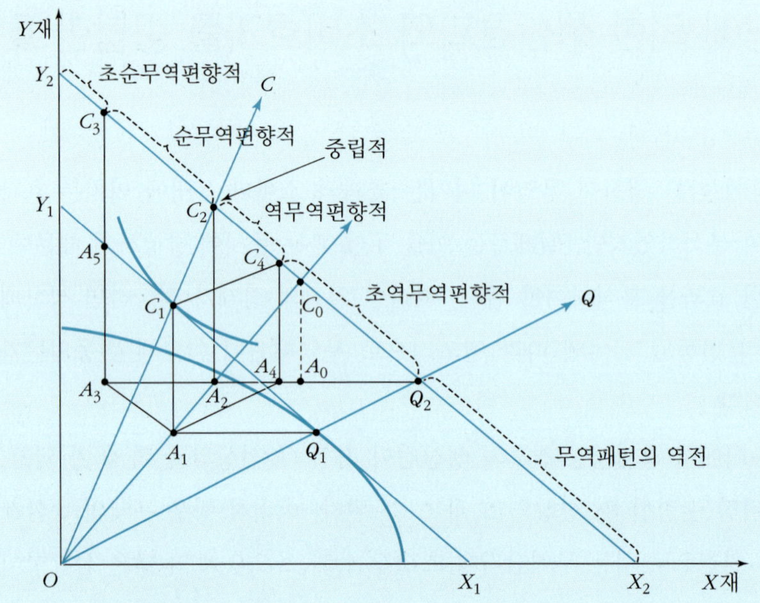

득증가율은 $\frac{Y_1Y_2}{OY_1} = \frac{X_1X_2}{OX_1}$로 표시된다. 이 경우에 소비점이 Y_2X_2선상의 어떤 점에 위치하느냐에 따라 종합효과가 달라지게 된다.

① 만약 소비점이 C_2가 되는 경우, C_2점은 원점 O에서의 직선 OC선상에 위치하고 있어 생산증가율이 소득증가율과 같기 때문에 수입증가율 역시 소득증가율과 동일하므로 종합효과는 중립적이다.

② 소비점이 C_2에서 C_3점으로 이동함에 따라 무역량은 증가하게 된다. 무역삼각형의 원점이 A_2점에서 좌측으로 이동하기 때문이다. 따라서 소비점이 C_3점이 되면 수입증가량(C_3A_5)은 소득증가량(Y_1Y_2)과 같게 된다. 왜냐하면 A_1A_3는 Y_1X_1과 평행하므로 A_3A_5는 성장 전의 수입 C_1A_1과 같기 때문이다. 따라서 수입증가율 $\frac{A_5C_3}{A_3A_5}$는 소득증가율 $\frac{Y_1Y_2}{OY_1}$보다 크다. 그 결과 소비점이 C_2와 C_3 사이에 위치하게 되는 경우에 종합효과는 순무역편향적이 된다.

③ 그리고 소비점이 C_3점보다 Y_2점에 가깝게 위치하게 되면 수입증가량이 소득증가량을 상회하게 된다. 이 경우에는 무역삼각형의 원점이 A_3점에서보다 더 좌

측으로 이동하게 됨으로써 이전보다도 수입의 절대량이 증가하게 된다. 따라서 소비점이 C_3점과 Y_2점 사이에 위치하게 되는 경우의 종합효과는 초순무역편향적이 된다.

④ 이번에는 소비점이 중립적인 직선 OC보다 우측에 위치하게 되는 경우에 대해 생각해 보기로 한다. 즉 C_4점에 대해 알아보면 이 점에서는 성장 전의 무역삼각형 $A_1C_1Q_1$과 성장 후의 C_4점에서의 무역삼각형 $A_4C_4Q_2$가 합동이므로 무역량에는 변화가 없다. 그러나 소비점이 C_2점과 C_4점 사이에 위치하게 되는 경우에는 수입증가율이 소득증가율보다 작다. 이는 무역삼각형의 원점 A_2가 우측으로 이동하기 때문이다. 따라서 소비점이 C_2점과 C_4점 사이에 존재하는 경우에 종합효과는 역무역편향적이 된다.

⑤ 그리고 소비점이 C_4점보다 Q_2점에 더 가까이 사이에 위치하게 되는 경우에는 무역삼각형의 원점이 A_4점보다 더 우측으로 이동하기 때문에 수입량의 절대량이 감소하게 된다. 따라서 C_4점과 Q_2점 사이에 소비점이 위치하게 되는 경우에 종합효과는 초역무역편향적이 된다.

⑥ 지금까지 소비점이 Q_2와 Y_2점 사이에 위치하는 경우의 종합효과에 대한 편향도를 분석하였다. 그 결과 5개의 영역으로 분류되었다. 그러나 Q_2점에서 X_2점 사이의 영역에 소비점이 위치하는 경우에는 어떻게 될 것인가를 살펴보면 이 경우에는 X재는 수입재가 되고 Y재는 수출재가 되어 이 영역에서는 무역패턴의 역전이 일어나게 된다.[6)]

6) 大畑彌七, 國際貿易論, 成文堂, 1992, pp.127～130.

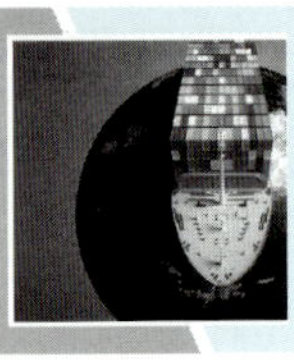

제 4 절 경제성장이 국제무역에 미치는 영향(Ⅱ) : 대국의 경우

지금까지 소국의 가정 아래 일국의 경제성장이 국제가격에 영향을 미치지 않는, 즉 경제성장 후에도 국제가격이 불변이라는 것을 전제로 살펴보았다. 그러나 여기서는 경제성장이 국제가격, 즉 교역조건에 영향을 미치는 대국(large country)의 경우에 대해 고찰하려고 한다. 환언하면 대국의 경우 생산요소의 공급량 증가로 생산량이 증가하는 경우(=경제성장의 경우) 교역조건이 어떻게 변화하는가를 살펴보기로 한다. 이 문제는 2가지 측면에서 분석할 수 있다.

첫째, 교역조건의 변화가 어떤 형태로 나타나는가를 오퍼곡선을 이용하여 분석하는 것이다. 이는 대국의 경제성장이 그 나라의 교역조건을 악화시키는가 아니면 개선시키는가에 대해서 검토하는 것이다.

둘째, 일국의 경제성장이 그 나라의 경제적 후생을 감소시킬 정도로 자국의 교역조건을 악화시킨다는 궁핍화 성장에 대한 분석이다.

4.1 교역조건에 미치는 영향

[그림 6-7]에서 최초 A국의 오퍼곡선 OA와 B국의 오퍼곡선 OB가 만나는 점(=E점)과 원점을 연결한 직선 α가 균형교역조건선이다. 여기서 A국의 경제성장 패턴이 X재의 수출재산업에 치우친 경우 수출재의 생산량이 증가하게 되면 수출공급량이 증가한다. 이때 B국의 오퍼곡선이 불변이기 때문에 A국의 교역조건은 악화되게 되나 교역량은 증가하게 된다. 이러한 경우를 그림에서 보면 A국의 오퍼곡선은 OA''가 되고 이때 새로운 교역조건선은 α''가 되어 교역량이 증가되었음을 알 수 있다.

한편 A국의 경제성장이 수입경쟁재인 Y재 산업에 편향적으로 이루어진 경우에 이 나라의 교역조건은 개선되나 교역량은 감소하게 된다. 이러한 경우를 그림

그림 6-7 경제성장이 교역조건에 미치는 영향

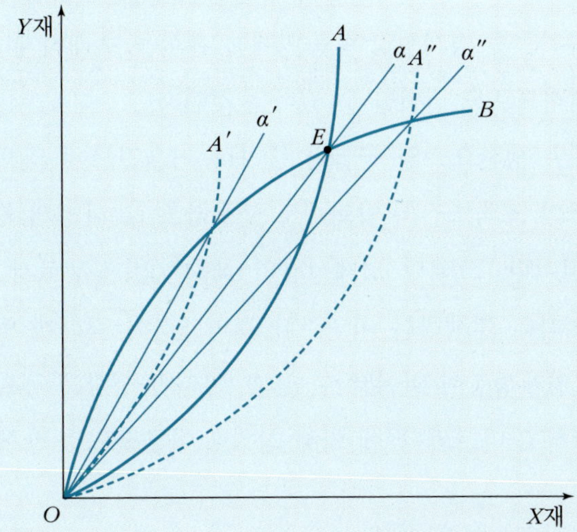

에서 보면 A국의 오퍼곡선은 OA'가 되고 이때 새로운 교역조건선은 α'가 되며 교역량이 감소되었음을 알 수 있다.

결국 일국의 경제성장 패턴이 수출재인 X재 생산에 편향적으로 이루어진 경우에는 이 나라의 오퍼곡선은 바깥쪽으로 이동하게 되고 교역조건도 그 이동 정도에 따라 악화 정도가 결정되게 된다. 반대로 경제성장 패턴이 수입경쟁재인 Y재 생산에 편향적으로 이루어지게 되면 그 정도가 크면 클수록 교역조건의 개선 정도도 커지게 된다.[7)]

4.2 경제적 후생에 미치는 영향

(1) 의 의

우리 주위에서 채소농사가 풍년이었을 때 이따금 배추나 무를 밭에서 그대로 갈아 버리는 광경을 볼 수 있다. 왜 땀 흘려 지은 채소를 농부는 갈아 버릴까? 그것

7) *op. cit.*, pp.130~132.

은 풍년으로 생산량이 급격히 증가하여 가격이 급락한 결과 운송비도 충당할 수 없을 정도의 상황에 이르렀기 때문이다. 이러한 경우는 농산물의 풍작으로 인한 급격한 생산량의 증가, 즉 경제성장이 농민에게 손실을 초래하게 되는 경우이다. 이러한 현상이 국제적으로도 일어날 수 있다는 것이다.

대국의 경우 생산요소의 공급량 증가나 기술진보에 의해 경제성장이 이루어지면 어느 정도의 교역조건의 악화에도 불구하고 그 나라의 경제적 후생이 향상되는 것이 일반적이다. 그러나 경제성장의 극단적인 경우로서 경제성장에 의한 생산량의 증가에 따라 발생하는 이익보다 교역조건의 악화에 의하여 발생하는 손실이 더 큰 경우 경제성장이 일어날 수 있다. 이러한 성장을 궁핍화 성장(immiserizing growth)이라고 하고 바그와티[8)]에 의해 최초로 이론적으로 전개되었다.

(2) 궁핍화 성장의 내용

궁핍화 성장의 내용을 [그림 6-8]을 통해 살펴보면 다음과 같다. 그림에서 이 나라의 경제성장 이전의 생산가능곡선은 AA', 교역조건선은 α이므로 균형생산점과 균형소비점은 각각 P점과 C점이다. 이때 이 나라의 경제적 후생수준은 균형소비점 C점에 해당하는 I_c이다.

이러한 상태에서 이 나라의 경제성장이 수출재인 X재 산업에 편향적으로 이루어져 생산가능곡선이 $A''A'''$로 이동하면 이 나라는 대국이므로 X재의 수출 공급 과잉으로 X재의 가격이 하락하고(=교역조건 악화) 교역조건선이 α에서 α'로 이동함에 따라 균형생산점과 균형소비점은 각각 P'점과 C'점이 된다. 이때 이 나라의 후생수준은 균형소비점에 해당하는 I_c'가 되는데 이는 이 나라의 경제성장 전의 후생수준인 I_c보다 낮은 수준으로 오히려 후생상의 저하가 초래되었음을 알 수 있다. 결국 경제성장에 의한 생산량 증대에서 오는 성장의 이익이 경제성장에 의한 공급량 증대에 따른 교역조건의 악화에서 오는 불이익에 미치지 못하여 결과적으로 순경제적 후생이 줄어들게 된 것이다.

8) J. N. Bhagwati, "Immiserizing Growth: A Geometric Note," *Review of Economic Studies* 25, 1958, pp.201~205; J. N. Bhagwati, "Distortions and Immiserizing Growth : A Generalization," *Review of Economic Studies* 35, 1968, pp.481~485.

그림 6-8 궁핍화 성장

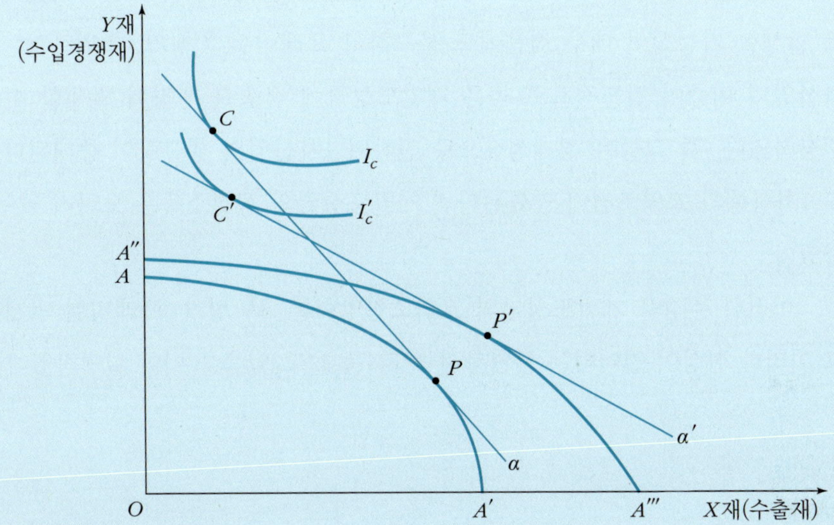

(3) 궁핍화 성장의 발생 가능성

경제성장에 의해 교역조건이 심하게 악화되어 궁핍화 성장이 발생할 가능성이 있는 경우는 대체로 다음과 같다.

첫째. 기술한 바와 같이 해당 국가가 대국이어서 세계시장에서 수출비중이 대단히 큰 경우이다.

둘째, 경제성장의 패턴이 극단적으로 수출산업에 편향된 경우 이 나라의 경제성장이 세계시장에서 수출재의 초과공급을 초래하여 가격의 급락을 야기하게 된다.

셋째, 국내에서 수출재와 수입경쟁재 간의 대체관계가 희박한 경우이다.

넷째, 교역상대국의 수입수요의 가격탄력성이 극히 비탄력적인 경우, 즉 수출재의 가격하락에 대해 수입국의 수요가 민감하게 증가하지 않는 경우이다.

이상과 같이 궁핍화 성장의 가능성은 이론적으로는 명백하지만 발생조건이 제한적이기 때문에 실제로 발생할 가능성은 매우 적다고 할 수 있다.

(4) 개발도상국의 궁핍화 성장

이상에서 살펴본 바와 같이 궁핍화 성장은 이론적으로는 가능하지만 현실적으로 발생할 가능성이 매우 적음에도 불구하고 프레비쉬,[9] 싱거,[10] 뮈르달[11] 등은 1차산업의 비중이 압도적으로 높은 개발도상국에 궁핍화 성장이 발생할 수 있다고 주장하였다. 즉 그들은 경제성장으로 인하여 1차산업의 생산량이 증대된다 하더라도 1차산품의 교역조건이 악화된다면 개발도상국의 실질소득은 오히려 낮아진다고 하였다.

이러한 주장을 개발도상국의 교역조건악화론, 즉 싱거·프레비쉬 명제라고 하고 이러한 현상이 일어나는 근거로서 3가지를 들고 있음을 이미 설명하였다.

9) R. Prebisch, "Commercial Policy in the Underdeveloped Countries," *American Economic Review*, Papers and Proceedings 49, No.2, May 1959, pp.251~273.

10) H.W. Singer, "The Distribution of Gains between Investing and Borrowing Countries," *American Economic Review*, Papers and Proceedings 40, No.2. May 1950, pp.473~485.

11) G. Myrdal, *An International Economy*, Harper and Row, 1956.

제 3 부

무역정책

제 7 장

무역정책의 본질과 유형 및 수단

제 8 장

무역정책의 사적 구조

제 9 장

수입제한정책

제10장

수출확대정책

제11장

수출제한정책

제12장

무역정책의 정치경제

03

03

제 7 장

무역정책의 본질과 유형 및 수단

요약 및 도해

무역정책의 본질

무역정책

- 〔의 의〕 — 일국의 대외경제활동, 즉 무역을 규제 · 조정 · 촉진하는 정책
- 〔기 조〕
  - 자유무역정책
  - 보호무역정책
- 〔목 표〕
  - 대내적 : 국내균형(경제성장+물가안정)
    - (경제성장) 국내산업 보호, 자원의 합리적 배분
  - 대외적 : 국제수지의 균형

무역정책의 유형과 수단

- 〔유 형〕
  - 자유무역정책
    - 국제분업의 이익 극대화
    - 이론적 근거 : 리카도의 비교생산비원리
  - 보호무역정책
    - 중요 국내산업 보호
    - 유치산업 보호 · 육성
    - 이론적 근거 : 리스트의 유치산업보호론
- 〔수 단〕
  - 자유무역정책
  - 보호무역정책
    - 수출확대정책
      - 직접적인 수단 : 수출장려금, 수출보조금 등
      - 간접적인 수단 : 수출금융지원제도, 내국세 감면, 투자공제제도, 수입원료에 대해 관세 감면 등
    - ↕
    - 수출억제정책

- 수입억제정책
  - 관세
  - 비관세장벽
    - 직접적인 수단 : 수입허가제, 수입할당제, 정부조달, 국영무역 등
    - 간접적인 수단 : 관세
- ↕
- 수입확대정책

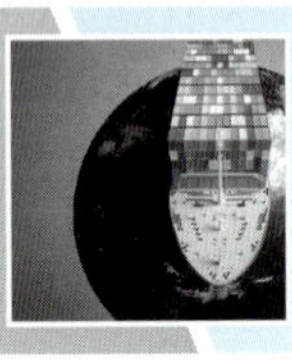

제 1 절 무역정책의 본질

무역은 자본주의의 성립과정에 있어서 중요한 의미를 지니고 있을 뿐만 아니라 자본주의의 발전에 있어서도 중요한 촉진수단으로서의 역할을 수행하여 왔다. 사실 국제무역의 내용도 자본주의의 발전 정도에 따라 달라졌으며 또한 각국의 무역 내용 역시 그 국가의 발전 정도에 따라 달라지게 되었다. 마찬가지로 무역정책의 수단 및 내용 역시 자본주의의 발전 정도와 각국의 국민경제의 발전 정도에 따라 달라지게 되었다.

따라서 여기서는 자본주의의 발전 정도는 물론 각국의 국민경제의 발전 정도와 관련하여 무역정책의 의의와 기조, 무역정책의 목표, 그리고 무역정책의 유형과 수단에 대해 살펴보기로 한다.

1.1 무역정책의 의의와 기조

무역정책(trade policy)이란 일국의 경제정책의 일환으로서 각국이 자국의 경제정책의 목표를 달성하기 위하여 일국의 대외경제활동, 즉 무역을 규제·조정·촉진

하는 정책이다. 여기서 무역정책의 주체는 일국의 정부이고 대상은 일국의 대외경제활동, 즉 무역이라고 할 수 있으며 무엇을 목표로 하는가는 자국의 경제적 목표를 달성하기 위한 것이고 '어떻게'는 규제·조정·촉진하는 것으로 볼 수 있다.

이러한 무역정책은 국가가 무역에 대하여 인위적인 간섭조치를 취하느냐 취하지 않느냐에 따라 자유무역정책과 보호무역정책으로 대별할 수 있다. 자유무역정책이란 정부가 무역에 대하여 인위적인 간섭조치를 취하지 않고 상품과 서비스 및 생산요소의 국제적 이동을 자유롭게 보장하는 정책을 의미한다. 그리고 보호무역정책이란 정부가 국내산업 보호, 국내고용 증대, 국제수지 개선, 교역조건 개선 등을 위하여 관세 및 비관세장벽의 무역정책수단을 통해 무역에 대한 인위적인 간섭조치를 취하는 정책을 의미한다.

따라서 무역정책의 결정에서 가장 기본적인 정책은 자유무역정책과 보호무역정책이며 이 두 정책이 무역정책의 기조가 된다. 그러나 이러한 무역정책의 기조는 시대와 국가에 따라서 각각 상이하였을 뿐만 아니라 각국의 경제발전단계에 따라서도 달랐다. 그러므로 무역정책의 기조는 오직 하나의 무역정책에만 한정된 것이 아니고 자유무역정책과 보호무역정책이 일국의 경제상황에 따라 번갈아 실시되기도 하였고 또한 동시에 실시되기도 하였다.

1.2 목 표

기술한 바와 같이 무역정책은 각국이 자국의 경제정책의 목표를 달성하기 위해서 특히 무역에 대하여 직·간접으로 규제·조정·촉진하는 정책을 말한다. 따라서 경제정책의 목표를 통해서 무역정책의 목표를 찾아야 하므로 먼저 경제정책의 목표에 대해 살펴보기로 한다.

국가마다 경제정책의 목표가 다르겠지만 대부분의 국가들이 공통적으로 추구하는 경제정책의 거시적 목표는 대체로 다음 [그림 7-1]과 같다. 그림에서 보면 일국의 경제정책의 거시적 목표는 경제성장, 물가안정, 국제수지의 균형 및 공평한 분배라고 할 수 있다. 그런데 이러한 목표는 서로 상충관계에 있거나 보완관계로

그림 7-1 경제정책의 거시적 목표

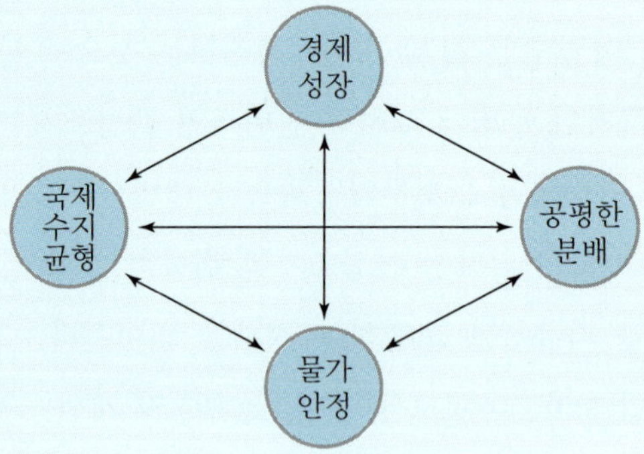

맺어져 있다. 예를 들면 장기적인 관점에서 보면 경제성장이 이루어져야 저개발 국가에서 흔히 볼 수 있는 만성적인 물자부족으로 인한 인플레이션 압력이나 취업기회의 절대 부족으로 인한 구조적 실업을 해결할 수 있다. 또한 경제성장을 통한 절대 빈곤으로부터의 해방이 가능한 경우에 실질적인 소득재분배정책이 효과를 나타낼 수 있다는 의미에서 경제성장과 물가안정 및 공평한 분배는 상호 보완적인 관계를 갖는다고 할 수 있다.

그러나 단기적으로 볼 때에는 경제성장을 위해 통화공급을 증대시킬 때 물가안정이 위협받게 되고 물가안정을 위해 통화량을 감축하려는 긴축금융정책을 실시하는 경우에는 기업에 대한 자금압박으로 나타나 경제성장이 희생된다. 또한 물가안정을 위해 해외로부터의 수입은 국제수지를 악화시키게 되는 등 상충관계도 존재하게 된다.

그러면 이러한 경제정책의 거시적 목표에서 무역정책의 목표를 찾아보면 무역정책은 특히 여러 경제정책 분야 중에서도 일국의 대내외 경제활동의 불균형을 동시에 조정할 수 있는 정책이어야 하므로 여타의 경제정책과는 달리 대내적인 면과 대외적인 면으로 나누어 볼 수 있다. 즉 무역정책의 대내적 목표란 정부가 직·간접적으로 무역활동을 규제·조정·촉진함으로써 인플레이션도 없고 디플레이션(=경기침체)도 존재하지 않는 국내균형(즉 경제성장과 물가안정 등)을 유지하는 것이며 대외적 목표란 국제수지의 균형을 달성하는 것이다.

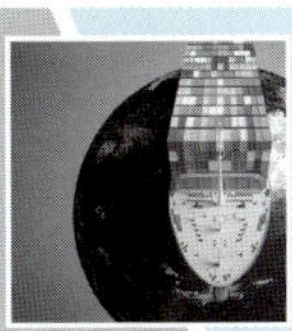

제 2 절
무역정책의 유형과 수단

2.1 유 형

무역정책이란 국가가 대외경제활동, 즉 무역에 대해 규제·조정·촉진하는 정책이므로 국가가 자유로운 무역활동에 대해 간섭하지 않는 소극적인 입장의 정책도 하나의 무역정책이라 할 수 있다. 다시 말해 비교우위론에 입각하여 무역을 자유롭게 해야 한다는 자유무역론이 바로 자유무역정책이다. 그러나 어떤 면에서는 무역정책이란 국가가 무역에 대해 적극적으로 간섭하는 구체적인 방법에 관한 내용을 취급하는 보호무역정책을 의미하기도 한다.

자유무역정책은 자유경쟁에 입각한 자유무역만이 세계경제에 있어서 자원의 최적 배분을 가능하게 하고 국제분업의 이익을 극대화하여 세계의 경제적 후생을 향상시키게 되므로 이러한 자유무역정책의 채택만이 진정한 무역정책이라고 한다.

특히 18세기 후반의 산업혁명과 국제분업이 이루어지는 과정에서 스미스와 리카도 등의 고전학파 경제학, 특히 리카도의 비교생산비원리는 이러한 주장의 강력한 이론적 근거가 되고 있다. 그리고 이후의 무역이론의 발전과정은 이와 같은 자유무역의 전제 위에서 전개되었다고 볼 수 있으며 아울러 이러한 이론적 결과 역시 자유무역정책의 근거가 되기도 하였다.

한편 보호무역정책은 자유무역정책과는 달리 현실경제에 근거를 두고 있어서 자유무역은 오히려 국가경제에 부(-)의 효과를 초래하므로 국가이익이나 경제발전에 도움을 주지 못한다고 한다. 따라서 자국의 경제발전을 도모하기 위해서는 중요 국내산업을 외국과의 경쟁에서 보호해야 하고 특히 장차 중요산업으로서 성장 가능성이 있는 유치산업을 적극적으로 보호·육성해야 한다는 것이다. 그러기 위해서는 이에 가장 적절한 보호무역정책수단을 강구하는 것이 최상이라는 것이다.

이러한 보호무역정책의 이론적 근거는 리스트(F. List)의 유치산업보호론이라고 할 수 있다. 리스트는 국민경제가 단계적으로 발전해 가는 과정에서 반드시 공업화 단계를 거쳐야 하는데 후진국이 이러한 단계에 도달하기 위해서는 유치산업에 대한 국가의 보호·육성이 절대적으로 필요하다고 주장하였다.

2.2 수 단

무역정책의 하나의 형태인 보호무역정책의 수단에는 수출확대정책과 수출억제정책, 수입확대정책 및 수입억제정책 등이 있으나 여기서는 통상적으로 많이 이용되고 있는 수출확대정책과 수입억제정책의 수단들에 대해서만 고찰하기로 한다.

(1) 수출확대정책(=수출장려정책)의 수단

수출을 확대하기 위한 정책수단에는 직접적인 수단과 간접적인 수단으로 구분된다. 직접적인 수출확대정책수단으로는 수출장려금과 수출보조금을 대표적으로 들 수 있고 또한 수출가격을 국내시장가격보다 낮게 책정하여 외국에 판매하는 덤핑이 있다.

한편 간접적인 정책수단으로서의 수출확대수단에는 금융면에서의 수단과 세제면에서의 수단이 있다. 금융면에서의 수단에는 수출금융지원제도 등이 있고 세제상의 간접적인 수단으로는 수출업체에 내국세를 감면해 주거나 수출업체의 투자촉진을 위해 투자에 과세되는 세금을 공제하는 투자공제제도 및 수입원료에 대해 관세를 감면하는 등의 수단이 있다.

(2) 수입억제정책(=수입제한정책)의 수단

수입억제정책의 수단에는 수입품의 가격을 인상시킴으로써 간접적으로 수입수요를 억제시키는 가격적 방법에 의한 수단과 직접적으로 수입수량을 통제하는 수량적 방법에 의한 수단이 있다. 전자의 대표적인 것이 관세이고 후자의 것으로는 수입할당제 등의 비관세장벽이다.

간접적인 억제수단인 관세는 가장 오랜 역사를 가진 무역정책의 대표적인 수단이다. 일반적으로 관세가 부과되면 수입상품의 가격이 상승함으로써 수입수량이 감소될 뿐만 아니라 그 수요 방향을 국내로 돌려 국내상품의 수요량을 증가시켜 비교열위에 있는 국내 유치산업이 보호·육성되게 된다.

그러나 간접적인 억제수단으로 수입을 억제해도 별다른 효과가 없을 경우에는 직접 수입수량을 통제하거나 규제조치를 취할 수 있는데 이것이 직접적인 억제수단이다. 이러한 수단으로는 수입수량에 직접 제한을 가하는 수입허가제나 수입할당제 등이 있고 수량제한 이외의 직접적인 통제수단으로는 국영무역,[1] 정부조달, 행정 및 기술상의 제한적 수입규제조치로써 수입을 억제하는 것 등이 있다.

1) 국영무역(state trade)이란 무역거래의 주체가 국가가 되어 국가의 경제계획과 무역협정에 의하여 무역이 이루어지는 무역형태이다. 이러한 국영무역에는 정부가 직접 무역행위를 하는 정부무역과 정부가 공적인 대행기관을 통하여 무역거래활동을 수행하는 정부베이스 무역이 있다.

제 8 장

무역정책의 사적 구조

요약 및 도해

중상주의

- 〔본 질〕
  - 〈시기〉: 중세에서 근대에로의 이행기(15C 말~18C 중엽)
  - 〈장소〉: 유럽제국
  - 〈주체〉: 초기근대국가
  - 〈의의〉: 근대국민국가의 건설+근대적 산업체제 확립을 위한 국가본위의 간섭정책
  - 〈정책의 목표〉: 국부증대
  - 〈정책의 수단〉: 수입억제+수출장려
- 〔일반적 특성〕
  - 중금주의 : 금·은의 유입장려, 유출억제
  - 무역차액론 : 수입억제+수출증대
  - 산업보호정책 : 수출산업 및 국내 수입대체산업 보호

자유무역론

- 〔이론적 근거〕
  - 케네 : 중농주의의 자유방임론
  - 스미스의 자유무역론
    - 국제분업론
    - 자유경쟁론
    - 소비자이익론
  - 고전학파의 자유무역론 — 리카도, 밀, 흄 등

- 〔이 익〕
  - 무차별곡선에 의한 방법 : 무역이익의 일반균형분석
  - 잉여개념에 의한 방법 : 무역이익의 부분균형분석
- 〔경제적 효과〕
  - 정태적 측면에서의 경제적 효과
    - 생산특화효과
    - 경제적 후생효과=교환효과+생산특화효과
    - 요소가격효과
      - 소득재분배효과
      - 요소가격균등화 효과
  - 동태적 측면에서의 경제적 효과
    - 공급 측면에서 본 자유무역의 경제발전효과
      - 무역을 통한 자본축적
      - 무역의 생산성효과
      - 무역의 기술이전 및 자본이동효과
    - 공급 측면에서 본 자유무역의 경제발전효과(=무역의 전시효과)
- 〔비 판〕
  - 비교생산비원리가 여러 가지 비현실적 가정에서 전개되어 현실과의 부합성 문제
  - 특화에 의하여 각국의 산업구조와 무역패턴 고정
  - 선진공업국의 교역조건이 개선되어 무역이익이 개발도상국에서 선진국으로 이전

보호무역론

- 〔이론적 근거〕
  - 유치산업보호론
  - 국제수지개선론
  - 교역조건개선론
  - 소득분배론
  - 재화시장왜곡론
    - 재화시장의 왜곡과 보호무역
    - 요소시장의 왜곡과 보호무역
  - 특정 산업의 진흥과 자급자족론

신보호무역주의

- 〔의　의〕 — 1970년대 초 이후에 나타난 세계적인 보호무역주의 현상
- 〔등장 배경〕
  - 구조적 요인
    - 미국경제의 후퇴와 국제경제의 다극화
    - 세계경제 불황의 지속
    - 세계무역의 구조 변화와 산업구조조정의 지연
  - 직접적 요인
    - 집중호우식 수출로 인한 수입국 시장의 교란
    - 국제수지 불균형의 심화
    - 관세장벽의 무용화
- 〔특징과 유형〕
  - 특징
    - 선진국이 주도
    - 보호무역수단으로서의 비관세장벽
    - 대상산업으로서의 사양산업
  - 유형
    - 관세장벽
    - 비관세장벽

무역자유화와 우루과이라운드(UR)

- 〔대두 배경과 의의〕
  - 〈대두 배경〉
    - GATT의 기능 약화
    - 새로운 무역부문의 대두와 규범의 필요성
    - 개발도상국의 GATT 체제에 대한 불만
    - 새로운 국제기구의 필요성
  - 〈의의〉
    - 저성장 시대의 보호무역주의가 만연한 가운데 개최
    - 신보호무역주의가 만연한 가운데 개최
    - 주요 경제권 간의 상대적 위치가 급변하는 과정에서 추진
    - 새로운 분야에 대한 다자간 규범 제정의 필요성
    - 올드 이슈에 대한 해결책 모색
- 〔UR의 협상체계와 의제〕
  - (체계) — 무역협상위원회
    - 상품협상그룹
      - 시장개방분야–6개
      - GATT 규율분야–6개
      - 신분야–2개
    - 서비스협상그룹–신분야–1개
    - 감시기구
  - (의제) — 15개 협상의제 →

- 〔UR협상의 추진 경위 및 타결〕
  - 선진국 전체로 논의가 확산되는 단계
  - 온건개도국의 지지를 받게 되는 단계
  - 강경개도국도 뉴라운드 개최에 찬성하는 단계
  - 준비위원회의 논의를 거쳐 UR을 출범시키는 단계
    - 1993년 12월 15일 : UR 최종의정서 조인
    - 1994년 4월 : WTO 창설을 위한 UR 다자간 무역협상 최종의정서에 123개국 서명
    - 1995년 1월부터 : UR협정 발효

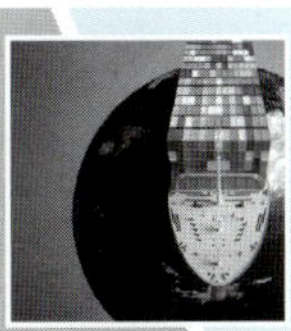

제 1 절 중상주의

중상주의는 무역정책의 역사에서 어떠한 의미를 갖는지, 중상주의가 등장하게 된 배경은 무엇이고 무엇을 목표로 하는 것인지에 대해 살펴볼 필요가 있다. 먼저 중상주의의 본질을 살펴본 후 중상주의의 일반적 특성을 고찰하기로 한다.

1.1 본 질

중상주의(mercantilism)란 일반적으로 15세기 말부터 18세기 중엽에 이르는 약 300년 간에 걸쳐 유럽제국에서 근대국민국가의 건설과 함께 근대적 산업체제를 확립하기 위하여 채택된 국가 본위의 간섭정책 또는 이에 기초한 이론을 총칭하는 명칭이다. 중상주의의 본질을 정확히 규정하기는 어렵지만 중상주의는 중세에서부터 근대에로의 이행기인 초기자본주의 시대에 나타났으며 하나의 무역정책임과 동시

에 경제학설이라고 할 수 있다.

중상주의정책의 주체는 초기근대국가이고 정책의 목표는 국가의 번영과 국력을 튼튼히 하여 국부를 증대시키는 데 있다. 특히 근대국민국가 건설 초기에 중앙집권적인 국가제도의 확립·유지를 위해 많은 군인과 관리를 두어야 했으므로 이를 위해 대규모의 국고 지출이 이루어져야 하였기 때문에 화폐에 대한 국가의 수요가 급증하였다.

한편 봉건도시경제에서 국민경제로 이행함에 따라 거래 유통범위가 확대되어 이로 인해 화폐에 대한 수요가 급격히 증가하게 되었다. 이와 같이 화폐가 정치·경제적으로 매우 중요한 것으로 인식됨에 따라 화폐 소재로서의 귀금속을 국부와 동일시하게 되었다. 그리하여 이 당시 무역정책의 목표는 금·은 등 귀금속을 획득하기 위한 상권 확장에 있었고 그 방법으로 수입을 억제하고 수출을 장려하는 보호간섭정책인 중상주의가 나타나게 되었다.

1.2 일반적 특성

중상주의란 전술한 바와 같이 15세기 말부터 18세기 중엽에 이르는 기간동안 유럽제국에서 근대국민국가의 건설과 함께 근대적 산업체제를 확립하기 위하여 채택된 국가 본위의 간섭정책이라고 할 수 있다. 그런데 이러한 중상주의에는 다음과 같은 4가지 내용이 포함되어 있다. 즉 화폐의 중시와 외국무역의 중요성, 제조업의 보호 및 농업의 장려 등이다. 이렇게 볼 때 중상주의는 상업만을 중시한 것이 아니고 여러 산업을 보호·육성하고자 한 정책이었음을 알 수 있다.

그러면 여기서 중상주의의 일반적 특성을 시기별로 고찰하면 다음과 같다.

(1) 중금주의

중금주의(bullionism)란 중상주의 시대에 금·은(=귀금속)을 부의 척도로 여기고 이러한 귀금속의 상실은 국가의 손실로, 귀금속의 획득은 국가의 이익으로 생각하여 국가가 직접적으로 귀금속의 유출을 금지하고 유입을 장려하여 귀금속의 보유량을 증대시켜야 한다는 주장이다.

중상주의 초기에 금·은의 채굴과 유입을 장려하고 유출을 금지한 것은 이 중금주의에 따른 것이다. 이 시기에 거의 모든 나라가 중금주의정책을 실시하게 된 동기는 첫째, 중세 도시국가에서 중앙집권적 근대국민국가로 이행하면서 여러 가지 제도를 확립하는 데 막대한 경비(=화폐)가 필요하였고, 둘째, 교통의 발달과 신대륙 및 신항로의 발견으로 화폐의 유통이 급격히 확대되었으며, 셋째, 국가의 입장에서는 부를 축적하기 위해서는 화폐(=금·은)를 많이 획득하려고 하는 데 있었다.

(2) 무역차액론(무역차액주의)

초기의 중금주의 단계에서는 금·은의 직접적 통제에 의해 금·은 자체의 획득만을 문제삼아 개개의 거래마다 금·은의 잉여를 확보하려고 하였을 뿐 상공업과의 관계는 고려하지 않았다. 이 단계의 차액론을 중금적 차액론이라고 한다.

그런데 외국무역의 발전과 중금주의 사상의 점진적인 후퇴로 무역차액론은 중금적 차원에서 상업적 차원으로 바뀌게 되었다. 즉 금·은에 대한 직접적 통제에서 벗어나 무역을 통한 통제라는 간접적인 방법으로 금·은의 유입을 고려하였다. 이러한 차액론을 중상적 무역차액론이라고 한다. 이러한 중상적 무역차액론도 처음에는 개개의 무역차액만을 고려한 개별 무역차액에서 후에는 전체의 거래, 즉 일국 전체의 전 기간의 거래에 대한 무역차액을 고려한 일반적 무역차액론의 형태를 취하게 되었다.

(3) 산업보호정책(산업보호주의)

중상주의의 제3단계로 산업보호정책에서도 그 중심적 과제는 국가의 강제력에 의해 대외무역을 관리하고 이를 확대하는 데 있었다. 이와 동시에 산업보호정책에서의 중상주의에서는 대외무역에만 그 정책이 집중되지 않고 국내산업 및 노동문제에도 집중되었다. 즉 이 단계의 보호무역주의는 결코 유치산업만을 보호하기 위한 것이 아니고 성숙된 영국 공업을 후진국의 저임금 노동경쟁으로부터 보호하는 것이었다. 따라서 보호무역주의의 배후에는 단순한 무역차액의 획득만이 아니라 국내의 고용증대와 임금문제 등의 여러 가지가 포함되어 있었다.

그리고 보호를 필요로 하는 것은 제조업뿐만 아니라 농업도 같은 이유에서 보호를 필요로 하였다. 농업에 있어서도 곡물가격을 일정하게 유지하기 위한 대책, 즉 수입제한과 수출장려 등의 정책이 시행되었다. 이와 같이 정책의 목표가 산업 및 노동에 집중된 것은 국내산업을 보호함으로써 고용을 증대시키고 이와 동시에 수출을 증대시킬 수 있다는 것과 유리한 무역차액의 기초가 된다고 생각하였기 때문이다. 후기중상주의 시대에 있어서 산업보호정책의 중요한 수단은 관세였으며 관세를 통하여 외국상품의 수입과 소비를 억제하는 동시에 국내산업을 보호하려고 하였다.

이상과 같이 중상주의체제는 중금주의에서 무역차액주의로 전개되었고 이는 다시 산업보호주의로 발전하게 되었다.

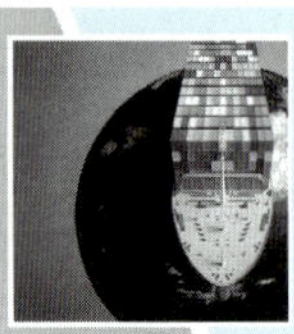

제 2 절 자유무역론

자유무역론이란 리카도의 비교생산비원리에 입각한 국제분업의 원리에 의해 국가의 보호·간섭·통제가 없는 자유로운 국제무역이 모든 국가에 이익이 된다는 이론이다. 이 이론은 17, 18세기의 중상주의의 보호정책에 반대하여 대두되었으며 19세기에 구체화되었다.

따라서 여기서는 자유무역론은 어떠한 이론적 근거를 가지고 있는지, 자유무역을 하면 이익이 발생하는지에 대한 근거와 자유무역을 함으로써 발생하는 경제적 효과는 어떠한 것인지, 그리고 자유무역을 시행하려고 하지 않는 국가가 존재하는 현실에서 그러한 자유무역론은 어떠한 결점이 있는가에 대해서도 살펴보기로 한다.

2.1 자유무역론의 이론적 근거

(1) 중농주의의 자유방임론

중농주의란 18세기 후반 프랑스의 케네(F. Quesney)에 의해 체계화된 농업 중시의 사상과 정책을 의미한다. 이러한 중농주의는 자유무역론의 기초를 제공하였을 뿐만 아니라 자유무역론에 상당한 영향을 미쳤다.

케네는 개인의 이익이 사회를 통합하는 가장 중요한 요소라고 강조하면서 개인의 이익이 보장되면 그 사회의 유대관계도 강화된다고 주장하였다. 따라서 그는 개인의 이익이 보장되어야 하며 이와 동시에 개인의 이익 향상과 사회의 진보를 위하여 자유경쟁이 성립되어야 한다고 주장하면서 국가는 다만 개인의 생명과 재산을 안전하게 보호하는 데 그치고 경제에 대해서는 개개인의 자유에 일임할 것을 강조하였다. 또한 케네는 모든 사람은 자기가 원하는 상품을 원하는 상대방과 원하는 장소에서 자유롭게 매매해야 한다고 주장하여 처음으로 자유무역을 지지하였다고 볼 수 있다. 따라서 그는 국가 중심의 보호·간섭주의를 비판하고 토지는 국부의 근원이고 농업만이 부를 창조할 수 있다고 생각하면서 자유무역을 주장하였다. 이러한 그의 사상은 스미스에 의해 계승되어 영국에서 자유무역주의가 대두되는 계기가 되었다.[1)]

(2) 스미스의 자유무역론

스미스가 저술한 「국부론」에 나타난 자유무역론의 내용을 개관해 보면 다음과 같다.[2)]

1) 국제분업론

스미스는 자유무역론을 주장함에 있어 그 이론적 근거를 국제분업의 이익에 두었다. 그리하여 그는 국제분업론을 해명하기 위하여 우선 인간이 지니고 있는 경

1) 久保新一·中川信義 編, 國際貿易論, 有斐閣, 1981. pp.71～72.

2) Adam Smith, *An Inquiry into the Nature and Causes of the Wealth of Nations*, The Modern Library, 1937, Book Ⅰ, Ch. 3; Book Ⅳ, Chs. 1～3, 6～8.

제활동의 동기를 이기심이라고 하면서 이기심을 위해서는 각각 자신의 이익에 가장 유리한 자본과 노동의 이용법을 선택하게 된다는 것이다. 또한 이와 같은 각자의 이기심을 위한 경제활동이 상충될 경우 그것은 '보이지 않는 손(invisible hand)'에 의하여 조화를 이루게 되며 각자의 이기심에 의한 이익 추구는 결과적으로 사회 전반의 이익과 일치한다고 주장하였다.

스미스는 이러한 원리를 외국무역에 적용시키고 있다. 그는 국내분업의 원리를 국가 간에 적용하여 국제분업을 체계화한 후 영국의 포도주 생산의 예를 들어 절대생산비의 차이가 존재하는 경우에 무역의 이익을 설명하였다. 즉 분업의 원리에 의하여 무역이익의 발생근거를 제시하였다. 스미스는 국가 간에 무역을 자유로이 방임하여 외국에서 어떤 재화를 자국보다 유리하게 생산할 수 있다면 이를 수입하고 자국이 외국에 비하여 싸게 생산할 수 있는 상품을 수출한다면 무역상의 이익을 얻을 수 있다고 주장하였던 것이다. 그는 정부가 기업가의 생산활동을 자유로이 방임한다면 노동과 자본이 가장 합리적으로 배분되고 이에 따라 개인의 소득이 증대하고 산업이 발전한다고 주장하였다.

2) 자유경쟁론

자유경쟁은 일국의 생산기술을 혁신시키고 경영방법을 개선시키는 촉진제 역할을 할 뿐만 아니라 외국과의 무역에 있어서도 자유경쟁에 일임하는 것이 서로 유익하다는 것이다. 이러한 주장은 당시 선진국인 영국의 입장에서 고려되었던 것이며 자유경쟁의 단점을 고려하지 않았다는 점에서 비판도 받고 있다.

3) 소비자이익론

모든 소비행위는 모든 생산활동의 유일한 목적이므로 생산자이익은 소비자 이익을 침해하지 않는 한도 내에서 고려되어야 한다는 것이다. 그러므로 소비자 입장에서 볼 때 소비물품의 공급자가 어느 지역인가를 불문하고 소비자는 최저가격으로 수입함으로써 이익을 얻을 수 있는데, 만일 국가가 보호무역을 실시하게 되면 결국 소수의 생산자를 위하여 다수의 소비자이익을 희생시키는 결과를 초래하므로 바람직하지 않다는 것이다. 또한 국가가 수출보조금을 생산자에게 지급하여 수출을 장려할 경우 수출증가로 인한 국내공급 감소에 따른 국내물가의 등귀는 물론 수출보조금의 원천으로서 조세를 징수함으로써 국내소비자 입장에서는 이중적인 부담이 되므로 군사상의 특수한 경우를 제외하고는 폐지되어야 한다는 것이다.

(3) 고전학파의 자유무역론

스미스는 전술한 바와 같이 국내분업의 원리를 국가 간에 적용하여 국제분업을 체계화한 후 영국의 포도주 생산의 예를 들어 절대생산비의 차이가 존재하는 경우에 무역의 이익을 설명하였다. 그러나 리카도는 비교생산비의 차이가 존재하는 경우에도 무역의 이익을 설명하였는데 이러한 리카도의 주장이 비교생산비원리이다. 이 원리는 국제분업이 어떻게 성립되고 있는가를 설명할 뿐만 아니라 이론적으로는 국제분업론의 기본원리를 제시하고 정책적으로는 자유무역론의 강력한 토대가 되고 있다.[3)]

한편 밀은 리카도가 규명하지 못한 교역당사국에 대한 무역이익의 배분문제와 교역상품의 국제교환비율(=교역조건)을 규명하였는데 이 이론이 상호수요균등의 법칙이다. 밀은 교역상품의 국제교환비율, 즉 교역조건이 비교생산비의 상한과 하한 그리고 어떤 점에서 결정되는가에 대하여 이론을 전개하면서 교역조건은 결국 자국 상품에 대한 외국의 수요와 외국 상품에 대한 자국의 수요가 상호 일치되는 점에서 결정된다고 주장하였다. 또한 밀은 이 교역조건에 의하여 교역당사국에 대한 무역이익의 배분비율이 결정되고 이러한 교역조건은 교역상대국의 상호수요의 규모 외에도 수요의 탄력성의 크기에 의하여 결정된다고 하였다.[4)]

그리고 흄은 가격·정화유출입기구를 통하여 일국에서 무역에 의해 흑자가 발생하면 금이 유입되어 통화량이 팽창함으로써 국내물가가 오르고, 이로써 수출이 감소하고 수입이 증가하여 무역수지 흑자가 해소된다고 주장하였다. 이와 반대로 일국이 적자상태가 되면 금이 유출되어 통화량이 감소하고 국내물가가 하락함으로

3) David Ricardo, *The Principles of Political Economy and Taxation*, J. M. Dent and Sons, 1948(Originally Published in 1817) Chaps, I, IV, XXII.

4) J. S. Mill, *Principles of Political Economy*, vol. II. J. A. Hill and Company, 1904(The first edition of Principles appeared in 1848).

써 수출이 증가하고 수입이 감소하여 적자가 시정되어 국제균형이 회복된다고 하였다.[5)]

고전학파 이론의 선구적 역할을 한 흄은 이 기구를 통하여 무역차액이 자동적으로 조정된다는 원리를 밝힘으로써 중상주의자들이 생각하였던 무역을 통한 무한정의 금 유입이라는 견해에 대해 부정적인 입장을 표명하였다. 따라서 흄은 스미스가 중상주의 이론의 오류를 지적하기 전에 이미 가격·정화유출입기구를 통하여 중상주의의 핵심이론인 무역차액론(balance of trade theory)을 부정하였다고 볼 수 있다.

2.2 자유무역의 이익

자유무역론에 의하면 자유무역을 실시할 경우에 일국 또는 전 세계의 자원이 최적 배분될 뿐만 아니라 경제적 후생수준이 향상되어 무역이익이 발생한다고 한다. 그러면 여기서 이러한 자유무역의 이익을 무차별곡선에 의한 방법과 잉여개념에 의한 방법으로 살펴보기로 한다.

(1) 무차별곡선에 의한 방법 : 무역이익의 일반균형분석

[그림 8-1]에서 무역이 이루어지지 않는 폐쇄경제체제에서 균형생산점과 균형소비점은 생산가능곡선 AA', 사회무차별곡선 I_c, 국내가격선 α가 상호 접하는 P점(또는 C점)이다. α선의 기울기(가격비율)는 사회무차별곡선상의 소비의 한계대체율과 같다. 가격비율이 소비의 한계대체율과 같은 경우에 소비자는 균형상태에 있게 되고, 동시에 가격비율이 생산의 한계변형률과 같은 경우에 생산자는 균형상태에 있게 된다.

대외무역이 이루어지지 않는 폐쇄경제체제에서 소비의 한계대체율과 생산의 한계변형률이 같을 경우에 생산자와 소비자는 모두 균형상태에 놓이게 되고 이 균

5) D. Hume, *Of the Balance of Trade*, reprinted(in abridged form) in Barry Eichengreen, ed., *The Gold Standard in Theory and History*, Methuen, 1985, pp.39~48.

그림 8-1 무차별곡선에 의한 자유무역의 이익 : 무역이익의 일반균형분석

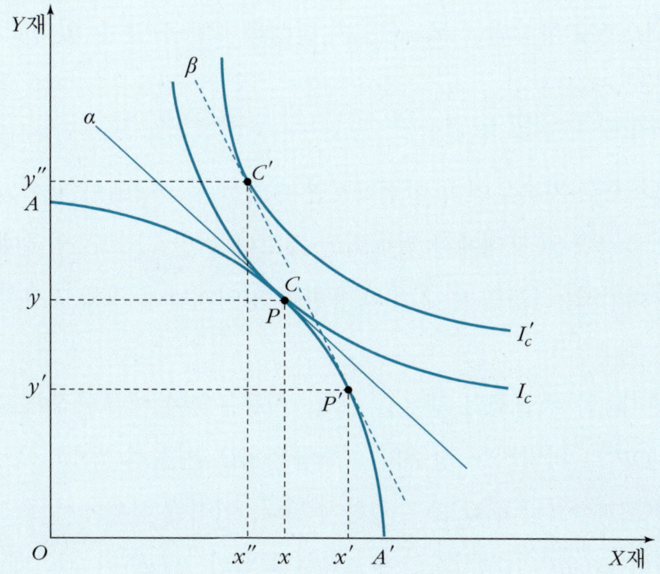

형점 P점 또는 C점이 파레토(Pareto) 최적점이 된다. 그리고 이 균형점에서 일국의 생산과 소비가 이루어져 두 상품의 생산과 소비 사이에 과부족이 없으므로 이 점이 이 나라의 경제적 자립점(autarky point)이 된다. 이 균형점에 도달할 수 있는 최대의 경제적 후생수준은 사회무차별곡선 I_c이다.

그러나 무역이 개시되면 이 나라는 국제가격선 β에 직면하게 되므로 X재 생산에 비교우위가 있게 되어 생산은 P'점에서 소비는 C'점에서 이루어진다. 즉 무역이 이루어지면 이 나라는 P'점에서 X재를 Ox'만큼 생산하고 Y재를 Oy'만큼 생산한다. C'점에서는 X재를 Ox''만큼 소비하고 Y재를 Oy''만큼 소비한다. 따라서 X재의 초과공급이 $x'x''$만큼 발생하고 Y재의 초과수요는 $y'y''$만큼 발생하므로 X재를 $x'x''$만큼 수출하고 Y재를 $y'y''$만큼 수입하지 않으면 안된다.

이와 같이 무역이 개시됨에 따라 소비는 C'점에서 이루어져 폐쇄경제체제에서 도달할 수 있는 사회무차별곡선 I_c보다 더 높은 사회무차별곡선 I_c'에 도달할 수 있으므로 이 나라의 경제적 후생수준이 향상되었음을 알 수 있다.

결국 일국이 자유무역을 통하여 비교우위산업에 특화하여 이 특화상품을 수출하고 비교열위에 있는 상품을 수입한다면 자원의 최적 배분이 실현될 뿐 아니라 경제적 후생수준도 향상되어 무역이익이 발생하게 됨을 알 수 있다.[6)]

(2) 잉여개념에 의한 방법 : 무역이익의 부분균형분석

일반적으로 자유무역이 이루어지면 수입품은 국내에서 생산되는 것보다 싸게 수입되고 수출품은 국내에서 판매되는 것보다 비싼 값으로 외국에 수출된다고 볼 수 있다. 여기서는 [그림 8-2]를 이용하여 잉여개념에 의해 자유무역의 이익을 설명하려고 한다.

그림 (a)의 수입국의 경우를 보면, 자유무역이 이루어짐에 따라 국내가격은 OP에서 OP'로 하락하여 상품의 수요량은 QQ_2만큼 증가하고 공급량은 Q_1Q만큼 감소하여 초과수요량 Q_1Q_2를 수입하게 된다. 이러한 상황에서 무역 전의 총이익은 소비자잉여 $\triangle DEP$와 생산자잉여 $\triangle PES$를 합한 $\triangle DES$가 되는데, 무역이 이루어짐에 따라 소비자잉여는 $\triangle DGP'$로 증가하고 생산자잉여는 $\triangle P'FS$로 감소하여 총

그림 8-2 잉여개념에 의한 자유무역의 이익 : 부분균형분석

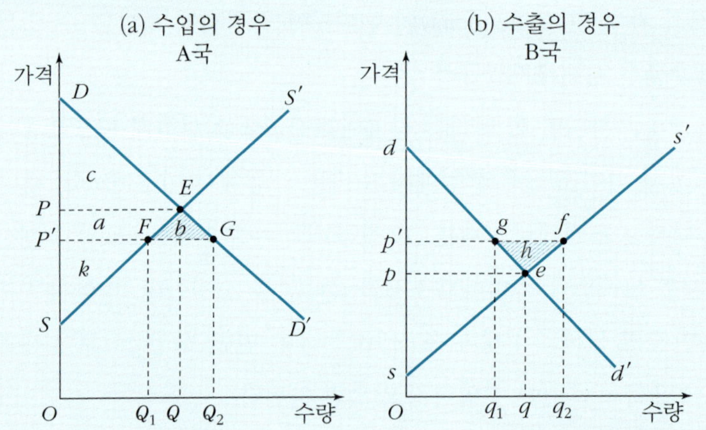

6) D. R. Appleyard and A. J. Field, Jr., *International Economics*, Richard D. Irwin, Inc., 1992, pp. 110~112.

표 8-1 무역의 이익([그림 8-2] 참조)

	무역 이전 ①	무역 이후 ②	무역 순이익(②-①)
A국의 소비자이익	c	$a+b+c$	$a+b$
A국의 생산자이익	$a+k$	k	$-a$ (손실)
A국의 전체 이익(소비자+생산자)	$a+c+k$	$a+b+c+k$	b
세계 전체의 이익 (A국+B국)			$b+h$ (A국의 이익) (B국의 이익)

주 그림에서 a 영역은 □$PEFP'$, b 영역은 $\triangle EGF$, c 영역은 $\triangle DEP$, k 영역은 $\triangle P'FS$, h 영역은 $\triangle gfe$이다.

이익은 $\triangle DES$와 $\triangle EGF$를 더한 면적으로 변하게 된다. 따라서 수입의 경우를 무역이 없는 자급자족 상태와 비교하면 총이익은 $\triangle EGF$만큼 추가되었으므로 이것이 수입국 이익의 증가분이다.

한편 그림 (b)의 수출국의 경우를 보면, 자유무역이 이루어짐에 따라 국내가격은 Op에서 Op'로 상승하여 상품의 수요량은 q_1q만큼 감소하고 공급량은 qq_2만큼 증가하여 q_1q_2의 초과공급량을 수출하게 된다. 이러한 상황에서 무역 전의 총이익은 소비자잉여 $\triangle dep$와 생산자잉여 $\triangle pes$를 합한 $\triangle des$가 되는데, 무역이 이루어짐에 따라 소비자잉여는 $\triangle dgp'$로 감소하고 생산자잉여는 $\triangle p'fs$로 증가하여 총이익은 $\triangle des$와 $\triangle gfe$를 더한 면적으로 변하게 된다. 따라서 수출의 경우를 무역이 없는 자급자족 상태와 비교하면 총이익은 $\triangle gfe$만큼 추가되었으므로 이것이 수출국 이익의 증가분이다.

결국 자유무역의 결과 발생된 총이익을 자급자족 상태와 비교하여 잉여개념으로 나타내면 $\triangle EGF$의 면적과 $\triangle gfe$의 면적의 합으로 표시된다. 위의 내용을 표로 정리하면 [표 8-1]과 같다.

그러나 여기서 한 가지 유의해야 할 점은 수입으로부터 발생하는 순이익과 수출로부터 발생하는 순이익은 그 성격이 다르다는 점이다. 즉 수입의 경우에는 수입대체기업(=수입경쟁기업)의 희생을 통해 소비자가 이익을 얻게 되고 수출의 경우에는 국내소비자의 희생을 통해 수출기업이 이익을 얻게 된다는 것이다.[7)]

7) 小島 淸, 應用國際經濟學, 文眞堂, 1992, p.43.

2.3 자유무역의 경제적 효과

자유무역의 경제적 효과에는 생산특화효과와 경제적 후생효과 그리고 요소가격효과가 있다.

(1) 생산특화효과

자유무역의 생산특화효과를 [그림 8-3]으로 설명하면 다음과 같다. 즉 일국의 폐쇄경제 상태에서 균형생산점 및 균형소비점은 P점으로 표시되어 있고 국내가격선은 α이며 이때 이 나라의 경제적 후생수준은 I_c가 된다. 여기서 일국이 상대국에 비해 상대적으로 노동이 풍부하여 노동집약재인 X재 생산에 비교우위가 있어 이 재화를 특화·수출한다면 균형생산점은 P', 균형소비점은 C'가 된다. 이때 국제가격선은 α'이므로 이 나라는 X재를 EP'만큼 수출하고 Y재를 EC'만큼 수입한다. 이로 인해 이 나라의 경제적 후생수준은 I_c'로 향상된다.

그리고 자유무역에서의 국제가격선 α'가 국내가격선 α보다 기울기가 완만하므

그림 8-3 자유무역의 생산특화효과

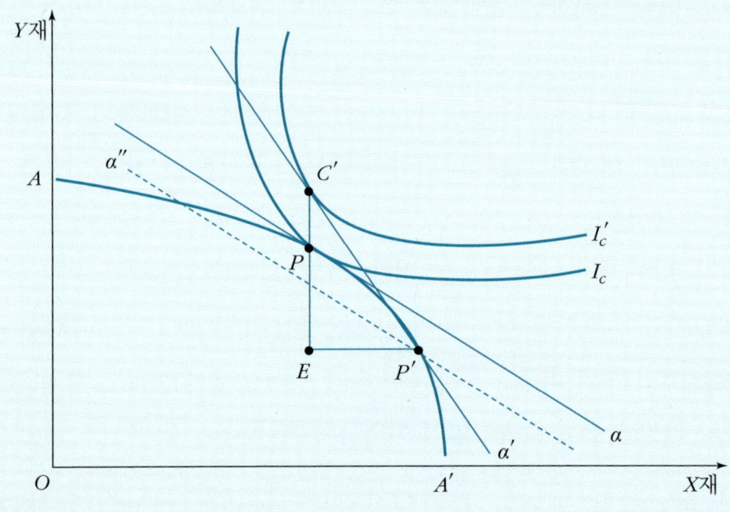

로 X재 가격이 상대적으로 비싸져 균형생산점은 무역 이전의 P점보다 X재 생산이 증가한 상태인 P'점이 된다. 자유무역에 의해 국제가격과 국내가격이 동일하게 되고 X재 가격이 무역 이전보다 상승함으로써 P점은 생산자의 이윤극대화 조건인 $\alpha'=MRT_{XY}$(한계변형률)의 조건이 충족되지 않게 된다.[8)]

여기서 생산자는 이윤을 극대화하기 위해 생산점을 P'로 이동시키면 이 점에서는 $\alpha'=MRT_{XY}$의 조건이 충족되므로 P'점은 균형생산점이 된다. 결국 자유무역은 비교우위가 있는 재화의 생산에 특화되도록 국내자원을 재배분하는 역할을 하게 된다.

(2) 경제적 후생효과

자유무역에 의해 비교우위에 있는 재화의 생산에 자원을 재배분하는 것이 바람직한가 하는 자유무역의 효과를 설명함에 있어서 자유무역에 의해 자원 재배분이 이루어진 경우에 경제적 후생수준이 증가하면 자유무역의 자원재배분효과는 바람직한 것으로 평가된다. 이러한 점에서 자유무역의 경제적 효과분석에 있어서 경제적 후생수준이 평가의 초점이 되고 있다.

무역 이전의 후생수준은 [그림 8-4]에서 균형소비점 P에 접하는 사회무차별곡선 I_c에 해당된다. 그러나 무역 이후의 후생수준은 새로운 균형소비점인 C'에 접하는 사회무차별곡선 I_c'에 해당된다. 여기서 알 수 있는 바와 같이 무역 이후의 후생수준인 I_c'는 무역 이전의 후생수준인 I_c보다 높은데 이것이 무역에 의한 경제적 후생수준의 향상효과이다.

이와 같이 무역에 의한 경제적 후생수준의 향상은 다음과 같은 2가지 효과(=이익)로 구분될 수 있다. 첫째는 생산특화가 일어나지 않고 생산은 이전과 같은 P점에서 이루어진다고 하더라도 오로지 국제적 교환에 의해 경제적 후생수준이 증대되는 효과(이를 자유무역의 교환효과 또는 교환이익, 소비효과라고 함)가 나타나며, 둘째는 비교우위가 있는 재화의 생산에 특화함으로써 얻게 되는 경제적 후생수준

8) [그림 8-3]에서 P점에서의 α''선의 기울기와 생산가능곡선의 기울기가 일치하지 않게 된다. 즉 $\alpha'<MRT_{XY}=\frac{MC_X}{MC_Y}$의 관계가 성립되고 있다. 그리고 여기서 MC_X와 MC_Y는 X재와 Y재의 한계비용(marginal cost)을 의미하고 이 경우의 이윤극대화 조건은 $MRT_{XY}=\frac{P_X}{P_Y}=\frac{MC_X}{MC_Y}$이다.

그림 8-4 자유무역의 경제적 후생효과

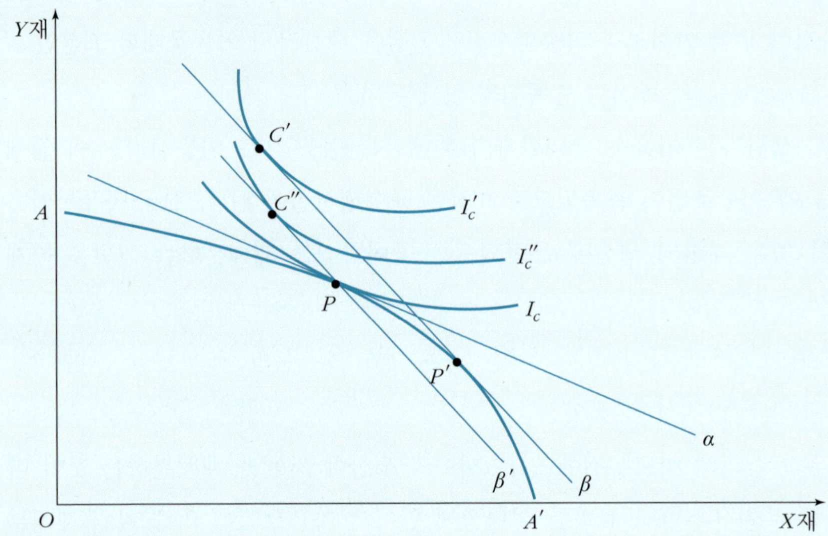

의 증대효과(이를 자유무역의 생산특화효과 또는 특화이익, 생산효과라고 함)도 나타나게 된다(즉 자유무역의 경제적 후생효과=교환효과+생산특화효과).

결국 자유무역은 교환이익과 생산특화이익을 통하여 경제적 후생수준을 향상시키게 되고 이것은 자유무역이 자원을 효율적으로 배분시키는 정책적인 수단이 될 수 있음을 보여 주고 있다.

[그림 8-4]에서

〈무역 이전〉 〈무역 이후〉

균형소비점 … P점 … (교환) … C″점 … (특화) … C′점

후생수준 I_c I_c'' I_c'

교환효과 + 생산특화효과

↓

경제적 후생효과

(3) 요소가격효과

자유무역이 생산요소의 가격에 미치는 영향으로는 소득재분배효과와 요소가격균등화효과를 들 수 있다.

1) 소득재분배효과

자유무역에 의해 일국이 비교우위를 누리고 있는 재화의 생산에 특화함으로써 그 재화의 생산에 집약적으로 투입되는 생산요소에 유리하게 소득이 재분배된다. 이것은 비교우위에 있는 재화의 생산이 증가함에 따라 그 재화의 생산에 집약적으로 사용되는 생산요소에 대한 수요가 여타 생산요소에 비해 상대적으로 증가함에 따라 그 생산요소의 가격[9)]이 상승하기 때문이다. 반대로 비교열위에 있는 수입대체재에 집약적으로 투입되는 요소의 수요는 상대적으로 감소되므로 그 요소의 가격은 상대적으로 하락하게 된다. 따라서 이 요소 제공자의 소득은 하락하게 된다.

예컨대, 1970년대 우리나라의 경우 노동이 풍부하여 노동집약재인 신발에 특화하여 수출하였다. 수출증가로 신발에 대한 수요가 늘어남으로써 노동에 대한 수요가 급격히 증가하여 임금이 상대적으로 상승하게 되었다. 즉 무역 전의 노동자의 저임금이 자유무역으로 임금이 상승하게 되어 소득이 노동자에게 유리하게 재분배되는 결과를 초래하였다. 한편 자본가는 이와 반대의 경우로 임대료(=자본의 가격)가 낮아져 자본가의 소득이 상대적으로 인하되게 되었다. 이를 자유무역의 소득재분배효과라 한다.

2) 요소가격균등화의 효과

헥셔–올린정리의 제2명제인 요소가격균등화 명제에 따라 자유무역은 생산요소가격을 균등화시키는 효과가 있다. 이는 국가 간에 재화의 자유로운 이동으로 인하여 두 교역국 간의 요소의 상대가격뿐만 아니라 절대가격까지도 서로 동일하게 된다는 것을 그 내용으로 하고 있다. 이는 국가 간에 생산요소가 자유롭게 이동하지 않더라도 재화의 자유로운 이동으로 요소가격이 같아짐으로써 결국 자유무역은 생산요소의 이동과 동일한 효과가 있다는 것이다.

9) 생산요소의 가격은 그 생산요소를 제공한 자의 소득이 된다. 예컨대, 노동이라는 생산요소의 가격은 임금이며 이 임금은 노동을 제공한 노동자의 소득이다.

2.4 자유무역론에 대한 비판

비교우위론에 따라 각국이 타국에 비해 유리한 산업에 각각 특화를 하고 이 제품을 자유무역에 의하여 상호 교환한다면 생산량의 증가와 생산요소의 절약 및 소비자의 이익이 실현될 뿐만 아니라 자원이 합리적으로 배분되어 경제적 후생수준이 향상되게 된다. 또한 자유무역에 의하여 이러한 무역이익이 발생하고 이에 따라 국민소득이 증가하고 자본축적이 실현된다면 자유무역의 동태적 이익도 발생하게 된다.

그러나 현실적으로 대다수의 국가들은 완전한 자유무역을 실시하지 않고 부분적으로나 전적으로 보호무역을 실시하고 있다. 이러한 현상은 이론적으로 주장되고 있는 자유무역론의 근거에 오류가 있을 수 있다는 것을 의미한다. 그러면 이와 같은 자유무역론의 타당성에 대해 부정적인 견해를 정리하면 대체로 다음과 같다.

첫째, 자유무역론의 중요한 이론적 근거가 되고 있는 비교생산비원리가 여러 가지 비현실적인 가정에서 전개되어 그 결론을 그대로 받아들일 수 없다는 점이다. 이러한 비현실적인 가정으로 2국·2재는 물론 1생산요소의 가정인 노동가치설에 입각하여 이론을 전개하고 있지만 현실적으로는 여러 나라, 여러 재화, 다수의 생산요소가 존재한다. 또한 완전경쟁과 완전고용을 가정하고 있지만 이것 역시 현실적으로 수용하기 곤란한 전제이다. 이 외에도 산업 간 생산요소의 국내적 이동은 완전하지만 국제적 이동은 불가능하며 생산요소의 질은 국제적으로 동일하다는 등의 가정에 입각하여 비교생산비원리를 전개하였으므로 그 결론을 그대로 인정하기가 곤란하다는 점이다.

둘째, 자유무역이 이루어지면 각국의 경제적 여건에 따라 특화가 이루어지고 이 특화에 의하여 각국의 산업구조와 무역패턴이 결정되게 된다. 비교생산비원리에 의하면 현실적으로 선진공업국에서는 자본이 풍부하고 기술이 발달되어 있기 때문에 공업분야에 특화하는 것이 유리하다. 이에 반해 후진농업국에서는 자본이 부족하고 기술 역시 발달되어 있지 않으나 농업자원은 풍부하므로 농업분야에 특화하는 것이 유리하다.

이러한 결과로 선진공업국은 공업분야에 집중적인 특화로 고도의 공업화를 이룩할 수 있다. 이에 비해 후진농업국은 농업분야에 집중적인 특화로 공업화의 기회를 상실하게 된다. 이러한 영향으로 선진국과 개발도상국 간의 경제적 격차가 점점 확대되고 있다고 주장하기도 한다.

셋째, 자유무역에 의하여 선진공업국의 교역조건은 개선되고 후진농업국의 교역조건은 악화됨에 따라 무역이익이 개발도상국에서 선진국으로 이전된다는 점이다. 즉 선진국은 공산품 생산에 특화하고 개발도상국은 농산품 생산에 각각 특화하여 자유무역이 이루어진다면 공산품의 교역조건은 개선되고 농산품의 교역조건은 악화됨에 따라 선진국은 유리하고 개발도상국은 불리하게 된다. 이러한 사실은 프레비쉬[10]와 싱거[11] 교수의 개발도상국 교역조건악화론에 의해서도 명백히 밝혀졌다.

이와 같이 자유무역론의 보편타당성이 결여되고 이와 동시에 자유무역론에 대한 반론이 제기되었기 때문에 차선책으로 보호무역론이 대두되게 되었다.

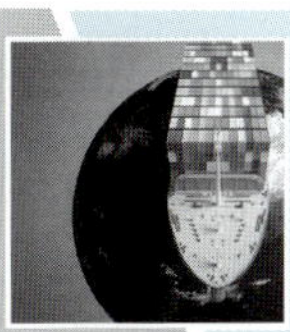

제 3 절 보호무역론과 그 이론적 근거

후진국의 유치산업(infant industry)을 보호하기 위하여 보호무역정책은 이미 오래 전에 해밀턴(A. Hamilton)과 리스트(F. List) 등에 의하여 주장되었다. 그런데 근래에도 보호무역정책은 개발도상국의 무역을 보호하기 위하여 시행되었고 선진국에서도 국제경쟁력이 상대적으로 낮은 사양산업과 정체산업 및 농업 등을 보호하기 위하여 보호무역정책이 실시되기도 하였다.

이와 같이 보호무역정책이 초기에는 자국산업을 보호하기 위해서 주장되었으

10) United Nations, "Commission for Latin America," *The Economic Development of Latin America and Its Principal Problems*, 1950(Prebischs' views are set out forcefully in this publication).

11) H.W. Singer, The Distribution of Gains between Investing and Borrowing Countries, *American Economic Review*, vol. 40, pp.473~485.

나 근래에는 이러한 단순한 목적에 그치지 않고 교역조건개선론, 국제수지개선론, 소득분배론, 재화시장왜곡론, 특정 산업의 진흥과 자급자족론 등 여러 가지 이론적 근거에서 다양하게 주장되기도 하였다.

① 유치산업보호론

리스트가 주장하고 있는 보호무역론에 의하면 일국의 무역정책은 그 나라의 경제발전단계에 따라 달라져야 한다는 것이다. 즉 리스트는 자유무역정책이 선진공업국에는 적합한 무역정책이 될 수 있지만 개발도상국에는 오히려 보호무역정책이 더 적합한 무역정책이 된다고 하였다.

유치산업은 규모가 작고 자본과 기술이 부족하기 때문에 선진국의 대기업과 경쟁할 수 없으므로 그 산업이 성장하여 생산에 있어서 규모의 경제가 발생하여 어느 정도 경쟁력이 갖추어질 때까지 일정기간 외국과 경쟁하지 않고 성장할 수 있도록 보호해야 한다. 그 후 이 산업이 충분히 발전하였을 때 자유무역을 실시해야 한다는 것이다.

이러한 리스트의 유치산업보호론은 그 이론적 근거로 다음 2가지를 들고 있다. 첫째는 전통적 무역이론에서 주장하고 있는 비교우위의 개념에 대한 문제이고, 둘째는 공업부문인 수입대체산업의 보호를 통해 경제발전을 도모할 수 있다는 점이다.

첫 번째 문제인 비교우위의 개념은 정태적인 개념으로 비교우위가 있는 산업에 생산특화가 고정되게 된다는 점이다. 그러나 유치산업보호론에서는 위와 같은 정태적인 비교우위의 개념에 대해 동태적인 개념에 입각하여 현재는 공업부문이 비교열위에 있지만 이를 성공적으로 보호·육성하여 비교우위로 역전시킬 수 있다는 것이다.

두 번째 문제인 개발도상국의 수입대체부분은 일반적으로 규모의 경제가 존재하는 공업부분이고 아직 성숙단계에 이르지 못한 유치산업이라 할 때 자유무역을 실시하게 되면 유치산업은 성숙된 외국산업에 압도되어 성장의 기회를 잃고 만다. 그러나 보호무역을 실시하여 일정기간 유치산업을 보호하게 되면 성장의 기회를 가지게 된다. 수입대체산업인 공업부문에 규모의 경제가 존재할 경우 보호무역에 의해 국내생산량이 증가함에 따라 규모의 경제가 실현되므로 자본축적이 증가되고 기술진보가 촉진되어 경제가 발전한다는[12] 것이다.

② 국제수지개선론

국제수지개선론은 수입초과 현상에 의해 초래되는 만성적인 국제수지 적자를 해소하기 위하여 보호무역이 필요하다는 주장이다. 현실적으로 많은 국가들이 만성적인 국제수지 적자상태에 있기 때문에 이로 인해 해당 국가의 경제안정 기조가 불안정할 뿐만 아니라 대외시급능력이 저하되어 심하면 채무불능국가로 전락할 수 있어 이 문제를 해결하지 않고서는 국민경제의 건전한 발전을 기대할 수 없기 때문에 국제수지를 개선시키는 것이 무역정책의 또 하나의 목표가 되고 있다. 이러한 이유로 국제수지개선론은 보호무역론의 설득력 있는 이론적 근거로 인정되고 있다.

오늘날 세계적으로 거의 모든 개발도상국가들과 미국을 비롯한 일부 선진국들도 만성적인 국제수지 적자상태에 놓여 있어 이를 해소하기 위한 하나의 수단, 즉 미국의 경우 약 달러 정책을 실시하기도 하고 개발도상국의 경우는 WTO협정에서 개발도상국을 여러 측면에서 고려하고 있어 이에 의해 보호무역을 부분적으로 실시하여 이 문제를 해결하려 하고 있다.

③ 교역조건개선론

교역조건개선론은 보호무역의 이론적 근거로서 오래 전부터 인정되어 왔다. 특히 마샬과 에지워스는 수입품에 일정한 관세를 부과하면 관세부과국은 자유무역시보다 교역조건이 개선된다는 점을 인정하였다. 따라서 관세는 교역조건을 개선하는 효과가 있기 때문에 각국은 자국의 교역조건을 개선하기 위하여 관세를 부과하는 등의 보호무역정책을 실시하기도 한다.

또한 프레비쉬는 선진국과 개발도상국이 교역을 할 경우에 교역조건은 선진국에 유리하게 되어 무역이익이 개발도상국에서 선진국으로 이전되는 결과가 초래하게 된다고 하였다.[13] 따라서 자유무역정책은 선진국에 유리한 정책이 될 수 있으나 개발도상국에는 불리한 정책이 되며 자유무역은 선진국의 경제발전을 개발도상국

12) 김신행, 국제경제론, 법문사, 1987, pp.286~287.

13) 앞서 설명한 개발도상국의 교역조건악화론, 즉 싱거·프레비쉬 명제를 참조할 것.

으로 파급시키는 원동력으로서의 기능을 상실하게 되고 오히려 선진국과 개발도상국 간의 소득격차만 심화시키는 결과를 초래하게 된다는 것이다. 그러므로 농산물 생산에 비교우위를 갖고 있는 개발도상국은 교역조건의 악화를 통한 소득의 감소를 방지하기 위하여 자유무역보다는 공업화를 위한 보호무역정책을 실시해야 한다고 주장하였다.

④ 소득분배론

무역은 생산요소의 가격을 변동시키고 생산요소 간에 소득분배를 변동시키는 경향이 있다. 예컨대, 스톨퍼와 사무엘슨은 1941년 "보호무역과 실질임금"[14]이란 논문에서 높은 임금을 받고 있는 미국 노동자의 실질임금수준이 임금이 낮은 국가와의 자유무역을 통하여 점진적으로 하락하기 때문에 이를 방지하기 위해 보호무역이 필요하다는 점을 주장하였다. 이를 스톨퍼-사무엘슨정리라 하는데 보호무역론의 이론적 근거가 되고 있다. 특히 이 정리는 선진국 노동자의 실질임금 감소를 방지하기 위한 것이라는 점에서 선진국의 보호무역의 이론적 근거로서 주장되고 있다.

결국 보호무역은 그 국가의 희소한 생산요소 소유자의 실질소득의 감소를 방지하고 풍부한 생산요소 소유자의 실질소득의 증대를 억제함으로써 자유무역의 경우와 정반대의 소득분배가 이루어지도록 한다.

⑤ 재화시장왜곡론

고전학파 무역이론에서는 시장기능이 완벽하게 작용하는 완전경쟁(perfect competition)을 전제로 하고 있다. 그러나 현실적으로는 시장에 각종 불완전성이 존재하는 경우가 대부분이다. 이러한 시장기능의 불완전성에 의한 시장기능의 실패(market failure)는 가격기구(price mechanism)에 의해 자원이 효율적으로 배분되지 않아 파레토 최적상태가 달성되지 않음으로써 발생하는 경제적 왜곡현상이다.

이러한 경제적 왜곡에는 외부경제 또는 외부비경제[15]의 작용, 독과점 존재

14) W. F. Stolper and P. A. Samuelson, "Protection and Real Wages," *Review of Economic Studies*, Nov. 1941, pp.58~73.

15) 외부효과는 외부경제와 외부비경제로 구분된다. 여기서 외부효과(external effect)란 어떤 경제활동이 다른 사람에게 의도하지 않는 혜택이나 손해를 가져다 주면서도 이에 대한 대가를 받지도 지

등으로 인한 시장 자체 내의 불완전성 때문에 발생하는 내생적 왜곡(endogenous distortion)과 정책당국이 시장기능에 개입함으로써 발생하는 정책적 왜곡(policy induced distortion) 등이 있다. 그런데 정책적 왜곡은 왜곡을 일으킨 정책을 단순히 중단함으로써 시정할 수 있는데, 문제는 내생적 왜곡이다. 이하에서는 이 문제에 대해 고찰하기로 한다.

외부경제나 외부비경제가 존재하는 경우에는 비록 완전경쟁이 이루어진다 해도 그 산업의 사적 비용은 사회적 비용[16]과 일치하지 않게 된다. 또한 어느 한 산업에 독점시장이나 과점시장이 형성되어 있는 경우에도 그 효과는 동일하다. 여기서는 외부비경제가 존재하는 경우에 대해 살펴보기로 한다.

일국의 산업은 농업부문과 공업부문의 두 부문으로 구성되어 있고 농업부문의 외부비경제의 예로 들 수 있는 것은 농부가 자신의 영농방법 때문에 지력이 감퇴되고 있다는 사실을 깨닫지 못하는 경우이다. 이로 인해 일정량의 농산물을 생산하기 위해 필요로 하는 사적 비용은 농부가 가격산정 시에 지력 감퇴를 고려해 넣지 못하여 사회적 비용에 미치지 못하게 된다(즉 사회적 비용은 사적 비용에다 지력 감퇴를 보충하는 비용을 합한 것이다). 그리하여 국내시장에서 농산물의 상대가격은 진정한 한계생산비를 반영하지 못하고 있다.

이러한 사실을 [그림 8-5]로 설명하면 다음과 같다. 그림에서 생산가능곡선은 AA'이고 농업부문에서의 외부비경제로 인해 재화시장의 왜곡으로 국내가격선은 P_hP_h로 주어져 있다.[17] 가격선이 이렇게 된 경우에 일국의 균형생산점과 균형소비점은 P점이 된다.

그런데 국제가격선(=교역조건선)은 P_iP_i로 주어져 있다. 이것은 농산품 가격이

불하지도 않는 상태를 말한다. 그리고 이때 혜택을 주는 경우를 외부경제라 하고 손해를 입히는 경우를 외부비경제라고 한다.

16) 사적 비용이란 개인적인 입장에서 볼 때의 화폐적 비용 또는 기회비용을 말하며, 사회적 비용이란 사회 전체의 입장에서 볼 때의 비용을 의미한다. 여기서 외부효과가 존재하는 경우에는 사적 비용과 사회적 비용이 일치하지 않게 된다. 예컨대, 자동차 생산의 경우 자동차 생산으로 공기와 하천을 오염시키게 된다면 자동차 생산의 사회적 비용은 자동차 생산에 필요한 사적 비용(예컨대, 인건비+재료비)에 오염을 제거하는 데 소요되는 비용을 합한 것이다.

17) 가격선 P_hP_h가 P점에서 생산가능곡선에 접선이 아닌 것은 농업부문의 외부비경제로 진정한 한계생산비를 반영하지 못하기 때문이며, 이로 인해 농산품인 Y재 가격이 상대적으로 싸고 X재 가격이 비싸게 되어 가격선 P_hP_h가 P점에서의 접선보다 가파른 직선이 되었다.

그림 8-5 재화시장의 왜곡과 보호무역론

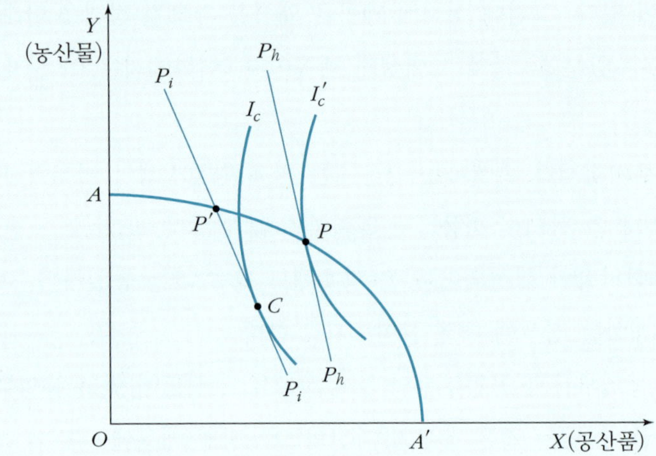

왜곡된 국내시장에서보다 국제시장에서 더 높으므로 일국이 농산품 생산에 비교우위가 있다는 것을 나타낸다.

이러한 상태에서 자유무역이 이루어지게 되면 이 나라는 국제가격에 따라 무역을 하게 되므로 P'점에서 생산하게 되고 C점에서 소비하게 된다. 여기서 자유무역 시의 소비점인 C점을 무역 이전의 소비점인 P점과 비교해 보면 일국의 후생수준은 무역이 개시됨으로써 오히려 하락하게 된 것을 알 수 있다.

결국 [그림 8-5]에서 보면 국내의 재화시장에 왜곡이 존재하는 경우에 자유무역으로 인해 일국이 특화를 그릇된 방향으로 하게 되어 손실을 입게 된다. 이러한 경우에는 외부비경제를 고려하여 보호무역정책을 시행하면 진정한 의미에서의 비교우위를 갖고 있는 공산품 생산이 촉진되어 일국의 후생수준이 향상될 수 있다.

일반적으로 일국이 관세를 부과하게 되면 국내가격이 국제가격과 다르게 되므로 소비에 있어서 통상의 왜곡이 발생하게 된다. 이로 인해 소비자의 후생수준이 하락하게 되어 소비면에서의 손실이 발생하게 된다. 그러나 여기서는 공산품에 관세를 부과함으로써 공산품 생산이 증가하고 농산품 생산이 감소하여 지력 감퇴의 정도가 낮아지게 되므로 자원배분의 효율성이 높아지게 된다. 이는 결국 생산면의 이익을 의미하게 된다. 이러한 결과는 [그림 8-5]에서 보는 바와 같이 공산품에 관세를 부과하면 생산 측에서의 이익이 소비 측에서의 손실보다 크게 되어 관세부과, 즉 보호무역에 의해 일국의 후생수준이 자유무역의 경우보다 향상되게 된다는 것을 알 수 있다. 이는 재화시장에서의 왜곡이 존재하는 경우 보호무역론을 주장하게 되는 근거가 되고 있다.

그런데 재화시장에 왜곡이 존재하는 경우 자유무역으로 후생은 극대화되지 않으며 관세부과 역시 최적의 정책이 될 수 없다는 사실을 알 수 있다. 이러한 왜곡, 즉 외부비경제가 존재하는 경우의 최적정책은 외부비경제효과를 고려하여 생산에 직접 개입하는 정책을 실시하는 경우이다. 가령 조세를 수반한 보조금정책, 즉 조세 겸 보조금정책(tax-cum-subsidy policy)을 통해 재화의 시장가격과 사회적 한계비용의 격차를 해소하는 것이 최선의 정책이 될 수 있다. 즉 공산품 생산에는 보조금을 지급하고 농산품 생산에는 조세를 부과하여(외부비경제가 존재하는 농산물의 생산은 줄이고 공산품의 생산을 증가시킴) 국내재화 생산에서의 한계변형률을 국제가격과 일치시키면서 소비에서의 새로운 왜곡이 초래되지 않도록 하는 것이다.

이와 같은 정책을 시행하면 [그림 8-6]에서와 같이 공산품의 생산이 상대적으

그림 8-6 재화시장 왜곡과 최적정책

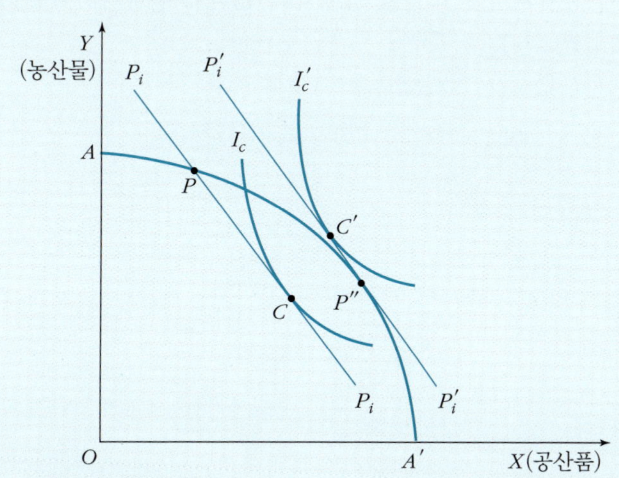

로 증가하게 되어 직선 P_iP_i와 평행인 직선 $P_i'P_i'$가 생산가능곡선에 접하는 P''점에서 생산되고 C'점에서 소비가 이루어져 후생이 극대화하게 된다. 따라서 일국의 재화시장이 왜곡되어 있을 경우에는 관세정책, 즉 보호무역정책보다 조세를 수반한 보조금 지급정책이 보다 효율적인 정책이 될 수 있음을 알 수 있다.

⑥ 특정 산업의 진흥과 자급자족론

어떤 경제외적인 요인에 의하여 특정 산업을 보호·육성하고 그 산업의 생산규모를 확장하거나 또는 이를 적어도 일정한 수준으로 유지시키기 위하여 보호무역정책을 실시해야 한다는 주장을 경제외적인 요인에 의한 산업보호론이라고 한다. 이러한 보호론의 대표적 예는 원자력산업, 우주산업, 항공기산업, 방위산업 등에 대한 보호무역조치이다.

또한 특정의 재화에 대해서는 국내생산량을 증가시켜 자급자족을 실현하기 위하여 보호무역정책을 실시해야 한다고 주장하는데 이를 자급자족론이라고 한다. 예컨대, 지난날 식량안보라 하여 식량의 자급자족을 위해 국가 간의 무역자유화 협상에서 농업분야는 협상대상에서 제외되었다. 아무튼 특정 산업의 진흥과 자급자족론은 일국의 정치와 국방에 밀접한 관련을 맺고 있다.[18)]

이와 같이 특정 산업의 진흥과 자급자족론의 근거는 경제적 요인에서보다도 정치적 입장이나 국방의 입장에서의 주장이므로 이러한 주장의 가치기준이 서로 다르기 때문에 경제외적인 요인을 경제학적 관점에서 평가한다는 것은 곤란하다고 할 수 있다.

---

18) R. Pomfret, *International Trade*, Basil Blackwell, Inc., 1991, pp.141~144.

부록

유치산업보호론

1. 유치산업보호론의 의의

리스트는 「정치경제학의 국민적 체계」(*Das Nationale System der Politischen Ökonomie*, 1841)라는 저서에서 경제발전단계설과 국민의 원리 및 생산력설에 근거하여 유치산업보호론(infant industry argument for protection)을 주장하였다. 이 유치산업보호론은 선진국 경제에 대한 후진국 경제의 입장과 유치산업 보호의 필요성을 가장 명확하게 설명하고 있는 이론이다. 유치산업보호론이란 비록 현재는 발전이 이루어지지 않은 산업으로 비교우위가 없는 산업이지만 이를 보호·육성할 경우 그 산업의 생산성이 증대되어 국제시장에서 외국산업과의 경쟁이 가능해지므로 그 나라의 경제발전에 기여할 가능성이 있는 산업은 보호·육성시켜야 한다는 주장이다.

2. 리스트의 보호무역론의 이론적 기초

유치산업보호론의 배후에는 리스트의 국민경제에 관한 이론적 체계, 즉 경제발전단계설과 국민의 원리 및 생산력설이 뒷받침되고 있다.[19]

(1) 경제발전단계설

리스트는 국민경제의 완성도에 따라 수렵시대, 목축시대, 농업시대, 농공시대, 농공상시대의 5단계로 구분하였다. 또한 그는 이들 단계 중 최종 단계인 농공상시대야말로 최적의 단계이면서 완성된 국민경제의 상태를 의미하므로 그 이전의 단

19) 藤井 茂, 貿易政策, 千倉書房, 1967, pp.111~115.

계에서는 이 농공상단계로 향하도록 노력해야 한다고 주장하였다.

이를 위해 농업시대에서는 자유무역정책을 실시하여 농산품을 자유롭게 수출하고 외국의 공산품을 자유롭게 수입하여 농업을 발전시킴과 동시에 공업화의 기초를 마련해야 한다고 주장하였다. 그리고 농공시대에서는 자국의 공업 생산이 가능하게 되면 보호무역을 실시하여 선진국의 경쟁으로부터 국내산업을 보호해야 하고 그리고 최후 단계인 농공상시대에서는 외국의 경쟁위협이 없어지게 되면 다시 자유무역을 실시하여 무역상의 최대 이익을 누려야 한다고 주장하였다.

(2) 국민의 원리

리스트는 국민의 원리(Nationalität)를 강조하면서 사회구성원 개개인의 이익추구가 반드시 사회 전체의 이익을 초래하지 않는다고 하여 국가를 세계나 개인보다 훨씬 중요시하였기 때문에 개인의 경제적 이익은 진정한 국부의 유지와 증진을 위해서 희생되어야 한다고 하였다. 따라서 국가는 특별한 경우에 국민 전체를 위해 개인의 경제활동을 부분적으로 통제하고 그 경제적 이익도 제한할 수 있다는 것이다.

(3) 생산력설

리스트는 생산력설에 입각하여 농업부문보다 공업부문에서 생산력이 높다고 주장하면서 공업발전에 역점을 두어야 한다고 강조하였다. 왜냐하면 공업은 모든 산업의 기초이면서 그 결과물이기 때문이다.[20]

3. 유치산업보호론의 내용

비교열위에 있는 유치산업을 보호·육성하여 비교우위산업이 되는 과정과 그 내용을 다음 [그림 8-7]로서 설명하면 다음과 같다.

먼저 유치산업을 보호하기 전에 이 나라의 생산가능곡선은 AA'이고 이때 국제

20) F. List, *a.a.O.*, p.230.

그림 8-7 유치산업보호의 효과

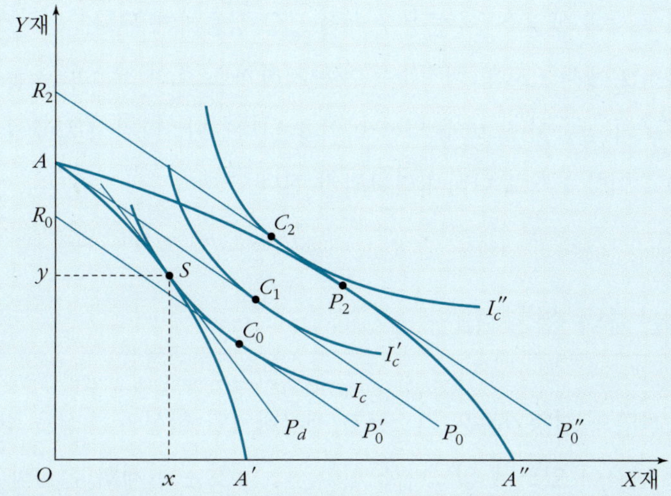

그림에서 AA'은 유치산업(=X재 산업) 보호 전의 생산가능곡선, AA''은 유치산업 보호 후의 생산가능곡선을 나타낸다.

가격은 P_0이므로 A점, 즉 Y재의 완전특화점[21]에서 생산하고 C_1점에서 소비함으로써 I_c'의 실질소득수준(=경제적 후생수준)에 달하고 있다.

다음으로 유치산업인 X재 산업을 보호하기 위해 X재의 국내가격이 P_d가 되도록 X재 수입에 관세를 부과하면 균형생산점과 균형소비점은 S가 되어 무역은 이루어지지 않게 되고 실질소득수준, 즉 경제적 후생은 I_c수준으로 낮아지게 된다. 이러한 실질소득수준의 저하를 Y재로 표시하면 AR_0의 감소에 해당된다. 그러나 이와 같이 유치산업인 수입대체산업에 대한 보호로 수입대체재인 X재의 생산은 O에서 Ox로 증가하게 된다.

이렇게 유치산업의 재화인 X재가 Ox만큼 생산됨으로써 규모의 경제효과와 경험을 통한 기술습득효과가 발휘되어 일정기간 후에는 생산가능곡선이 AA''로 수

21) 완전특화점이란 일국이 두 재화 중에서 비교우위에 있는 한 재화 생산에 모든 자원을 투입하는 경우이다. 예컨대, A국이 X재 생산에 완전특화한다는 것은 A국의 모든 생산요소를 X재 생산에만 투입하여 생산하고 Y재는 생산하지 않는 경우이다.

입대체재인 X재에 치우친 형태로 확장된다. 이때 관세에 의한 보호를 철폐하면 처음의 가격 P_0에서의 균형생산점과 균형소비점은 각각 P_2와 C_2로 되어 무역패턴이 역전됨과 동시에 실질소득수준은 I_c'에서 I_c''로 상승하게 된다.

따라서 I_c'에서 I_c로의 실질소득수준 저하가 보호의 코스트(=손실)를 나타내고 I_c에서 I_c''로의 상승이 보호에 의한 이익을 나타낸다. 따라서 I_c'에서 I_c''로의 상승이 순이익이고 이를 Y재로 나타내면 AR_2가 된다.[22]

4. 유치산업의 선정기준

유치산업의 선정기준은 리스트가 생각하였던 현실의 손실을 장래의 이익으로 충당하고 남음이 있느냐 없느냐에 있다. 즉 그것은 현재의 손실과 장래의 이익을 비교하여 결정하게 된다. 이러한 기준에 대해 구체적으로 밝힌 여러 학자들의 기준이 있으나 그중 널리 알려진 판정기준으로는 다음 4가지가 있다([표 8-2] 참조).

표 8-2 유치산업의 선정기준

선정기준	비교우위산업	경제적 손실의 충분한 보상	외부경제효과	내부경제효과
밀의 기준	○	○		
바스테이블의 기준	○	○		
켐프의 기준	○	○	○	
케넨과 네기쉬의 기준	○	○		○

(1) 밀에 의한 기준

밀(J. S. Mill)에 의한 유치산업보호론의 기준은 현재와 장래의 두 기간을 놓고 현재로서는 기술이 부족하고 생산성이 낮아 국제적인 수준에 도달하지 못하고 있지만, 장래에는 기술을 습득하고 생산성이 향상되어 이윤을 높일 수 있는 산업이

22) 小田正雄, 新しい貿易政策, 千倉書房, 1982, pp.16~18.

된다는 것이다. 즉 그는 일정한 기간 동안 보호를 받아 성장을 하게 되어 더 이상의 보호를 받을 필요성이 없는 산업을 보호대상산업으로 선정해야 한다고 주장하였다.[23] 환언하면, 이러한 산업은 현재는 비교열위산업이지만 일정기간 보호 후에는 어떤 보호 없이도 자립할 수 있고 비교우위를 확보할 수 있는 산업, 즉 비교우위산업이어야 한다는 것이다.

(2) 바스테이블에 의한 기준

바스테이블(C. F. Bastable)은 밀의 기준을 더 엄격히 하여 장래에 비교우위를 누리게 된다는 것만으로는 보호를 정당화할 수 없다고 하였다. 그는 일정기간 동안 보호를 받은 후에는 더 이상의 보호를 받지 않고 자립해야 하며 더 나아가 보호기간 중에 발생한 경제적 손실이 장래 그 산업이 발전함에 따라 발생하는 경제적 이익으로 충분히 보상될 수 있는 여지가 있는 산업을 보호대상산업으로 선정해야 한다고 주장하였다.[24]

(3) 켐프에 의한 기준

켐프(M. C. Kemp)는 밀과 바스테이블의 기준이 충족된다고 하더라도 그 산업에 속한 어떤 기업이 습득한 경험과 기술 등이 다른 기업에 이용되는 외부경제효과를 발휘하지 못한다면 보호할 필요가 없다고 하였다.[25] 그런데 이러한 선발기업이 지식과 경험을 습득하여 개발한 것을 후발기업이 모방하여 경쟁하게 되면 선발기업은 초과이윤을 전혀 얻지 못하여 습득기간 중에 입은 손실을 보상받을 수 없게 된다. 따라서 이러한 경우를 대비하여 선발기업이 투자를 감행할 수 있고 또한 선발기업이 습득기간 중의 손실을 보상받을 수 있도록 정부의 보호가 필요하다는 것이다.

이와 같이 현재의 보호에 의해 습득한 경험과 기술은 그 기업 내부에 이용될

---

23) J. S. Mill, *op. cit.*, pp.403~404.

24) C. F. Bastable, *The Theory of International Trade*, 4th ed. Macmillan & Co., Ltd., 1903, p.140.

25) M. C. Kemp, The Mill-Bastable Infant Industry Dogma, *Journal of Political Economy*, vol. 68, February 1960.

뿐만 아니라 다른 기업에도 영향을 미치는 외부경제효과, 즉 그 산업이 이러한 외부경제효과를 발휘할 수 있느냐 없느냐가 유치산업 보호의 기준이라는 주장을 켐프의 기준이라 한다.

(4) 케넨과 네기쉬의 기준

케넨(P. B. Kenen)과 네기쉬(T. Negishi)는 외부경제효과가 없어도 산업을 보호할 필요가 있다고 주장하고 있다.[26] 이들은 켐프의 외부경제효과에 대신할 대규모의 생산이익, 즉 내부경제효과를 산업보호의 기준으로 제시하고 있다. 내부경제효과야말로 유치산업의 기술 및 경험의 습득과정에서 필요불가결한 요소로 보고 있다.

지금까지의 논의는 유치산업의 선정기준을 어떻게 설정하느냐에 한정하였으나 구체적으로 유치산업의 선정기준, 보호기간, 보호정책 등 여러 가지 문제가 규명되어야 한다. 유치산업 보호의 기준은 대체로 다음과 같다.

① 공업은 보호대상으로 적당하지만 농업은 부적당하다. 왜냐하면 농업은 자연적 조건의 지배를 받지만 공업은 인위적 지배를 받기 때문에 공업은 보호에 의해 발전이 가능하다. ② 과도한 보호가 필요한 산업은 보호대상으로서 부적당하다. 리스트도 과도한 보호를 피하고 유치산업을 보호하는 데 필요한 수입관세율을 20~30%로 보았다.[27] ③ 보호는 일시적이어야 한다. 유치산업에 대한 보호기간은 산업에 따라 각각 다르므로 일률적으로 결정할 수 없으나 보호기간은 일시적인 것이 가장 이상적이다.

---

26) P. B. Kenen, *International Economics*, Prentice-Hall Inc., Englewood Cliffs, New Jersey, 1964, pp.28~30.

27) F. List, *a.a.O.*, p.421.

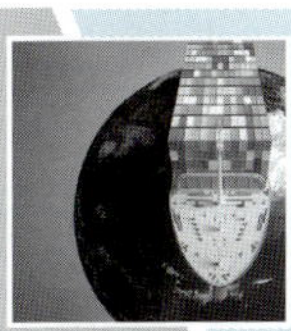

제 4 절

신보호무역주의

4.1 신보호무역주의의 의의

제 2 차 세계대전 후 세계경제는 통상적 측면에서 무역자유화를 실현해 온 GATT와 통화적 측면에서 환율의 안정을 추진해 온 IMF의 양 체제에서 1970년대 초까지 고도성장과 물가안정의 기조를 유지해 왔다. 그러나 1970년대 초 석유파동과 그에 뒤따른 자원파동, 세계적인 경제성장의 정체, 국제수지의 적자, 실업자의 급증, 인플레이션의 심화, 수요부진 등 세계 경기가 침체국면으로 접어들자 세계 각국은 자국의 방어책으로 여러 가지 보호무역의 수단으로 수입을 규제하기 시작하였다. 즉 자유무역주의가 후퇴하고 선진국이 주도하는 보호무역주의가 강화되기 시작하였다.

이와 같이 1970년대 초 이후에 위와 같은 배경에서 나타난 보호무역주의 현상을 신보호무역주의(neo-protectionism)라고 한다. 이렇게 신보호무역주의라고 부르는 데는 과거의 보호무역과 구별되는 특징이 있기 때문이다.

4.2 신보호무역주의의 등장배경

이러한 신보호무역주의의 등장배경을 무역마찰을 중심으로 하여 구조적 요인과 직접적 요인으로 나누어 살펴보면 다음과 같다.

(1) 구조적 요인

1) 미국경제의 후퇴와 국제경제의 다극화

제 2 차 세계대전 후 GATT-IMF 체제를 주축으로 한 무역자유화는 정치 · 경제·군사·외교면에서 강력한 우위를 누렸던 미국에 의해 주도되었다. 이러한 미국 경제는 1960년대까지 압도적인 위치를 차지하고 있었으나 1970년대에 들어서 미국의 세계경제 주도권은 상실되고 미국, EC, 일본 등에 의한 다극화 시대로 돌입하였다. 이러한 다극화에 추가하여 우리나라, 대만, 홍콩 등 신흥공업국이 등장하여 미국을 비롯한 선진국의 수출에 큰 타격을 주었을 뿐만 아니라 선진국의 국내 정체산업 및 사양산업이 위기를 맞게 되었다.

이러한 국제경제관계의 다극화와 신흥공업국의 등장으로 선진국들 사이에 이해관계가 첨예하게 대립되었을 뿐만 아니라 선진공업국의 자국시장을 신흥공업국으로부터 방어하기 위하여 선진국을 중심으로 신보호무역주의를 채택하지 않을 수 없게 되었다.

2) 세계경제 불황의 지속

제2차 세계대전 후 약 30여 년 동안 선진국 경제는 지속적인 성장과 함께 세계무역량 역시 경제성장률을 상회하는 높은 신장률을 기록하였다. 그러나 1970년대 초 석유파동에 의한 경기침체로 세계경제는 저성장 내지 마이너스 성장을 기록하게 되었다. 이에 따라 소득수준이 낮아지고 구매력의 부족으로 무역규모 역시 축소되었다. 게다가 물가상승세는 계속되면서 경기침체와 고실업이 동시에 나타나는 스태그플레이션(stagflation) 현상에 직면하게 되었다. 이렇게 선진국의 실업률이 급격히 상승하는 가운데 이의 방지를 위한 노동조합의 항의와 기업체의 집단행동은 수입규제를 강화하도록 정부에 대한 압력으로 작용하였다. 이에 각국 정부는 수입품에 대한 규제를 강화하는 보호무역정책을 일반화하는 경향을 보이게 되었다.

3) 세계무역의 구조변화와 산업구조조정의 지연

신보호무역주의가 세계적으로 확대되고 있는 가장 근본적인 요인으로 세계경제에 있어서 산업구조의 조정이 이루어지는 과정에서 선진국 상호간 또는 선진국과 개발도상국 사이에서 산업구조조정이 바람직한 방향과 수준으로 이루어지지 않았다는 점을 들 수 있다.

예컨대, 경공업 제품을 전략상품으로 하여 세계시장에 진출한 신흥공업국은 점차 중화학공업에까지 수출을 확대하여 선진국의 수출에 타격을 주었을 뿐만 아니라 선진국의 국내시장까지 침투하는 현상이 나타났다. 이에 대해 미국 등 주요 선진국의 산업구조조정은 적극적 산업조정[28)]이 되지 못하고 이미 비교우위를 상실한 국내 사양산업을 보호하여 고용안정을 도모하려는 방어적 산업조정에 역점을 두게 됨으로써 세계경제 전체적으로 볼 때 바람직한 구조조정이 지연되었던 것이다.

이와 같이 산업구조조정의 지연으로 제조업분야에서는 선진국 사이에서 산업구조가 유사하게 되고 다른 한편에서는 개발도상국의 공업화로 선진국과 동일한 유형의 산업구조로 변화하였다. 이로 인해 공산품의 공급과잉이 초래되어 국가 간에 통상마찰이 빈발하게 됨으로써 신보호무역주의가 확산되는 계기가 되었다.

(2) 직접적 요인

1) 집중호우식 수출로 인한 수입국 시장의 교란

신보호무역주의가 등장하게 된 직접적 요인으로 들 수 있는 것으로 수출국, 특히 신흥공업국들의 집중호우식 수출로 인한 수입국 시장의 교란이다. 즉 특정 상품이 특정 국가에 일시에 대량 수출될 경우 수입국의 관련산업이 심각한 타격을 받게 되어 생산량 감소와 실업증가 등 여러 가지 사회적·경제적인 문제를 야기하게 되므로 이를 방지하기 위해 신보호무역주의가 나타나게 되었다.

2) 국제수지 불균형의 심화

어떤 국가이든 국제경쟁력을 상실한 일부 산업이 적자상태에 있어도 국가 전체적으로 국제수지상 흑자이면 별다른 문제가 없다. 그러나 이 당시 미국, 영국, 프랑스 등 선진국에서는 섬유, 철강, 조선부문에서 이미 국제경쟁력을 상실하였을 뿐만 아니라 국제수지가 장기간 적자상태를 면치 못하고 있었다. 결국 이러한 국제수지의 적자는 수입제한과 수출확대 조치로 이어져 외국과의 무역마찰의 직접적인

28) 적극적 산업조정이란 비교우위의 구조변화에 대응하여 단기적으로 사양산업의 자본·노동을 성장산업으로 과감하게 이전시키고, 장기적으로 기술혁신을 기초로 하여 새로운 성장산업을 발전시키는 것을 목표로 하는 산업조정정책을 말한다.

요인으로 작용하였다.

특히 미국과 EC의 대 일본 무역수지 적자폭이 계속 확대되어 자국의 국제수지 방어압력을 유발함으로써 무역수지 불균형은 무역마찰의 직접적인 요인이 되었다. 이에 국제수지 적자국은 그들의 적자폭을 축소하기 위하여 외국상품에 대해 수입규제를 강화하는 조치, 즉 신보호무역주의를 채택하지 않을 수 없게 되었다.

3) 관세장벽의 무용화

GATT 창설 이후 그동안 관세율 인하에 노력한 결과 무역장벽의 제1의 요인이었던 관세율은 케네디라운드(Kennedy Round) 타결 이후 급격히 인하되었다. 이러한 급격한 관세율 인하로 보호무역의 수단으로 관세장벽이 무의미하게 되자 여러 가지 형태의 비관세장벽이 그 역할을 대체하게 되어 그 중요성이 점차 커지게 되었다. 이러한 비관세장벽 위주의 보호무역이 신보호무역주의이다.

4.3 신보호무역주의의 특징과 유형

(1) 신보호무역주의의 특징

1970년대 초 이후 비관세장벽 위주의 무역제한조치를 총괄하여 신보호무역주의라고 하는데, 이는 전통적인 보호무역주의에 비해 다음과 같은 특징이 있다.

1) 선진국이 주도

고전적 보호무역은 후진국을 중심으로 그들의 공업화를 위해 실시된 반면, 신보호무역주의는 시장교란의 방지라는 측면에서 수동적으로 산업구조조정을 지연시키려는 데 목적을 두고 선진국에 의해 주도되었다는 점이다.

2) 보호무역수단으로서의 비관세장벽

보호무역의 수단으로 관세보다는 비관세장벽을 이용하였다는 점이다. 고전적 보호무역주의에서는 관세가 주요한 수입규제의 수단이었다. 그러나 GATT에 의한 7차례의 관세인하 교섭으로 세계의 평균관세율이 크게 낮아져 더 이상 관세를 보호무역의 수단으로 이용하기가 어렵게 되자 보호무역의 새로운 수단으로 비관세장벽을 이용하게 되었다.

3) 대상산업으로서의 사양산업

보호의 대상이 국제경쟁력을 상실한 선진국의 사양산업이라는 점이다. 고전적 보호무역주의에서는 보호의 대상이 후진국의 유치산업이었다. 그런데 1970년대 이후 확산되고 있는 신보호무역주의는 선진국에서 비교우위를 상실한 사양산업을 보호하여 자국의 고용수준을 유지하려고 하였다. 위의 내용을 간략히 표로 정리하면 [표 8-3]과 같다.

표 8-3 신보호무역주의와 고전적 보호무역주의의 비교

구분 \ 형태	고전적 보호무역주의	신보호무역주의
주 체	후진국	선진국
대 상	유치산업	사양산업
수 단	관 세	비관세장벽
목 적	공업화	산업구조조정 지연

(2) 신보호무역주의의 유형

신보호무역주의에서의 무역제한조치들이 일반적인 보호무역주의와 완전히 다른 것은 아니다. 따라서 신보호무역주의 역시 일반적인 보호무역주의와 마찬가지로 무역제한조치로 관세와 비관세장벽이 이용되고 있다. 다만 신보호무역주의에서는 무역제한조치로 관세장벽보다 비관세장벽이 더욱 선호되고 있다는 점이다.

1) 관세장벽

GATT 창설 이후 7차에 걸친 관세인하 협상, 특히 케네디라운드 협상이 성공하여 30,000개 품목에 대하여 관세율을 인하함으로써 선진국의 공산품에 대한 관세율은 10% 내외가 되어 관세의 보호무역 기능이 크게 약화되게 되었다. 또한 케네디라운드에 이은 도쿄라운드(Tokyo Round)에서는 1980년부터 8년간 단계적으로 관세율을 인하하기로 합의함으로써 관세장벽은 더욱 낮아지게 되었다.

2) 비관세장벽

비관세장벽은 일반적으로 그 형태가 매우 다양하기 때문에 정확히 파악하기는 어렵지만 그 유형이 무려 500여 종에 달하는 것으로 알려지고 있는데 이를 다음과 같이 4가지 측면에서 설명할 수 있다(이에 대한 설명은 제9장 제2절 3. 비관세장벽의 유형을 참조할 것).

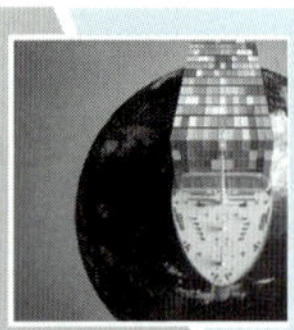

제 5 절 무역자유화와 우루과이라운드(UR)

5.1 UR의 대두배경

왜 이 시기에 UR 협상이 개시되었을까, 그리고 UR 협상은 어떠한 목적으로 이루어지게 되었는가, 그 과정은 어떠하였는가 하는 의문들이 제기된다. 여기서는 먼저 UR 협상이 대두된 배경부터 살펴보기로 한다. UR이 대두된 배경으로 들 수 있는 것은 대체로 다음과 같다.

(1) GATT의 기능 약화

GATT는 1948년 창설 이후 1970년대까지 7차례의 포괄적인 다자간 협상을 통해 무역자유화를 지속적으로 추진해 왔다. 특히 제6차 케네디라운드 협상에서는 선진국들 간 관세율 인하를 중심으로 협상이 이루어졌고, 제7차 도쿄라운드에서는 관세율 인하와 함께 비관세장벽의 완화를 위한 반덤핑, 보조금, 상계관세, 기술장벽 등 9개 분야에 대한 다자간 협정이 체결되었다.

그러나 이러한 협정에도 불구하고 국제교역질서는 여전히 수출자율규제, 시장질서유지협정 등과 같은 보호무역조치의 만연과 분쟁해결 기능의 미비 등으로 GATT의 기능은 미약하기 그지없었다. 이러한 상황에 대비하기 위해 GATT의 기능을 보완하는 새로운 국제적 규범을 정립하기 위한 다자간 협상의 추진이 필요하게 되었다.

(2) 새로운 무역부문의 대두와 규범의 필요성

1980년대에 접어들면서 정보통신의 발달과 기술진보의 속도가 빨라짐에 따라 다양한 상품이 생산되어 교역의 대상이 됨으로써 새로운 다자간 협상이 필요하게 되었다. 그 당시 GATT의 규율대상이 주로 상품이었고 상품의 경우에도 농산품과 석유 등 1차산품은 GATT의 규율대상에서 제외되었다. 특히 섬유류는 별도의 다자간 협정, 즉 다자간 섬유협정(MFA)에 의해 규율되었다. 또한 과학기술의 발달과 경제성장에 따른 소득증가는 물론 이에 따른 수요의 다양화로 인해 서비스, 지적재산권, 국제투자 등과 관련된 무역의 비중이 증가하게 되어 이러한 새로운 무역부문에 관한 국제적 협정 및 규범이 필요하게 되었다.

(3) 올드 이슈의 해결책 모색

GATT에서 오랫동안 그 해결책을 모색하여 왔으나 타결을 보지 못한 문제들이 있었다. 이들은 올드 이슈(old issues)라고 불리는 것들로 이를 해결하기 위해서는 GATT 조항을 수정하거나 개선하지 않으면 안 되게 되었다. 이와 관련된 문제로는 관세, 비관세, 열대산품, 천연자원산품, 섬유 및 의류, 농산물, 긴급수입제한조치, 다자간 무역협정(MTN), 보조금 및 상계관세, GATT 규정 등 대부분이 UR의 주요 의제들에 해당된 것이었다.

(4) 개발도상국의 GATT 체제에 대한 불만

개발도상국들은 GATT 체제에서 수출증대를 통해 경제성장을 추구하려고 하였다. 그러나 그 당시 GATT 체제는 미국을 비롯한 선진국들에 의해 주도되어 왔고 GATT 규범들이 선진국의 이해관계를 유리하게 반영하는 것으로 이해되어 개발도상국의 불만이 고조되게 되었다. 이러한 상황에서 개발도상국은 계속해서 문제를 제기하였으며 그중 하나의 방안으로 개발도상국의 대 선진국시장 접근을 용이하게 하고 개발도상국의 수출증대와 경제성장을 지원하며 개발도상국의 의견이 반영되어 그들의 이해관계에 유리하게 작용할 새로운 다자간 협상이 필요하게 되었다.

(5) 새로운 국제기구의 필요성

GATT는 당초 국제무역상의 원칙을 규정한 협정에 불과하였기 때문에 국제경제기구로서의 성격이 미약하였고, 법적 효력면에서 구속력이 강력하지 못하였을 뿐만 아니라 GATT의 여러 규정은 통일성과 체계성이 미비된 국제협정이었다. 이러한 GATT의 결함으로 인해 이러한 문제들, 즉 법인격을 지닌 국제기구로서의 성격, 공산품 위주에서 벗어나 농산품이나 섬유류 교역뿐만 아니라 서비스무역과 지적재산권 및 국제투자까지도 포함하는 규범, 신속하고 효율적인 분쟁해결절차, 개발도상국이나 저개발국의 발전단계를 고려한 규범 등의 내용을 고려하여 기능이 보다 강화되고 신뢰도가 높은 새로운 국제기구의 창립이 요구되었다.

5.2 UR의 협상체계와 의제

UR의 협상체계는 다음 [그림 8-8]에서 보는 바와 같이 기본적으로 상품협상그룹과 서비스협상그룹으로 나누어져 있고 두 그룹을 총괄하는 무역협상위원회가 있다. 또한 감시기구를 설치하여 GATT에 위배되는 기존 조치들을 동결·철폐하려는 의도에서 각료회의의 합의사항에 대한 이행 여부를 감시하고 있다.

UR 협상은 GATT 체제의 다자간 협상 중에서 가장 포괄적이고 복잡한 협상으로 [그림 8-8]에서 보는 바와 같이 상품교역에 관한 14개의 의제와 서비스교역 1개 의제 등 총 15개의 협상의제를 채택하였다.

여기서 상품협상그룹에는 크게 시장개방분야, GATT 규율분야, 신분야 등으로 구분되는 한편 서비스 교역에 관한 문제는 상품협상그룹과는 별도로 서비스협상그룹에서 다루어지고 있으며 서비스 교역에 관한 국제적인 규범을 정립하는 데 주력

그림 8-8 UR 협상의 체계 및 의제

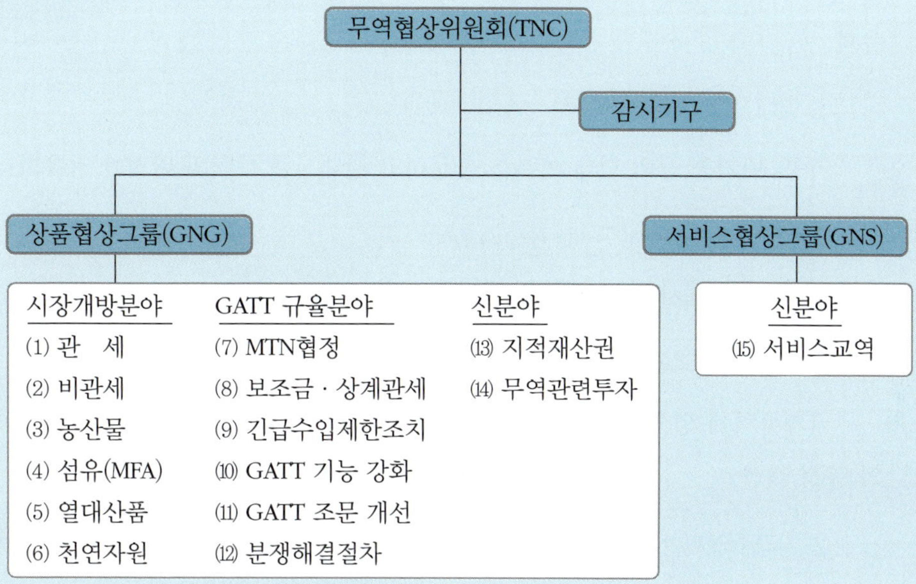

하고 있다.

구체적으로 각 분야별 협상대상 내용을 살펴보면 대체로 다음과 같다.

① 관 세

관세율의 인하, 가공정도별 세율격차의 완화 내지 폐지, 관세 양허범위의 확대 추진

② 비관세장벽

보호무역주의 철폐 약속의 이행과정에서 취해지는 모든 조치와는 별도로 수량 제한을 포함하는 비관세장벽의 완화 내지 철폐

③ 농산물

농산물의 수출입에 영향을 미치는 모든 조치들이 GATT 규정 및 원칙에 따라 이루어지도록 추진

④ 섬 유

MFA 등 국제섬유무역협정을 일반협정에 통합시켜 이 분야의 무역을 보다 자유화

⑤ 열대산품

가공·반가공 등의 형태 여부를 불문하고 열대산품 무역의 완전한 자유화

⑥ MTN(Multilateral Trade Negotiation)

도쿄라운드에서 타결된 각종 협정을 적절히 개선·확장

⑦ 보조금·상계관세

국제무역에 영향을 미치는 모든 보조금 및 상계관세 조치와 관련된 일반협정의 규정 개선

⑧ 긴급수입제한조치

산업구조 조정방안의 의무적 제시, 수출자율규제의 전면 금지, 그리고 산업피해기준, 보복 및 배상조항의 수정

⑨ GATT 기능 강화

각국의 무역정책이 서로 조화되도록 이를 주기적으로 검토

⑩ GATT 조문 개선

GATT 조문을 검토하여 부적절하다고 판단될 경우 이에 대한 협상을 통해 GATT 조문 개선

⑪ 분쟁해결절차

신속하고도 효과적인 분쟁해결을 위하여 일반협정의 분쟁해결을 위한 절차 및 규정을 개선

⑫ 지적재산권

지적재산권의 교역을 왜곡 또는 저해하는 요인을 완화하는 동시에 지적재산권 보호 그 자체가 무역에 대한 장애요인으로 작용하지 않도록 일반협정규정을 명료

화하는 동시에 필요한 경우에 새로운 규정 및 원칙을 마련

⑬ 무역관련투자

무역을 제한하거나 왜곡시키는 각종 투자조치에 대하여 일반협정규정의 적용을 검토하고 그러한 무역제한 또는 왜곡효과를 방지하는 데 필요한 규정 제정

⑭ 서비스교역

서비스 무역을 다룰 원칙 및 규정에 관한 다자간 프레임워크를 설정하여 서비스 무역을 위한 서비스협상그룹(GNS)의 설치

5.3 UR 협상의 추진경위 및 타결

새로운 무역자유화에 대한 교섭이 1983년 5월 윌리엄스버그 경제정상회담에서 처음 제기되었고 동년 11월 미·일 수뇌회담에서 미국 주도로 뉴라운드(new round) 개최를 추진하기로 합의함으로써 본격적으로 거론되기 시작하였다. 그 뒤만 3년여의 국제적 논의 끝에 1986년 9월 우루과이(Uruguay)의 푼타 델 에스테(Punta del Este)시에서 뉴라운드, 즉 우루과이라운드(UR)를 개시하기 위한 각료선언을 채택함으로써 새로운 다자간무역협상이 시작되게 된 것이다.

UR의 추진경위는 다음과 같이 4단계로 나누어 볼 수 있다.

(1) 선진국 전체의 논의로 확산되는 단계

미국과 일본 간의 뉴라운드 개최 논의가 선진국 전체로 논의가 확산되는 단계이다. 선진국 중 EU는 당초 미·일의 뉴라운드 개최 논의에 소극적이었으나 1984년 GATT 총회를 계기로 찬성을 표명하였다.

(2) 온건개도국의 지지를 받게 되는 단계

뉴라운드의 개최 논의가 진행되는 과정에서 견해의 차이에 따라 개도국도 온건개도국과 강경개도국으로 양분되는 경향을 보였고 ASEAN 등 온건개도국은 1981년 GATT 총회에서 뉴라운드를 지지하였다.

(3) 강경개도국도 뉴라운드의 개최에 찬성하는 단계

강경개도국도 뉴라운드 개최에 원칙적으로 찬성하였으나 취급의제를 기존의 상품분야에 국한해야 한다는 주장을 고수하였다. 즉 이들 개도국 역시 1985년 GATT 총회에서 뉴라운드 준비위원회의 구성에 찬성함으로써 협상의제에 관한 견해 차이는 있었지만 뉴라운드 개최에 대한 대체적인 합의는 이루어지게 되었다.

(4) 준비위원회의 논의를 거쳐 UR을 출범시키는 단계

1981년 1월부터 7개월 간의 논의를 거쳐 협상의제와 협상원칙 및 협상의 전제조건 등에 대한 타협을 본 뒤 1986년 9월 우루과이 선언으로 UR이 개시되었다.

UR 협상은 당초 예상대로 협상 초반부터 선진국과 개도국 간 그리고 수출입국 간의 의견대립으로 난항을 거듭하였다. 협상 진전 상황을 중간 평가하기 위해 각국 통상장관들이 1988년 12월 몬트리올에서 모였으나 농산물, 섬유, 지적재산권, 세이프가드 등 4개 분야에 대한 합의 도출에 실패하였다.

그 후 1990년 4월 무역협상위원회에서는 UR이 12월에 종료되는 것을 감안하여 1990년 7월까지 최종협상안에 대한 윤곽을 도출하기로 합의하였다. 이에 따라 1990년 7월 무역협상위원회에서는 15개 협상그룹의 의장보고서가 제출되었으나 동 보고서가 대부분 의장 개인의 책임 아래 작성된 것으로 협상의 주요 쟁점 및 협상요소를 확인하는 데 그치고 있어 협상타결 전망이 불투명하게 되었다.

이렇게 협상진행이 부진한 원인을 살펴보면, UR 출범의 전제조건으로 보호주의 조치의 동결과 철폐약속(SS/RB : standstill & Rollback)은 이루어졌으나 선진국들이 이 약속을 철저히 이행하지 않음으로써 개발도상국에 부정적인 영향을 미치게 되었다는 점이다. 예컨대, 미국의 경우 통상법 제301조 등의 종합무역법을 개정 또는 폐지하지 않고 있고 EU 역시 EU 통합을 통해 비회원국에 대한 차별입법을 강화하고 있는 추세였다.

또한 UR 추진에 있어 해결하기 어려운 문제 중의 하나는 농산물분야에 대한 보조금 문제로 미국과 EU 간의 대립이었다. 즉 단기간 내 농업보조금 지급을 중단시키고자 하는 미국의 주장과 보조금 지급을 현 수준에서 동결하되 장기적이고 점진적으로 철폐하겠다는 EU의 주장이 대립되고 있어서 이의 극복이 UR의 타결과 상당한 관련이 있게 되었다.

UR협상의 진행 경위

1986년 9월 : 우루과이 푼다 델 에스테 각료선언(UR 출범)

1988년 12월 : 몬트리올 중간평가

1990년 4월 : 멕시코 중간평가

1990년 12월 : 브뤼셀 각료회의(당초 협상타결을 목표로 하였으나 실패)

1991년 12월 : 던켈 최종협정문안(Draft Final Act) 제시

1992년 1월 : 향후 협상결과 협의를 위한 TNC회의 개최

1992년 12월 : 미국과 EU의 농업보조금 문제에 대한 의견 조정

1993년 12월 15일 : 117개국이 UR 최종의정서에 조인

1994년 4월 15일 : 모로코 마라케시에서 123개국이 참가하여 UR협상 종결 선언

1995년 1월 : UR 협정 발효 및 WTO 창설

또한 서비스, 지적재산권, 섬유 등의 새로운 분야와 세이프가드 분야에서도 협상타결의 난항이 예상되었는데 새로운 분야에 대한 선진국과 개도국 간의 이해대립은 물론 세이프가드 분야 역시 도쿄라운드 이후 선진국과 개도국 간의 합의가 이루어지지 않는 분야여서 협상타결이 용이하지 않았다.

UR 협상이 개시된 지 7년여가 경과하였음에도 불구하고 각국의 이해관계가 조정되지 않아 타협이 이루어지지 않고 있었다. GATT는 이를 해결하기 위해 1990년 말부터 UR 협상의 종결시한을 몇 차례나 연장하면서 미국, 일본, EU 등 주요 협상국들 간의 이해관계 조정에 노력해 왔다. 그 결과 1992년 말에는 미국과 EU 간의 주요 쟁점사항인 농업보조금 문제에서 타협이 이루어져 UR 협상의 타결 분위기가 고조되었다. 그러나 이러한 분위기에 역행하는 상황이 나타나게 되었는데, 미국의 경우 보호무역주의 성향을 띤 클린턴 행정부가 등장하였고 EU 측에서는 프랑스가 EU 측의 농업보조금 양보안에 대해 이의를 제기하게 되어 타결 전망이 불투명해졌다.

이러한 가운데서도 각국은 협상타결이 시급한 실정이었다. 미국은 행정부가

의회로부터 위임받은 협상권의 신속처리권한 시한을 계속 연장하는 데 필요한 정치적 부담을 피하고자 1993년 내 타결을 서둘렀다. EU는 자신들의 통합을 위해 각국의 국내법을 통일시켜야 하는데 이를 위해 UR 협상 타결에 따른 규범을 고려해야 하기 때문에 UR 협상 타결을 기대하였다. 일본이나 선발개도국도 UR 협상이 결렬될 경우 미국이나 EU로부터의 쌍무협상이 부담으로 작용하게 될 것이므로 UR 협상이 타결되기를 바라고 있었다.

그리하여 UR 협상은 1993년 12월 15일에 117개국의 서명으로 UR 최종의정서가 조인되었다. 이어서 1994년 4월에 모로코의 마라케시(Marrakechi)에서 개최된 123개국 각료회의에서 UR 다자간 무역협상의 종결이 선언되고 동시에 WTO의 창설을 위한 UR 다자간 무역협상 최종의정서 등이 서명됨으로써 7년 7개월에 이른 협상이 마무리되었다. 이에 따라 UR 협정은 1995년 1월부터 발효되기 시작하였다.

제 9 장

수입제한정책

요약 및 도해

관 세

- 〔의 의〕 — 관세선을 통과하는 물품에 부과하는 조세
- 〔성 격〕
  - 주로 수입품에 부과
  - 관세징수의 주체는 국가
  - 관세의 부담이 전가되는 간접세
  - 수입을 억제
  - 국내산업 보호와 재정수입 목적으로 부과
  - 공업용 원자재에 대해 감면, 불요불급품 및 사치품에 대한 관세 중과
  - 법률 또는 조약에 의해 부과 · 징수 등
- 〔역 사〕
  - 수수료시대
  - 내국관세시대
  - 국경관세시대
- 〔종 류〕
  - 수입세, 수출세, 통과세
  - 종가세, 종량세, 혼합세
  - 재정관세, 보호관세
  - 일반관세 : 국정관세, 협정관세
  - 특수관세 : 특혜관세, 차별관세, 탄력관세 등
- 〔경제적 효과〕
  - 분석방법
    - 부분균형분석
      - 소국의 경우
      - 대국의 경우
    - 일반균형분석
      - 소국의 경우
      - 대국의 경우

- 효과
  - 보호효과
  - 소비효과
  - 재정수입효과
  - 소득재분배효과
  - 국제수지효과
  - (보호효과~국제수지효과) ⇨ 소국
  - 교역조건효과
  - (보호효과~교역조건효과) ⇨ 대국
- 〔경제적 후생〕
  - 소국의 경우
    - 사중손실=순국가적 손실 발생
    - 경제적 후생 감소
  - 대국의 경우
    - 교역조건 개선효과>무역량 감소효과 ⇨ 경제적 후생 증대
    - 교역조건 개선효과<무역량 감소효과 ⇨ 경제적 후생 감소
- 〔관세 관련 정책〕
  - 〈최적관세〉
    - 관세부과국의 무역이익이 극대화되는 관세
    - 관세부과에 의한 교역조건 개선효과의 극대화와 무역량 감소효과의 최소화
    - $t=\dfrac{1}{\eta_f-1}$

      t : 최적관세율

      η_f : 상대국의 수입수요탄력성
  - 〈실효보호율〉
    - 관세에 의한 국내산업의 보호 정도
    - 관세에 의한 국내생산의 부가가치 증가율로 나타냄

      $$g=\frac{V'-V}{V}=\frac{t_j-a_{ij}t_i}{1-a_{ij}}$$

      V : 관세부과 전의 부가가치

      V' : 관세부과 후의 부가가치

      t_j : 최종재에 부과되는 관세

      t_i : 원재료에 부과되는 관세

      a_{ij} : 가치적 투입계수
  - 〈보복관세〉 — 교역상대국이 자국의 수출품에 대해 부당한 차별관세나 차별대우를 취할 경우 상대국의 수입상품에 대해 보복적으로 부과하는 관세

비관세장벽

- 〔신보호무역주의와 비관세장벽〕
  - 1970년 초 이후에 나타난 보호무역주의 현상
  - 주요 수단 : 비관세장벽
- 〔의 의〕 — 관세장벽 이외의 모든 무역장벽
- 〔특 성〕
  - 복잡 · 다양성
  - 효과 측정의 곤란성
  - 불확실성
  - 차별성
  - 협상 곤란성
- 〔유 형〕
  - 가격적 장벽 : 반덤핑관세, 상계관세 등
  - 수량적 장벽 : 수입쿼터제, 관세할당 등
  - 품질적 장벽 : 공업표준, 보건 및 안전기준 등
  - 행정적 장벽 : 통관수속, 영사수속 및 서류 등
- 실제 예) 수입할당제
  - 〈개념〉 — 수입재의 수량을 규제하여 직접적으로 수입을 제한
  - 〈유형〉
    - 관세할당제
    - 자주적 할당제
    - 협정할당제
    - 혼합할당제
  - 〈경제적 효과〉
    - 부분균형분석에 의한 경제적 효과
    - 일반균형분석에 의한 경제적 효과

관세동맹이론

- 〔의 의〕
  - 경제통합의 한 형태
  - 2개국 이상이 관세에 관한 동맹 체결, 동맹국 간에는 관세 철폐, 비동맹국에 대해서는 공통적인 관세 적용
- 〔위 치〕 — 경제통합
  - 자유무역지대
  - ↓
  - 관세동맹
  - ↓
  - 공동시장
  - ↓
  - 경제동맹
  - ↓
  - 완전경제통합

- 〔경제적 효과〕
  - 정태적 효과
    - 부분균형분석
      - 생산효과
        - 무역창출효과
        - 무역전환효과
      - 생산효과와 소비효과를 종합한 총효과
    - 일반균형분석
  - 동태적 효과
    - 규모의 경제성
    - 경쟁의 효과
    - 외부경제효과
    - 기술향상효과
    - 위험과 불확실성의 효과

보호무역정책 중에서 대표적인 것으로는 수출확대정책과 수입제한정책이라고 할 수 있다. 수출확대 정책수단으로는 수출보조금 등을 들 수 있고, 수입제한 정책수단으로는 관세와 비관세장벽이 있다. 이 장에서는 이러한 수입제한정책의 수단인 관세와 비관세장벽을 고찰한 뒤 경제통합의 한 형태인 관세동맹이론에 대해 살펴보고자 한다.

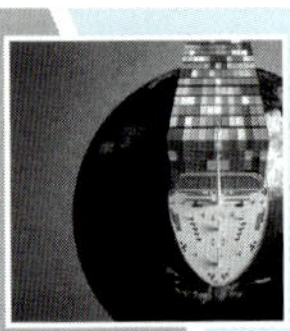

제 1 절
관 세

1.1 관세의 의의와 종류

(1) 관세의 의의와 성격

관세(tariffs, customs, customs duties)란 법이 정한 관세영역, 즉 관세선을 통과하

는 물품에 부과하는 조세를 말한다. 여기서 관세영역을 표시하는 관세선과 정치적으로나 국제법상의 국가영역인 국경은 반드시 일치하는 것은 아니므로 국경과 관세선은 동일하지 않을 수도 있다.

예컨대, 여러 나라가 관세동맹을 결성한 경우에는 여러 나라의 국가영역이 단일관세영역, 즉 관세선이 되므로 단일관세영역 내의 국경을 통과하는 물품에 대해서는 관세가 부과되지 않는다. 또한 일국의 영토 내에 자유항이나 자유무역지역과 같은 보세지역이 설정된 경우에는 이 영역에서 타 영역으로 통과하는 물품에 대해서는 일국의 영토이지만 관세가 부과된다.

이러한 관세의 일반적 성격은 대체로 다음과 같다. ① 관세는 주로 수입품에 대하여 부과되지만 수출품에 부과되는 경우도 있다. ② 관세징수의 주체는 국가이다. ③ 관세는 관세의 부담이 전가되는 간접세[1)]의 일종이다. ④ 관세는 수입을 억제한다. ⑤ 관세는 국내산업 보호와 국가의 재정수입을 목적으로 부과된다. ⑥ 관세는 공업용 원자재에 대해서는 감면되고 불요불급품 및 사치품에 대해서는 과중한 세금이 부과된다. ⑦ 관세는 법률 또는 조약에 의하여 부과·징수된다. ⑧ 관세는 보호무역정책의 중요한 수단이다.

(2) 관세의 역사

관세는 역사적으로 여러 가지 형태로 변화하여 왔다. 지금은 국가영역을 단일관세영역으로 하고 있지만 과거에는 국내에서도 여러 관세영역으로 구분하여 국내관세를 부과하는 것이 관례였다. 이와 같이 관세는 역사적으로 대개 수수료시대, 내국관세시대, 국경관세시대의 3단계로 구분된다.

제 1 기에 해당하는 수수료시대에는 용역이나 이익의 반대급부로써 징수되었다. 따라서 관세는 역사적으로 도로, 교량, 항만시설, 창고 등의 사용료 또는 운송물품이나 통과 여객에 대한 보호·경비 등에 대한 수수료에 그 기원을 두고 있다.

수수료의 전형적인 예로서는 고대 도시국가에서 찾아 볼 수 있는데 도시국가

1) 간접세는 세금이 부과되는 경제주체와 실제로 세금을 납부하는 경제주체가 다른 세금이다. 재화 및 서비스세가 간접세의 대표적인 것이며 소비자가 담배를 살 때 구입가격에는 세금이 포함되어 있다. 그런데 세금은 판매상이 국가에 납부한다.

는 국가로서의 확정된 영역을 갖고 있지 않았으며 도시와 도시 사이의 무역을 통해 번창하였으므로 주변의 도로, 교량, 항만 등의 이용자에 대하여 수수료 또는 사용료 등을 징수하는 것이 관습으로 되어 있었다.

제2기는 내국관세시대이다. 수수료는 점차 반대급부가 없는 형태가 되었고 또한 봉건시대의 영역이 확장되어 감에 따라 관세영역의 개념이 출현하여 각 봉건영주는 자기의 세력범위에 출입하는 물품에 관세를 부과하였다. 이것은 조세이지만 법률에 의거하지 않고 전적으로 통치자의 자의에 의한 사적 수입에 불과하였다는 점에서 근대의 조세와는 다르다.

제3기는 국경관세시대이다. 근대국가가 형성됨에 따라 지방적인 군소관세영역은 정리되어 국가영역 전체가 단일관세영역으로 설정되었다. 그러나 오늘날의 관세는 단순한 국가수입을 확보하는 수단일 뿐만 아니라 국내산업을 외국의 경쟁으로부터 보호하는 수단으로서도 유용하게 이용되고 있다.

(3) 관세의 종류

관세는 여러 가지 기준에 의하여 분류될 수 있는데 요약하면 다음과 같다.

1) 부과기회에 의한 분류

① 수입세(import duty)

물품이 관세영역 안으로 이동할 때 부과하는 관세를 수입세라 하며 오늘날 일반적으로 관세라 하면 이 수입세를 의미한다.

② 수출세(export duty)

수출세는 국내물품이 외국으로 수출될 때 부과되는 관세로서 국가의 재정수입을 확보하고 특정 물품이 국내에서 유출되지 못하게 하거나 특정 물품의 대외유출로 인한 국내시장에서의 가격상승을 억제하기 위하여 부과된다.

수출세는 자국상품이 세계시장에서 점유율이 높은 경우에 그 상품의 국제가격을 안정시키기 위해서나 국가의 재정수입을 확보하기 위한 특별한 경우를 제외하고는 거의 모든 국가가 수출세를 부과하지 않고 있다.

③ 통과세(transit duty)

통과세는 화물이 수출국에서 수입국으로 운송되는 과정에서 단순히 일국을 통과한다는 사실에 의해 부과되는 관세이다. 이 관세는 국제무역을 방해하는 결과를 초래하게 되므로 1921년 바르셀로나(Barcelona)협정에 의해 폐지되었다.

2) 과세방법에 의한 분류

① 종가세(ad valorem duty)

종가세란 수입품의 가격을 과세표준으로 하는 관세이다. 이 종가세의 장점은 수입품의 가격을 기준으로 하기 때문에 관세의 부담이 균등하고 종량세에 비해 공평하다는 점이다. 그러나 과세가격을 산정하는 데 어려움이 있을 수 있는 단점이 있다. 예컨대, 같은 상품이라도 수출국에 따라 수출국의 가격수준이 다르면 관세액도 차이가 발생한다는 것이다.

② 종량세(specific duty)

종량세는 물품의 수량을 과세표준으로 하는 관세로, 관세액의 산정은 단위 수량당 세액(1kg당 50원)×수량(10kg)=관세액(500원)이란 방식에 의한다. 이 종량세의 장점은 과세방법이 간편하여 행정상 편리하다는 점이다. 그러나 물품가격의 고저와 상관없이 일률적으로 관세가 부과되므로 불공평한 관세부담을 초래하여 고가품이 저가품보다 관세부담이 가볍게 되는 단점이 있다. 또한 물가가 상승할 때 관세부담이 가볍고 물가가 하락할 때는 그 부담이 무거워 재정수입의 확보가 어려운 단점도 있다.

③ 혼합세(combined duty)

혼합세란 종가세와 종량세의 장점을 서로 결합하여 관세의 효과를 극대화하기 위한 것으로 과세 시에 종가세와 종량세의 양자 중 하나를 선택하는 선택세와 양자를 병행하여 부과하는 복합세로 구분된다.

(가) 선택세(alternative duty)

선택세는 한 품목에 대하여 종가세율과 종량세율을 동시에 정해 놓고 그 중 높게 산출되는 세액 또는 낮게 산출되는 세액 중 하나를 선택하여 과세하는 제도이다. 즉 양질의 물품이나 고가의 물품에 대해서는 종가세를 적용하고 저가의 물품이나 시가가 하락한 품목 또는 환율이 낮은 국가로부터의 수입물품에 대해서는 종량세를 적용하는 것이 일반적이다.

(나) 복합세(double duty)

한 품목에 종가세율과 종량세액을 동시에 정해 놓고 두 가지 방법으로 산출된 세액을 합하여 부과하는 관세이다.

3) 과세목적에 의한 분류

① 재정관세(revenue duty)

세입관세 또는 수입(收入)관세라고도 하며 국가의 재정수입을 목적으로 부과되는 관세이다. 따라서 관세의 설정 및 세율의 결정에 있어서는 재정수입(=국고수입)을 확보하는 것이 주된 목적이며 이로 인해 국내산업 보호효과가 나타난다 하더라도 그것은 부수적인 목적일 뿐이다.

② 보호관세(protective duty)

보호관세는 국내산업을 보호하기 위하여 부과되는 관세이다. 이 관세는 개발도상국에서는 유치산업을 보호할 목적으로, 선진국에서는 사양산업이나 정체산업을 보호하기 위하여 부과된다.

4) 제도적 성격에 의한 분류

① 일반관세

(가) 국정관세(national duty)

일국의 국내법에 의하여 정하여진 관세율을 국정세율이라 하고 국정세율에 의해서 부과되는 관세를 국정관세라고 한다. 이를 달리 표현하여 자주관세 또는 일반관세라고도 한다. 관세를 일국이 자주적으로 정하는 것은 국가 주권상 당연한데 이를 관세자주권(tariff autonomy)이라 한다. 즉 한 나라의 관세자주권에 의하여 정해진 관세가 국정관세이다.

(나) **협정관세**(conventional duty)

타국과의 통상조약 또는 관세조약에 의하여 특정 물품에 대한 관세율을 협정하고 그 조약의 유효기간 중에는 그 세율을 변경하지 아니할 의무를 지니는 관세를 협정관세라고 한다.

② 특수관세

(가) **특혜관세**(preferential duty)

특혜관세란 특정 국가의 통상 확대를 목적으로 당해국으로부터 특정 수입물품에 대하여 일반세율보다 저율로 부과되는 관세를 말하며 이는 일종의 할인관세이다.

(나) **차별관세**(differential duty)

관세는 어느 나라의 상품에 대해서도 공평하게 부과되는 것이 원칙이나 특정한 경우에 있어서는 특정 국가의 상품 또는 특정 품목에 대하여 다른 상품보다 낮은 세율을 적용하거나[할인관세(discount tariff)] 또는 높은 세율을 적용하는[할증관세(additional tariff)] 경우가 있는데 이를 차별관세라 한다. 이러한 차별관세는 지난날의 중상주의시대 및 제2차 세계대전 전의 관세전쟁에 자주 적용되었으나 오늘날에는 GATT 1994의 일반원칙 중의 하나인 최혜국대우 원칙에 의해 금지되고 있는 실정이다.

(다) **탄력관세**

조세법률주의 원칙에 따라 관세율의 책정과 조정권은 국회만이 가질 수 있는 것이 원칙이나 급변하는 국내외 경제여건에 신속히 대처하여 관세정책을 수행할 수 있도록 일정한 범위 내에서 관세율의 변경권을 행정부에 위임하여 관세율을 탄력적으로 조정·변경할 수 있도록 한 제도가 탄력관세제도(flexible tariff system)이다. 이는 조세법률주의의 예외로서 기본세율은 그대로 유지하면서 일정한 범위 내에서 관세율을 탄력적으로 운영하여 국내산업의 보호, 물자수급의 원활한 조정 및 국제수지 개선 등의 정책목표를 원활하게 수행하려는 제도이다. 탄력관세의 종류를 살펴보면 다음과 같다.

가) 덤핑방지관세(anti-dumping duty) : 특정 국가의 상품이 부당하게 낮은 가격으로 수입되는 덤핑행위에 대하여 이를 방지하기 위하여 부과하는 관세이다. GATT 1994 제6조에 의하면 덤핑방지관세는 덤핑으로 인해 국내산업에 실질적 피해나 피해 우려가 있음이 입증될 때 부과하도록 허용하고 있다.

나) 상계관세(countervailing duty) : 수출국에서 직접적으로나 간접적으로 생산 및 수출에 대하여 장려금이나 보조금 등의 프리미엄을 교부받는 물품에 대해 부과하는 일종의 할증관세이다. 수출국에서 장려금이나 보조금을 받은 수출품은 그만큼 국제경쟁력이 강화되어 해외시장 진출이 용이하지만 수입국에서는 이로 인해 국내산업이 피해를 입게 될 가능성이 있다. 따라서 수입국은 이에 대한 대항조치로서 장려금이나 보조금에 해당하는 금액만큼의 관세를 부과하는 것이 상계관세제도이다. 상계관세에 대해서는 WTO 보조금·상계관세협정에 규정되어 있다.

다) 보복관세(retaliatory duty) : 특정 국가가 자국의 수출품이나 선박 또는 항공기에 대하여 불리한 대우를 하는 경우에 그 국가로부터 수입되는 물품에 대하여 보복적으로 부과하는 할증관세를 보복관세라 한다.

라) 긴급관세(emergency tariff) : 국민경제상 중요한 국내산업을 긴급히 보호할 필요가 있을 경우는 물론 특정 물품의 수입을 긴급히 억제할 필요가 있을 때 또는 산업구조의 변동으로 물품 간의 세율이 현저히 불균형하여 이를 조정할 필요가 있을 때 특정 수입품의 관세율을 높여서 부과하는 관세이다.

마) 조정관세(adjustment duty) : 무역자유화 정책의 실시에 따른 부작용을 관세정책면에서 보완·조정하기 위한 제도이다. 일반적으로 정부는 국내산업의 국제경쟁력 제고와 국내소비자의 이익보호를 위하여 수입자유화율을 대폭 늘리는 한편 수입물품에 대한 관세율을 인하하게 된다. 그러나 이러한 무역자유화의 확대로 일부 자유화된 품목의 수입이 급증하여 국내산업에 피해를 주거나 국민의 소비생활을 교란시킬 경우에 이러한 피해를 제거하기 위하여 관세율을 상향 조정하여 부과하는 관세이다.

바) 편익관세(beneficial or convenient duty) : 조약에 의한 관세상의 혜택을 받지

않는 나라로부터 상품이 수입될 경우 그 상품수입에 대해 조약을 체결한 국가에게 부여하고 있는 관세상의 특혜범위 내에서 위의 관세상의 혜택을 받지 않는 나라에 일방적으로 관세에 관한 편익을 부여하는 제도이다. 편익관세는 최혜국대우와 내용은 유사하지만 최혜국대우는 타국과의 조약에 의하여 편익을 부여하는 데 반해 편익관세는 일방적으로 최혜국대우의 범위 내에서 편익을 주고 상대국은 편익을 달라고 요청할 권리가 없다는 점에서 다르다.

사) 물가평형관세(price stabilization duty) : 국내물가의 안정을 위하여 특정 물품의 공급을 원활히 하거나 특정 수입품의 가격등귀를 저지하려는 목적에서 관세율을 인하하거나 또는 계절에 따라 수시로 변화하는 물품의 가격을 평준화함으로써 생산자와 소비자를 보호하려는 목적의 관세제도이다.

1.2 관세의 경제적 효과

일국이 외국으로부터 수입하는 물품에 관세를 부과하면 일반적으로 보호효과, 소비효과, 재정수입효과, 소득재분배효과, 국제수지효과, 교역조건효과 등의 경제적 효과가 발생한다고 한다. 여기서는 이러한 관세의 경제적 효과에 대하여 부분균형분석과 일반균형분석 방법을 사용하여 소국과 대국의 경우에 대해 고찰하고자 한다. 그러나 여기서는 소국의 경우 부분균형분석과 대국의 경우 일반균형분석을 중심으로 살펴보기로 하고, 대국의 경우 부분균형분석과 소국의 경우 일반균형분석의 경우는 부록을 참조하기 바란다.

(1) 부분균형분석 : 소국의 경우

먼저 분석을 간단히 하기 위해 특정한 한 재화를 대상으로 하는 부분균형분석 방법을 이용하고 관세를 부과하는 나라를 소국이라고 가정한다. 여기서 소국(small country)이라 함은 국제무역에서 그 나라가 차지하는 비중이 적어 그 나라의 수출입량의 변화가 국제가격에 전혀 영향을 미치지 못하는 나라를 의미한다. 따라서 이러

그림 9-1 관세의 경제적 효과 : 부분균형분석(소국의 경우)

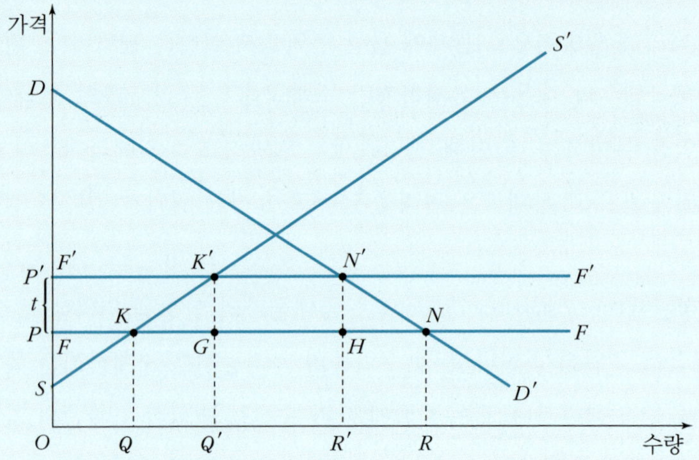

그림에서 DD'곡선은 일국의 수요곡선, SS'곡선은 일국의 공급곡선, FF곡선은 외국의 수출공급곡선, OP는 자유무역에서의 가격, OR은 자유무역에서의 국내소비, OQ는 자유무역에서의 국내생산, QR은 자유무역에서의 수입을 나타낸다.

한 소국의 가정은 그 나라의 수출재와 수입재의 국제가격이 그 나라의 수출입량과 관계없이 일정하다는 것이다. 이러한 상태에서 관세의 경제적 효과를 [그림 9-1]을 이용하여 살펴보면 다음과 같다.

자유무역에서는 국제가격과 국내가격이 일치한다. 그러나 정부가 수입에 대해 t만큼의 관세를 부과한다면 수입재의 국내가격은 국제가격에 관세분만큼 인상하게 되어 국내가격에 대응하는 외국의 수출공급곡선은 관세분만큼 상향 이동하게 되며 그 곡선이 $F'F'$이다.

새로운 상황에서 국제가격은 전과 동일하게 OP이지만 국내가격은 OP'가 되어 그 차액인 PP'가 관세에 해당된다. 국내가격 OP'에서 국내소비는 OR', 국내생산은 OQ', 수입은 $Q'R'$이다. 이러한 상황에서 관세의 경제적 효과는 다음과 같다.

1) 보호효과(protection effect)

일국이 수입재에 대해 관세를 부과하면 수입재의 국내가격은 OP에서 OP'로 상승하게 된다. 이에 따라 국내 수입경쟁재(=수입대체재)의 가격상승으로 이들 산업의 이윤이 증가하므로 수입경쟁재의 국내생산은 *OQ*에서 *OQ′*로 증가한다. 이때 수입경쟁재의 국내생산량 증가분 *QQ′*가 국내산업이 보호되는 보호효과이다.

2) 소비효과(consumption effect)

관세부과로 인해 수입재의 가격이 인상됨으로써 당해 상품의 소비가 *OR*에서 *OR′*로 줄어들게 된다. 이 경우 관세에 의한 소비의 감소분 *RR′*가 관세의 소비효과이다.

3) 재정수입효과(revenue effect)

관세부과로 인한 정부의 재정수입은 수입재 한 단위당 관세 *PP′*(=*t*)에 수입량 *Q′R′*를 곱한 것이 되기 때문에 [그림 9-1]에서 □*K′N′HG*의 영역이 정부에 귀속되는 관세의 재정수입효과가 된다.

4) 국제수지효과(balance-of-payments effect)

관세의 국제수지효과는 관세가 부과되기 전의 수입액과 관세가 부과된 후의 수입액을 비교하면 알 수 있다. [그림 9-1]에서 관세가 부과되기 전에 수입에 지출한 수입액은 수입재 단위당 가격 *OP*에 수입량 *QR*을 곱한 □*KNRQ*이다. 그런데 관세를 부과한 후의 수입액은 단위당 가격 *OP*에 수입량 *Q′R′*를 곱한 □*GHR′Q′*[2)]이다.

따라서 관세의 국제수지효과는 관세부과 전의 수입액인 □*KNRQ*에서 관세부과 후의 수입액 □*GHR′Q′*를 뺀 나머지 영역인 □*KGQ′Q*와 □*HNRR′*의 합의 영역이 된다.

5) 소득재분배효과(income redistribution effect)

관세의 소득재분배효과란 관세부과로 소비자잉여의 일부분이 생산자에게 이전되는 것을 말한다. 이는 관세로 인해 생산의 증대와 소비의 감소를 통해 생산자의 실질소득을 증가시키고 소비자의 실질소득은 감소시킴으로써 실질소득이 소비자로부터 생산자에게로 이전되는 것을 의미하게 된다. [그림 9-1]에서 보면 관세부

2) 관세부과 후의 수입액은 단위당 국내가격 *OP′*에 수입량 *Q′R′*를 곱한 □*K′N′R′Q′*가 아니다. 이 □*K′N′R′Q′*의 영역 중에서 □*K′N′HG*는 정부의 재정수입에 해당되므로 수입액은 □*GHR′Q′*이다.

과 전의 소비자잉여(consumer's surplus)[3]는 $\triangle DNP$, 생산자잉여(producer's surplus)는 $\triangle PKS$의 영역이었으나 관세부과 후의 소비자잉여는 $\square P'N'NP$만큼 줄어들게 되어 $\triangle DN'P'$가 되고 생산자잉여는 소비자잉여 감소분의 일부분인 $\square P'K'KP$만큼 추가되어 $\triangle P'K'S$가 된다. 여기서 $\square P'K'KP$ 영역이 소비자로부터 생산자에게 이전된 잉여이며 이를 관세의 소득재분배효과라 한다.

6) 교역조건효과(terms of trade effect)

일국의 경제규모가 작아서 국제가격에 영향을 미칠 수 없는 경우, 즉 소국인 경우에는 관세부과가 국제가격에 영향을 미치지 못하므로 교역조건(=국제가격)은 불변이다. 따라서 소국인 경우에 교역조건효과는 발생하지 않는다. 그러나 뒤에 설명하는 대국(large country)의 경우에는 관세부과가 교역조건에 영향을 미칠 수 있으므로 교역조건효과가 나타나게 된다.

(2) 일반균형분석 : 대국의 경우

부분균형분석의 경우 특정 재화시장에 대해서는 분석되지만 다른 재화시장에 대해서는 분석되지 않는다. 그런데 한 재화에 관세를 부과하면 관세가 부과된 당해 재화뿐만 아니라 다른 재화에도 영향을 미치게 된다. 이 점을 명백히 하기 위해서 2국·2재화의 단순화된 일반균형분석 방법을 이용하기로 한다.

관세부과국이 대국인 경우에는 관세가 부과됨으로써 국제가격이 영향을 받게 된다.[4] 일국이 Y재에 대해 관세를 부과하면 Y재의 국제가격은 X재에 비해 상대적으로 하락하게 된다.[5] 이러한 경우를 [그림 9-2]로 설명하면 다음과 같다. 그림에서 관세가 부과됨으로써 국제가격이 α선의 기울기에서 α'선으로 변경되며 관세부

---

3) 소비자잉여란 소비자가 어떤 상품을 구입하기 위하여 지불하여도 좋다고 생각하는 금액과 실제로 지불하는 금액과의 차액이라고 정의할 수 있다. 예컨대, 백화점에 진열된 옷이 마음에 들어 15만원 정도를 지불하고도 구입하려고 하였는데 실제 옷값은 8만원이었다. 이 경우에 이 옷을 구입한다면 15만원－8만원＝7만원의 소비자잉여를 얻게 된다.

4) James C. Ingram, Robert M. Dunn. Jr., *International Economics*, John Wiley & Sons. Inc., 1993, pp.129～130.

5) A국이 Y재에 관세를 부과하면 Y재에 대한 A국의 국내수요가 감소되므로 Y재의 국제가격이 하락하게 된다.

그림 9-2 관세의 경제적 효과 : 일반균형분석(대국의 경우(I))

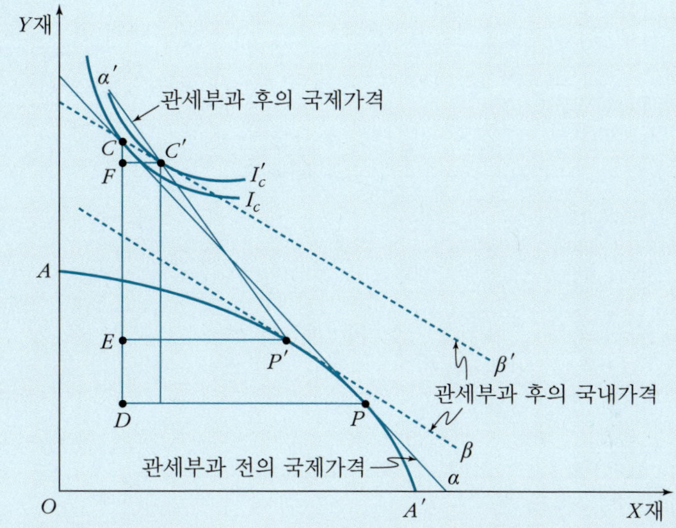

과국의 균형생산점은 P'가 된다.

무역은 국제가격에서 이루어지므로 관세부과 후에는 국제가격선 α'상에서 무역이 이루어지게 되며 새로운 균형소비점은 C'점이 된다. 이 C'점은 관세부과 후의 국내가격선 β'와 사회무차별곡선 I_c'의 접점이며 또한 국제가격선은 이 접점(C'점)을 통과하고 있음을 알 수 있다.

여기서도 Y재에 대한 관세부과로 Y재의 국내생산이 증가하는 보호효과(그림에서 DE)는 물론 Y재의 국내소비가 감소하는 소비효과(그림에서 CF)까지 나타나 Y재의 수입량이 CD에서 FE로 감소하게 된다.

그런데 [그림 9-2]에서 보는 바와 같이 일국은 관세부과로 보다 상위의 사회무차별곡선에서 소비를 하고 있음을 알 수 있다.[6] 그러나 이러한 결과가 항상 나타나는 것은 아니며 국제가격 변화의 크기에 따라 달라지게 된다. 즉 일국이 관세를 부과함으로써 이로 인한 교역조건의 개선이익이 국내자원의 비효율적인 사용에 따

6) 관세부과 이전의 소비점은 C점이지만 관세부과 후의 소비점은 C'점이며 I_c'의 사회무차별곡선상에 위치하고 있다.

그림 9-3 관세의 경제적 효과 : 일반균형분석(대국의 경우(Ⅱ))

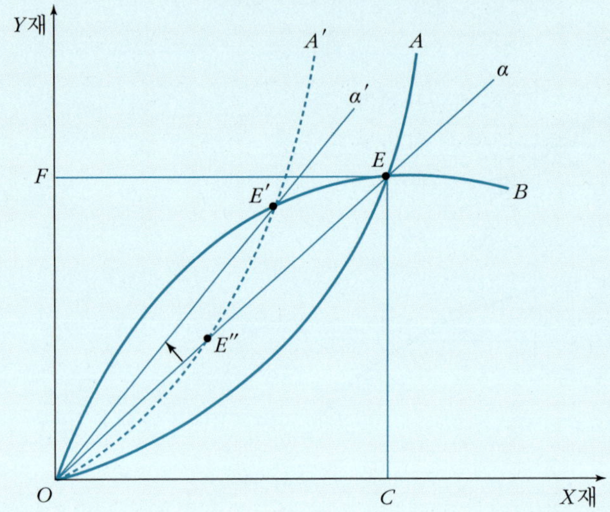

그림에서 OA는 A국의 오퍼곡선, OB는 B국의 오퍼곡선, E점은 자유무역 시 국제무역의 일반균형점, α선은 자유무역 시 교역조건선(=국제가격선), OC는 A국의 수출량, OF는 A국의 수입량을 나타낸다.

른 손실[7)]을 초과할 경우에 한하여 일국은 관세부과로 이익을 얻게 된다.

그리고 관세의 교역조건효과는 오퍼곡선을 이용하여 설명할 수도 있다. 이러한 내용을 알아보기 위해 [그림 9-3]을 이용한다. 이러한 상태에서 A국이 수입재인 Y재에 관세를 부과하면 A국의 오퍼곡선 OA는 OA'로 이동하게 되고 교역조건선은 α에서 α'로 이동하게 되어 A국에 유리하게 된다.[8)]

여기서 B국의 오퍼곡선의 탄력성이 작을수록[9)] 교역조건은 A국에 유리하게 된다. 만약 B국의 오퍼곡선이 완전탄력적인 경우에는 교역조건은 A국의 관세부과에도 불구하고 전혀 변동이 없게 된다. 예컨대, [그림 9-3]에서 B국의 오퍼곡선이 완

7) 국내자원이 비교우위가 있는 수출재산업에 사용되어야 하는데 비교열위에 있는 수입경쟁재산업에 사용되기 때문에 손실이 발생된다고 한다.

8) A국의 오퍼곡선이 OA에서 OA'로 이동함으로써 동일한 수출량으로 이전보다 더 많은 수입량과 교환하게 되어 A국의 교역조건이 개선된다.

9) B국의 오퍼곡선의 탄력성이 커질수록 B국의 오퍼곡선은 직선의 형태가 되고 작을수록 Y축에 가깝게 되는 형태를 띠게 된다.

전탄력적이어서 직선 α인 경우에는 A국이 관세를 부과하여도 교역조건에는 아무런 변화 없이 그 나라의 수출입량만 감소하게 되며 이때 새로운 균형점은 E''가 된다.

결론적으로 상대국의 오퍼곡선 탄력성이 작을수록 교역조건은 관세부과국에 유리하게 된다. 개선된 교역조건 이익은 관세부과국의 자원의 비효율적인 이용에 의한 손실보다 커서 관세부과국의 경제적 후생의 순이익이 발생하게 된다. 그러나 이러한 이익은 상대국의 희생(=손실)에 의한 것이다.

1.3 관세의 경제적 후생

(1) 소국의 경우

관세가 관세부과국 및 외국의 경제적 후생에 미치는 영향을 고찰하기 위해 먼저 소국의 경우 부분균형분석 방법을 이용하기로 한다. 앞의 [그림 9-1]에서 자유무역 상태에서 이 나라의 경제적 후생(economic welfare)은 소비자잉여인 $\triangle DNP$와 생산자잉여인 $\triangle PKS$의 합이다.

그러나 관세부과 후의 이 나라의 경제적 후생은 역시 소비자잉여인 $\triangle DN'P'$와 생산자잉여인 $\triangle P'K'S$에 정부의 재정수입인 $\square K'N'HG$가 추가되게 된다. 그런데 여기서 관세부과 전후에 이 나라 전체의 경제적 후생을 비교해 보면 관세부과 후에 $\triangle KK'G$와 $\triangle N'NH$의 합만큼 손실을 입게 되는데 이것이 관세의 코스트(손실=대가)[10]이다.[11]

결국 일국 전체의 경제적 후생을 문제로 하는 한 적어도 소국의 경우에 관세를 부과하면 경제적 후생이 감소하므로 자유무역정책이 최선의 정책이라고 할 수 있다.

10) 이러한 관세의 코스트를 킨들버거(C. P. Kindleberger)는 관세의 사중손실(deadweight loss)이라 하여 순국가적 손실(net national loss)로서 취급하고 있으나 저자는 이를 관세의 본원적 손실로 정의한다.

11) P. H. Lindert and C. P. Kindleberger, *International Economics*, Richard D. Irwin, Inc., 1982, p.114.

(2) 대국의 경우

대국의 경우 일반균형분석 방법에 의해 관세부과가 관세부과국의 경제적 후생에 어떠한 영향을 미치는가를 살펴보기로 한다. 앞의 [그림 9-2]에서 보는 바와 같이 관세부과로 보다 상위의 사회무차별곡선에서 소비가 이루어짐으로써 경제적 후생이 증가되었음을 알 수 있다.

그러나 항상 이러한 결과가 나타나는 것은 아니며 국제가격 변화의 크기에 따라 달라지게 된다는 것이다. 만약 일국이 관세를 부과할 경우에 이로 인한 교역조건의 개선이익이 국내자원의 비효율적인 사용에 따른 손실을 초과할 경우에는 이 나라는 관세부과로 이익을 얻게 되나 그 반대의 경우에는 손실을 입게 된다.

한편 오퍼곡선을 통해 경제적 후생수준을 살펴보기 위해 [그림 9-4]를 이용하기로 한다. 그림에서 *E*점은 자유무역 상태에서의 균형점이고 *TI*와 *TI*′는 이 나라의 무역무차별곡선이다. 이 중 *TI*는 *E*점에서 교역조건선 *OE*와 접하고 B국의 오퍼곡선 *OB*와 *E*점에서 교차한다.

그런데 여기서 오퍼곡선 *OB*에서 보면 자유무역 상태의 균형점 *E*보다 이 나라

그림 9-4 관세의 경제적 후생효과 : 대국의 경우(일반균형분석)

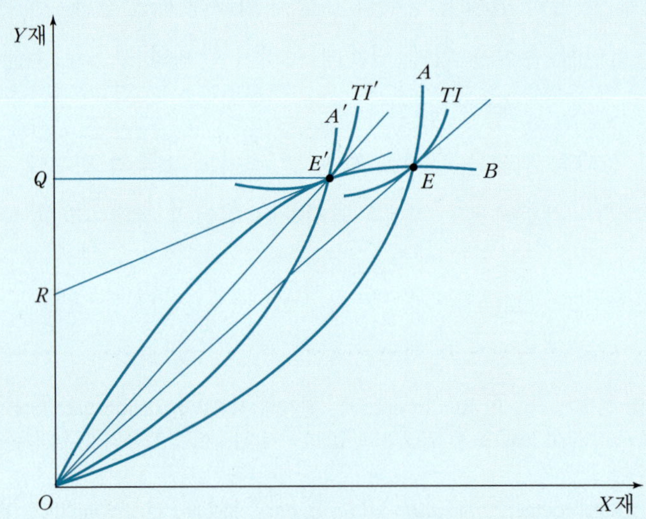

의 경제적 후생이 높은 교역점의 범위가 존재한다는 것을 알 수 있다. 이 중에서 이 나라의 경제적 후생을 극대로 하는 점은 무역무차별곡선 중의 하나인 TI'와 B국의 오퍼곡선 OB가 접하는 점 E'이다.[12)] 그리고 이 E'점은 이 나라가 Y재 수입에 관세를 부과하여 오퍼곡선이 OA에서 OA'로 이동함으로써 도달할 수 있는 점이다. 이 때의 관세를 최적관세라고 한다.[13)]

1.4 관세 관련 정책

지금까지 관세의 경제적 효과를 고찰하였다. 그러나 실제로 현실경제에서 이러한 관세의 경제적 효과를 이용하여 관세 관련 정책을 실시하는 경우에 다음과 같은 문제가 제기될 수 있다. 첫째, 관세를 부과할 경우에 어떤 수준의 관세가 일국의 경제적 후생을 극대로 하는가 하는 문제를 취급하는 최적관세, 둘째, 관세를 부과할 경우에 발생하는 국내산업의 보호 정도를 어떻게 측정할 것이며 이 기준에 따를 경우 어떻게 관세를 부과하는 것이 보호효과를 극대화할 수 있는지에 대한 문제인 실효보호율, 셋째, 상대국이 일국의 수출상품이나 선박 등에 대해 차별관세나 차별대우를 할 경우에 이에 대응하는 관세인 보복관세 등에 대해 살펴보기로 한다.

(1) 최적관세(optimum tariff)

1) 최적관세의 개념

일국이 무역에서 최대의 이익을 얻으려고 한다면 자국의 교역조건을 개선하여 이러한 유리한 교역조건에서 무역량을 확대시켜야 한다. 그러나 일반적으로 일국이 관세를 부과하면 관세부과국의 교역조건이 개선되어 그 나라의 경제적 후생을 증가시키는 반면에 무역량이 감소되어 경제적 후생을 감소시키게 된다.

따라서 관세부과로 인하여 교역조건 개선효과의 이익을 극대화하고 무역량 감

12) 그림에서 B국의 오퍼곡선상의 EE' 범위에서의 관세부과는 분명히 자유무역의 경우보다 경제적 후생이 증가함을 알 수 있다.

13) R. E. Caves and R.W. Jones, *World Trade and Payments*, Little Brown and Company, 1985, pp.218~219. 그리고 최적관세에 대해서는 후술함.

소효과의 불이익을 최소화하여 관세부과국의 무역이익이 최대가 되는 관세가 존재하게 될 것이다. 이와 같이 관세부과국의 무역이익이 극대화되는 관세를 최적관세라 한다.

2) 관세부과에 의한 무역이익의 극대화

다음 [그림 9-5]를 이용하여 관세를 부과하였을 경우 무역이익의 극대화 상태를 살펴보기로 한다. 자유무역 상태에서 양국은 *Q*점에서 교역을 하며 이때 균형교역조건선은 α_1 이다. 이 상태에서 A국이 *Y*재 수입에 관세를 부과하면 A국의 오퍼곡선 *OA*가 이동하여 *OA′*가 되고 이때 A국은 자유무역의 경우보다 후생수준이 높은 무역무차별곡선으로 이동하게 된다. A국이 이보다 더 높은 관세를 부과하면 A국의

그림 9-5 최적관세

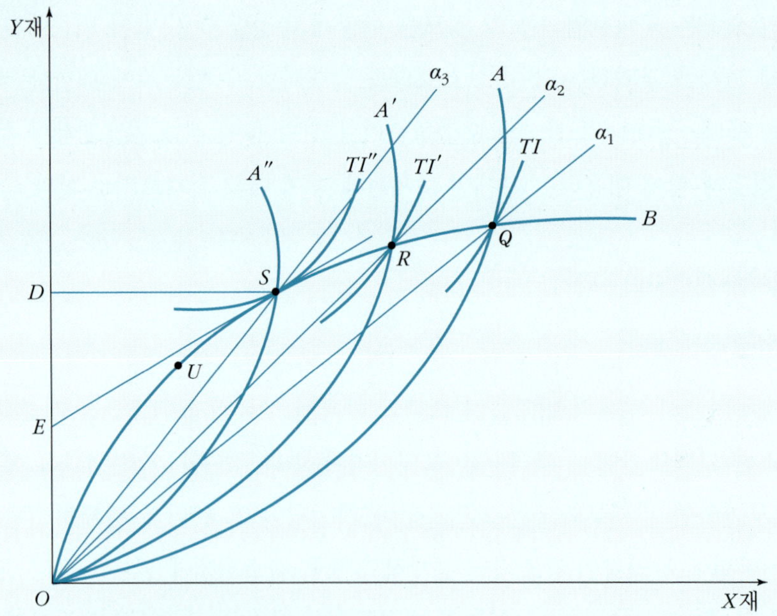

그림에서 *OA*는 자유무역 시의 A국의 오퍼곡선, *OB*는 자유무역 시의 B국의 오퍼곡선, *OA′*와 *OA″*는 관세부과 시의 A국의 오퍼곡선, *TI*와 *TI′* 및 *TI″*는 A국의 무역무차별곡선, α_1은 자유무역 시의 교역조건선, α_2와 α_3은 관세부과 시의 교역조건선, *Q*는 자유무역 시의 무역의 일반균형점, *R*와 *S*는 관세부과 시의 무역의 일반균형점을 나타낸다.

오퍼곡선 OA'가 이동하여 OA''가 되어 S점이 국제무역의 일반균형점이 된다. 그런데 이 S점에서 A국의 무역무차별곡선 TI''와 B국의 오퍼곡선이 접하게 된다. 즉 A국은 B국과 어떠한 무역을 하더라도 TI''보다 높은 무역무차별곡선에는 도달할 수 없다.

만약 A국이 S점에서보다 높은 관세를 부과하여 A국의 오퍼곡선이 B국의 오퍼곡선상의 U점을 통과하게 된다면 U점에서의 A국의 무역무차별곡선은 S점에서의 무역무차별곡선 TI''보다 후생수준이 낮아진다는 것을 알 수 있다. 따라서 A국은 S점에서 무역을 함으로써 최대의 이익을 얻을 수 있게 되는데 이 S점이 바로 최적관세점이다. 이러한 관세를 부과하면 이 나라의 무역이익이 극대화된다.

3) 최적관세율의 도출

앞의 [그림 9-5]에서 관세부과국의 이익이 극대화되는 점은 S점이라는 것을 분명히 하였으므로 S점에서의 관세율이 최적관세율이라는 것을 알 수 있다. 따라서 S점에서 국내가격과 국제가격을 나타내면 국내가격비율은 직선 SE의 기울기[14] 이고 국제가격비율은 교역조건선 α_3이다. 즉 직선 SE의 기울기는 SD/DE(Y재의 가격비율임)이고 국제가격비율인 α_3의 기울기는 SD/OD(Y재의 가격비율임)이다. 따라서 최적관세율 t는 다음과 같이 정의된다.

$$\text{국제가격}(1+t)=\text{국내가격}$$

$$\frac{SD}{OD}(1+t)=\frac{SD}{DE}$$

$$1+t=\frac{SD}{DE}\cdot\frac{OD}{SD}=\frac{OD}{DE}$$

$$t=\frac{OD}{DE}-1=\frac{OD-DE}{DE}=\frac{OE}{DE}$$

그림에서 $DE=OD-OE$이므로 다음과 같이 나타낼 수 있다.

14) 직선 SE는 S점에서의 무역무차별곡선의 기울기이다. 무역무차별곡선은 동일한 효용수준의 수출량과 수입량의 조합을 표시하므로 무역무차별곡선의 기울기는 이에 대응하는 생산가능곡선과 사회무차별곡선의 접점에서의 기울기와 같고 또한 국내가격비율과 같다.

$$t = \frac{OE}{OD-DE} = \frac{1}{\frac{OD}{OE}-1}$$

여기서 $\frac{OD}{OE}$는 B국의 수입수요탄력성을 표시하므로 최적관세율 t를 B국의 수입수요탄력성 η_f로 표시하면

$$t = \frac{1}{\eta_f - 1}$$

이다.

(2) 실효보호율(effective rate of protection)

1) 실효보호율의 개념

어떤 상품에 관세를 부과하면 관세가 부과된 상품의 명목가격이 상승함으로써 그 상품 생산에 있어서의 실질 및 명목부가가치가 증가하고 또한 그 상품 생산에 요소투입의 증가에 따른 산출량이 증가하는 등의 산업보호효과가 발생하게 된다.

그러나 생산요소로서 수입원자재가 사용될 경우 관세가 최종재(=완제품)와 수입원자재에 동시에 부과되면 명목관세율(nominal rate of protection)은 관세의 보호효과를 정확하게 나타내지 못한다고 한다. 즉 관세가 수입상품의 국내생산을 증가시키는 보호효과는 관세가 수입상품의 국내가격을 인상시키기 때문에 가능하다.

이와 같이 관세가 수입상품(=최종재)의 국내가격을 인상시키는 것이 국내가격 인상효과이다. 또한 원자재를 수입하여 국내에서 완제품을 생산할 경우 수입원자재 비용과 수입원자재 관세가 부과되는 만큼 완제품의 국내생산비는 상승하기 때문에 국내생산비 인상효과가 발생한다. 그러므로 국내가격 인상효과가 크면 클수록 그리고 국내생산비 인상효과가 적으면 적을수록 보호효과는 커진다.

이러한 관세부과에 의한 국내부가가치[15)]의 증가율을 실효보호율 또는 실질보호율이라 하며 관세에 의한 보호의 실질적인 효과는 이와 같은 명목관세율이 아닌

15) 국내부가가치(domestic value added)란 최종재의 가격에서 최종재 생산에 투입된 원자재 비용을 차감한 것이다.

실효보호율로서 표시되어야 한다.[16] 결국 관세부과에 따른 정확한 보호의 정도를 측정하는 데는 관세부과에 의해 발생되는 국내부가가치의 증가율을 나타내는 실효보호율의 개념이 이용된다.

예를 들어, 10,000원짜리 만년필(=최종재) 1개를 생산하는 데 8,000원에 상당하는 수입원자재가 투입된 경우 자유무역에서 국내노동과 자본에 의한 부가가치는 2,000원(=10,000원−8,000원)이다. 이러한 상태에서 수입원자재에는 관세를 부과하지 않고 만년필에만 10%의 관세(=명목관세)를 부과할 경우 만년필의 국내시장가격은 11,000원이 되기 때문에 국내부가가치는 3,000원(=11,000원−8,000원)이 된다. 따라서 국내부가가치의 증가를 나타내는 실효보호율(g)은 다음과 같이 나타낼 수 있다.

$$g = \frac{\text{관세부과 후의 부가가치}(V') - \text{관세부과 전의 부가가치}(V)}{\text{관세부과 전의 부가가치}(V)}$$

$$= \frac{3,000 - 2,000}{2,000} = 0.5 = 50(\%)$$

그런데 위의 예에서 수입원자재에 5%의 관세를 부과한다면 만년필 생산에 투입되는 수입원자재 비용은 8,000원에서 8,400원으로 상승하므로 관세부과 후의 부가가치 V'는 2,600원(=11,000원−8,400원)이 된다. 이러한 경우에 실효보호율은 다음과 같이 계산된다.

$$g = \frac{V' - V}{V} = \frac{2,600 - 2,000}{2,000} = 0.3 = 30(\%)$$

2) 명목관세율에 의한 실효보호율의 표시

실효보호율은 그 표시방법에 따라 여러 가지가 있으나 여기서는 통상적으로 사용되고 있는 명목관세율에 의한 실효보호율의 표시를 중심으로 설명하기로 한다.[17] 따라서 1산출재(=최종재) 1수입투입재의 모델을 이용하기로 하고 종가관세

16) 山本繁綽, 貿易政策の理論, 東洋經濟新聞社, 1974, pp.145~146.

17) W. M. Corden, *The Theory of Protection*, Oxford University Press, 1971, pp.36~39.

가 부과되며 최종재 j재 생산에 수입투입재 i가 사용된다.

관세부과 전의 부가가치 :

$$V_j = P_j - b_{ij}P_i$$
$$= P_j - a_{ij}P_j = P_j(1-a_{ij})$$

관세부과 후의 부가가치 :

$$V_j' = P_j(1+t_j) - b_{ij}P_i(1+t_i)$$
$$= P_j(1+t_j) - a_{ij}P_j(1+t_i)$$
$$= P_j[(1+t_j) - a_{ij}(1+t_i)]$$

여기서 P_j는 j재(=최종재) 1단위 가격, P_i는 i재(수입투입재) 1단위 가격, b_{ij}는 j재 1단위 생산에 투입되는 i재의 양의 비(기술적 투입계수), a_{ij}는 j재 1단위 생산에 투입되는 i재의 금액의 비(가치적 투입계수)를 나타낸다.

그러면 이를 실효보호율의 정의식에 대입하여 정리하면 j재의 실효보호율 g_j는 다음과 같다. 먼저 기술적 투입계수 b_{ij}로 표시하면

$$g_j = \frac{V_j' - V_j}{V_j} = \frac{P_j(1+t_j) - b_{ij}P_i(1+t_i) - (P_j - b_{ij}P_i)}{P_j - b_{ij}P_i}$$
$$= \frac{P_j + P_jt_j - b_{ij}P_i - b_{ij}P_it_i - P_j + b_{ij}P_i}{P_j - b_{ij}P_i}$$
$$= \frac{P_jt_j - b_{ij}P_it_i}{P_j - b_{ij}P_i} \quad \cdots\cdots (1)$$

이 된다. 또는 이를 가치적 투입계수 a_{ij}로 표시하면

$$g_j = \frac{V_j' - V_j}{V_j} = \frac{[P_j(1+t_j) - P_ja_{ij}(1+t_i)] - (P_j - P_ja_{ij})}{P_j - a_{ij}P_j}$$
$$= \frac{P_j + P_jt_j - P_ja_{ij} - P_ja_{ij}t_i - P_j + P_ja_{ij}}{P_j - a_{ij}P_j}$$
$$= \frac{P_j(t_j - a_{ij}t_i)}{P_j - (1-a_{ij})} = \frac{t_j - a_{ij}t_i}{1-a_{ij}} \quad \cdots\cdots (2)$$

가 된다.

앞의 예를 이 식을 사용하여 실효보호율을 계산해 보면

$$g_j = \frac{t_j - a_{ij}t_i}{1 - a_{ij}} = \frac{0.1 - 0.8 \times 0.05}{1 - 0.8} = \frac{0.1 - 0.04}{0.2} = \frac{0.06}{0.2} = 0.3 = 30(\%)$$

이다.

(3) 보복관세(retaliative tariff)

1) 보복관세의 의의

교역상대국이 한 나라의 수출에 대하여 부당하게 차별할 경우에 어떠한 조치를 취할 수 있겠는가? 그중 하나의 방법이 보복관세를 부과하는 것이다. 보복관세란 자국의 수출품에 대하여 교역상대국이 부당한 차별관세나 차별대우를 취하는 경우 자국의 이익을 보호하기 위하여 상대국으로부터 수입하는 상품에 대하여 보복적으로 부과하는 관세를 말한다. 보복관세는 일종의 차별관세이고 통상 고율이며 일반적으로 다음과 같은 경우에 부과된다.

첫째, 교역상대국이 일국으로부터의 상품수입에 대해 부당한 관세를 부과할 때 이에 대한 보복조치로서 상대국으로부터 수입되는 상품에 대하여 관세를 부과한다.

둘째, 교역상대국이 타국에 대하여 관세상 우대조치를 취할 경우 이에 대항하기 위해 보복관세를 부과한다.

만약 이상과 같은 이유에서 일국이 교역상대국의 보복관세에 대해 역보복조치를 취하고 다시 교역상대국이 보복조치를 취하는 악순환이 계속된다면 결과적으로 국제무역의 규모는 점차 축소되고 이에 따라 양국의 후생수준은 낮아지게 된다.

2) 보복관세의 내용

여기서는 보복관세가 부과될 경우 양국의 무역량과 교역조건 및 경제적 후생수준에 어떠한 변화가 발생하는지를 살펴보기 위하여[18] [그림 9-6]을 이용하기로 한다.

---

18) H. R. Heller, *International Trade : Theory and Empirical Evidence*, Prentice-Hall, Inc., 1973, pp.172~174.

그림 9-6 보복관세

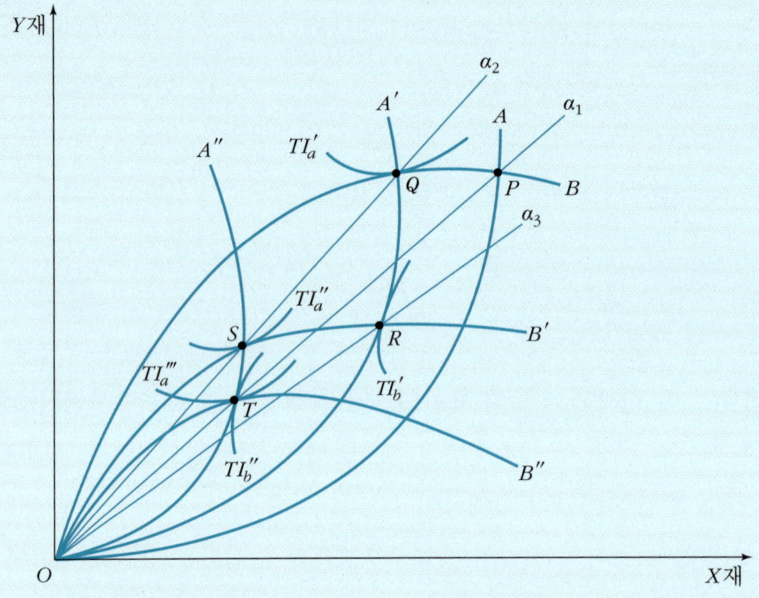

그림에서 OA곡선과 OB곡선은 각각 자유무역 상태에서의 A국과 B국의 오퍼곡선, α_1선은 자유무역 상태에서의 교역조건선, P점은 자유무역 상태에서의 국제무역의 일반균형점을 나타낸다.

이러한 상태에서 A국이 B국에 대하여 관세를 부과함에 따라 A국의 오퍼곡선은 OA에서 OA'로 이동하게 되고(이때의 교역조건은 α_2) 이러한 A국의 조치에 대해 B국이 보복관세를 부과한다면 B국의 오퍼곡선은 OB'로 이동하여 양국의 오퍼곡선은 R점에서 서로 만나게 되어 균형점은 R점에서 결정되고 교역조건은 α_3가 된다. 그런데 이 α_3는 A국이 원래 1차적인 관세부과 시보다 불리하게 되었으나 B국의 교역조건은 오히려 자유무역 시보다 더 유리하게 되었다.

따라서 A국이 최초의 관세를 부과하여 무역상의 이익을 얻으려고 노력한 시도는 완전히 역전된다. 이에 대해 A국은 B국의 상품에 부과한 관세율을 한층 더 인상함으로써 역보복(counter retaliation) 조치를 취하고 이에 따라 B국이 다시 고율의 관세로 대응하면 보복과 역보복은 계속되게 된다. 이에 따라 균형점은 $P \rightarrow Q \rightarrow R \rightarrow S \rightarrow T$점으로 이동하게 된다.

이러한 관세보복이 행하여졌을 경우 양국의 후생수준은 어떻게 되는가? 현실 경제에서 어느 한 국가가 타국의 수출품에 대하여 관세를 부과하면 교역상대국은 관세보복조치를 취하는 것이 일반적이다. 실제로 어느 한 국가의 관세부과에 대해 관세보복이 있을 경우 두 국가의 관세율은 점차 높아지게 되고 그 결과 어느 한 국가의 후생수준도 증가하지 않는 상태에서 무역량만 감소하여 쌍방의 후생수준은 오히려 관세부과 이전에 비해 모두 하락하게 될 가능성이 있다.

즉 [그림 9-6]에서 볼 수 있는 바와 같이 양국이 보복관세를 계속적으로 부과함으로써 A국의 오퍼곡선은 $OA \rightarrow OA' \rightarrow OA''$로 이동하게 되고 B국의 오퍼곡선도 $OB \rightarrow OB' \rightarrow OB''$로 이동하게 될 것이다. 따라서 결국은 T점에서와 같이 교역조건에는 변동을 주지 않으면서 양국의 무역량만 축소시켜 양국은 보복관세 부과 전보다 더 낮은 후생수준[19]에 놓이게 됨을 알 수 있다.

19) 각국의 후생수준을 나타내는 무역무차별곡선을 보면 A국의 경우는 $TI_a' > TI_a''$가 되고 B국의 경우도 $TI_b' > TI_b''$가 되어 보복관세가 계속됨으로써 후생수준은 낮아지게 된다.

부록 1

관세의 경제적 효과 : 부분균형분석(대국의 경우)

대국의 경우는 관세를 부과하는 국가의 수입수요가 커서 국제시장에서 독점력을 행사할 수 있으므로 국제가격에 영향을 미칠 수 있다. 이러한 경우를 나타낸 것이 [그림 9-7]이다. 그림에서 *FF*선은 이 나라의 총공급곡선이고 우상향의 형태를 띠고 있다. 이는 관세를 부과하는 국가가 국제시장에서 독점력을 가지고 있는 반면에 상대국은 공급능력이 크지 않음을 의미한다.

이러한 상황에서 자유무역 상태의 균형점은 *N*점이며 이때 가격은 *OP*이고 국내수요량은 *OR*, 국내생산량 *OQ*이므로 수입량은 *QR*이다. 여기서 이 나라가 수입

그림 9-7 관세의 경제적 효과 : 부분균형분석(대국의 경우)

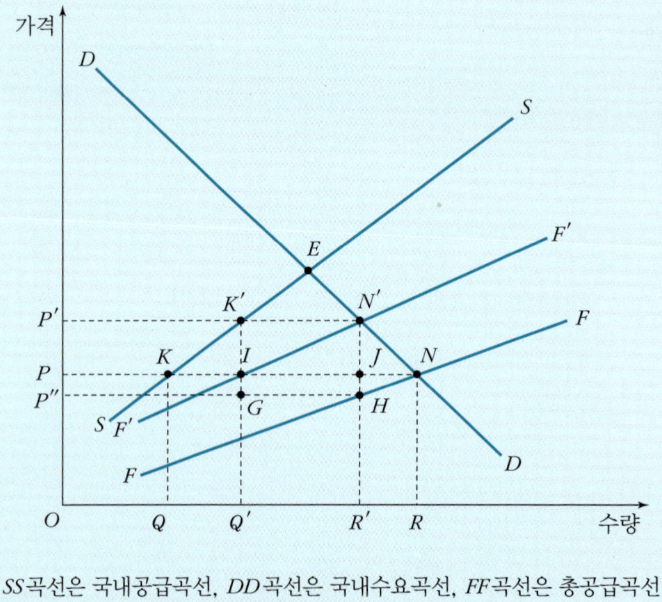

그림에서 *SS*곡선은 국내공급곡선, *DD*곡선은 국내수요곡선, *FF*곡선은 총공급곡선(국내공급량+외국의 공급량), *F′F′*곡선은 관세부과 후의 총공급곡선을 나타낸다.

재에 관세를 부과하면 소국의 경우와 마찬가지로 보호효과, 소비효과, 재정수입효과, 국제수지효과 등이 나타나게 된다. 즉 관세부과로 인해 일국의 총공급곡선 FF는 관세부과분만큼 상향 이동하여 곡선 $F'F'$가 된다. 이러한 새로운 상태에서 균형점은 N'점으로 이동하고 국내가격은 OP'가 되어 국내생산은 OQ', 국내소비는 OR'가 된다.

따라서 관세부과로 인해 국내생산량이 QQ'만큼 증대하고(보호효과) 국내소비량이 RR'만큼 감소하므로(소비효과) 수입량은 QR에서 $Q'R'$로 감소하게 된다. 그리고 관세수입은 □$K'N'HG$이다(관세수입효과). 여기서 □$K'N'JI$는 국내소비자가 부담하는 관세액[20]이고 □$IJHG$는 외국의 수출업자가 부담하는 관세액[21]이다. 또한 □$P'K'KP$는 소비자잉여의 일부가 관세부과로 인해 생산자에게로 이전되는 영역(소득재분배효과)이다. 한편 △$KK'I$와 △$N'NJ$는 관세의 코스트(손실)로서 이를 사중손실(deadweight loss)[22] 또는 관세의 본원적 손실이라고도 한다.

여기서 중요한 것은 소국의 경우와 다르게 관세부과로 인해 국제가격이 인하되는 효과가 나타난다는 사실이다. [그림 9-7]에서 관세가 부과되면 총공급곡선 FF선은 $F'F'$로 이동하게 되고 이로 인해 국제가격은 OP''로 하락하게 된다. 그림에서 종축은 수입재의 가격을 나타내지만 이는 상대가격$\left(=\dfrac{\text{수입재 가격}}{\text{수출재 가격}}\right)$이므로 수입재가격이 OP에서 OP''로 하락하였다는 것은 수출재가격의 인상, 즉 교역조건이 개선되었다는 것을 의미하게 된다. 결국 관세부과국이 세계시장에서 어느 정도 독점력을 가진 대국의 경우에는 관세가 부과됨으로써 교역조건을 개선시킬 수 있는데 이것이 교역조건 개선효과이다.

관세가 부과국의 교역조건을 개선시킨다는 것은 관세의 부담을 외국에 전가시키는 것이 된다. 그림에서 상품 단위당 관세의 가격효과 $P''P'$는 $P'P$와 PP''의 합으로 되어 있다. 여기서 $P'P$는 관세부과국 측에서 부담하는 부분이고 PP''는 외국이 부담하는 부분이다.

20) 이 관세액은 관세부과국의 국내소비자가 관세부과 전의 국제가격 이상의 가격으로 구매하므로 이 초과가격에 수입량을 곱한 금액이다.

21) 외국의 수출업자는 관세부과 전의 수출량에 해당하는 가격에서 관세부과 후의 감소된 수출량에 해당하는 인하된 가격으로 수출에 임하게 된다. 이때 가격인하분에 수출량을 곱한 금액이다.

22) 앞의 주 10) 참조.

부록 2

관세의 경제적 효과 : 일반균형분석(소국의 경우)

부분균형분석의 경우 분석의 대상이 특정 재화시장이므로 다른 재화시장은 고려의 대상이 되지 않는다. 그런데 특정 재화에 관세를 부과하면 관세가 부과된 당해 재화뿐만 아니라 다른 재화에도 영향을 미칠 수 있다. 이 점을 명백히 하기 위해서는 2국·2재화의 단순화된 일반균형분석 방법을 이용하기로 한다. 여기서는 2국을 A국과 B국, 2재를 X재와 Y재라 하고 A국을 소국, B국을 외국의 총체라고 하자.

소국인 경우 일반균형분석 방법으로 관세의 경제적 효과를 설명하기 위해 [그림 9-8]을 이용하기로 한다.[23] 여기서 X재는 수출재이고 Y재는 수입경쟁재(또는 수입대체재)이다. 그리고 그림에서 α선은 국제가격선이며 P점은 균형생산점이고 α선과 사회무차별곡선인 I_c와의 접점인 C점은 균형소비점이다.

지금 A국이 수입재에 대하여 관세를 부과하면 수입경쟁재인 Y재의 국내가격이 인상되게 된다. 이러한 현상을 [그림 9-8]에서 보면 국내가격선은 β선으로 표시되는데 이는 국제가격선 α보다 기울기가 완만하므로 Y재의 국내가격이 인상되었음을 알 수 있다. 결국 관세부과로 국제가격과 국내가격이 달라지게 된다.

Y재의 가격이 인상될수록 Y재의 생산량은 증가하지만 X재의 생산량은 감소하게 된다. 따라서 균형생산점은 P'로 이동하게 되고 이 P'점은 국내가격선 β와 생산가능곡선의 접점이 된다.

앞서 소국의 경우라고 전제하였기 때문에 관세의 부과와 관계 없이 국제가격은 변동이 없으므로 무역은 α'선(이는 α선과 평행함)상에서 이루어지게 된다. 관세부과 후 새로운 균형소비점은 다음 두 가지 조건이 충족될 때 성립되게 된다. 즉 ① 국내가격선 β'(이 β'선의 기울기는 관세부과 시의 국내가격선의 β의 기울기와 동일함)와 사회무차별곡선이 접하고, ② 사회무차별곡선과 국내가격선 β'의 접점에서 국제가

23) James C. Ingram, Robert M. Dunn, Jr., *International Economics*, John Wiley & Sons, Inc., 1993, pp.122~124.

그림 9-8 관세의 경제적 효과 : 일반균형분석(소국의 경우)

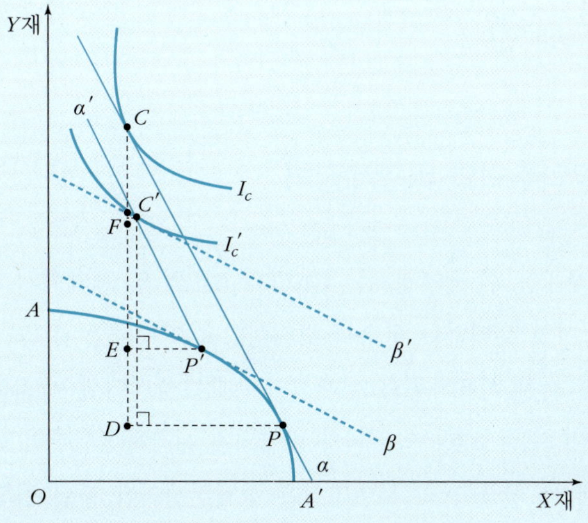

격선 α'가 사회무차별곡선과 만나야 한다는 조건이다. 이들 2가지 조건이 충족되는 점은 [그림 9-8]에서 C'점이다. 여기서 첫 번째 조건은 소비의 한계대체율(MRS_{XY})이 두 재화의 가격비율$\left(\frac{P_X}{P_Y}\right)$과 같아야 한다는 것이고, 두 번째 조건은 국내가격이 국제가격에 관세를 더한 것과 정확히 일치하여야 한다는 것이다.

새로운 균형상태에서는(관세부과 후) A국은 여전히 X재를 수출하고 Y재를 수입하지만 관세부과 전보다 수출입량이 축소되었다. 관세부과로 인해 Y재의 국내생산이 증가하는 보호효과(ED)는 물론 Y재의 국내소비가 감소하는 소비효과(CF)까지 나타나 Y재의 수입량이 감소하게 된다. 또한 이로 인해 X재의 국내생산은 물론 수출량도 감소하여 A국의 경제적 후생수준이 낮아지게 된다. 이를 [그림 9-8]에서 살펴보면 관세부과 전의 소비점 C에서의 후생수준을 나타내는 사회무차별곡선 I_c에서 관세부과 후의 소비점 C'에서의 후생수준을 나타내는 사회무차별곡선 I_c'로 변화되었음을 알 수 있다. 결론적으로 소국의 경우에 관세를 부과하게 되면 일반균형분석 방법에 의하든 부분균형분석 방법에 의하든 그 나라의 경제적 후생수준이 낮아진다는 것을 알 수 있다.

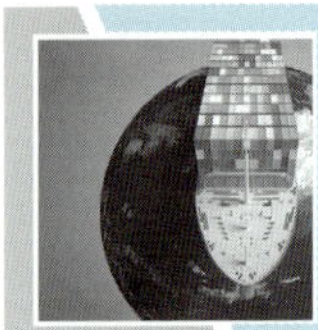

제2절
비관세장벽

2.1 신보호무역주의와 비관세장벽

제2차 세계대전 후 세계경제는 GATT와 IMF의 양 체제에서 자유무역의 전성기를 맞이하여 사상 유례없는 급속한 경제성장을 이룩하였다. 그러나 1970년대 초 이후 두 차례에 걸친 석유파동과 세계적인 스태그플레이션(stagflation)[24]을 겪으면서 선진국이 주도하는 보호무역주의가 확산되기 시작하면서부터 선진국 상호간 또는 선진국과 개발도상국 간의 무역마찰은 경제전쟁이라 불릴 정도로 심화되었다. 이러한 1970년대 초 이후에 나타난 세계적인 보호무역주의 현상을 신보호무역주의(neo-protectionism)라고 한다.

과거 보호무역주의의 주요 수단이 관세인 데 비해 신보호무역주의에서는 비관세장벽이 주로 이용되고 있다. 이와 같이 비관세장벽이 신보호무역주의의 정책수단으로 등장하게 된 배경은 대체로 다음과 같다.

첫째, 제2차 세계대전 후 GATT에 의한 무역자유화의 추진으로 7차에 걸친 관세 일괄인하 교섭이 커다란 성과를 거두었다. 특히 제6차 케네디라운드의 타결로 관세율이 대폭 인하되게 되었고 개발도상국에 대한 선진국의 일반특혜관세제도(GSP : generalized system of preference)[25]가 실시됨에 따라 선진국은 자국의 산업을 보호하고 국제수지 적자를 방어하기 위하여 종래의 관세장벽에 대체하여 각종의 비관세장벽을 이용하지 않을 수 없었다.

둘째, GATT 발족 당시부터 원칙적으로 관세 이외의 일체의 무역제한조치를

24) 스태그플레이션이란 stagnation(경기침체)과 inflation(물가상승)의 합성어로 경기침체 상태에서 고물가가 진행되고 있는 상황을 말한다.

25) 일반특혜관세제도란 개발도상국의 수출을 확대시키고 공업화를 촉진시키기 위하여 선진국이 개발도상국으로부터 수입하는 농수산물, 공산품의 완제품 및 반제품 등에 대하여 아무런 조건 없이 일반적으로 무관세의 적용 또는 저율의 관세를 부과하는 관세상의 특혜를 의미한다.

불법화하였으나 GATT 규정 자체에는 각종의 비관세장벽을 합법화시키는 예외규정들이 많고 또한 비관세장벽에 관한 GATT의 규정은 실행면에 있어서도 관세에 관한 규정에 비해 엄격한 구속력을 갖지 못하였다는 점을 지적할 수 있다.

2.2 비관세장벽의 정의와 특성

국제무역을 저해하는 무역장벽에는 관세장벽과 비관세장벽의 2가지가 있다. 관세장벽(tariff barriers)이란 수입품에 관세를 부과하여 국내산업을 보호하거나 재정수입을 목적으로 하려는 것을 의미하며 비관세장벽(non tariff barriers)이란 관세장벽 이외의 모든 무역장벽을 말한다.

구체적으로 말하면 비관세장벽이란 국내수입업자에게는 비용을 증가시키거나 수입허가량을 양적으로 제한하거나 또는 외국수출업자 및 국내수입업자에게 높은 위험을 부담시킴으로써 국내수입가격을 인상시키고 수입량을 감소시키려는 목적에서 실시하는 관세 이외의 정부조치로서 결과적으로 국제무역에 불리한 영향을 미치는 수입제한조치라고 할 수 있다.

비관세장벽의 특성을 살펴보면 대체로 다음과 같다.[26)]

(1) 복잡·다양성

선진국들이 비관세장벽을 적용하고 운영하는 형태는 매우 복잡하다. 또한 비관세장벽의 유형에 있어서도 가격적 장벽, 수량적 장벽, 품질적 장벽 및 행정적 장벽에 해당하는 비관세장벽 등이 있어 매우 다양하다. 그런데 이들 장벽은 처음부터 법률로 제정된 것이 있는가 하면 어떤 것은 여러 행정기관의 정책에서 파생되어 체계화되어 있지 않는 상태에 있다.

(2) 효과 측정의 곤란성

관세의 경우와 달리 비관세장벽의 경제적 효과를 종합적으로나 개별 품목별로

26) Ingo Walter, "Non-tariff Barriers and the Export Performance of Developing Countries," *The American Economic Review*, May 1971, p.341.

측정하기란 매우 어렵다. 왜냐하면 어떤 유형의 비관세장벽은 한 품목에만 영향을 미치는가 하면 다른 어떤 유형은 모든 품목 또는 수입 전반에 영향을 미치고 특히 비관세장벽 중 어떤 유형은 시간이 경과함에 따라 매우 가변적이어서 그 효과 측정이 용이하지 않기 때문이다.

(3) 불확실성

비관세장벽에 대한 정보부족과 비관세장벽 관련 제도의 변칙적 운영 등으로 인한 불확실성이 비관세장벽의 또 하나의 특성이다. 즉 비관세장벽에 관한 정보입수가 충분하지 못한 상태에서 수출업자가 수입국의 비관세장벽이 그들의 수출에 어떻게 그리고 어느 정도로 제한적일 것인가를 확실하게 판단하기란 매우 어렵다. 또한 수입국의 무역정책, 특히 비관세장벽 관련 정책은 어느 시점에서나 아무런 통고 없이 변경될 가능성을 내포하고 있기 때문에 항상 수출업자에게는 불안 요인이 되므로 비관세장벽 역시 큰 위험부담으로 간주되고 있다.

(4) 차별성

비관세장벽이 수출국에 대하여 선별적이며 차별적으로 이용되고 있다. 예컨대, 수입할당제나 수출자율규제 등과 같은 비관세장벽들은 특정 국가에 대하여 실시할 수 있기 때문이다. 그러나 이러한 차별적인 비관세장벽은 GATT/WTO 체제에서 최혜국대우의 무차별원칙에 위배되는 것이다.

특히 비관세장벽이 외관상으로는 무차별인 것 같지만 개발도상국에 크게 불리하게 나타나고 있다는 점이다. 왜냐하면 동일한 비관세장벽일지라도 그것이 선진국의 수출보다는 개발도상국의 수출관심품목에 보다 빈번하게 적용되는 경향이 있기 때문이다.

(5) 협상곤란성

비관세장벽의 복잡·다양성, 불확실성, 예측 불가능성 등의 여러 특성 때문에 비관세장벽 상호간에 정도를 비교하여 이를 균일화하는 지표의 설정이 불가능하다. 따라서 설사 정부 간에 협상이 이루어진다고 하더라도 그것이 곧 비관세장벽의 철폐를 보장해 줄 수 없기 때문에 비관세장벽의 완화 또는 제거를 위한 협상에 많은 어려움이 있다.

2.3 비관세장벽의 유형

비관세장벽의 형태는 매우 다양하여 그 유형을 일률적으로 제시할 수 없지만 다음과 같은 4가지 측면에서 설명될 수 있다.

첫째, 가격적 장벽으로 수입재에 세금을 부과하여 상대국 수출재의 경쟁력을 약화시킨다든가, 보조금을 지원받은 수입재가 국내에 유입되어 국내산업에 피해를 입힐 경우인 비관세장벽으로 반덤핑관세와 상계관세 등이 있다.

둘째, 수량적 장벽으로 수입 자체를 금지하거나 수입수량을 제한함으로써 국내산업의 기존 영역을 지킬 목적의 비관세장벽인 관세할당과 수출자율규제 및 쿼터제 등이 있다.

셋째, 품질적 장벽으로 수입재에 특별한 품질, 안전, 보건 등에 관한 규격요건을 강화함으로써 수입재의 국내시장 진입을 저지시킬 목적의 비관세장벽인 공업표준, 보건 및 안전기준, 가공규정, 환경규제 등이 있다.

넷째, 행정적 장벽으로 수입절차 및 서류를 까다롭게 하여 정상적인 수입을 저지하거나, 수입국 측이 국내에서 수입재나 자본거래에 제약을 가함으로써 수입제한효과를 기대하는 것을 목적으로 하는 비관세장벽인 통관수속과 영사수속 및 서류구비 등이 있다.

2.4 비관세장벽의 실제 예 : 수입할당제

(1) 수입할당제의 개념

수입할당제(import quota system)는 수입재의 수량을 규제하여 직접적으로 수입을 제한하는 보호무역정책의 한 형태이다. 즉 수입재에 일정한 기준을 마련하여 지정하고 일정한 기간 동안 수입수량 및 금액을 제한하는 제도이다. 여기서 수입재의 가격을 직접 규제하지 않고 수입수량을 제한하면 그 결과에 따라 가격규제의 효과도 발생하게 된다.[27] 이러한 수입할당제를 실시하는 목적은 해외로부터 수입되는 상품에 대해 차별적으로 제한을 가하여 국내산업을 보호하고 국제수지를 개선하는 데 있다.

(2) 수입할당제의 유형

어떤 상품의 수입수량 및 금액을 직접적으로 규제하는 방법으로 수입할당제에 해당되는 것들을 살펴보면 다음과 같다.

1) 관세할당제(tariff quota)

특정 수입품의 일정량에 대해서는 저율의 관세를 부과하고 이를 초과하는 부분에 대해서는 고율의 관세를 부과하여 수입을 규제하려는 것이다. 이 제도는 가장 오랜 역사를 가지고 있는 할당제도이다.

2) 자주적 할당제(unilateral import quota)

수입국이 수출국과 아무런 협의를 거치지 않고 일방적으로 일정기간 내에 자국에 수입되는 특정 상품의 절대량을 한정하고 그 이상의 수량의 수입을 허가하지 않는 제도이다.

3) 협정할당제(bilateral quota system)

협정할당제는 외국정부나 산업단체와의 협의에 의하여 그들에게 할당량의 배분을 위임(즉 수입업자가 수입할 때 외국정부나 산업단체의 허가를 얻도록)하는 방법이다. 이 제도는 자주적 할당제가 외국과 아무런 사전협의를 하지 않고 일방적으로 결정한다는 국제적인 비난을 완화하는 동시에 그 제도의 결점을 보완하기 위한 방법으로 고안된 제도이다.

4) 혼합할당제(mixing quota system)

이 제도는 한 제품을 생산하는 데 있어서 수입원료와 국내산 원료의 비율을 정

27) D. R. Appleyard and A. J. Field, Jr., *op. cit.*, p.327.

하여 수입원료에만 의존하는 것을 방지하려는 의도에서 채택된 것이다. 이것은 형식적으로는 국내정책에 해당하는 것이라고 할 수 있으나 실제는 국제무역에 현저한 영향력을 가지고 있는 보호무역정책적 성격을 띠고 있다.

(3) 수입할당제의 경제적 효과

수입할당제의 효과를 부분균형분석에 의한 방법과 일반균형분석에 의한 방법으로 고찰하기로 한다.

1) 부분균형분석에 의한 경제적 효과

수입할당제를 실시하는 나라가 소국인 경우에 그 경제적 효과를 부분균형분석 방법으로 살펴보기 위해 [그림 9-9]를 이용하기로 한다.[28)]

[그림 9-9]에서 (a)는 수입할당제를 실시하는 나라가 수입품을 전혀 생산할 능력이 없는 경우를 나타낸다. 여기서 D_h는 수입품에 대한 국내수요곡선이고 S_f는 수출국인 외국의 공급곡선[29)]이다. 그러므로 이 나라가 수입할당제를 실시하기 전의 자유무역 상태에서의 수입량은 OQ_2이고 이때 수입가격은 OP_w이다.

이러한 상황에서 수입국이 수입할당제를 실시하여 수입량을 OQ_1으로 제한한다면 수출국의 공급곡선은 Z점에서 완전비탄력적(perfectly inelastic)이 되어 직선 P_wZQ'가 된다. 이때 수입국의 국내가격은 수입량의 감소로 인해 OP_h로 인상되게 된다. 이러한 수입할당제의 실시로 인한 경제적 후생상의 변동을 잉여개념으로 설명하면 다음과 같다.

먼저 수입할당제 실시로 소비자잉여는 $(a+b)$영역만큼 감소되게 되는데 여기서 영역 a는 국내소비자에게서 수입할당을 받은 수입업자에게로 이전되는 잉여[30)]이다. 따라서 수입할당제를 실시할 경우 이로 인해 수입허가(import licence)를 받은

28) D. Greenaway, *Trade Policy and the New Protectionism*, St. Martin's Press, 1983, pp.133~135.

29) S_f가 수평선의 형태를 취하는 것은 외국의 공급곡선이 무한탄력적(perfectly elastic)이라고 가정한 것이다. 이는 수입할당제를 시행하는 국가가 소국이라는 것을 의미하고 수입국의 수요에 수출국이 얼마든지 공급할 수 있음을 뜻한다.

30) 이러한 잉여는 수입업자가 당해 상품을 수입하기 위하여 실제로 지불하는 가격, 즉 국제가격(OP_w)과 당해 상품이 국내시장에서 판매되는 가격(OP_h)과의 차이에서 발생하는 것이다.

그림 9-9 수입할당제의 경제적 효과 : 부분균형분석

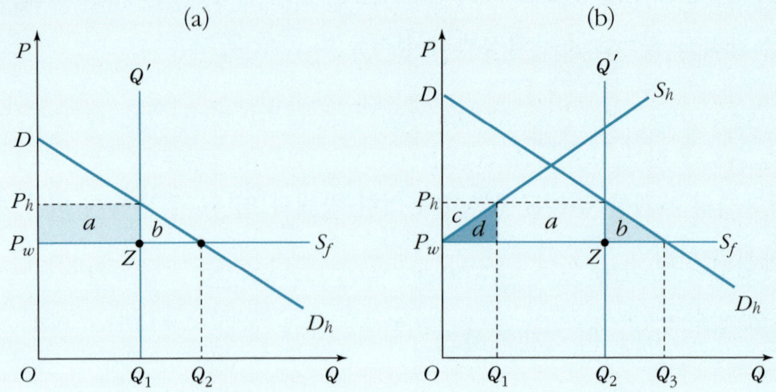

수입업자는 a 영역에 해당하는 만큼의 초과이익을 얻게 된다. 한편 b 영역에 해당하는 잉여는 소비자에 대한 순손실이며 이는 수입국의 어디에도 귀속되지 않고 누출되어 일국 전체로 볼 때 순국가적 손실(net national loss)에 해당된다.

그리고 그림 (b)의 경우는 수입품이 수입국 내에서 생산 가능하여 수입품과 완전히 대체 가능성이 있고 수출국의 공급곡선이 무한히 탄력적인 상태를 나타낸 것이다. 그림 (a)의 경우와 다른 것은 수입품이 국내에서 생산 가능하므로 국내공급곡선 S_h[31]가 존재한다는 점이다.

이러한 상태에서 수입국이 수입량을 Q_1Q_2로 제한하기 위하여 수입할당제를 실시한 경우에는 외국의 공급곡선은 P_wZQ'가 되고 이때 소비자잉여는 $(a+b+c+d)$ 만큼 감소하게 된다. 여기서 a 영역은 전술한 바와 같이 소비자로부터 수입할당을 받은 수입업자에게로 이전되는 잉여이다. 그리고 c 영역은 국내소비자에게서 국내생산자에게로 이전되는 잉여[32]이다.

결국 수입할당제를 실시할 경우 전체적으로 후생상의 순손실이 발생하게 되는데 여기서도 관세의 경우와 마찬가지로 $(d+b)$영역의 순손실이 발생하게 된다. 이 손실 중에서 d의 영역이 생산상의 손실이고 b의 영역이 소비상의 손실이다.

31) 국내공급곡선 S_h가 P_w에서 시작하여 우상향의 직선으로 나타낸 것은 분석의 단순화를 위한 것이다.

32) 이 잉여는 수입할당으로 인해 국내가격이 OP_h로 인상됨으로써 국내 수입대체상품의 생산자가 당해 상품을 생산·공급함으로써 얻어지는 이익이다.

2) 일반균형분석에 의한 경제적 효과

수입할당제를 실시하는 나라가 대국인 경우에 수입할당제의 경제적 효과를 일반균형분석 방법에 의해 살펴보기 위하여 [그림 9-10]을 이용하기로 한다.[33)]

여기서 A국이 B국으로부터 수입하는 Y재에 대하여 Oy'만큼 수입을 할당하면 A국의 오퍼곡선은 ORy'가 되고 이 새로운 A국의 오퍼곡선과 B국의 오퍼곡선 OB가 상호 교차하는 Q점에서 새로운 균형점이 성립된다. 이 Q점과 원점 O를 연결한 직선 α_2가 수입할당제 실시 후의 교역조건이다. 결국 일국이 수입할당제를 실시하면 관세부과의 경우와 마찬가지로 수입할당제 실시국의 교역조건이 개선된다는 것을 알 수 있다.

그림 9-10 수입할당제와 교역조건

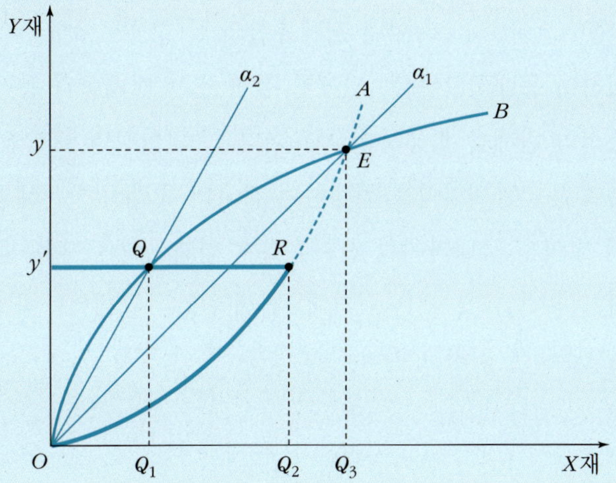

그림에서 OA는 A국의 오퍼곡선, OB는 B국의 오퍼곡선, α_1은 수입할당제 실시 전의 교역조건선을 나타낸다.

33) D. Greenaway, *op. cit.*, pp.133~135.

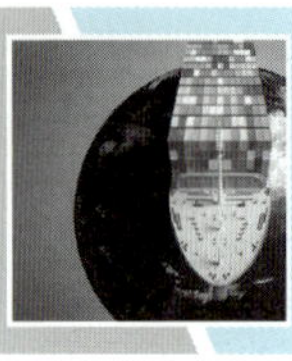

제3절 관세동맹이론

3.1 관세동맹의 의의

오늘날 세계경제의 추세는 WTO가 주도하는 전 세계의 무역자유화와 FTA로 대변되는 지역적인 무역자유화를 추구하는 지역주의 경향인 경제통합이 주류를 형성하고 있다. 관세동맹은 경제통합의 한 형태로 자유무역지대 다음으로 결속력이 있는 통합체로 이 단계를 지나면 공동시장, 경제동맹, 완전경제통합의 순으로 국가간의 개방도가 높아지며 결속력도 강해진다.

관세동맹(customs union)이란 경제통합의 한 형태로 2개국 이상이 관세에 관한 동맹을 체결하여 동맹국 간에는 관세를 감면 또는 철폐함과 동시에 비동맹국에 대해서는 공통적인 관세를 적용하는 제도이다.[34)] 환언하면, 2개국 이상이 조약 또는 협약에 의하여 동일관세영역을 설정하여 각국의 독립적인 관세법을 철폐하고 동맹국 상호간의 교역을 국내거래처럼 자유롭게 함과 동시에 비동맹국에 대해서는 공통의 관세를 적용하는 것이다. 요컨대, 관세동맹은 관세협약에 의하여 역내우선주의와 역외차별주의를 취하고 있다.

3.2 관세동맹의 정태적 효과

관세동맹의 경제적 효과에는 비교적 단기에 나타나는 정태적 효과(static effect)와 장기에 있어 시장확대에 따른 규모의 경제 등 여러 요인을 포함한 동태적 효과(dynamic effect)로 구분되고 정태적 효과에는 생산효과, 소비효과와 두 효과를 종합한 총효과 등이 있다.

34) D. Salvatore, *International Economics*, Macmillan Publishing Company, 1990, pp.287~288. 그리고 관세동맹의 의의에 대해서는 GATT 규정 제24조 제8항 참조.

(1) 생산효과(production effect)

관세동맹의 결성이 생산에 미치는 정태적 효과란 역내 분업화에 따른 생산능률의 향상을 의미한다. 즉 관세동맹으로 동맹국 간의 비교우위에 입각한 분업이 더욱 촉진될 수 있고 이에 따라 역내의 전반적인 생산능률이 향상된다는 것이다. 이러한 생산효과에는 무역창출효과와 무역전환효과가 있다.

1) 무역창출효과(trade creating effect)

관세동맹이 결성되어 동맹국 간에 관세가 철폐되면 동맹국 상호간의 수입가격이 그만큼 하락하게 된다. 그 결과 동맹국 간에 비교우위가 있었음에도 불구하고 지금까지 관세 때문에 역내에서 거래되지 않았던 상품이 교역되게 되어 동맹국 간에 새로운 무역이 창출되는데 이 효과를 무역창출효과라고 한다. 이를 [표 9-1]을 이용하여 설명하면 다음과 같다.

위의 예에서 시계의 가격이 한국에서는 50달러, 일본에서는 40달러, 미국에서는 30달러라고 하고 한국이 일본과 미국으로부터 수입되는 시계에 대해 각각 100%의 관세를 부과하면 일본의 시계가격은 80달러, 미국의 시계가격은 60달러로 수입되게 되어 한국, 일본, 미국 사이에는 무역이 이루어지지 않게 된다.

그러나 한국이 일본과 관세동맹을 체결하여 역내관세를 철폐하고 비동맹국인 미국에 대해서는 양국 공히 공통관세(위의 예에서 100% 관세)를 부과한다면 고비용으로 시계를 생산하고 있는 한국은 시계생산을 중단하고 저렴한 비용으로 생산하는 일본으로부터 시계를 수입할 것이다.

표 9-1 관세동맹의 무역창출효과

	일 본	한 국	미 국	교역관계
시계의 가격	40달러	50달러	30달러	자유무역 : 미국으로부터 수입
관세동맹 체결 전 : 양국에 100% 관세부과	80달러	50달러	60달러	무역 발생하지 않음
일본과 관세동맹 체결 : 미국에 100% 관세부과	40달러	50달러	60달러	일본과의 무역 발생

그림 9-11 관세동맹의 무역창출효과

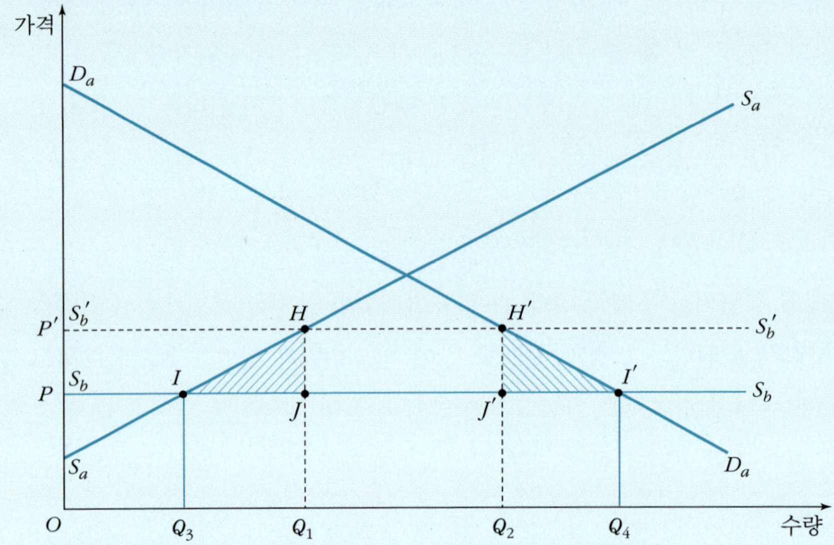

그림에서 S_aS_a는 A국의 국내공급곡선, D_aD_a는 A국의 국내수요곡선, $S_b'S_b'$는 관세동맹체결 전의 B국의 공급곡선, S_bS_b는 관세동맹체결 후의 B국의 공급곡선을 나타낸다.

한편 한국은 시계의 생산을 포기하는 대신 신발의 생산비용이 일본에 비해 저렴하다면 신발 생산에 특화하여 일본에 수출할 수 있다. 이로써 한국과 일본은 비교우위의 원리에 따라 새로운 무역을 창출할 수 있게 되는데 이를 무역창출효과라고 한다.

한편 바이너(J. Viner)는 관세동맹을 결성할 경우의 무역창출효과를 [그림 9-11]을 이용하여 설명하고 있다.[35] 이 경우에 A국이 B국과 관세동맹을 체결하기 전에는 A국은 B국 상품에 대하여 관세를 부과하였으므로 OP'의 가격수준에서 OQ_1 만큼 생산하고 OQ_2만큼 소비하므로 Q_1Q_2를 수입하였다.

그러나 A국이 B국과 관세동맹을 체결하면 이전에 부과하였던 관세 PP'가 철폐됨에 따라 가격은 OP'에서 OP로 인하된다. 이때 A국의 생산량은 Q_1Q_3만큼 감소하고 소비량은 Q_2Q_4만큼 증가함으로써 Q_3Q_4만큼 수입하게 된다.

35) J. Viner, *The Customs Union Issue*, Carnegie Endowment for International Peace, 1950.

관세동맹의 체결 후에는 체결 전보다 보다 저렴한 가격으로 수입할 수 있기 때문에 A국의 소비자잉여가 전보다 □$PP'H'I'$의 영역만큼 증가하게 된다. 그런데 이 중에서 □$HH'J'J$는 관세수입이 소비자잉여로, □$PP'HI$는 생산자잉여가 소비자잉여로 이전된 것에 불과하므로 A국 전체로 볼 때는 변함이 없다.

그러나 문제는 나머지 $\triangle IHJ$와 $\triangle H'I'J'$의 두 영역이 추가된 것이다. 여기서 $\triangle IHJ$는 저렴한 동맹국인 B국으로부터 수입이 증가됨에 따라서 얻어지는 생산비용 절약의 이익이고, $\triangle H'I'J'$는 관세동맹 이전의 국내가격 OP'보다 싼 가격, 즉 OP로 B국에서 상품수입으로부터 얻어지는 소비상의 이익이다. 따라서 관세동맹이 체결됨으로써 관세가 철폐되면 무역이 창출되고 그 결과 이익은 두 삼각형(즉 $\triangle IHJ$와 $\triangle H'I'J'$)의 합과 같아지게 된다.

$$\text{무역창출효과} = \triangle IHJ + \triangle H'I'J'$$

2) 무역전환효과(trade diverting effect)

관세동맹이 체결되어 동맹국 상호간에 관세가 철폐되면 종래 비동맹국으로부터 수입하던 상품을 동맹국 내에서 수입하게 된다. 이와 같이 관세동맹의 결성은 수입상대국을 비동맹국(즉 저비용 생산국)에서 동맹국(즉 고비용 생산국)으로 전환하는 효과가 있는데 이러한 효과를 무역전환효과라고 한다. 여기서 중요한 것은 동맹국 내의 수입상대국은 세계에서 생산비가 가장 낮은 국가가 아니라 단지 동맹국 내에서 생산비가 가장 낮은 국가임을 의미한다는 점이다.

이러한 관세동맹의 무역전환효과를 [표 9-2]를 이용하여 설명하면 다음과 같다. 각국의 시계가격은 [표 9-2]와 같고 관세동맹 체결 전에 한국은 일본과 미국의 시계에 대해 각각 50%의 관세를 부과하면 일본의 시계가격은 60달러, 미국의 시계가격은 45달러로 수입되게 된다. 이러한 경우 미국의 시계가격은 한국보다 싸므로 한국은 미국에서 시계를 수입하게 된다.

그런데 여기서 한국과 일본이 관세동맹을 체결하여 역내에서 상호 관세를 철폐한다면 일본의 시계가격이 미국보다 싸므로 한국은 일본에서 수입하게 된다. 따라서 한국은 관세동맹이 체결됨에 따라 종래 미국에서 수입하던 시계를 일본에서

표 9-2 관세동맹의 무역전환효과

	일 본	한 국	미 국	교역관계
시계의 가격	40달러	50달러	30달러	자유무역 : 미국으로부터 수입
관세동맹 체결 전 : 양국에 50% 관세부과	60달러	50달러	45달러	미국으로부터 수입
일본과 관세동맹 체결 : 미국에 50% 관세부과	40달러	50달러	45달러	일본으로부터 수입

수입하게 된다. 이와 같이 관세동맹에 의하여 역외 저비용 생산국에서 역내 고비용 생산국으로 무역이 전환되는 효과를 무역전환효과라고 한다. 이때 한국은 무역전환효과에 의하여 손실을 보게 되지만 무역창출효과가 무역전환효과보다 더 크다면 한국은 이익을 얻을 수 있다.

한편 위의 내용을 [그림 9-12]를 이용하여 설명하면 다음과 같다.[36] 여기서 A국이 B, C 각국에 대해 t의 관세를 부과하면 A국은 C국으로부터 OP_3의 가격으로 수입하게 된다. 이때 수입량은 Q_2Q_3이며 관세수입은 □$(c+e)$의 영역이다.

그런데 A국이 B국과 관세동맹을 체결한다면 (C국에 대해서는 전과 동일한 관세를 부과하면) A국은 C국에서 B국으로 수입을 전환하여 OP_2의 가격으로 Q_1Q_4의 양을 수입하게 된다. 수입량이 관세동맹 체결 전보다 증가하게 되는데 이는 Q_1Q_2만큼의 국내생산 감소분과 Q_3Q_4만큼의 수요증가에 기인한 것이다. 그리고 B국으로부터의 수입은 무관세이므로 A국 정부는 관세수입을 얻지 못하게 된다.

그러면 관세동맹으로 인한 잉여의 변동상황을 살펴보면, 먼저 관세동맹의 체결로 소비자잉여는 $(a+b+c+d)$의 영역만큼 증가한다. 이 중에서 a의 영역은 생산자잉여가 소비자에게 이전된 것이고 c의 영역은 정부의 관세수입이 소비자에게 이전된 것이다. 그러므로 관세동맹으로 인한 소비자잉여의 순증가분은 $(b+d)$의 영역이다. 그런데 정부의 관세수입$(c+e)$의 영역 중 c의 영역은 소비자잉여로 이전되었지만 e의 영역은 순수하게 상실되었다.

따라서 관세동맹으로 인한 잉여의 순증감은 $(b+d-e)$이다. 여기서 만약 $b+d>e$

36) J. Viner, *op. cit.*

그림 9-12 관세동맹의 무역전환효과

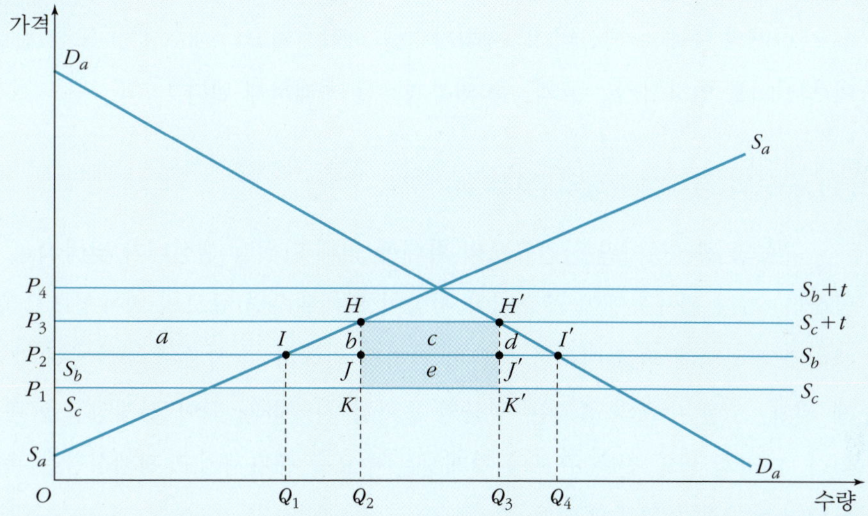

그림에서 D_aD_a는 A국의 국내수요곡선, S_aS_a는 A국의 국내공급곡선, S_bS_b는 관세동맹 체결 후의 B국의 공급곡선, S_cS_c는 관세가 부과되기 전의 C국의 공급곡선, S_b+t는 A국이 B국에 대해 t의 관세부과 시 B국의 공급곡선, S_c+t는 A국이 C국에 대해 t의 관세부과 시 C국의 공급곡선을 나타낸다.

이면 A국은 관세동맹으로 경제적 후생수준이 증가하게 되고, $b+d<e$이면 오히려 경제적 후생수준이 하락하게 된다. 그런데 e영역은 관세동맹으로 가장 효율적으로 공급하던 저비용 생산국인 C국으로부터 상대적인 고비용 생산국인 B국으로 전환한 데 따른 손실이다. 이 손실이 무역전환효과이다.

3.3 관세동맹의 동태적 효과

지금까지 단기에 있어 관세동맹의 경제적 효과를 살펴보았다. 그러나 실제로는 장기에 있어 관세동맹은 여러 가지 면에서 동태적인 영향을 미친다. 관세동맹의 동태적 효과는 시장확대에 따른 규모의 경제성(economies of scale)으로 표시될 수 있는데, 여기서 규모의 경제성이란 내부경제, 외부경제, 경쟁의 심화 및 기술향상

의 가속화 등에 의한 생산능률의 확대를 의미한다.[37)]

관세동맹으로 비교우위산업의 시장이 확대됨에 따라 평균생산비가 하락할 경우 생산량의 증대는 생산비 및 재화가격을 하락시키고(=내부경제) 또한 관련 산업의 생산비를 인하시키는 효과, 즉 외부경제를 초래하게 된다.

(1) 규모의 경제성(규모의 경제효과)

규모의 경제성이란 산업규모의 확대에 의해 단위당 생산비가 낮아지는 현상을 말한다. 가령 관세동맹이 체결되어 시장이 확대된다면 규모의 경제성으로 인해 생산비가 인하되게 되고 이러한 생산비 인하로 인해서 이 상품에 대한 수요가 증가하게 된다. 또한 수요의 증가는 생산의 증가를 자극하게 되어 경제성장을 촉진하게 된다. 따라서 이와 같은 규모의 경제성은 수요를 증가시키고 경제성장을 촉진하는 동태적 효과를 초래하게 된다.[38)]

(2) 경쟁의 심화효과

관세동맹 체결 전의 대다수 국가들은 그들의 국내시장이 독점과 과점 및 독점적 경쟁의 상태에 있는 경우가 많다. 그런데 이러한 경우에 관세동맹이 결성되면 시장이 확대되게 된다. 이때 일국 내에서는 독점기업이 존재할 수 있지만 관세동맹으로 확대된 시장에서는 경쟁이 심화되어 이전과 같은 독점적 지위를 계속 유지하기가 힘들게 된다.

그러므로 계속해서 새로운 기술을 개발하거나 도입하여 생산비를 인하시키거나 신제품 개발에 노력하여야 한다. 이렇게 함으로써 새로운 수요를 창출하거나 수요를 증가시켜 생산증가를 유도하게 하여 경제성장을 촉진하게 된다. 이와 같이 관세동맹이 체결됨으로써 경쟁의 심화로 생산능률이 향상되어 경제성장이 촉진되는 효과를 발생시키게 된다.[39)]

---

37) *op. cit.*, p.353.

38) 山本繁綽, 國際經濟學, 同文館, 1980, p.165.

39) 상게서, pp.164~165.

(3) 외부경제효과

철강 생산과 자동차 생산이 서로 인접한 국가에서 이루어질 경우에 철강공장의 입장에서는 판로의 확보, 자동차 공장에 있어서는 원료 수입의 용이성 등 여러 가지 편익으로 인해 생산비가 인하되는 효과가 나타나게 된다. 이와 같은 외부경제효과는 양국 간에 관세 및 비관세장벽이 존재하는 경우에는 약화되지만 관세동맹이 체결되면 그 효과는 높아지게 된다. 외부효과 그 자체는 동태적인 현상이 아니지만 그것이 생산비 인하→수요증가→생산증가에 의해 경제성장을 촉진하게 된다. 이것은 규모의 경제효과와 동일하다고 볼 수 있다.

(4) 기술향상효과

관세동맹으로 시장이 확대되면 기업은 규모가 커지게 된다. 특히 대기업의 경우에는 중소기업보다 연구·개발(R&D : research and development)에 대한 투자가 크므로 시장이 확대됨에 따라 규모의 경제성에 입각한 기업의 대규모화는 기술발전의 속도를 가속화하며 이는 곧 생산성 증대의 가속화와 그에 따른 경제발전의 가속화를 의미하게 되는 것이다.[40)]

그러나 대기업이 중소기업에 비하여 R&D에 대한 투자가 큰 것은 사실이나 기술개발의 성과면에서도 대기업이 중소기업에 비해 반드시 우월하다고는 볼 수 없기 때문에 이러한 동태적 효과의 실현이 항상 가능하다고는 보기는 어렵다.

40) B. Balassa, *op. cit.*, pp.101~106.

부록 3

관세동맹의 생산효과와 소비효과를 종합한 총효과 (=경제적 후생효과)

여기서는 관세동맹의 생산효과와 소비효과를 종합한 총효과를 고찰하기 위하여 1재화(X재), 1국(A국)의 경우로 범위를 좁혀 [그림 9-13]으로 설명하기로 한다. 그림에서 S_aS_a와 D_aD_a는 각각 A국의 X재 공급곡선과 수요곡선이고 S_bS_b는 B국의 공급곡선, S_cS_c는 C국의 공급곡선을 표시한다(여기서 A국은 B국이나 C국에 비해 매우 작은 국가이기 때문에 S_bS_b와 S_cS_c곡선은 무한히 탄력적이어서 수평을 이루는 직선의 형태이다).

이러한 경우 관세동맹 결성 이전 A국이 B국과 C국으로부터 X재 수입에 대해 P_cP_t만큼의 관세를 일률적으로 부과한다고 하면 A국은 B국보다 더 낮은 가격으로 C국으로부터 Q_2Q_3만큼 X재를 수입하게 된다. 이때 A국의 X재 가격은 OP_t이고 A

그림 9-13 관세동맹의 총효과

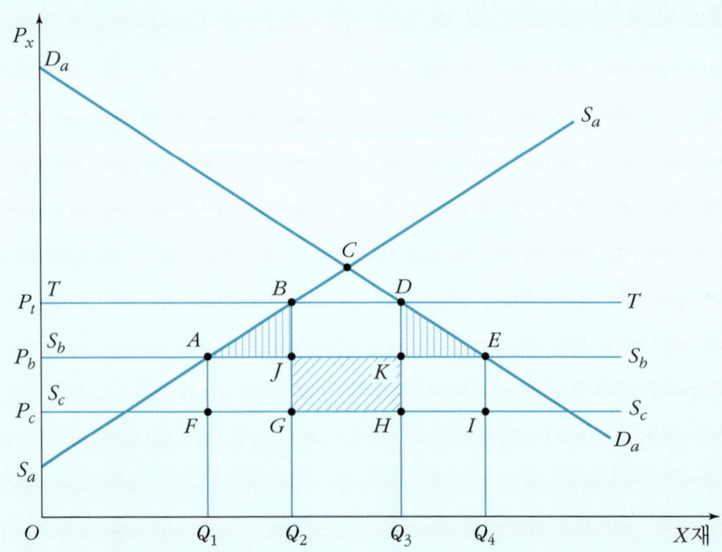

국의 후생수준은

$$\triangle P_tD_aD \; + \; \triangle P_tBS_a \; + \; \square BDHG$$

(소비자잉여) (생산자잉여) (정부의 재정수입)

이다.

이러한 상태에서 A국과 B국이 관세동맹을 결성한다고 하면 A국은 C국에 대하여 계속 P_cP_t의 관세를 부과하지만 B국에 대해서는 관세를 부과하지 않으므로 A국은 오로지 B국에서만 X재를 수입하게 된다. 따라서 A국의 X재 가격은 OP_t에서 OP_b로 하락하고 A국의 X재 수입은 Q_2Q_3에서 Q_1Q_4로 증가하게 된다. 이러한 A국의 X재 수입증가는 곧 A, B 양국 간의 무역증대를 의미하는데 A국의 X재 수입증가분은 A국의 X재 생산감소분(Q_1Q_2)과 A국의 X재 소비증가분(Q_3Q_4)의 합계와 같다. 따라서 A, B 양국 간의 관세동맹에 의한 X재의 무역전환효과(C국으로부터의 수입이 B국으로 전환)는 Q_2Q_3이고 A국의 수입증가분($Q_1Q_2+Q_3Q_4$)은 무역창출효과를 나타내고 있다.

관세동맹에 따른 이와 같은 무역전환과 무역창출이 A국의 경제적 후생에 미치는 효과를 종합적으로 정리하면 [표 9-3]과 같다. 여기서 관세동맹의 결성 후 A국의 X재 생산자들이 잃게 되는 후생(생산자잉여 $\square P_bP_tBA$)은 소비자잉여의 일부로 흡수되었기 때문에 이는 A국 내 후생의 재분배에 불과하다. 또한 소비자잉여의 증

표 9-3 관세동맹이 A국의 생산·소비·수입 및 후생에 미치는 효과

	관세동맹 전	관세동맹 후	총효과
X재 생산	OQ_2	OQ_1	Q_1Q_2만큼 감소
X재 소비	OQ_3	OQ_4	Q_3Q_4만큼 증대
X재 수입	Q_2Q_3 (C국으로부터)	Q_1Q_4(B국으로부터) Q_2Q_3 : 무역전환분 나머지 : 무역창출분	($Q_1Q_2+Q_3Q_4$)만큼 증대 (무역창출)
소비자잉여	$\triangle P_tD_aD$	$\triangle P_bD_aE$	$\square P_bP_tDE$만큼 증대
생산자잉여	$\triangle S_aP_tB$	$\triangle S_aP_bA$	$\square P_bP_tBA$만큼 감소 (소비자잉여로 전환)
정부의 관세수입	$\square BDHG$	없 음	$\square BDHG$만큼 감소 $\square BDKJ$: 소비자잉여로 전환 $\square JKHG$: B국 생산자에게 지불

가분 중 □*BDKJ*는 A국 정부의 관세수입의 일부가 A국의 소비자잉여분으로 전환된 것에 불과하다. 따라서 소비자잉여의 증가분 중에서 이들 생산자잉여 및 정부의 재정수입이 소비자잉여로 전환된 것을 제외하면 잔여분으로서 △*ABJ*(생산효과)와 △*KDE*(소비효과)만이 남게 되는데 이 두 삼각형의 면적의 합이 무역창출효과에 의한 A국의 후생증대분이다.

한편 관세동맹으로 인해 A국 정부가 잃게 되는 관세수입 중 소비자잉여로 전환된 부분을 제외한 나머지 부분(즉 □*JKHG*)은 무역전환효과에 의한 A국의 후생손실이다. 이는 *X*재의 공급국이 생산비용이 낮은 C국으로부터 생산비용이 높은 B국으로 전환되었기 때문에 A국이 B국의 *X*재 생산자에게 지불하는 비용(후생의 크기로 파악된 A국의 수입비용 증대분)이다.

결국 관세동맹으로 인한 A국의 후생에 대한 순효과는 다음과 같다.

$$(\triangle ABJ + \triangle KDE) - \square JKHG$$

(무역창출에 의한 후생증대)　(무역전환에 의한 후생감소)

이 식이 의미하는 바는 관세동맹이 어느 개별 동맹국에 미치는 후생효과가 정(+)일 수도 있고 부(-)일 수도 있다는 점이다.[41] 따라서 일반적으로 제기되는 문제는 관세동맹의 순효과가 긍정적인 것이 되기 위해서는 과연 어떠한 형태의 관세동맹이어야 하는가 하는 것이다. 이 문제에 대해서는 관세동맹이 보완적 국민경제들(complementary economies) 간에 이루어지는 경우와 경쟁적 국민경제들(rival or competitive economies) 간에 이루어지는 경우 중에서 어느 경우에 보다 유리한 효과를 얻을 수 있는가에 대한 논의로 집중되어 왔다. 이러한 논의과정에서 나타난 견해는 2가지로 구분될 수 있다.

첫째는, 주로 1950년대 이전에 통용되었던 견해로서 동맹국들의 국민경제가 상호 경쟁적인 경우에 비해 보완적일수록 더욱 유리한 효과를 초래한다는 것이다. 둘째는, 1950년대 바이너에 의해 주장된 이래 오늘날 널리 채택되고 있는 견해로서 앞의 견해와는 정반대의 주장이다. 이러한 주장의 근거는 동맹국들의 국민경제가 경쟁적일수록 관세동맹의 무역창출효과가 무역전환효과를 능가할 가능성이 더욱 크다는 데 있다.

41) 박진근, 국제경제학, 박영사, 1984, pp.347~350.

제10장

수출확대정책

요약 및 도해

수출보조금

- 〔의 의〕— 국가 또는 공공단체가 수출증대를 위해 상품의 수출에 대하여 제공하는 보조금
- 〔구 분〕
  - 금지보조금
  - 조치가능보조금
  - 허용보조금 : 연구개발지원보조금, 지역개발지원보조금, 환경보조금 등
- 〔경제적 효과〕
  - 교역조건효과 : 수출보조금 지급 → 수출가격 인하 → 교역조건 악화
  - 수출수입효과 : 수출보조금 지급 → 수출가격 인하 → 수출량 증가 → 수출량 증대효과
    - → 수출량 증대효과 > 교역조건 악화효과 ⇨ 수출수입효과 증대
- 〔단 점〕
  - 기업의 정상적인 경쟁력 약화
  - 자원의 합리적인 배분 저해 가능성
  - 국내소비자에게 불이익
  - 교역상대국으로부터 보복 및 대응조치 유발
- 〔WTO 보조금협정과 수출보조금〕
  - 수출보조금의 원칙적 금지

덤 핑

- 제4장 제2절 2. 국제가격의 실제 (2) 덤핑 참조.

일반적으로 대다수의 국가들은 그들의 경제성장을 위해 수출확대정책을 이용하고 있다. 특히 수출지향형 성장전략을 추구하고 있는 개발도상국들은 그들의 경제성장에 필요한 원자재와 자본재, 선진기술 등을 수입하기 위한 자금의 원천으로서 수출확대에 초점을 맞추고 있다. 선진국 역시 원자재 확보와 증가하는 수입수요를 충당하기 위한 방편으로 수출확대에 집중하지 않을 수 없다.

이러한 보호무역정책의 한 유형인 수출확대정책의 수단으로 가장 흔히 이용되는 것으로 수출보조금과 덤핑이 있다. 그러나 오늘날 WTO협정에서는 이들 수단의 이용을 극히 제한하고 있는 실정이다. 즉 WTO 보조금협정에 의하면 일정한 보조금은 금지되며 회원국은 이러한 보조금을 지급하거나 유지할 수 없다고 규정하고 있는데 그러한 보조금의 하나의 유형은 법률상 수출성과(export performance)에 따라 제공되는 보조금인 수출보조금이다.

그리고 덤핑이란 불공정무역 행위를 방지하고 공정무역을 구현하기 위한 수단으로, GATT 1944 제6조에 예외적으로 규정하고 있는 조치가 반덤핑규제이다. 그러나 이러한 반덤핑규제가 외국의 부당한 덤핑행위로부터 국내시장과 국내산업을 보호하기 위한 효과적인 수단이 될 수도 있으나 다른 한편으로는 악용될 소지도 충분히 있어 국가 간 통상마찰의 계기가 될 수 있다.

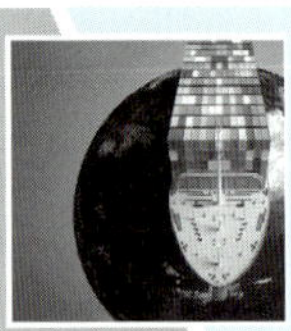

제 1 절 수출보조금

1.1 수출보조금의 의의와 구분

(1) 의 의

수출보조금(export subsidy)이란 내수상품보다는 수출상품에 대해 보다 특별한 우대조치를 취하기 위해 행해지는 직·간접의 교부금이다. 환언하면, 국가 또는 공공단체가 수출을 증대시키기 위하여 상품의 수출에 대하여 직·간접으로 제공하는 보조금이다.

수출산업이 국가나 공공단체로부터 수출보조금을 받게 되면 그 산업에서 생산되는 수출상품의 생산비는 인하되고 또한 이윤율이 높아지게 된다. 따라서 보조금을 지급받은 수출산업은 그만큼 국제경쟁력이 강화되므로 수출확대의 효과를 얻을 수 있다. 이와 같이 수출보조금은 1차적으로 수출상품의 생산비를 인하시키고 동시에 수출산업의 이윤율을 인상시키게 되어 2차적으로 수출을 증대시키게 된다.[1)]

(2) 구 분

WTO 보조금협정에는 보조금의 종류를 그 성격과 피해의 구제방법에 따라 명확히 구분하여 금지보조금, 조치가능보조금(=상계가능보조금), 허용보조금으로 구분하고 있다.

여기서 금지보조금(prohibited subsidies)이란 수출성과에 따라 지급되는 보조금은 물론 수입상품 대신 국내상품 사용에 대해 지급되는 수입대체보조금을 의미한다. 이러한 유형의 보조금은 그 본질상 무역의 흐름을 왜곡하여 합리적인 자원배분을 저해하기 때문에 금지된다.

조치가능보조금(actionable subsidies)이란 상계조치가 가능한 보조금으로 WTO 보조금협정에서도 이에 대한 정의를 내리지 않고 있지만 일반적으로 어떠한 보조금이 조치 가능한지 여부의 결정은 수출국에서의 보조금지급으로 인해 수입국의 국내산업이 피해를 입었는가, 양허혜택의 무효화 또는 침해 등 교역에 대한 부정적 효과가 있는가에 초점을 맞추는 입장을 취하고 있다. 즉 보조금을 지급함으로써 다른 나라의 이익에 유해한 효과(adverse effects)를 초래하는 경우를 의미한다.

그리고 허용보조금(non-actionable subsidies)이란 보조금 지급이 허용되는 보조금을 의미하는데 이러한 보조금으로는 연구개발지원보조금, 지역개발지원보조금, 환경보조금 등이 있다.

---

1) G. M. Meier, *International Economics : The Theory of Policy*, Oxford University Press, Inc., pp.110~112.

1.2 경제적 효과

수출보조금에는 일국의 경제에 교역조건효과(terms of trade effect)와 수출수입효과(export revenue effect)의 2가지 직접적인 효과가 나타나게 된다.[2] 즉 수출보조금을 지급함으로써 일국의 수출가격이 인하되고 이에 따라 교역조건이 악화되게 된다. 그러나 다른 한편으로는 수출가격이 인하됨으로써 수출량이 증가하게 된다. 만약 일국의 수출재에 대한 외국수요가 탄력적이어서[3] 수출량 증대효과가 교역조건 악화효과보다 큰 경우에는 일국의 수출수입(export revenue)이 증대하게 된다.

다음 [그림 10-1]은 수출보조금이 지급되는 경우를 설명하고 있다. 여기서 일

그림 10-1 수출보조금의 경제적 효과

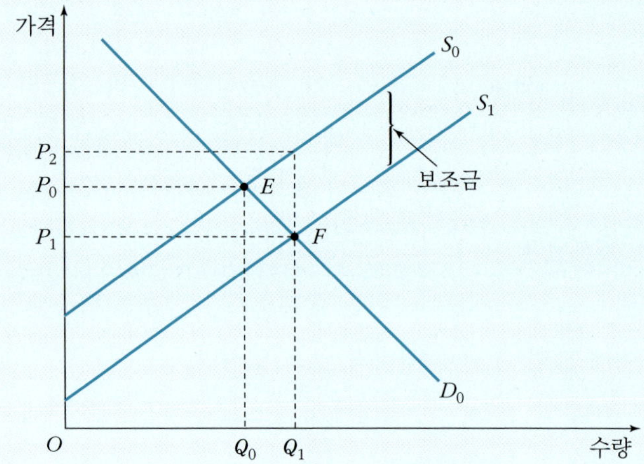

그림에서 S_0은 자유무역 상태의 일국의 수출공급곡선, S_1은 보조금 지급 후의 일국의 수출공급곡선, D_0은 외국의 수입수요곡선, E점은 자유무역 상태의 균형점, F점은 보조금 지급 후의 균형점을 나타낸다.

---

2) R. J. Carbaugh, *International Economics*, Winthrop Publishers, Inc., 1980, pp.124～126; Miltiades Chacholiades, *Principles of International Economics*, McGraw-Hill Book Company, 1981, pp.486～488.

3) 수출재에 대한 외국의 수요가 탄력적인 경우에는 수출재의 가격변동에 대해 외국의 수요가 매우 민감하다는 것을 의미하는데 구체적으로 수출재가격의 약간의 인하에도 외국의 수요량이 크게 증가하는 것을 말한다.

국의 수출업자에게 단위당 P_1P_2만큼 보조금이 지급된다고 하면 일국의 수출공급곡선은 S_0에서 S_1으로 이동하고 이에 따라 균형점도 E점에서 F점으로 이동하게 된다. 그 결과 수출가격이 OP_0에서 OP_1으로 하락함으로써 수출량은 OQ_0에서 OQ_1으로 증가하게 된다.

이러한 경우에 수출보조금에 의한 수출수입의 증가 여부는 $\square OP_1FQ_1$(=보조금 지급 후의 수출액)이 $\square OP_0EQ_0$(=보조금 지급 전의 수출액)보다 큰지 작은지에 달려 있다. 또한 수출수입은 보조금에 의한 수출가격 하락에 대한 외국의 수요가 얼마만큼 민감하게 반응하느냐에 달려 있다.

1.3 단 점

수출보조금은 일반적으로 국내산업을 보호하고 수출을 증대시키는 주요한 수단으로 인정되고 있으나 그 단점 역시 무시할 수 없다. 첫째, 수출보조금은 기업의 정상적인 경쟁력을 약화시키는 경향이 있다. 둘째, 수출보조금은 자원의 합리적인 배분을 저해할 가능성을 가지고 있다. 셋째, 수출보조금은 국내수출업자와 해외소비자에게는 이익을 주는 반면에 국내소비자에게는 불이익을 줄 수 있다. 왜냐하면 국내소비자들은 납세자로서 수출보조금의 일부분을 부담해야 되기 때문이다. 넷째, 수출보조금은 교역상대국으로부터 보복이나 상계관세의 부과 등 대응조치를 유발시킬 수 있기 때문에 그 본래의 효과가 제대로 나타나지 않을 수도 있다는 것이다.

1.4 WTO 보조금협정과 수출보조금

종래 GATT 체제에서는 보조금을 수출보조금과 생산보조금(=국내보조금)으로 구분하고 수출보조금은 다시 1차산품에 대한 것과 비1차산품에 대한 것으로 나누어 규제하였다. 즉 비1차산품에 대한 수출보조금은 전면 금지되고 1차산품에 대한 수출보조금의 경우에는 이러한 수출보조금으로 인해 국제시장에서의 점유율(과거

3년간 평균시장점유율)이 부당하게 높아지거나 특정 시장에서 다른 국가보다 수출가격을 인하하기 위해 수출보조금을 지급하는 경우를 제외하고는 허용되었다. 그러나 생산보조금은 다른 국가의 이익을 무효화 내지 침해하지 않는 범위 내에서 허용되었다.[4)]

한편 WTO 보조금협정에서는 보조금의 성격이나 피해의 구제방법에 따라 금지보조금, 조치가능보조금, 허용보조금으로 구분하고 있음은 이미 설명한 바와 같다. 종래 GATT 협정에 의한 금지보조금에 있어서는 1차산품과 비1차산품에 대한 구분을 없애고 농산물에 대한 보조금은 농업협정에서 별도로 규제하였다.

WTO 보조금협정을 종래의 규정과 비교해 볼 때 전반적으로 보조금에 대한 규율을 크게 강화하였다고 볼 수 있다. 예컨대, 수출보조금의 전면 금지와 금지 여부 위반 시의 보복조치 강화라든가, 그동안 비교적 광범위하게 허용되어 온 국내보조금의 허용범위의 대폭적인 축소, 그리고 금지보조금의 지급은 상대국 산업의 피해 여부와 관계 없이 그 자체로서 보복조치의 대상이 되고 있다. 또한 조치가능보조금의 경우에도 상대국 산업에 대한 객관적인 피해뿐만 아니라 광범위하게 적용될 수 있는 불리한 영향이 있을 때에도 보복조치가 가능하도록 하고 있다. 그러나 종래 수출보조금과 생산보조금으로 구분하여 상이한 규정을 적용하였으나 이번에는 각 보조금에 대한 법적 효과를 중시하면서 균형적 접근을 취하고 있다.[5)]

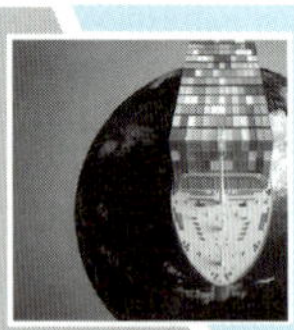

제2절 덤 핑

제4장 2.2 국제가격의 실제 (2) 덤핑 참조.

4) GATT 1947 제16조.

5) 법무부, UR협정의 법적 고찰(상), 1994, pp.468~469.

제11장

수출제한정책

요약 및 도해

수출자율규제

- 〔의　의〕
  - 수입국의 요청으로 수출국과의 교섭에 의해 수출국이 어떤 상품의 수출량을 규제
  - 차별적이며 GATT의 취지에 어긋남
  - 예) 일본의 대미 자동차 수출자율규제
- 〔특　징〕
  - 수출렌트는 수출국에 귀속
  - 수입국의 수입비용 증가
  - GATT 정신에 위배되는 회색지대조치
- 〔WTO 체제에서의 수출자율규제〕
  - GATT 제19조(도피조항)의 규제를 우회하면서 자국산업 보호방법인 회색지대조치 이용
  - WTO 세이프가드협정－수출자율규제 및 시장질서유지협정 등의 금지와 철폐

대부분의 국가들은 현실적으로 수출을 제한하는 정책을 실시하지 않고 있다. 오히려 수출을 장려하거나 확대하는 정책을 일반적으로 사용한다. 그러나 특수한 경우 이미 앞에서 설명한 수출세를 비롯하여 수출국이 자율적으로 수출량을 제한하는 수출자율규제와 국가 간의 담합에 의해 고가격 유지를 목적으로 수출량을 제한하는 국제카르텔 등을 수출제한정책의 수단으로 들 수 있다.

수출세와 국제카르텔에 관한 내용은 이미 앞에서 언급하였으므로 여기서는 수출자율규제에 대해서만 고찰하기로 한다.

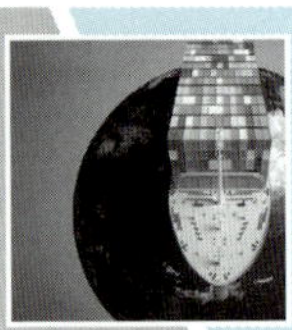

제1절 수출자율규제

1.1 수출자율규제의 의의

수출자율규제(VERs : voluntary export restraints)란 수입국의 요청으로 수출국과의 교섭에 의해 수출국이 어떤 상품의 수출량을 규제하는 무역상의 제한조치이다. 용어에는 자율(voluntary)이라고 되어 있지만 수출국이 자율적으로 행하는 경우는 거의 없고 실제로는 수입국으로부터의 강제적인 성격이 농후하다. 또한 수출자율규제는 제3국의 입장에서 볼 때 두 나라 사이에 행해지는 차별적인 것이어서 GATT의 취지에 어긋나는 조치라고 볼 수 있다. 수출자율규제의 대표적인 예는 1981~1994년 동안 이루어진 일본의 대미 자동차 수출자율규제이다.

1.2 수출자율규제의 특징

수출자율규제의 특징을 들어보면 다음과 같다. 첫째, 수입국을 대신하여 수출국이 행하는 수출량의 제한조치로서 수출렌트(=임대료)는 수출국에 귀속된다. 이 때문에 수출국에서 수출자율규제를 취하게 된다. 둘째, 수입국 입장에서 볼 때 코스트가 낮은 국가로부터의 수입규제조치이므로 무역전환적인 성격이 있어 수입 코스트를 높이는 보호무역정책 수단으로 간주된다. 셋째, 특정한 두 국가 간의 교섭에 의한 무역제한조치이고 GATT의 원칙에도 위배되는 회색지대조치(grey area measure)[1]이다. 그 결과 양 당사국의 시장은 완전경쟁에서 한층 멀어지게 된다.

1) 회색지대조치란 GATT의 규제를 회피하기 위해 GATT 규정에 없는 조치를 원용하여 긴급수입제한조치와 동일한 목적을 달성하는 것을 말한다. 여기에는 시장질서유지협정과 수출자율규제 등이 포함된다.

1.3 WTO 체제에서의 수출자율규제

GATT 체제에서 어떤 외국상품의 수입이 급격히 증가함에 따라 국내 관련 산업이 심각한 피해를 입거나 입을 우려가 있는 경우에 그 수입을 제한하는 조치가 긴급수입제한조치 또는 세이프가드조치(safeguards measures)이다. 이와 같은 수입제한조치는 GATT의 자유무역 원칙에 배치되는 것이지만 GATT의 의무로부터 도피하도록 허용하고 있다. 이러한 의미에서 GATT 제19조를 도피조항(escape clause)이라고도 한다.

그런데 GATT 제19조의 규제를 우회하면서 자국산업을 보호하기 위한 방법으로 회색지대조치가 이용되고 있다. 이 회색지대조치에는 규제국 정부가 협정에 적극적으로 개입하는 시장질서유지협정(OMAs)과 정부의 개입 없이 국제거래의 당사자인 기업 간에 자유롭게 체결하는 수출자율규제협정(VERs)이 있다. 이러한 회색지대조치를 이용하여 수출량을 규제할 때에는 일반적으로 기존의 수출량과 시장점유율을 기준으로 한다.

WTO 세이프가드협정에서는 그동안 선진국들의 보호조치로 남용되어 왔던 회색지대조치의 금지와 철폐를 규정하고 있다. 즉 각국은 수출 또는 수입 측면에서 수출자율규제와 시장질서유지협정 또는 다른 유사한 어떤 조치를 모색하여 취하거나 유지해서는 안 되고 WTO협정 발효일 현재 유효한 모든 조치는 세이프가드협정에 합치시키든가 아니면 폐지하여야 한다.[2)]

그리고 회색지대조치는 WTO협정 발효일로부터 180일 이내에 관련국에 의해 세이프가드위원회에 제시된 일정표에 따라 철폐되어야 하고 그 철폐는 WTO협정 발효일 이후 4년 내에 단계적으로 이루어져야 한다.[3)] 다만 EU와 일본 간의 자동차 수출자율규제협정에 대하여는 1999년 말까지 철폐시한이 연장되었다.[4)]

2) WTO 세이프가드협정 제11조 제1항(b).

3) WTO 세이프가드협정 제11조 제2항.

4) WTO 세이프가드협정 부속서.

부록

수출자율규제의 경제적 효과

일반적으로 수입국이 수출자율규제를 수출국에 요구하는 이유는 수입국의 수입경쟁재 부분에서의 생산과 고용을 일정한 수준으로 유지·확대시키기 위해서이다. 그러나 이를 위한 비용은 수입관세나 수입쿼터보다 매우 크다는 점에 유의하여야 한다.

수출자율규제의 경제적 효과를 일반균형분석 방법에 의해 분석하면 다음과 같다. [그림 11-1]은 수입국 시장을 표시한 것이다. 그림에서 T_1T_1은 수입국인 A국의 생산가능곡선이고 자유무역에서의 국제가격은 P_f이며 이때 균형생산점은 P, 균형소비점은 C이다. 따라서 X재(자동차) 생산량은 OE인데 A국이 지금 자동차 국내생산량을 OQ로 유지할 필요가 있다고 하자. 이 경우 X재에 관세를 부과하면 국내가

그림 11-1 일반균형분석에 의한 수출자율규제의 경제적 효과

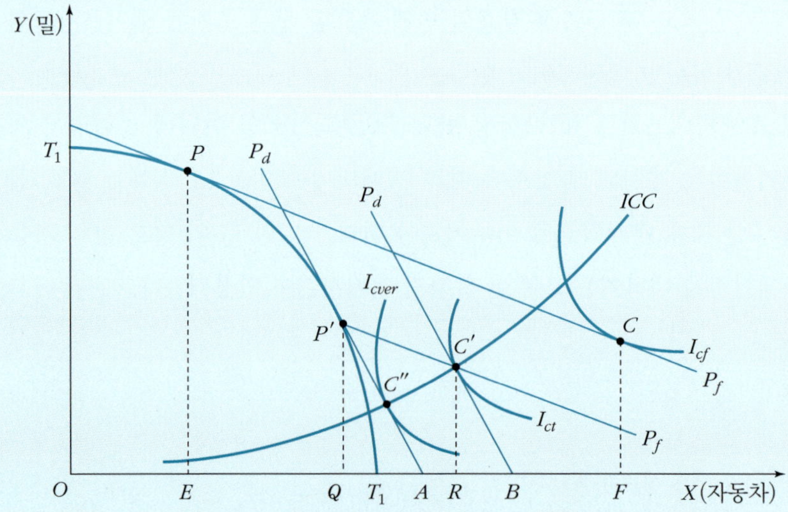

격은 P_d가 되고 생산점은 P'가 되어 그 목표가 달성되지만 소비점은 C'가 되어 경제적 후생수준은 I_{ct}로 낮아지게 된다. 물론 여기서 I_{cf}에서 I_{ct}로의 후생수준의 저하는 관세의 비용이다. 또한 이러한 목표는 X재 수입을 QR로 제한하는 수입쿼터에 의해서도 달성될 수 있다.

지금 A국이 상대국에 대하여 수출자율규제를 요구하여 상대국에서는 수출을 QR로 제한한다고 하자. 그러면 앞서 언급한 바와 같이 관세부과나 수입쿼터를 실시할 경우에 A국에 귀속되는 관세수입이나 쿼터수입(quota rent)은 X재로 표시하면 AB이다. 그러나 A국이 상대국에 대해 수출자율규제를 요구하여 실시한 경우에는 X재로 표시한 AB는 수출자율규제를 실시한 상대국의 생산업자에게 수출렌트(rent)로서 귀속하게 된다. 따라서 A국의 입장에서는 AB만큼의 수출렌트의 유출로 인한 가처분소득의 감소로 A국의 소비점은 C'에서 ICC(소득소비곡선)를 따라 원점에 가까운 C''점에 이르게 된다. 그 결과 경제적 후생수준은 I_{ct}에서 I_{cver}로 낮아지게 된다.[5)]

결국 수출자율규제는 경제적 후생의 관점에서 볼 때 관세나 수입쿼터의 경우보다 수입국 입장에서 많은 비용을 부담하게 되므로 이 제도는 수입국의 비용을 보다 증가시키는 정책수단임을 알 수 있다.

5) 小田正雄, 現代國際經濟學, 有斐閣, 1997, pp.150~152.

제12장
무역정책의 정치경제

요약 및 도해

국제협상과 무역정책

- 〔무역정책에 있어서 국제협상의 중요성〕
  - 국제무역질서와 무역정책 내용은 국제협상의 산물
  - 협상기술이 부족한 기업이나 국가는 협상에서 불리한 결과 감수
- 〔무역정책의 딜레마〕
  - 무역정책의 선택을 '죄수의 딜레마'를 이용하여 설명
  - 교역당사자들이 독립적인 무역정책을 비협조적으로 선택함으로써 상호 협조적인 정책을 수행할 때보다 적은 무역이익을 얻게 됨 → 국제협상의 필요

전략적 무역정책

- 〔의　의〕
  - 불완전경쟁시장에서 본국기업과 외국기업 사이의 전략적 관계에 대해 정부가 적극 개입하여 본국에 유리한 방향으로 변경시키는 정책
  - 예) 브랜드와 스펜서가 예시한 보잉사와 에어버스사 두 기업이 경쟁하는 복점시장
- 〔효　과〕
  - 전략적 무역정책으로 상황 역전 가능 → 이익실현
  - 문제점
    - 정책효과를 파악하기 위한 구체적인 손익관계 숫자화의 어려움
    - 자원의 합리적 배분을 그르치게 함
    - 여타 국가의 희생으로 자국이익 극대화 추구

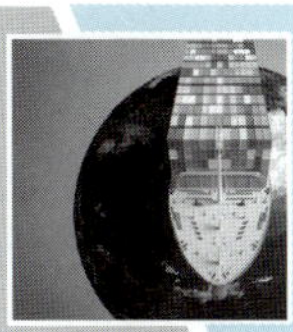

제 1 절 국제협상과 무역정책

1.1 무역정책에 있어서 국제협상의 중요성

무역정책도 종종 국내경제정책과 마찬가지로 경제적인 논리보다는 특정 이익집단의 정치적인 힘에 의해 좌우되기도 하여 이익보다는 비용을 더 지불하는 경우도 있다. 오늘날 세계적인 무역자유화 역시 각국의 관세와 비관세장벽의 제거에 대한 정치·경제적 측면이 고려된 국제협상의 결과라고 볼 수 있다. 따라서 일국의 일방적인 무역정책보다는 국가 간의 협상을 통해 무역장벽을 낮추어 자유무역을 확대하고 통상마찰의 결과 극단적인 수단 중의 하나인 무역전쟁을 방지하게 할 수 있다.

1990년대 들어 경제적인 의미의 국경이 무의미하게 되는 세계화 추세에 따라 상품교역은 물론 서비스교역과 국제투자가 국제무역에서 중요성이 확대되어 감으로써 이들 교역에 대한 자국의 무역정책을 정립하기 위한 국제협상이 더욱 활발히 진행되고 있어 국제협상에 대한 중요성이 커져 가고 있다. 그 이유로는 첫째, 일반적으로 국제적인 거래는 협상의 결과로 이루어지며 국제무역을 규율하고 이에 영향을 주는 국제무역질서와 무역정책 내용은 국제협상의 산물이기 때문이다. 또한 국제무역에 있어서 전쟁 등 물리적인 힘을 통한 문제의 해결보다는 협상을 통해 해결하는 것이 필요하다는 것에 모든 이해관계자들이 공감하고 있기 때문에 협상의 중요성이 커져 가고 있다. 둘째, 국제협상에 있어서 협상기술이 부족한 기업이나 국가는 협상에서 불리한 결과를 감수할 수밖에 없다. 협상에 있어 이러한 불리한 결과는 외부적으로 주어진 낮은 협상력 또는 외교력 때문이기도 하지만 때로는 협상에 대한 준비가 부족하거나 협상의 내용을 제대로 이해하지 못하는 데서 비롯되기도 한다.

그러므로 외국과의 무역에서 자국의 이익을 극대화하기 위해서는 먼저 무역정책과 관련된 협상에 적극 참여하여 자국의 의사가 적극 반영될 수 있도록 협상을 위한 사전준비에 만전을 기하는 것은 물론 협상력 또는 외교력 제고에 힘써야 한다.

1.2 무역정책의 딜레마

A국과 B국이 자유무역과 보호무역이라는 두 정책 중 어느 정책을 선택할 것인가에 대해 '죄수의 딜레마'[1]를 이용하여 설명하면 다음과 같다.

[표 12-1]의 무역정책의 딜레마에서 보면 A국과 B국이 통상협상의 결과 협조적으로 자유무역을 택한다면 양국 모두 400의 이익을 얻게 된다. 그러나 협상의 실패로 A국과 B국이 비협조적으로 무역정책을 선택하게 되어 B국이 자유무역을 취한다는 가정 아래 A국이 보호무역을 취하게 되면 A국은 700의 이익을 얻게 되어 자유무역을 취할 때보다 300만큼의 무역이익이 증가되는 반면 자유무역을 채택한 B국은 50의 무역이익을 얻을 수 있어 350만큼의 무역이익이 감소하게 된다. 그러므로 교역국가들이 비협조적으로 무역정책을 선택하는 경우에 상대국이 자유무역을 취할 때 일국은 보호무역을 선택함으로써 무역이익을 크게 증가시킬 수 있게 된다.

그런데 이러한 비협조적인 상황에서 만약 두 국가가 모두 보호무역을 선택하게 되면 각국은 각각 100만큼의 무역이익만 얻게 되어 양국 모두 자유무역을 실시할 때보다 300만큼의 무역이익이 감소하게 된다.

따라서 각국 역시 '죄수의 딜레마'에서 보듯이 무역정책의 선택에 있어서도 딜레마에 휩싸이게 된다. 결국 교역당사자들이 독립적인 무역정책을 비협조적으로 선택함으로써 상호 협조적인 정책을 수행할 때보다 무역이익이 감소하게 된다. 따라서 각국은 그들의 무역이익을 증가시키기 위하여 국제협상이 필요하게 된다.

표 12-1 무역정책의 딜레마

A국 \ B국	자유무역	보호무역
자유무역	400 400	700 50
보호무역	50 700	100 100

1) 죄수의 딜레마(prisoner's dilemma)란 게임이론의 일례로서 게임의 참가자 각자가 자신에게 주어진 인센티브에 따라 의사결정을 할 경우 최적이 아닌(non-optimal) 비협조적(non-cooperative) 결과에 도달하게 되는 게임이다. 그러나 만일 게임 참가자들이 서로 협력하기로 한 약속을 지킨다면 그것은 최적의(best, cooperative) 결과를 얻게 된다는 것이다. J. B. Taylor 지음·박원규 외 옮김, *Taylor Economics*, Σ시그마프레스, 2002, p.323.

제 2 절

전략적 무역정책

2.1 전략적 무역정책의 의의

지금까지의 무역정책에 대한 논의는 재화시장이 완전경쟁적이라는 가정 아래 전개되었다. 그러나 국내시장이나 세계시장이 불완전경쟁시장이라면 정부의 무역정책은 완전경쟁시장에서의 무역정책에 관한 분석과 매우 다르다. 재화시장이 과점상태라면 기업들의 행위는 상호 의존관계에 있으므로 한 생산자의 가격이나 생산량 결정에 따라 다른 기업들의 대응이 달라지게 된다. 즉 기업들 사이의 전략 선택은 상호 의존적이 된다.

이러한 상황에서 정부가 개입하여 이들 기업들 간의 전략적 관계에 영향을 미칠 수 있다. 이와 같이 본국기업과 외국기업 사이의 전략적 관계에 대해 정부가 적극 개입하여 본국에 유리한 방향으로 변경시키는 정책을 실시할 수 있는데 이러한 정책을 전략적 무역정책(strategic trade policy)이라고 한다.[2)]

전략적 무역정책의 대표적인 예로서 브랜드(J. Brand)와 스펜서(B. Spencer)가 예시한 [표 12-2]를 이용하여 설명하기로 한다.[3)] 세계 항공기시장의 경우 보잉사와 에어버스사 2개의 기업이 경쟁하는 복점시장이라고 가정한다.

[표 12-2]에서 보면 보잉사와 에어버스사 두 기업 중 한 기업만이 생산할 경우 두 기업은 100억 달러의 이윤을 얻게 되지만 두 기업 모두가 생산한다면 두 기업 모두 5억 달러의 손실을 보게 된다. 그리고 두 기업 모두 생산에 참여하지 않으면 두 기업 모두 이윤은 0이 된다. 여기서 두 기업 중 어느 한 기업이 이미 생산하고 있다면 다른 기업이 생산에 참여한 경우 5억 달러의 손실을 입게 되므로 진입 유

2) 김수용, 국제무역론, 박영사, 2001, p.273.

3) P. R. Krugman, M. Obstfeld, *International Economics*, Harper Collins Publishers, 1991, pp.269~271.

표 12-2 보잉사와 에어버스사의 이윤 (단위: 억 달러)

보잉사 \ 에어버스사	생 산	생산하지 않음
생 산	−5 −5	0 100
생산하지 않음	100 0	0 0

인이 없게 된다. 따라서 이러한 상황에서는 어느 기업이 생산에 먼저 진입하느냐가 관건이 된다. 이러한 내용을 표에서 보면 보잉사가 먼저 항공기 생산에 착수하였다고 하면 에어버스사의 경우 생산 유인이 없게 됨으로써 보잉사는 100억 달러의 이익을 얻게 된다.

2.2 전략적 무역정책의 효과

그러나 이러한 경우에도 유럽국가의 전략적 무역정책에 의해 상황이 역전될 수 있다는 것이다. 이를테면, 유럽국가가 에어버스사에 25억 달러의 보조금(전략적 무역정책의 한 수단)을 지급하면 보잉사가 어떠한 행동을 취하더라도 에어버스사는 항공기 생산을 위한 유인이 존재하여 생산에 참여함으로써 이윤을 얻게 되고 보잉사의 생산은 저지되게 된다. 이러한 상황을 표로 나타낸 것이 [표 12-3]이다.

유럽국가의 전략적 무역정책인 25억 달러의 보조금 지급으로 에어버스사가 생산에 참여하게 되면 에어버스사는 20억 달러(25억 달러의 보조금에 대한 손실이 5억 달러이므로)의 이윤이 발생하게 되고 보잉사는 5억 달러의 손실을 입게 되므로 보잉사는 생산을 중단해야 함을 알 수 있다. 그리고 보잉사가 생산을 중단하게 되면 에어버스사는 125억 달러의 이윤을 얻게 된다.

유럽국가의 보조금 지급은 보잉사의 선발기업으로서의 우위성을 후발기업인 에어버스사로 이전시키는 결과를 초래하였다. 결국 유럽국가의 전략적 무역정책으로서의 보조금 25억 달러는 후발기업인 에어버스사의 보호는 물론 보조금 이상인

표 12-3 에어버스사에 대한 보조금지급의 효과 (단위: 억 달러)

보잉사 \ 에어버스사	생 산	생산하지 않음
생 산	−5, 20	100, 0
생산하지 않음	0, 125	0, 0

125억 달러의 이익을 얻게 한다. 이는 국가가 무역에 적극적으로 개입할 수 있다는 전략적 무역정책의 이론적 근거가 되고 있다.

이러한 전략적 무역정책은 이론적으로는 설득력이 있어 많은 관심을 불러일으키고 있으나 현실적인 적용 가능성에 대해서는 의문의 여지가 있다. 그 문제점으로 첫째, 전략적 무역정책의 효과를 정확히 파악하기 위해서는 위의 예와 같은 손익관계를 구체적인 숫자로 표시하여야 하는데 이를 위한 정보입수와 분석이 용이하지 않다는 점이다. 둘째, 일국 내에서 한 산업에 대한 보조금 지급은 여타 산업에서 보조금을 지급받은 산업으로의 자원이동을 초래하여 일국 전체적으로 볼 때 자원의 합리적 배분을 그르치게 할 가능성이 있는 것이다. 끝으로 전략적 무역정책은 다른 국가의 희생 속에서 자국이익의 극대화를 추구하는 근린궁핍화 정책(beggar-my-neighbor policies)이므로 외국으로부터 보복문제에 직면하게 되어 종국에는 관련 당사국 모두의 후생을 감소시킬 가능성도 있다.

GIFTS

제 4 부

국제무역기구

제13장
GATT와 WTO 체제
제14장
남북문제와 UNCTAD
제15장
경제통합과 지역별 경제협력기구

04

01

제13장

GATT와 WTO 체제

요약 및 도해

GATT

- 〔의　　미〕 — General Agreement on Tariffs and Trade(관세 및 무역에 관한 일반협정)
- 〔설립배경〕 — 하바나헌장(1948)=국제무역기구(ITO) 설립에 관한 헌장 → 1948년 1월 1일 GATT 발효
- 〔목적과 규정〕
  - 목적 : 무차별적 · 호혜적인 무역자유화 실현 → 세계 공동번영 성취
  - 규정 : 전문, 본문 38개조 및 부속서
- 〔조　　직〕 — 총회, 각료회의, 이사회 등
- 〔일반원칙〕
  - 무역자유화 원칙 → 관세인하, 무역제한의 철폐
  - 무차별주의 원칙 → 최혜국대우 원칙 + 내국민대우 원칙
  - 다자주의 원칙 → 다자간 협상
- 〔활　　동〕
  - 제1차~제5차의 관세인하협상
  - 케네디라운드
  - 도쿄라운드
- 〔성격 및 결함〕
  - 성격
    - 통일성과 체계성의 미비
    - 법적 구속력 미약
    - 국제경제기구로서의 성격 미약
  - 결함
    - 개발도상국에는 부적절한 기구
    - 예외규정으로 지역경제통합 인정

WTO 체제

- 〔출 범〕 — UR 협상 타결에 의해 WTO 체제 출범(1995. 1. 1)
- 〔특징과 기본원칙〕
  - 특징
    - 법의 지배 강화
    - 새로운 분야의 포괄
    - 발전단계별 고려
  - 기본원칙
    - 무차별 원칙 → 최혜국대우 원칙 + 내국민대우 원칙
    - 투명성 원칙
- 〔구 성〕
  - UR 최종의정서 : 참가국 대표들 서명, WTO 협정 승인
  - UTO(설립) 협정 : WTO라는 국제기구의 설립조약
  - WTO 협정 부속서 : 다자간무역협정(MTAs), 서비스무역에 관한 일반협정(GATS), 무역 관련 지적재산권협정(TRIPS), 분쟁해결양해 등
  - 각료결정 및 선언

WTO 실체법의 특징과 내용

- 〔의의와 특징〕
  - 의의 — MTAs, GATS, TRIPS와 그 부속문서
  - 특징
    - GATT법에 비해 포괄적 : 상품무역뿐만 아니라 서비스무역, 지적재산권 보호 및 투자 관련 내용 포함
    - WTO 실체법을 구성하는 모든 협정의 경우 회원국에게 일률적으로 법 적용
    - WTO 실체법의 경우 구체화 · 명료화
    - WTO 실체법은 농산물, 섬유류, 회색지대조치 등 민감분야 모두 수용
- 〔실체법의 내용〕
  - 상품무역에 관한 다자간협정 - 1994년 GATT, 기타 협정
  - GATS
  - TRIPS
  - WTO 실체법과 관련 협정
    - 분쟁해결규칙 및 절차에 관한 양해각서(DSU)
    - 무역정책검토제도

WTO 실체법과 국내 통상법과의 관계

- 국제법 우위의 일원론
- 특별법 우선의 원칙－국제통상법, 즉 WTO 실체법 우선 적용

WTO

- 〔설립과 목적〕
  - 설립 — 1995. 1. 1.
  - 목적
    - 상품 및 서비스의 생산과 무역의 증대
    - 개발도상국 및 최빈개도국의 무역성장
    - 관세 및 무역장벽 삭감과 무역관계에서의 차별대우의 철폐
    - 다자간 무역체제 발전
    - 다자간 무역체제의 기본원칙 준수
- 〔법적 지위와 기능〕
  - 법적 지위 — 법인격 소유
  - 기능
    - WTO 협정과 다자간 무역협정 및 복수국 간의 무역협정의 시행, 관리 및 운영
    - 회원국 간 협상의 장
    - 분쟁해결양해 집행
    - 무역정책검토제도 집행
    - IMF 및 IBRD 등과의 협력
- 〔조　직〕
  - 각료회의
  - 일반이사회
  - 분과이사회
  - 특별위원회
  - 사 무 국
- 〔운　영〕
  - 회원 — 원회원, 신규 가입회원
  - 의사결정
    - 일반적인 의결방법, 즉 컨센서스와 단순다수결
    - 특별한 의결방법, 즉 특별다수결

WTO 체제에서의 신라운드

- 〔그린라운드(GR)〕 – 지구환경 보존을 위한 새로운 규범 제정
- 〔블루라운드(BR)〕 – 노동조건의 국제적 기준 정립
- 〔테크노라운드(TR)〕 – 민간산업부문의 기술개발에 대한 정부의 R&D 보조금 규제
- 〔경쟁라운드(CR)〕 – 각국의 시장구조나 기업경영 관행의 차이, 즉 국가 간의 경쟁조건의 통일
- 〔부패라운드(CR)〕 – 국제거래에서 부패행위를 방지하고 공정한 경쟁질서를 보장
- 〔전자상거래규범〕 – 전자상거래 무관세화, 지적재산권 등 전자상거래의 무역 관련 규범

DDA 협상

- 〔의의와 출범〕
  - DDA 2001. 1. 1.
  - 카타르의 도하에서 개최된 제4차 WTO 각료회의에서 출범
  - 농산물과 서비스분야의 시장개방 등을 포함한 다자간 무역협상
- 〔특 징〕
  - 회원국들의 모든 관심분야를 망라한 의제
  - 개발도상국의 경제개발을 지원하는 의제
- 〔협상방식 및 경과〕 — 모든 참가국이 각 의제에 대해 협상결과를 모두 수용하는 일괄타결방식으로 2005년 1월 1일까지 마무리하기로 되어 있었으나 아직도 협상이 계속되고 있음

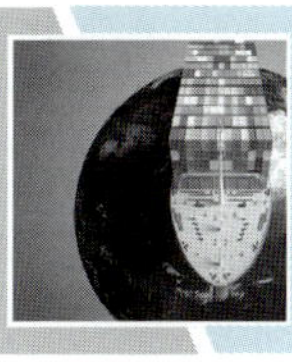

제 1 절
GATT

1.1 GATT의 성립배경과 목적 및 조직

(1) GATT의 성립배경

GATT(General Agreement on Tariffs and Trade), 즉 '관세 및 무역에 관한 일반협정'은 국제협력으로 가능한 한 자유롭고 평등한 국제무역의 실현과 생활수준의 향상을 도모하기 위하여 관세 및 비관세장벽을 경감 또는 철폐하는 것을 목적으로 하여 미국을 비롯한 23개 선진제국이 중심이 되어 1948년에 창설되었다. 그 후 GATT는 몇몇 사회주의 국가를 제외하고는 세계 대다수의 국가가 회원국으로 가입하였고 국제무역에 관한 지도원칙을 주창하였던 유일한 국제협정이었다. 이러한 GATT의 성립배경을 보면 다음과 같다.

미국의 경제 대공황에서 초래된 세계적 대공황기인 1930년대에는 수많은 국가가 고관세, 수출입 제한, 외환관리 등 보호무역정책을 실시함으로써 국제경제질서는 붕괴되었다. 이러한 폐쇄적이고 배타적인 세계경제가 제2차 세계대전의 원인으로 작용하였기 때문에 이러한 전철을 다시 밟지 않고 세계평화를 확립하기 위해서는 여러 국가 간의 경제적 번영이 불가결의 요건이었다. 이를 위해서는 세계경제의 블록화를 방지하고 범세계적인 차원에서 각국이 협력할 뿐만 아니라 자유롭고 원활한 국제무역의 실현을 꾀하지 않으면 안 된다는 인식이 제2차 세계대전 중에 강하게 대두되었다. 이러한 인식 아래 각국이 이룩한 협력의 소산이 바로 GATT라고 할 수 있다. 즉 미국, 영국 등 주요 선진국은 제2차 세계대전이 종료되기 전부터 전후의 통화, 투자, 무역문제를 처리하기 위한 국제기구의 설립을 검토하고 있었다.

그리하여 1944년의 브레튼우즈(Bretton Woods) 회의를 모체로 하여 성립된 IBRD(세계은행)가 1945년 말에 발족되어 금융면에서의 국제경제협력이 한 발 앞서 추진되는 계기가 되었다. 그러나 이와 표리의 관계에 있는 무역에 관하여 국제기구를 설립하려는 노력은 순조롭게 진전되지 못하였다.

우선 미국은 1945년 11월에 '세계무역 및 고용에 관한 제안'을 발표하였다. 이러한 미국의 제안에 입각하여 1946년 12월에는 국제무역 및 고용에 관한 회의에서 동 원칙이 처음으로 결의되었고, 그 후 2차에 걸친 예비회담 끝에 1948년 23개국이 모인 쿠바의 하바나 회의에서 '국제무역기구(ITO) 설립에 관한 헌장'인 하바나헌장이 채택되었으나 너무 이상적이라는 비판과 함께 발효되지 못하였다.

한편 국제무역기구의 설립이 추진됨과 동시에 다른 한쪽에서는 실질적인 무역장벽인 관세를 인하하기 위한 다자간 협정이 추진되고 있었는데, 1947년 1월 런던회의에서 ITO헌장 중 관세에 관한 규정을 기초로 '관세 및 무역에 관한 일반협정'의 초안이 완성되었고 같은 해 8월 제네바 회의에서 토의를 거쳐 10월에 최종안이 완성되었다. 이 최종안이 '관세 및 무역에 관한 일반협정'(GATT)으로서 1948년 1월 1일 제네바 회의에 참가한 22개국 중 8개국의 서명을 얻어 정식 발효되었다.

GATT는 ITO 설립이 불분명해지자 ITO헌장의 본래의 임무를 이어받아 국제무역질서를 확립하는 데 필요한 유일한 협정이 되었다. GATT는 당시 관세교섭에 참가한 23개국을 중심으로 발족되었으며 그 후 참가국의 수도 점차 증가하였다. 우리나라는 1967년 3월에 정식으로 가입하였다.

(2) GATT의 목적과 규정

GATT는 제2차 세계대전의 원인이기도 하였던 보호주의적 무역전쟁에 대한 진지한 반성에서 출발하였는데 그 근저에는 자유무역을 실현하려는 강한 의지가 깔려 있었다. 즉 GATT는 세계무역의 신장을 통해서 세계 전체의 경제적 번영과 발전을 이룩하고자 하는 것이었고 자유롭고 무차별적인 국제무역의 실현을 통하여 세계무역의 확대를 기하고자 하는 것이었다. 이를 실현하는 수단으로서 관세 및 기타의 무역장벽을 실질적으로 경감하고 국제무역에 있어서 차별대우의 폐지를 선언하고 있다.[1)]

1) 대한무역진흥공사, 국제경제기구, 국별시리즈 46, 1982, p.8.

이상에서 살펴본 바와 같이 GATT의 기본이념 및 목적은 무차별적이고 호혜적인 무역자유화를 통해 세계의 공동 번영을 성취해 나가자는 것이었다. 무차별 원칙이란 가맹국이 어떤 국가에 대해서도 다른 나라보다 유리한 혜택을 베풀지 않는다는 원칙으로, 이는 이른바 최혜국대우를 규정한 GATT 규정 제1조에도 나타나 있다. 즉 GATT에서는 2국 간의 특혜조치를 인정하지 않으며 호혜에 입각한 다자간협정을 그 기본원칙으로 하고 있다. 호혜주의(reci-procity)란 관세인하 교섭의 한 방법으로서 한 가맹국이 관세를 인하하면 다른 관련 조약국도 반드시 그에 상응하는 조치를 취해야 한다는 것을 말한다.[2)]

GATT 규정은 전문과 본문 38개조 및 부속서로 구성되어 있다. 전문은 전술한 바와 같이 GATT의 목적을 규정하고 있다. 그리고 협정 본문 38개조는 4부로 나누어져 있는데 제1부는 관세 및 무역절차에 관한 내용으로서 최혜국대우와 관세양허표에 관한 규정이다. 최혜국대우란 무차별주의 원칙의 실질적 적용이란 의미를 갖는 것으로 양허된 관세에 대해 인하방법과 시기 및 절차에 관한 정부약속을 나타낸다(제1조~제2조). 제2부는 무역자유화를 위한 여러 규정으로서 수입제한의 원칙적 금지, 보조금 금지, 그리고 정부의 무역규제 금지 등에 관한 조항과 이에 대한 예외규정을 명시해 놓고 있다(제3조~제23조). 제3부는 기구의 운영절차 및 가맹국 탈퇴에 관한 규정을 포함하고 있다(제24조~제35조). 마지막으로 제4부는 개발도상국에 대한 특혜를 고려해야 한다는 규정이다(제36조~제38조). 이러한 원칙과 규칙에도 불구하고 협약으로서의 GATT는 현실적으로 많은 결함을 가지고 있었다.

(3) GATT의 조직

GATT는 국제무역에 관련된 광범위한 문제를 다루었기 때문에 수많은 회의가 개최되었다. 이들을 대별해 보면 총회, 각료회의, 이사회, 각종 위원회로 나누어지며 이들에 대한 지원총괄부서로서 사무국이 있다([그림 13-1] 참조).

1) 총 회

총회(Session of Contracting Parties)는 GATT의 최고의사결정기구로서 매년 한

2) 노덕율, GATT 이야기, EM문고, 한국경제신문사, 1986, p.20.

그림 13-1 GATT 조직

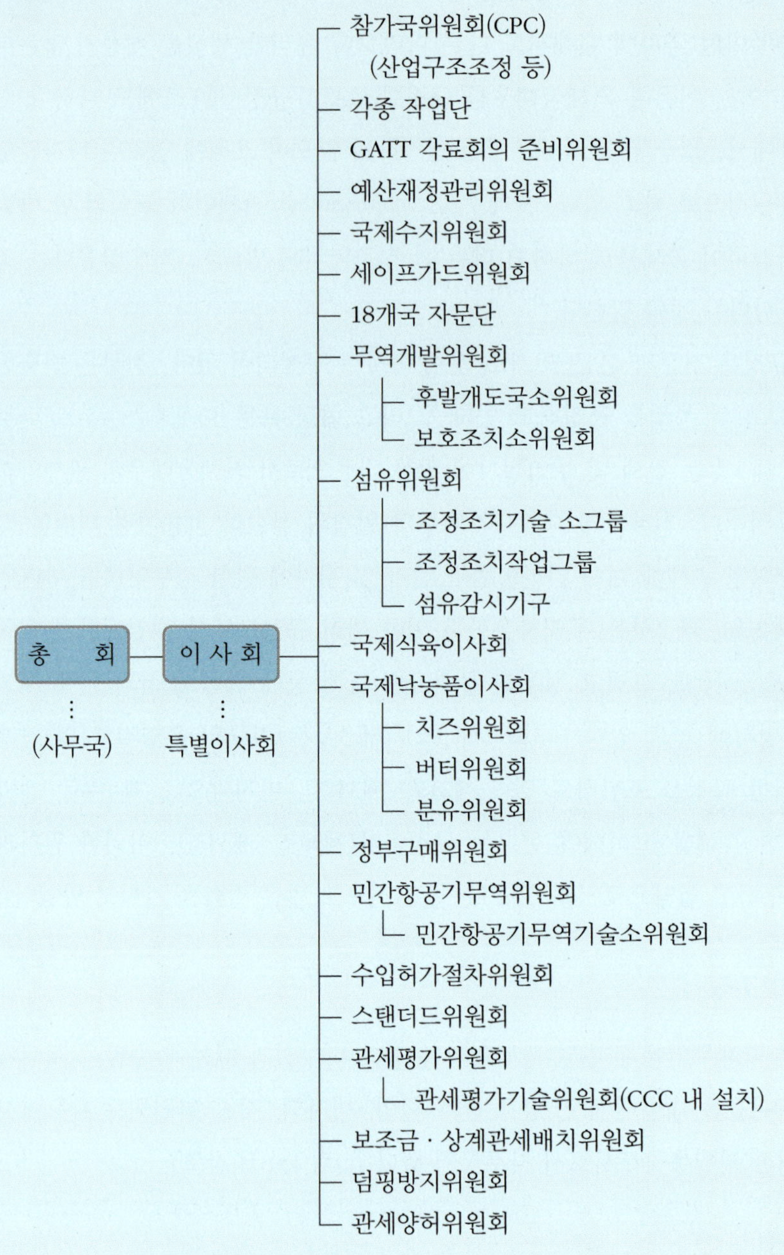

번씩 개최된다. 총회에는 정식가입국과 준가입국이 참가하며 IMF, FAO 등 국제기구의 대표와 미가입국의 대표도 참석할 수 있다. 정식가입국은 한 표씩의 표결권을 갖고 있고 통상적인 의안은 투표국 과반수의 찬성으로 결정되지만 면책(waiver)의 승인과 같은 중요 사항은 투표국 2/3의 찬성으로 결정된다.

2) 각료회의

각료회의(Ministerial Meeting)는 가맹국의 무역담당 각료들이 국제무역상의 중요 문제를 토의·해결하기 위하여 비정기적으로 개최되는 회의이다. 각료회의는 GATT의 정식기구가 아니므로 그 결정사항이 총회에 대한 법적 구속력을 갖고 있지 않으나 사실상 총회의 심의에 크게 반영되고 있다.

3) 이사회

이사회(Council of Representatives)는 총회의 회기 이외의 기간에 발생하는 긴급문제를 토의하거나 총회의 준비 등을 주임무로 하여 연 10회 정도 개최된다. 이사회는 원래 총회로부터 위임받은 사항에 대해서만 결정을 내릴 수 있게 되었으나 그 후 긴급 결정을 요하는 문제가 발생하면 이사회가 먼저 의안에 대해 사실상의 결정을 내린 뒤 우편투표에 의거 GATT의 최종 결정을 확정짓거나 총회로부터 특정 문제에 대하여 미리 결정권을 위임받아 최종 결정을 내리는 등 상당히 탄력적으로 운영되고 있다. 이사회의 구성원은 GATT 가입국이면 누구나 참가할 수 있도록 개방되어 있다.[3]

1.2 GATT의 일반원칙

GATT의 기본이념은 자유와 무차별적인 국제무역체제를 확립함으로써 국제경제의 발전을 추구하는 데 있다. 따라서 GATT의 기본원칙은 관세인하 및 무역제한의 철폐를 통한 무역자유화와 가맹국 간의 무차별주의의 실현 및 다자주의라고 할 수 있다.

3) 박만승 외, GATT를 중심으로 한 국제무역질서의 전개방향과 우리의 대응, 한국산업경제기술연구원, 1984, pp.31~34.

(1) 무역자유화 원칙

GATT가 가장 중요한 원칙으로 내세우는 것이 무역자유화 원칙인데 이 원칙의 내용으로 관세인하와 무역제한의 철폐가 포함되고 있음은 기술한 바와 같다.

1) 관세인하

GATT는 각국 간에 적용되고 있는 관세율을 인하시키는 데 노력을 집중하였다. 즉 각국 간의 관세교섭에 의해 결정된 관세율이 모든 가맹국에 확대 적용되었고 이로 인해 무역자유화는 상당히 진전되었다. 그러나 이러한 방식으로는 관세의 대폭적인 인하가 어려웠기 때문에 관세인하 교섭이 진전됨에 따라 케네디라운드에서는 관세율의 대폭적인 인하를 위해 일괄인하방식이 채택되었다.

2) 무역제한의 철폐

관세는 주로 가격메커니즘을 통하여 간접적으로 수출입을 규제하는 역할을 하지만 무역의 확대를 이보다 더 직접적으로 제한하는 것이 수출입 제한조치라고 할 수 있다. 이 수출입 제한조치는 직접적인 보호무역수단이므로 관세보다 더 즉각적이고 큰 효과를 발생시킨다. 따라서 GATT는 이러한 무역제한조치를 철폐하여 무역의 확대를 추구하려고 노력하였다.

(2) 무차별주의 원칙

무차별주의는 다음 2가지 측면에서 설명할 수 있다. 그 하나는 회원국 간의 무차별을 의미하고, 다른 하나는 수입품과 국내상품의 무차별을 의미한다. 따라서 전자는 최혜국대우 원칙을, 후자는 내국민대우 원칙을 가리킨다.

1) 최혜국대우 원칙

최혜국대우 원칙은 어떤 국가에 대해 다른 국가보다 불리한 교역상의 조건을 부여해서는 안 된다는 원칙을 말한다. 즉 일국이 어떤 국가에 부여한 혜택은 그 국가에만 한정되는 것이 아니라 GATT에 가입한 모든 국가에 돌아가게 된다는 것이다. GATT 제1조에 규정한 이 원칙은 GATT협상의 가장 근본적인 사항이므로

GATT는 모든 가맹국들의 동의 없이는 이 원칙을 수정할 수 없도록 규정하고 있다.

2) 내국민대우(national treatment) 원칙

내국민대우 원칙이란 어떤 상품이 한 국가에 수입되었을 때 그 나라의 내국세나 정부규제 등에 있어서 그 수입품을 국산품과 차별하지 않고 동등하게 취급하며 국산품과 수입품 간의 경쟁에 있어 기회를 균등하게 보장하는 원칙을 말하는 것으로 GATT 제3조에 규정되어 있다.

(3) 다자주의(multilateralism) 원칙

다자주의 원칙은 다음 2가지 형태에 입각하여 설명될 수 있다. 하나의 형태는 무역협상에 관한 것으로 무역협상은 두 나라 사이에서 이루어지는 쌍무협상과 소수 국가들 사이에서 이루어지는 그룹별 협상, 그리고 많은 국가들 사이에서 이루어지는 다자간협상으로 구분되는데, 가장 공정한 게임룰이 적용되는 것이 다자간협상으로 GATT에서 이루어지는 협상은 다자간협상의 성격을 띠게 된다. 또 다른 하나의 형태는 무역문제에 대한 국가 간의 분쟁이 있을 때 이 분쟁을 분쟁당사국이 해결하는 것이 아니라 GATT라는 다자간 차원에서 해결해야 한다는 것을 말한다. GATT는 제22조와 제23조에 분쟁해결과 관련된 절차를 규정하여 다자간 문제해결을 주선하였다. 그러나 문제해결의 효율성이 매우 낮다고 평가되고 있어 분쟁해결에서 다자주의 원칙이 제대로 이행되지 않았다고 볼 수 있다.

1.3 GATT의 활동

(1) 제1차~제5차의 관세인하 협상

제8차 우루과이라운드 이전까지 7차례의 다자간 무역협상이 개최되었는데 그 내용은 다음과 같이 크게 세 영역으로 분류할 수 있다. 즉 제1차부터 제5차까지를 하나로 묶고 제6차, 제7차를 각각 하나의 영역으로 구분하는 것이다. 제1차부터 제5차까지를 하나로 묶을 수 있는 것은 이 기간의 협상결과가 거의 동일하여 세계

표 13-1 GATT의 주요 관세협상

	협상기간	양허 품목수	평균 인하율	참가국 수	개최지	비 고
제1차	1947. 4~10	45,000	불명	23	제네바	제네바라운드
제2차	1949. 8~10	5,000	〃	29	프랑스 안시	안시라운드
제3차	1950. 9~1951. 4	8,800	〃	32	영국 토케이	토케이라운드
제4차	1956. 1~5	3,000	〃	33	제네바	제네바라운드
제5차	1960. 5~1961. 7	4,400	7%	39	제네바	딜론라운드
제6차	1964. 5~1967. 6	30,300	35%	74	제네바	케네디라운드
제7차	1973. 9~1979. 4	27,000	33%	99	도 쿄	도쿄라운드
제8차	1986~1993. 12	263,735	33%	117	우루과이	우루과이라운드

자료 UNCTAD, *Protectionism and Structural Adjustment*, 1982.
일반통산성, 통상백서, 1997 참조.

무역에 별다른 영향력을 발휘하지 못하였기 때문이다. 여기서 GATT의 주관 아래 진행되어 온 다자간 무역협상의 성과를 표로 정리한 것이 [표 13-1]이다.

(2) 케네디라운드(Kennedy Round)

케네디라운드는 1964년에 시작하여 여러 과정을 거쳐 1967년에 이르러 본격적인 협상이 이루어져 동년 5월에 미국, 영국, EU, 일본으로 구성된 4개국 회의에서 최종적으로 타결되었다. 그 후 철강·화학제품·농산물 등 부문별 세부사항에 대해서도 활발하게 협상이 이루어진 결과 동년 6월 30일에 각국 대표가 최종의정서에 서명함으로써 케네디라운드가 성립되었다.

케네디라운드는 총 30,000여 품목에 대하여 평균 35%의 대폭적인 관세인하에 합의함으로써 GATT가 추구하는 자유무역질서를 확립하는 데 크게 기여하였다. 구체적으로 보면 첫째, 관세율을 평균 35%나 인하하였고, 둘째, 소맥의 최저가 인상과 개도국에 대한 식량원조를 실시하기로 결정하였으며, 셋째, 덤핑방지관세 등을 포함하고 있는 GATT 제6조에 대한 구체적인 절차규정을 제정하였다는 점 등을 들 수 있다.

(3) 도쿄라운드(Tokyo Round)

도쿄라운드의 교섭은 1973년 9월의 도쿄선언에서 시작되었다. 그러나 이 선언은 5년 반 이상의 시간이 소요되어 1979년 4월 12일에서야 실질적인 타결을 보게 되었다. 도쿄라운드의 목표는 비관세장벽을 포함한 모든 무역장벽의 완화 내지 철폐였다. 따라서 관세인하뿐만 아니라 비관세장벽의 완화에 있어서도 진전이 있었는데 주요 성과를 보면 다음과 같다.

첫째, 도쿄라운드의 관세인하는 조화인하방식(harmonization formula)을 채택하였다. 케네디라운드에서는 일괄인하방식을 채택하여 관세율의 고저에 관계 없이 일정한 비율로 인하하는 것을 원칙으로 하였으나 도쿄라운드에서는 관세율이 높은 품목에 대해서는 크게 인하하고 낮은 품목에 대해서는 적게 인하하는 방법을 채택하였다. 이에 따라 18개 선진국은 27,000개 품목에 대해 관세를 인하하여 세계 총 무역량의 10%에 달하는 공산품이 GATT 체제 내에서 양허가 이루어지게 되었다.

둘째, 도쿄라운드에서는 특히 비관세장벽의 제거에 중점을 두었다. GATT는 각국으로부터 850여 건의 비관세장벽을 통보받아 이를 분류하여 관련 협정을 분야별로 검토하여 보조금 및 상계관세협정, 관세평가협정, 정부조달협정, 수입허가절차협정, 덤핑방지협정 등을 타결하였다.

셋째, 개도국에 대한 우대협정이 체결되었다. 도쿄라운드에서는 남북 간 무역협정의 중요성을 인식하여 선진국이 개도국에 무역상 특혜우대조치를 취할 수 있도록 하였다. 그리하여 일반특혜관세제도(GSP)를 개발도상국에 적용하고 비관세장벽을 포함한 각종 협정에서 정한 개도국 우대조항을 실현하며 개도국은 상호간에도 우대조치를 취할 수 있다는 사항 등에 합의하였다. 그러나 개도국의 범위에서 제외될 수 있는 개도국 졸업조항을 채택하고 신흥공업국들에 대한 특혜 부여의 축소를 규정하였다.

1.4 GATT의 성격 및 그 결함

(1) GATT의 성격

GATT의 성격을 요약하면 대체로 다음과 같다.

1) 통일성과 체계성의 미비

GATT의 여러 규정은 통일성과 체계성이 미비된 국제협정이다. 즉 GATT 규정은 관세인하와 기타의 무역장벽을 제거하기 위하여 채택된 협정이며 하바나헌장의 조항 중에서 각국의 합의가 이루어진 부분을 발췌하여 집대성한 것이다. 따라서 GATT의 규정에는 각국의 주장이 복잡하게 반영되어 있어 통일성과 체계성이 결여되어 있고 그 해석에 있어서도 어려움이 많았다.

2) 법적 구속력 미약

GATT 규정은 법적 효력면에서 구속력이 미약하다. GATT 규정의 최혜국대우와 관세인하를 규정한 제1부는 물론 관세교섭이나 GATT에의 가입 및 탈퇴 등의 절차를 규정한 제3부는 어느 정도 구속력이 있다. 그러나 수량제한의 금지 등 무역확대를 규정한 제2부와 개발도상국의 문제를 규정한 제4부의 경우에는 가맹 시점에서 국내법의 인정범위 내에서만 그 이행 의무가 부여되기 때문에 이에 대한 법적 구속력이 미약하였다. 따라서 어느 가맹국이 GATT의 규정에 위배되는 무역행위나 차별조치를 취하더라도 특별한 결의나 권고조치에 그치는 정도이다.

3) 국제경제기구로서의 성격 미약

GATT는 원래 국제무역상의 원칙을 규정한 협정에 불과하였기 때문에 국제경제기구로서의 성격이 미약하다. 국제경제기구의 성격을 구비하고 있는 IMF가 그 규정에 의해 정식으로 설립되었고 또 그 규정에 따라 이사회와 기타의 관리기구가 운영되고 있는 것은 GATT와 대조적이다.

따라서 GATT는 관세와 비관세장벽을 완화하여 무역자유화를 추구하기 위한 각국의 합의를 규정한 것에 불과한 하나의 잠정적 협정에 지나지 않기 때문에 엄밀한 의미에서 국제경제기구라고 볼 수 없다. 그러나 GATT가 IMF처럼 국제무역문제를 전담하고 있어 국제경제기구로 인정을 받았고 그 기능을 어느 정도 수행하였던 것은 각국 간의 상호 협조정신에 그 기초를 두고 있었기 때문이었다.

(2) GATT의 결함

GATT는 원래의 목적대로 창설되지 않았기 때문에 국제협정으로서의 미비, 법적 구속력의 미약, 국제경제기구로서의 성격 미약 등 불완전한 요소가 많았다. 그러나 GATT는 그동안 여러 차례의 다자간 무역협상을 통해 관세인하 및 기타의 무역제한조치를 철폐함으로써 무역자유화를 상당한 수준으로 끌어 올렸으며 가맹국 간의 차별을 배제하는 최혜국대우 원칙에 의해 국제무역이 상당히 확대되게 되었다. 그러나 이러한 무역의 확대는 주로 선진국 사이에 국한되었고 개발도상국 간에는 그 효과가 크지 않는 등 여러 가지 결함이 나타나게 되었다.

1) 개발도상국에는 부적절한 기구

GATT가 선진국의 무역문제를 취급하는 데는 적절한 기구이지만 개발도상국의 무역문제를 전담하는 기구로서는 불충분하다는 것이다. 예컨대, GATT는 관세인하나 무역제한조치의 제한 등의 대상품목이 주로 공산품이고 농산품 등 1차산품은 대상에서 제외되어 있기 때문에 이들 품목을 주로 수출하는 개발도상국의 경우는 선진국과 같은 혜택이 없었다는 것이다.

2) 예외규정으로 지역경제통합 인정

GATT 제1조는 최혜국대우 원칙을 규정하고 있어 EU와 같은 지역경제통합체는 인정하지 않는 것이 기본원칙이다. 그러나 현재 세계경제는 FTA의 증가로 지역주의가 확산 추세에 있어 GATT는 이를 예외조항으로 인정하고 있기 때문에 GATT의 최혜국대우 원칙에 입각한 무역자유화의 추진은 어렵게 되었다.

이 외에도 GATT의 결함에 대해 프레비쉬는 다음과 같이 지적하였다. 첫째, GATT는 세계적 기구가 아니다. 둘째, GATT는 국제무역의 여러 문제를 단편적으로 취급한다. 셋째, GATT는 선진국들 사이의 무역문제를 취급하는 데 적당한 기구이지만 선진공업국과 개발도상국 간의 무역문제를 다루는 데에는 적당하지 않은 기구이다. 더욱이 GATT에 의해 개발도상국 간의 무역을 확대시킬 수 없다. 넷째, GATT는 정부 간 무역을 예외로 취급하고 있고 대부분의 사회주의국가들은 GATT에 가입하지 않았다. 다섯째, 1차산품에 관한 여러 협정 및 기타의 활동은 대부분 GATT에서 취급하지 않고 있다. 프레비쉬는 이와 같이 GATT의 결함을 지적한 후 이러한 결점이 없는 새로운 국제무역기구의 필요성을 주장하였다.

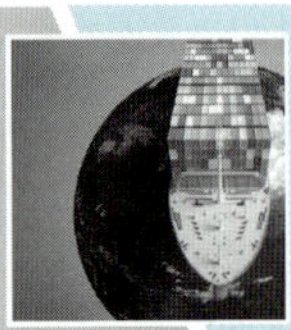

제2절

WTO 체제

2.1 WTO 체제의 출범

GATT 체제의 출범 이후 우루과이라운드 이전까지 케네디라운드, 도쿄라운드 등 7차에 걸친 다자간협상이 개최되어 무역자유화를 위해 미비점을 보완하여 왔다. 그러나 각국 간 무역불균형의 심화, 지역경제블록의 강화, GATT 원칙을 우회하는 각종 무역제한조치의 등장, 기존의 GATT 규범으로는 규율할 수 없는 서비스 교역 문제, 지적재산권 문제 등 새로운 분야가 출현함으로써 GATT 체제를 확대·개편하기 위한 새로운 무역규범의 필요성이 대두되었다.

그리하여 1986년 9월 우루과이의 푼타 델 에스테의 각료선언을 통해 새로운 다자간협상인 우루과이라운드(UR) 협상이 시작되어 약 7년 이상 계속되어 오다 1993년 12월 15일에 협상참가국 117개국이 제네바에서 최종협정문을 채택함으로써 WTO 체제의 탄생을 위한 법적 기초가 마련되었다.[4] 이에 따라 WTO(World Trade Organization : 세계무역기구) 체제는 1995년 1월 1일부터 정식으로 출범하게 되었다.

WTO 체제는 자유무역 확대를 목적으로 하는 제도적 장치로서 WTO 회원국 간 다자간 무역협상의 장인 동시에 통상정책의 상호 조정을 가능하게 하는 국제기구이다. 또한 이 기구는 자유무역질서에 위배되는 행위를 효과적으로 감시할 수 있도록 GATT 체제를 확대·개편한 다자간 무역기구이다. 따라서 이 기구는 GATT와는 달리 법적 구속력이 강한 권한을 행사할 수 있고 별도의 국제기구 형태로 설치되며 의사결정방식도 다수결로 이루어지고 있다.

WTO 체제의 출범은 WTO 설립협정에 따른 것으로 이는 세계경제헌법이라고 할 수 있다. WTO 설립협정은 전문과 총 16개 조문으로 구성되어 있고 WTO의 기

4) 법무부, UR협정의 법적 고찰(상), 창신사, 1994, pp.17~18.

능·구조·조직·가입 및 탈퇴·의결방법 등을 규정하고 있다. WTO 설립협정의 발효일은 각료회의에서 결정하기로 되어 있었는데 1994년도 하반기에 개최되었던 각료회의에서 시행일자를 1995년 1월 1일로 확정하였다.

WTO 설립협정에 부속된 협약들은 크게 자유화 관련 협약과 제도 관련 협약으로 대별할 수 있다. 자유화 관련 협약으로는 GATT 1994, 서비스무역에 관한 일반협정(GATS),[5] 농업협정 등이 있는데 이들은 해당 분야의 시장개방을 내용으로 하고 있다. 제도 관련 협약으로는 무역관련지적재산권협정(TRIPS),[6] 무역관련투자조치협정(TRIMS),[7] 무역정책검토협정(TPRM),[8] 그리고 분쟁해결 규칙 및 절차에 관한 양해각서(DSU)[9] 등이 있으며 이들은 교역 관련 제도 정비를 그 내용으로 하고 있다. 자유화 관련 협약에는 각국의 개방약속과 양허조건을 담은 국별양허표가 첨부되어 협약의 일부를 이루고 있다는 점이 제도 관련 협약과 다른 점이라고 할 수 있다.

2.2 WTO 체제의 특징과 기본원칙

(1) WTO 체제의 특징

WTO 체제의 특징을 GATT 체제와 비교하여 살펴보면 다음과 같다.

1) 법의 지배 강화

WTO 체제의 가장 큰 특징은 법의 지배를 강화하고 있다는 점이다. 즉 WTO 체제는 GATT 체제와는 달리 회원국의 협약 불이행에 대하여 분쟁해결절차에 의해 강력한 제재를 가할 수 있게 되어 국제경제사회에서 법의 지배를 실현하고 있다.

5) GATS : General Agreement on Trade in Services.

6) TRIPS : Trade Related Aspects of Intellectual Property Rights including Trade in Counterfeit Goods.

7) TRIMS : Trade Related Investment Measures.

8) TPRM : Trade Policy Review Mechanism.

9) DSU : Understanding on Rules and Procedures Governing the Settlement of Disputes.

WTO는 분쟁해결을 위한 기구인 분쟁해결기구(DSB : Dispute Settlement Body)를 두고 '분쟁해결 규칙 및 절차에 관한 양해'에 따라 무역분쟁을 해결하도록 권한과 능력을 부여하고 있다. 그리고 분쟁해결단계별 절차와 완료시한을 규정하여 분쟁당사국의 고의적인 지연을 방지하고 있으며 패소국을 위해서는 상소제도를 도입하고 있다.

2) 새로운 분야의 포괄

WTO 체제는 과거 GATT 체제에서 배제되어 왔던 서비스교역과 지적재산권분야를 포함하고 있을 뿐만 아니라 상품교역분야에서 배제되어 왔던 농업 및 섬유분야를 WTO 체제에 편입시킴으로써 국제교역에서 거의 모든 분야를 포괄하게 되었다는 점이다.

3) 발전단계별 고려

WTO 체제의 또 다른 특징은 개도국이나 저개발국들의 발전단계를 고려하여 이들 국가들에는 이에 상응하는 협약이행 유예기간을 부여함으로써 이들 국가들의 동참을 유도하고 있다는 점이다.

(2) WTO 체제의 기본원칙

WTO 체제의 기본원칙으로는 무차별 원칙, 자유화 원칙, 투명성의 원칙 등을 들 수 있다.

1) 무차별 원칙

WTO 체제가 자유무역을 실현하기 위하여 확립하고자 하는 가장 기본적인 원칙이 무차별 원칙이다. 이 원칙은 WTO 체제의 여러 분야에서 찾아 볼 수 있지만 이를 직접적으로 명시하고 있는 조항은 최혜국대우 원칙에 관한 GATT 1994 제1조와 내국민대우 원칙에 관한 제3조라고 할 수 있다.

① 최혜국대우 원칙

이 원칙은 앞에서도 설명한 바와 같이 어떤 국가를 다른 국가보다 교역상 불리한 조건을 부여해서는 안 된다는 원칙으로 WTO 체제의 모든 분야에서 일반화되어 있는 기본원칙이라 할 수 있다. 단, 서비스 교역에 관한 일반협정(GATS)은 각국이 이 원칙에 대한 예외를 최혜국대우 일탈목록에 기재하도록 함으로써 예외를 인정하고 있다.

② 내국민대우 원칙

이 원칙 역시 앞에서 설명한 바와 같이 어떤 상품이 일국에 수입되었을 때 그 나라의 내국세나 정부규제 등에 있어서 그 수입품과 국산품을 차별하지 않고 동등하게 취급하여 경쟁에 있어 기회를 균등하게 보장하는 원칙이다. 이 원칙은 교역관련지적재산권협정(TRIPS)에서는 무조건 적용될 것을 요구하나 서비스무역에 관한 일반협정(GATS)에서는 이 원칙의 적용에 대해 구체적인 약속을 국별 양허표에 기재하도록 하고 있다.

2) 자유화 원칙(=시장접근보장 원칙)

자유무역이 이루어지기 위해서는 외국시장에 대한 접근이 용이해야 한다. 이러한 시장접근을 쉽게 하기 위하여 자유무역을 저해하는 각종 무역장벽을 철폐해야 한다. WTO 체제는 무역에 대한 장벽을 관세와 비관세장벽으로 구분하여 관세인하와 각종 비관세장벽의 제거를 위한 회원국의 약속, 즉 양허를 중심으로 이루어져 있다. 이러한 자유화 원칙은 재화나 서비스 거래에 대한 관세나 비관세장벽의 모든 제한을 철폐해야 한다는 시장접근보장 원칙을 의미한다. 단, GATS 등에서는 국별 양허표에 분야별로 구체적인 시장접근범위를 정하도록 하고 있다.

3) 투명성(transparency) 원칙

이 원칙은 각국의 행정 및 사법기관의 의사결정이나 법 적용뿐만 아니라 제도 운용이 합리적이며 예측 가능해야 하고, 결정에 관한 이유가 고지되어야 하며 그러한 결정의 기초가 되는 모든 법령 및 자료들이 공개되어야 한다는 것이다. 이는 WTO 체제의 일관된 원칙이지만 국가안전보장에 관계되는 내용, 법 집행에 위해가 되는 사항, 영업상의 비밀 등 특정한 경우에는 예외를 인정하고 있다.

2.3 WTO 체제의 구성

WTO 체제의 구성이란 WTO법의 구성이라고도 할 수 있으며 이는 UR 협상 결과를 구현하는 일체의 문서로서 UR 최종의정서와 이 의정서에 첨부된 WTO(설립) 협정과 각료결정 및 선언 등으로 구성된다.[10)]

(1) UR 최종의정서

먼저 UR 최종의정서(UR Final Act)는 6개 조항으로 구성되어 있는데 참가국 대표들이 이에 서명함으로써 각국 대표들은 자국의 적절한 절차에 따라 WTO협정의 승인을 구하기 위하여 자국의 관련 기관에 이를 제출함과 아울러 '각료결정 및 선언'을 채택하는 데 동의한다는 것이다(UR 최종의정서 2항). 특히 모든 UR협상 참가국들이 WTO 설립협정을 전체로서 수락할 수 있도록 개방한다는 데에 동의할 뿐만 아니라(동 의정서 4항) 이 외에도 WTO 협정의 조속한 발효 및 발효시기의 결정 등에 관한 포괄적인 선언규정을 담고 있다. 이는 내용상으로는 오히려 첨부된 부속문서인 WTO 협정에 대한 전문(preamble)으로서의 지위를 가지는 것으로 보이기도 하나 조약법적으로는 어디까지나 UR 최종의정서가 서명(signature)의 대상이 되는 조약문서이고 WTO 협정과 각료결정 및 선언은 이에 첨부된 부속문서로서의 지위를 갖는다.

(2) WTO (설립)협정

앞서 언급한 바와 같이 WTO (설립)협정(WTO Agreement) 자체는 UR 최종의정서에 첨부된 두 건의 부속문서 중 하나이다. 이 협정은 WTO라는 국제기구의 설립 조약으로서 제도적 조치에 관한 규정으로 국한되어 있다. WTO (설립)협정의 구체적인 내용에 대해서는 다음의 제6절 WTO의 조직과 운영에서 설명하기로 한다.

(3) WTO 협정 부속서

WTO 협정에는 기술적으로 상당한 분량의 실체적 규칙을 포함하는 4건의 중

10) 여기서 WTO 협정과 각료결정 및 선언과 이들에 부속된 제반 문서는 UR 최종의정서의 일체적 부분(an integral part)이므로 법적으로 WTO법은 한 건의 조약문서이다. 단, WTO 협정 부속서 4의 복수국 간 무역협정은 각기 별도의 법적 문서로 다만 WTO법에 편제되어 있을 뿐이다.

요한 부속서(Annex)가 첨부되어 있다. 이 4건의 부속서가 UR 협상 결과를 담고 있기 때문에 이에 대한 이해가 WTO 실체법을 이해하는 데 있어 중요하다. 그런데 이들 부속서는 상이한 분야를 규율할 뿐만 아니라 각기 상이한 목적과 법적 영향을 가지는 관계로 부속서의 구조를 이해하기가 용이하지 않다. WTO 협정에 첨부된 4건의 부속서에 대해 차례로 살펴보기로 한다.

먼저 부속서 1(Annex 1)은 다시 (1) 1A 상품무역에 관한 다자간협정(Multilateral Agreements on Trade in Goods : 이하 다자간 무역협정 또는 MTAs(Multilateral Trade Agreements)로 약칭), (2) 부속서 1B 서비스무역에 관한 일반협정(General Agreement on Trade in Services : 이하 GATS로 약칭), (3) 부속서 1C 무역관련지적재산권협정(Agreement on Trade Related Aspects of Intellectual Property Rights : 이하 TRIPS로 약칭) 3건의 부속서로 구성되어 있다. 그리고 1A 다자간 무역협정(MTAs)은 또다시 1994년 GATT를 포함하여 13건의 협정으로 구성되어 있어 부속서 1은 양적으로 UR 협상 결과의 상당 부분을 차지함은 물론 내용적으로도 새롭게 출범하는 WTO 다자간 무역규범의 기초를 구성할 뿐만 아니라 부속서 1상의 모든 문서를 예외 없이 전체로서 WTO의 모든 회원국에 대해 구속력을 가진다는 점 등이 특이하다.

둘째, 부속서 2(Annex 2) 분쟁해결양해(DSU)에서는 WTO의 분쟁해결규칙에 대해 규정하고 있다. 이 양해는 WTO의 모든 회원국에 대해 적용될 뿐만 아니라 부속서 3(무역정책검토제도)을 제외한 부속서 1과 부속서 2 및 부속서 4의 모든 협정상에서 발생하는 일체의 분쟁에 적용되는 포괄적인 단일의 분쟁해결제도(a unitary dispute settlement mechanism)이다.

셋째, 부속서 3(Annex 3)에서는 무역정책검토제도(TPRM)를 규정하고 있다. 이에 의하면 WTO는 정기적이고 규칙적으로 각 회원국의 전반적인 무역정책을 검토하고 이들의 정책에 대해 보고하도록 되어 있다. 그런데 여기서 각국의 무역정책이 WTO 협정 및 그 부속서와 합치하는지의 여부에 대한 검토도 이루어지지만 이보다는 당해 무역정책에 의한 피검토 대상국가와 교역 상대국가 양자에 미치는 영향에 대한 검토가 보다 중요하다.[11)]

11) J. K. Jackson, W. J. Davey & A. O. Sykes, Jr., *Legal Problems of International Economic Relations*, West Publishing Co., 1995, p.303.

그림 13-2 WTO 설립협정의 구조

- WTO 설립협정
  - 기구에 관한 규정
    - 제1조 WTO의 설립
    - 제2조 WTO의 임무
    - 제3조 WTO의 역할
    - 제4조 WTO의 조직
    - 제5조 여타 기구와의 관계
    - 제6조 사 무 국
    - 제7조 예산 및 분담금
    - 제8조 WTO의 지위
  - 의사결정·가맹에 관한 규정
    - 제9조 의사결정
    - 제10조 개 정
    - 제11조 원가맹국
    - 제12조 가 맹
    - 제13조 특정 가맹국 간의 다각적 무역협정의 부적용
    - 제14조 수락, 효력 발생, 기탁
    - 제15조 탈 퇴
    - 제16조 기타 조항
  - 부 속 서
    - 1A. 상품무역에 관한 다자간협정(MTAs : Multilateral Agreements on Trade in Goods)
      - 1) 1994년 관세 및 무역에 관한 일반협정(GATT 1994)
        - 1994년 GATT 제2조 1항(b)의 해석에 관한 양해(Understanding)
        - 1994년 GATT 제17조의 해석에 관한 양해
        - 1994년 GATT 국제수지(Balance-of-Payments) 규정에 관한 양해
        - 1994년 GATT 제24조의 해석에 관한 양해
        - 1994년 GATT에서의 의무면제(Waivers of Obligations)에 관한 양해
        - 1994년 GATT 제28조의 해석에 관한 양해
        - 1994년 GATT에 대한 Marrakesh 의정서(Protocol)
      - 2) 농업협정(Agreement of Agriculture)
      - 3) 위생 및 검역조치(Sanitary and Phytosanitary Measures)협정
      - 4) 섬유 및 의류(Taxtiles and Clothing)협정
      - 5) 무역에 대한 기술장벽(Technical Barriers to Trade)협정

- 6) 무역관련투자조치(Trade-Related Investment Measures)에 관한 협정
- 7) 1994년 GATT 제6조의 이행에 관한 협정(WTO 반덤핑 협정)
- 8) 1994년 GATT 제7조의 이행에 관한 협정(WTO 관세평가 협정)
- 9) 선적 전 검사(Preshipment Inspection)에 관한 협정
- 10) 원산지규정(Rule of Origin)에 관한 협정
- 11) 수입허가절차(Import Licensing)에 관한 협정
- 12) 보조금 및 상계조치(Subsidies and Countervailing Measure)에 관한 협정
- 13) 세이프가드협정
- 1B. 서비스무역에 관한 일반협정(GATS : General Agreement on Trade in Services)
- 1C. 무역관련지적재산권에 관한 협정(TRIPS : Agreement of Trade-Related Aspects of Intellectual Property Rights)
- 2. 분쟁해결 규칙 및 절차에 관한 양해(DSU : Understanding on Rules and Procedures Governing the Settlement of Disputes)
- 3. 무역정책검토제도(TPRM : Trade Policy Review Mechanism)
- 4. 복수국 간 무역협정(PTAs : Plurilateral Trade Agreements)
  - 민간항공기 무역에 관한 협정
  - 정부조달(Government Procurement)협정
  - 국제낙농협정(International Dairy Agreement)
  - 국제우육협정(International Bovine Meat Agreement)

끝으로 부속서 4(Annex 4)에서 복수국 간 무역협정(PTAs : Plurilateral Trade Agreements)이라 불리는 4건의 협정이 포함되어 있다. 이들 협정에의 가입은 의무적이 아니며 '선택적'(optional)이란 점에서 WTO협정의 다른 부속문서들과는 다른 특징을 가진다.

UR에서는 정부조달부문을 포함하여 낙농제품(dairy), 쇠고기(bovine meat), 민간항공기(civil aircraft)에 관한 4건의 복수국 간 무역협정이 있으나 이 중 민간항공기에 관하여는 컨센서스에 도달하지 못함으로써 도쿄라운드에서 채택된 기존

의 민간항공기규약(Civil Aircraft Code)이 그대로 적용되게 되어 있어 현재 민간항공기부문은 WTO 체제와 아무런 공적 연계도 갖지 않고 있다. 그리고 정부조달협정(Agreement on Government Procurement)의 경우에는 1997년 이후에 발효하도록 되어 있었다.[12] 여기서 이러한 복수국 간 무역협정은 상황에 따라 추가되거나 삭제될 수 있는 융통성이 있다는 것도 유의할 필요가 있다(WTO협정 제10조 제9항).

(4) 각료결정 및 선언

한편 WTO 협정에는 총 12건의 각료결정 및 선언(Ministerial Decisions and Declarations)이 첨부되어 있다. 이는 주로 WTO 협정 부속서상의 개별협정에 대한 후속적인 입법조치의 실시에 대한 합의나 그 이행과 관련된 약속을 담고 있어 이 역시 UR 최종의정서의 일체적 부분(an integral part)을 구성하고 있다(UR 최종의정서 1항).[13]

제 3 절 WTO 실체법의 특징과 내용

3.1 WTO 실체법의 의의

WTO법을 구성하는 다양한 협정과 부속서를 그 내용에 따라 분류해 보면 ① UR 최종의정서와 각료결정 및 선언은 회원국의 권리·의무에 관한 규정이 아닌 선언적 성격을 지녔다고 볼 수 있고, ② WTO 설립협정은 WTO라는 기구의 조직법(constitutional law)이며, ③ WTO 설립협정 부속서 1, 2, 3은 회원국의 구체적인 권

12) McGovern, *International Trade Regulation*, Globefield Press, 1995.

13) 고준성, "WTO 체제의 법적 구조," 국제통상과 WTO법, 아시아사회과학연구원, 1996, pp.17~20.

리와 의무에 대한 규정이다.

여기서 회원국의 권리·의무에 직접적인 관련이 없는 부속서 2인 분쟁해결양해와 부속서 3인 무역정책검토제도를 제외한 부속서 1에 속하는 다자간 무역협정(MTAs), 서비스무역에 관한 일반협정(GATS) 및 무역관련지적재산권협정(TRIPS)과 그 부속문서들을 통틀어 WTO 실체법(the substantial law of WTO)이라 할 수 있다. 그리고 복수국 간 무역협정(PTAs)은 개별협정에 해당하므로 WTO 실체법에 포함되지 않는다.

3.2 WTO 실체법의 내용

기술한 바와 같이 WTO 실체법은 상품무역에 관한 다자간협정(MTAs)과 서비스 무역에 관한 일반협정(GATS) 및 무역관련지적재산권협정(TRIPS) 그리고 그 부속문서 등으로 구성되어 있다.

(1) 상품무역에 관한 다자간협정

부속서 1A 상품무역에 관한 다자간협정(MTAs)은 협정 명칭 그대로 상품무역(trade in goods)을 규율하는 다자간 무역규범으로서 1994년 GATT를 포함하여 총 13건의 협정으로 구성되어 있다.

1) 1994년 GATT

WTO 협정 중에서 그 구성이 가장 복잡하여 이해하기가 용이하지 않지만 가장 기본이 되는 협정인 관계로 철저한 이해가 요구되는 것이 바로 1994년 GATT(GATT 1994 : General Agreement on Tariffs and Trade 1994) 협정이다.

1947년에 체결되어 그동안 7차에 걸친 라운드를 통해 수정·추가되어 온 GATT 규범 전체가 UR 타결로 WTO 체제에 편입되었다. 1947년의 최초의 GATT 협정과 WTO 체제의 GATT 규범을 구분하기 위하여 전자를 1947년 GATT 또는 GATT 1947로 표시하기로 하였다. 따라서 GATT 1994는 WTO에 편입된 기존 GATT 규범과 UR에서 새로 추가되거나 개정된 GATT 규범으로 구성되어 있다.

UR 협정 타결로 새롭게 GATT 체제에 포함되게 된 협정으로는 농업협정, 동식물 위생검역협정, 섬유 및 의류협정, 무역관련투자조치협정, 선적 전 검사협정, 긴급수입 제한조치협정 등이 있다.

UR 협정에서는 GATT에 관련된 기존 협정들 중에서 기술적 무역장벽에 관한 협정, 관세평가협정, 수입면허절차협정, 반덤핑협정, 보조금 및 상계관세협정 등의 내용을 대폭 강화하였을 뿐만 아니라 이들을 GATT 1994에 편입시킴으로써 종전에 개별협정에 가입한 국가들만 이의 적용을 받아오던 것을 UR 협상에 의해 WTO 가입국 모두에 대하여 적용되게 되었다.

2) 기타 협정

한편 부속서 1A에는 1994년 GATT 이외에도 12건의 협정이 첨부되어 있는데 여기에는 반덤핑협정과 같이 도쿄라운드의 산물로서 채택된 MTN 규약을 기초로 개정된 협정이 있는가 하면 농업협정과 같이 금번 UR 협정의 결과로 처음 채택된 협정도 있다.

(2) 서비스 무역에 관한 일반협정

부속서 1B는 서비스 무역에 관한 일반협정(GATS) 1건의 문서로 간단히 구성되어 있다. 여기에는 일련의 국별 서비스 양허계획표가 첨부되어 있으며 이 협정의 목적은 증대하는 서비스 무역의 중요성에 비추어 서비스 무역의 투명성과 점진적인 자유화의 조건에서 이의 확대를 위한 다자간 원칙 및 규칙의 틀을 제공하기 위한 것이다(GATS 전문).

GATS는 정부가 구매하거나 제공하는 서비스를 제외한 모든 서비스 무역을 규율하고 있다. UR 서비스업종 분류표에 의하면 서비스를 사업, 통신, 건설, 유통, 교육, 환경, 금융, 은행, 건강, 여행, 오락, 운송, 기타 등 12개 분야로 대별하고 있다. GATS에 첨부되어 있는 국별 양허표는 그 나라의 개방약속을 기재한 것으로 시장접근과 내국민대우의 적용분야 및 적용조건을 명시하고 있다. 그리고 이 협정은 서비스무역에 반드시 수반되는 자본거래나 서비스 관련 인력의 출입국에 대해서도 규율하고 있다.

(3) 무역관련지적재산권협정

부속서 1C 역시 무역관련지적재산권협정(TRIPS) 1건의 문서로 구성되어 있다. 이 협정의 목적은 지적재산권의 효과적이고도 적절한 보호의 필요성을 고려하고 이것이 정당한 무역에 대한 장벽이 되지 않도록 보장하면서 ① 1994년 GATT의 기본원칙과 관련 국제지적재산권협정의 적용 가능성, ② 무역 관련 지적재산권의 취득, 범위, 사용에 관한 적절한 기준과 원칙의 제시, ③ 무역 관련 지적재산권의 시행을 위한 효과적이고도 적절한 수단의 제공, ④ 위조상품의 국제무역을 다룰 새로운 규칙과 규율을 위한 다자간 틀을 제공하기 위한 것이다(TRIPS 전문).

TRIPS는 해적상품의 유통을 방지하기 위한 단순한 목적에서 시작되었으나 결과적으로는 모든 지적재산권에 관한 포괄협정이 되었다. TRIPS는 국제협약 플러스 접근방식[14)]을 채택함으로써 파리협정 등 기존 국제협정을 최저보호수준으로 하고 보호수준을 전반적으로 대폭 강화하였다.

(4) WTO 실체법과 관련 협정

1) 분쟁해결 규칙 및 절차에 관한 양해각서(DSU)

WTO협정 부속서 2의 분쟁해결 규칙 및 절차에 관한 양해(DSU : Understanding on Rules and Procedures Governing the Settlement of Disputes)에서는 WTO 체제에서의 모든 분쟁은 당연히 분쟁해결기구를 통하여 해결하도록 규정하고 있다. 과거 GATT에서는 이러한 분쟁해결과 관련하여 명확한 관련 조항이 없었을 뿐만 아니라 관련 절차 역시 여러 조항에 걸쳐 분산되어 있어 UR 협정에서는 분쟁해결 규칙 및 절차를 대폭 확충·강화한 DSU를 채택하고 있다.

따라서 WTO의 모든 회원국들은 WTO 협정에 따른 자국의 이익이 침해되는 것을 시정하고자 할 경우에는 이 DSU에 따라 해결하여야 하며, 모든 회원국은 분쟁해결기구가 채택한 패널 또는 상소기구의 보고서의 조사 결과 또는 DSU에 의거해서 내려진 중재판결에 따르도록 되어 있다. 그리고 패널보고서는 모든 회원국이

---

14) 기존 국제협정의 보호수준을 최저보호수준으로 한다는 접근방식을 말한다. 이러한 접근방식으로 인하여 TRIPS의 보호수준은 기존 국제협정보다 한층 강화되었다고 볼 수 있다.

반대하지 않는 한 자동적으로 채택되게 되어 있다.

2) 무역정책검토제도

WTO 협정 부속서 3의 무역정책검토제도(TPRM : Trade Policy Review Mechanism)에서는 무역정책검토기구(TPRB : Trade Policy Review Body)를 설립하여 각 회원국의 무역정책과 관련 제도 및 관행을 정기적으로 평가하기 위해 무역정책검토제도를 실시하고 있다. TPRM에서는 모든 WTO 회원국을 대상으로 하면서 미국, 일본, EU, 캐나다 등 4대 교역국은 매 2년마다, 교역순위 5위에서 20위까지의 16개국은 매 4년마다, 그리고 기타 국가는 매 6년마다 주기적으로 무역정책검토제도를 실시하기로 되어 있다.

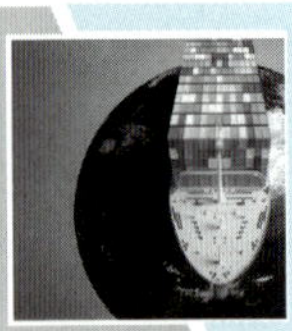

제4절 WTO 실체법과 국내통상법의 관계

국제무역이란 국가 간에 이루어지는 상품 및 서비스 교역이므로 이러한 교역에 대해서는 국내법과 국제법이 동시에 적용되기도 한다. 여기서 국내법이라 함은 일국이 제정·공포한 국내통상법을 의미하고 국제법이란 각국 간의 합의에 의해 체결된 조약 등을 일컫는 국제통상법을 의미한다.

그러면 국내통상법과 국제통상법의 관계에서 두 법의 규율대상이 문제가 된다. 이 문제에 대해서는 시대상황에 따라 달라지겠지만 시간이 경과함에 따라 점차 국제통상법의 규율대상 범위가 절대적으로나 상대적으로 확대되어 간다고 말할 수 있다. 그러나 국제통상법의 규율대상과 국내통상법의 규율대상을 명확하게 구분한다는 것은 불가능하다. 예컨대, 종전의 GATT법에서는 규율하지 않았던 서비스와 무역 관련 지적재산권의 보호가 현재 WTO법에서는 규율대상이 되고 있고 또한 향후 전개될 WTO 체제의 신라운드에서 환경이나 노동기준 및 경쟁정책 등이 규범화될 경우에는 WTO법의 규율대상이 더욱 확대될 것이다.

현실적으로 국제통상법과 국내통상법이 병존하므로 국제통상법이 국내에 직접 적용되는가라는 문제와, 두 법과의 관계에서 국제통상법과 국내통상법이 서로 상충될 경우에 어느 법이 우선 적용되느냐 하는 문제가 제기될 수 있다. 이 점에 대해서는 학설상으로 국제통상법과 국내통상법을 동일한 법체계로 인식하여 국제통상법의 직접 적용이 가능하다는 일원론을 대다수의 학자들이 지지하고 있고, 또한 개별 국가의 이익보다는 국제공동체 전체의 공동선을 우선하는 것이 자연질서에 비추어 보아도 타당하므로 국제통상법과 국내통상법이 상충할 경우에는 국제통상법이 우선하여 적용되는 국제법 우위의 일원론이 보다 설득력이 있다고 볼 수 있다.[15)]

또한 현존하는 상당수의 국제조약에서도 명문으로 국제법과 국내법이 상충될 경우 국제법을 준수해야 한다는 국제법상의 의무를 규정하고 있다.[16)] 특히 1969년 조약법에 관한 비엔나(Vienna)협약 제27조에서는 당사자가 자신의 조약상 의무의 불이행을 정당화하기 위하여 국내법 규정을 원용할 수 없다고 명시하고 있어 국제법 우위의 일원론을 명백히 하고 있다.

그러나 WTO 협정 부속서상의 개별 협정의 경우 이들 협정의 시행을 위한 국내통상법의 존재를 고려하여 WTO 협정 제16조 제4항에서는 WTO 회원국들로 하여금 자국의 법률과 규정 및 행정절차, 즉 국내통상법규를 WTO 실체법에 규정된 자국의 의무와 합치하도록 보장해야 한다고 명시하고 있다. 뿐만 아니라 WTO 협정 부속서상의 다른 개별 협정[17)]에서도 이와 유사한 규정을 두어 국내통상법에 대한 WTO 실체법의 우위에 대해 간접적으로 규정하고 있다. 결국 국제통상법과 국내통상법이 상충될 경우에는 특별법 우선의 원칙에 따라 국제통상법이 우선하여 적용된다는 것이다.

15) 유병화, 국제법 Ⅱ, 진성사, 1995, pp.118~119.

16) 예컨대, UN헌장 전문과 제4조.

17) 예컨대, WTO 반덤핑협정 제18조 제4항.

제5절

WTO의 설립과 기능 및 조직

5.1 WTO의 설립과 목적

(1) WTO의 설립

WTO는 1994년 4월 15일에 서명되고 1995년 1월 1일에 발효한 WTO 설립협정에 의거 창설된 국제(무역)기구이다. 이 기구는 본질적으로 잠정조약에 의해 별도의 설립협정 없이 임시사무국이 기구로서의 역할을 대행해 온 GATT와는 근본적으로 다르다고 볼 수 있다.

또한 WTO는 그 설립협정의 부속서에 포함된 제반 협정과 관련된 문제를 규율하기 위한 공동의 제도적 틀을 제공하고 있고,[18] 여기에는 상품무역뿐만 아니라 서비스와 지적재산권의 보호 및 투자 등도 포함하고 있어 GATT에 비해 그 적용대상이 훨씬 포괄적인 다자간 무역체제라고 할 수 있다.

WTO 설립에 대해서는 기존의 GATT가 여러 가지 결함을 가지고 있다는 사실을 인정하면서도 1980년 UR 협상을 준비하는 과정에서는 GATT를 대체하는 새로운 무역기구에 대한 언급이 없었다. 따라서 1986년 9월 UR 협상의 개시를 결정한 GATT 각료회의에서 제시한 의제 및 협상체계에서는 새로운 기구에 관한 검토가 없었다. 그러나 UR 협상과정에서 캐나다 정부의 제안으로 WTO라는 기구 설립이 거론되었다. 그리하여 1991년 12월 둔켈(Dunkel)초안에서 처음으로 MTO(Multilateral Trade Organization)라는 새로운 기구에 관한 헌장초안이 등장하였다. 그 후 1992년에서 1993년 중에 협상참가국들은 MTO 헌장안에 대한 합의가 이루어지게 되었지만 1993년 12월 15일 UR 타결 직전에 그 명칭이 현재의 WTO로 변경·확정되었다.

18) WTO 설립협정 제2조 제1항.

(2) WTO의 목적

WTO는 다음과 같은 목표달성을 목적으로 하고 있다(WTO 협정 전문). 이는 기본적으로 GATT 전문을 계승한 것이다.

첫째, 지속 가능한 개발이라는 목적 아래 세계자원의 최적 이용을 고려한 실질소득 및 유효수요의 지속적인 양적 증대와 상품 및 서비스의 생산과 무역의 증대를 목적으로 무역 및 경제분야에서의 상호관계가 이루어지도록 한다. 둘째, 개발도상국, 특히 최빈개도국(the least developed countries)의 무역을 증대시키기 위해 노력한다. 셋째, 관세 및 기타 무역장벽의 실질적인 삭감과 국제무역관계에 있어 차별대우를 폐지하도록 한다. 넷째, GATT로부터 UR 협상결과까지를 포함하는 통합되고 보다 영속성이 있는 항구적인 다자간 무역체제로 발전시켜 나간다. 다섯째, 그러한 다자간 무역체제의 기본원칙을 준수한다.

5.2 WTO의 기능

WTO의 기능을 살펴보면 다음과 같다.

첫째, WTO 협정과 다자간 무역협정(MTAs)의 시행과 관리 및 운영을 촉진하고 그 목적을 증진하며 복수국 간 무역협정(PTAs)의 시행과 관리 및 운영을 위한 틀을 제공한다. 둘째, WTO 협정 부속서에 수록된 제반 부속협정과 관련된 다자간 무역관계에 관하여 회원국들에게 협상의 장을 제공한다. 셋째, WTO 협정 부속서 2의 분쟁해결양해(DSU)를 집행한다. 넷째, WTO 협정 부속서 3에 규정된 무역정책검토제도(TPRM)를 집행한다. 다섯째, 세계경제정책 수립에 있어 통일성을 증진하기 위하여 국제통화기금(IMF) 및 국제부흥개발은행(IBRD) 등과 협력할 것 등이다.[19)]

19) WTO 설립협정 제3조 제1~4항.

5.3 WTO의 조직

WTO 조직을 보면 WTO의 최고의사결정기구인 각료회의를 위시하여 그 아래에 일반이사회와 무역정책검토기구(TPRB) 및 분쟁해결기구(DSB)가 있다. 일반이사회는 그 분야에 따라 상품무역이사회, 서비스무역이사회, 무역 관련 지적재산권이사회의 3개의 이사회를 두고 있다. 그리고 각료회의는 특정한 업무수행을 담당할 4개의 위원회를 설치·운영하고 필요에 따라 추가 설치될 수 있다. [그림 13-3]은 WTO의 조직을 나타낸 것이다.

그림 13-3 WTO의 조직

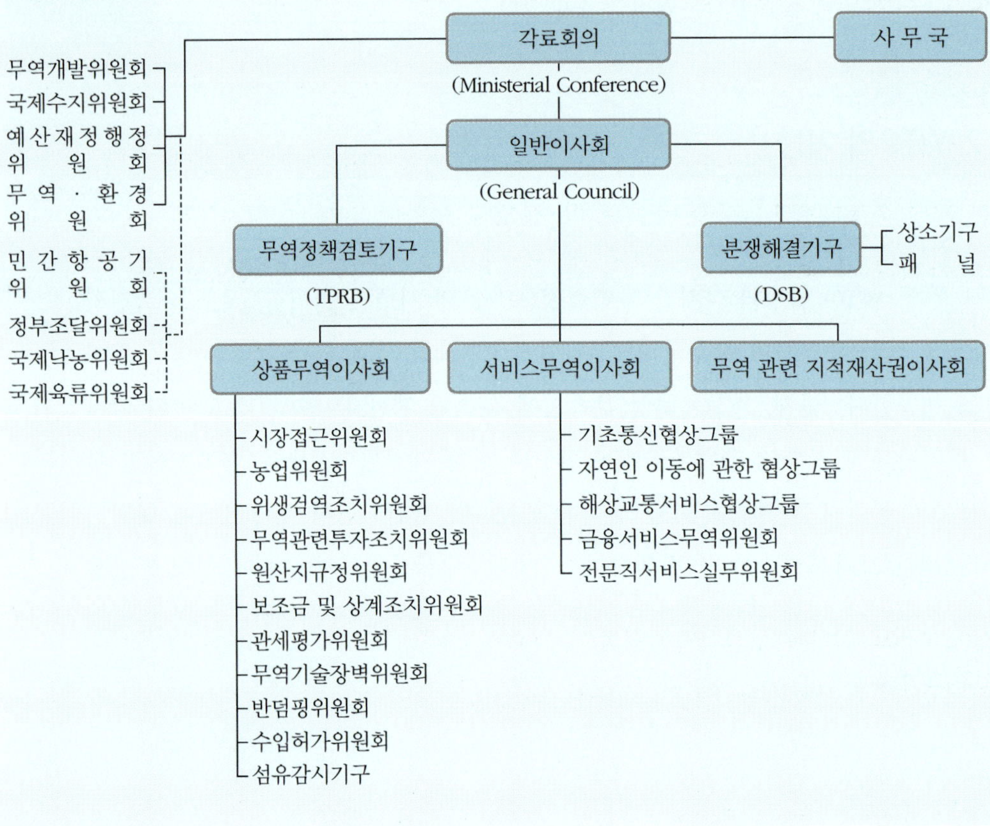

(1) 각료회의

각료회의(Ministerial Conference)는 회원국의 각료급 대표로 구성되며 WTO의 모든 협정에서 발생하는 문제에 대한 결정권을 가지는 최고의 의사결정기관인 동시에 집행기관이다.[20] 그러나 각료회의는 2년에 1회 이상 개최되는 비상설기관이기 때문에 실제 WTO의 중심적 역할은 일반이사회가 맡고 있다.

(2) 일반이사회

일반이사회(General Council)는 모든 회원국의 대표로 구성되며 필요에 따라 개최된다. 일반이사회는 각료회의가 개최되지 않는 기간 동안 각료회의의 기능을 수행하며 자신의 의사규칙을 제정한다. 또한 일반이사회는 분쟁해결기구와 무역정책검토기구의 업무를 수행한다.[21]

(3) 분과이사회

일반이사회 밑에 3개의 분과이사회, 즉 상품무역이사회, 서비스무역이사회, 무역 관련 지적재산권이사회 등이 설치·운영되고 있다. 여기서 상품무역이사회(Council for Trade in Goods)는 부속서 1A상의 다자간 무역협정(MTAs)의 운영을 감독하고, 서비스무역이사회(Council for Trade in Services)는 서비스 무역에 관한 일반협정(GATS)의 운영을 감독하며, 무역 관련 지적재산권이사회(Council for TRIPS)는 무역 관련 지적재산권협정(TRIPS)의 운영을 감독하고 각 협정과 일반이사회에 의하여 부여된 기능을 수행한다.[22]

(4) 특별위원회

각료회의 산하에 무역개발위원회(Committee on Trade and Development)와 국제수지제한위원회(Committee on Balance-of-Payments Restrictions) 및 예산재정행정위원

---

20) WTO 설립협정 제4조 제1항.
21) WTO 설립협정 제4조 제3항.
22) WTO 설립협정 제4조 제5항.

회(Committee on Budget, Finance and Administration)를 두고 있다.[23] 또한 WTO 일반이사회는 1995년 2월의 제1차회의에서 환경무역위원회(Committee on Trade and Environment)를 창설함으로써 특별위원회는 모두 4개로 늘어나게 되었다. 이들 특별위원회는 WTO 협정 및 다자간 무역협정이 부여한 기능과 일반이사회가 그들에게 부여한 추가의 기능을 수행할 수 있고 위원회에의 가입은 모든 회원국에 개방되어 있다.

(5) 사무국

WTO에는 사무국(Secretariat)이 있으며 이는 각료회의에서 선출되는 최고책임자인 사무총장과 사무국 직원으로 구성된 WTO의 사무집행기구이다.

5.4 WTO의 운영

(1) 회 원

WTO의 회원(member)에는 2가지 형태가 있는데 그 하나는 원회원이고 다른 하나는 신규가입에 의한 회원이다. WTO의 원회원국은 GATT 1947의 회원국으로서 UR 협상과정에 참여하여 WTO 설립협정과 그 부속협정을 수락하고 GATT 1994 및 GATS에 의한 자국의 양허표를 제출한 국가이다.[24] WTO 회원국은 GATT에서와 마찬가지로 국가 또는 독립적 관세영역이 되고 EU는 그 구성국가와는 별도로 WTO의 회원국이 된다. 여기서 독립적 관세영역(independent custom territory)이란 자신의 대외무역관계 및 WTO협정에 규정된 사항을 수행하는 데 있어서 완전한 자치권을 보유하는 실체를 말한다.

한편 신규가입에 의한 회원으로서 WTO에 신규로 가입하기 위해서는 먼저 가입당사국과 WTO 간에 가입조건에 대한 합의가 이루어져야 한다. 여기서 가입조건이라 함은 기존의 WTO 회원국이 약정한 관세·비관세분야의 양허와 동일한 정도

23) WTO 설립협정 제4조 제7항.

24) WTO 설립협정 제11조.

의 양허를 가입당사국에게도 요구하는 것을 의미한다. 그리고 이러한 신규가입의 경우에 각료회의는 WTO 회원 3분의 2 이상의 동의를 얻어 가입조건에 관한 합의를 승인한다.[25)]

(2) 의사결정

1) 일반적인 의결방법, 즉 컨센서스와 단순다수결

WTO 역시 1947년 GATT의 오랜 관행인 투표가 아닌 컨센서스, 즉 의견일치에 의한 의사결정 관행을 유지하고 있으며 이를 통해 회원국들의 이해가 반영되도록 보장되고 있다. 그러나 별다른 규정이 없는 한 컨센서스에 의한 결정이 불가능한 경우에는 표결(voting)로 의사결정을 하며 이때에는 단순다수결(simple majority)에 의해 결정된다. 각 회원국은 각료회의 및 일반이사회에서 1표의 투표권, 즉 1국 1표의 원칙이 적용된다.[26)]

2) 특별한 의결방법, 즉 특별다수결

특별다수결에 의한 결정방법이 적용되는 경우로는 첫째, WTO 협정과 다자간 무역협정의 해석에 관해서는 각료회의와 일반이사회가 배타적인 권한을 가지고 있는데 해석의 채택에 관한 결정은 전체 회원국 4분의 3의 특별다수결에 의한다.[27)] 둘째, 예외적인 경우에 각료회의는 WTO 협정이나 다자간 무역협정에서 회원국에 부과하는 의무의 면제(waiver of obligations)를 결정할 경우에는 별다른 규정이 없는 한 전체 회원국 4분의 3의 특별다수결에 의한다.[28)] 셋째, 신규회원 가입승인과 WTO 협정의 개정에는 전체 회원국 3분의 2의 찬성이 요구된다.[29)]

25) WTO 설립협정 제12조 제1~2항.
26) WTO 설립협정 제9조 제1항.
27) WTO 설립협정 제9조 제2항.
28) WTO 설립협정 제9조 제3항.
29) WTO 설립협정 제12조 제2항, 제10조 제2항.

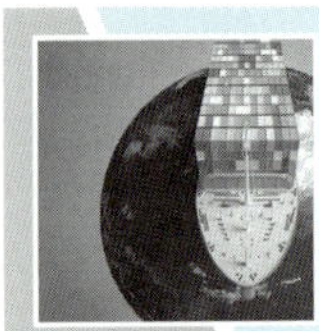

제 6 절

WTO 체제에서의 신라운드

WTO 체제에서 새롭게 전개될 국제적인 협상의제로는 환경, 노동, 기술, 경쟁정책, 부패, 전자상거래 등이 있으며 향후 이들 의제가 WTO 체제에서 폭넓게 제기될 것이다. 여기에서는 이들 내용에 대해 알아보기로 한다.

6.1 그린라운드

그린라운드(GR : Green Round)란 WTO 체제에서 무역과 관련된 문제로서 환경문제를 논의하고 이를 무역규범에 반영시키기 위한 다자간협상을 의미한다. 다시 말해 환경보전을 이유로 한 무역조치 및 환경조치를 인정하되 이러한 조치가 보호주의적으로 남용되는 것을 방지할 수 있는 국제무역규범의 제정에 대한 협상이라고 할 수 있다.

UR 이후의 차기 통상이슈로서 무역과 환경의 연계에 대해 미국을 중심으로 한 선진국이 최우선 과제로 제기하였다. 미국, EU 등 선진국들이 무역과 관련하여 환경문제를 제기한 배경에는 자국산업의 국제경쟁력 약화를 우려하는 보호주의적 목적이 있다고 하겠다. 즉 무역과 환경의 연계는 환경보전이라는 대의명분과 선진국이 자국산업의 국제경쟁력을 강화하기 위한 동기가 결합되어 제기되었다고 볼 수 있다.

GR에 대한 논의는 1992년 6월 브라질의 리우데자네이루에서 개최된 UN 환경개발회의(UNCED : United Nations Conference on Environment and Development)[30]에서 환경적으로 안전하고 지속 가능한 개발(environmentally safe and sustainable develop-

30) 이 회의에서는 세계 60여 개국의 정상과 170여 개국의 정부대표 그리고 2만여 명의 환경 및 경제 전문가, 환경단체대표들이 대거 참석하여 오직 하나뿐인 지구의 환경보존을 위한 선언 및 실천강령과 여러 국제환경협약이 채택되었다.

ment)의 원칙이 채택·천명됨으로써 국제무역과 환경보호 문제는 새로운 전기를 맞이하게 되었으며 GATT에서도 새로운 환경문제에 대처하지 않으면 안 되게 되었다.

또한 WTO 설립협정 전문에 환경 관련 내용이 명시적으로 포함됨으로써 향후 WTO 체제 내에서 환경보호 및 지속개발과 관련된 논의를 할 수 있는 근거가 마련되었다. 또한 UR 최종협정문의 TBT협정, SPS협정, 보조금 및 상계조치에 관한 협정, TRIPs협정, GATS 등에서도 환경과 관련된 내용이 포함되어 있다.

1994년 4월 마라케시 각료회의에서는 무역과 환경에 관한 결정이 채택되었고 이에 따라 WTO 무역·환경위원회가 설치되어 GR 협상이 본격적으로 전개되었다. 무역·환경위원회는 다자간 협상체제의 유지와 환경보전 간의 조화를 기본방향으로 하여 다자간 협상체제와 환경목적의 무역조치와의 관계를 검토하고 있다.

GR 협상이 타결될 경우 각종 오염물질의 배출, 유해물질의 생산 및 소비, 유해물질의 국가 간 이동 등을 규제하게 된다. 또한 산림 등 생태계의 균형을 유지해 가면서 경제개발을 추진하지 않으면 안 되기 때문에 각국의 산업구조와 무역구조가 개편되게 되고 국제통상질서도 재편되지 않을 수 없게 된다.[31]

이와 관련하여 우리나라가 환경 관련 무역장벽을 극복하기 위해서는 생산공정의 효율성 증대, 환경친화적인 제품개발이 필수적이다. 이를 위한 기술을 어느 정도 보유하고 있는지가 관건인데, 선진국에 필적할 기술을 보유하지 못하면 선진국의 환경 관련 무역장벽에 직면하게 되거나 이를 회피하기 위해서 관련 기술을 수입해야 하는 결과가 초래될 것이다. 이는 분명히 우리 경제에 부담이 될 수도 있지만 한편으로는 새로운 기술개발과 투자기회를 창출하고 산업구조 재편을 위한 기회로 활용할 수 있는 계기가 될 수도 있다.

6.2 블루라운드

블루라운드(BR : Blue Round)는 국제적으로 인정된 노동기준을 정하여 그러한 기준보다 낮은 노동기준에서 생산된 제품을 수출하는 국가에 대하여 무역제재조치

31) 신현종, 무역정책론, 박영사, 1994, pp.318~320 참조.

를 취할 수 있는 근거를 국제무역규범 내에 마련하려는 일련의 움직임을 의미한다. 무역과 노동을 연계시키자는 논의는 이미 1980년대부터 선진국의 심각한 실업문제 해소와 사양산업 보호라는 의도 아래 서구 선진국의 노동조합으로부터 제기되었다. 그 후 미국과 프랑스가 UR 협정을 최종 마무리하는 마라케시 공동선언에 국제근로자 기준조항을 포함시키려고 하면서 국제무역질서의 관심사로 대두하게 되었다.

그러나 개도국은 근로자의 노동권익을 보호하고 노동조건을 향상시키는 것에는 동의하지만 개도국의 경제여건을 무시한 일방적인 노동기준을 설정하여 이를 무역과 연계시키려는 것은 위장된 보호주의라고 주장하고 있다. 개도국의 강한 반발로 노동조건을 독립된 협상과제로 제시하려고 하였던 미국의 계획은 철회되었으나 BR은 향후 계속될 선진국 중심의 통상질서 재편 요구에 있어서 중요한 협상과제가 될 것이다.

BR의 기본적인 논리는 아동근로자, 재소자 등의 근로나 열악한 근로조건에서 생산된 상품수출을 사회적 덤핑(social dumping)으로 취급하고 또한 국가가 열악한 노동조건을 묵인하는 것은 일종의 수출보조금을 지급하는 것이라고 보는 시각이다. 그러나 선진국이 BR을 강조하는 실질적인 이유는 개도국의 근로자 보호라는 외견상의 명분과는 달리 선진국이 심각한 고실업으로 인해 노동조합으로부터 저임금 상품의 침투를 규제하라는 압력을 받고 있기 때문이다.

BR의 경우 구체적으로 쟁점이 될 근로조건은 노동3권의 보장, 강제노동의 불허, 연소자 고용의 제한, 최저임금제의 실시, 근로시간의 엄수, 산업안전 및 보건의 기준 준수 등의 사항이 모두 포함될 것으로 예상된다. 이는 바로 미국의 슈퍼301조에서 불합리한 무역관행으로 명시된 것이기도 하다.

BR에 대한 GATT/WTO에서의 논의 동향은 다음과 같다. 첫째, GATT 20조 (e)항은 '죄수노동에 의해 생산된 제품'에 대해서만 수입규제를 허용하고 있고, 둘째, 1994년 마라케시 각료회의에서 미국은 향후 WTO에서 노동권 보호문제를 다룰 수 있는 근거를 마련하고자 노력하였으나 개도국의 반대로 인하여 새로운 의제로 포함되지 못하였다. 셋째, 1996년 12월 WTO 첫 각료회의의 선언문에 국제적으로 인정된 핵심 노동기준이 준수되어야 한다는 선언적인 수준의 내용과 함께 ILO가 핵심 노동기준의 보호문제를 위한 적절한 기구이며 노동기준 보호를 목적으로 보호주의적 무역조치가 사용되어서는 안 된다는 점이 강조되었다.

OECD에서는 무역·노동기준 연계문제를 일부 선진국이 강하게 제기함에 따라 무역과 노동기준에 관한 보고서를 작성하도록 지시하였고, 1996년 5월 OECD 각료 이사회에 무역·노동기준에 관한 보고서가 제출되었다. 이 보고서는 핵심 노동기준으로 아동노동의 착취 금지, 강제노동 금지, 결사의 자유, 노조설립권 및 단체교섭권, 고용차별 금지 등을 선정하였다. 그러나 OECD 회원국 간에도 무역과 노동기준의 연계에 대한 입장이 상이할 뿐만 아니라 어떤 방식으로 노동기준을 향상시킬 것인지, 특히 WTO에서 이 문제가 어떻게 다루어져야 하는지에 대해서는 합의가 도출되지 못하였다.

향후 BR이 WTO에서 다시 거론되어 실체적인 규범이 제정되기는 어려울 것으로 전망되는데, 제정된다고 하더라도 상당한 시간이 필요할 것으로 판단되며 향후 ILO가 관련 논의를 주도할 것으로 예상된다.

6.3 테크노라운드

테크노라운드(TR : Technology Round)는 공정한 국제무역을 위해서는 가격경쟁에 직·간접적으로 영향을 미치는 민간산업부문의 기술개발에 대한 정부의 연구개발 보조금을 당연히 규제해야 한다는 협상이다. 이는 연구개발활동과 국제무역을 연계시키는 새로운 다자간 기술·무역협상으로서 기술개발에 있어 정부의 역할을 기초연구와 기술의 인프라 구축, 기술개발 여건의 조성에 한정해야 한다는 것이다.

TR은 개별 국가의 기술개발정책이 다른 국가에 큰 영향을 미치고 있으며 이것이 국가 간의 마찰요인이 되고 있다는 인식 아래 OECD를 중심으로 하는 국제기술규범 제정 논의와 1993년 UR 협정에서 제시된 기술개발에 대한 규범 그리고 환경라운드(GR) 논의로 가시화되고 있는 환경기술 관련 규범 등과 같은 국제기술규범 제정에 대한 움직임을 총칭하고 있다.

현재 후발개도국들의 경쟁력이 급속히 향상됨에 따라 미국 등 선진국들이 국제경쟁력을 지속적으로 확보하기 위하여 후발국들의 기술정책에 관한 규제의 필요성을 인식하고 있다. 또한 이는 후발개도국들의 경제발전이 선진국에서 축적된 과학기술의 무임승차로 이루어졌다는 인식 아래 미국 등 선진국들은 지적재산권 문제를 쌍무 및 다자간협상에서 주요 의제로 제기하고 있는 것이다.

WTO의 출범에 따라 기술개발에 대한 정부의 지원이 제한적으로 인정됨에 따라 선진 각국은 기술개발에 대한 지원을 경쟁적으로 확대할 것으로 전망된다. UR 협정에서 기술정책과 관련이 있는 부문은 지적재산권과 보조금에 관한 것으로 OECD에서 논의되고 있는 수준에는 아직 미치지 못하고 있으나 기술에 관한 다자간 규범으로 명시화되었다는 사실과 OECD의 논의 방향과 일치하고 있다는 사실로도 그 흐름을 알 수 있다.

TR 협상이 타결될 경우에는 개도국의 기술개발에 심각한 타격을 미치게 될 것이며 우리나라 역시 타격이 예상되므로 선진국 수준에 맞는 과학기술 관련 제도의 정비에 힘써야 할 것이다.

6.4 경쟁라운드

경쟁라운드(CR : Competition Round)란 각국의 시장구조나 기업경영 관행의 차이가 존재하는 한, 국제무역이 원활하게 이루어질 수 없다는 전제 아래 국가 간의 경쟁조건을 통일시킨다는 취지로 각국의 제한적 거래행위(restrictive business practices) 문제에 대해 다자간협상에서 국제적인 경쟁규범을 제정하자는 것이다.

CR의 배경은 국제적인 경쟁의 가속화 속에서 무역자유화의 개념이 공산품 중심의 시장개방에서 '공정한 경쟁여건'의 확립으로 변화하고 있는 가운데 무역정책과 경쟁정책의 상호작용에 대한 국제적 관심이 증대되고 있어 이에 관한 국제규범화 논의가 활발히 진행되고 있는 것에서 찾을 수 있다.

최근까지 이러한 각국의 경쟁정책이 그 나라의 고유한 국내정책으로 간주되었으나 세계경제의 통합현상으로 경쟁정책이 무역에 미치는 영향이 점차 커지고 있을 뿐만 아니라 이로 인해 국제적인 마찰이 더욱 증대하고 있다.

WTO에서 무역과 경쟁정책의 상호작용에 대해 논의해야 한다는 주장이 선진국을 중심으로 대두되어 차기 라운드의 의제 가운데 하나로 부상하여 1996년 12월 무역과 경쟁정책의 상호작용 연구를 위한 실무작업반을 설치하였으나 반덤핑을 경쟁라운드에 포함시키고자 하는 국가들과 이에 반대하는 미국의 입장이 크게 대립되었다.

CR 협상이 타결될 경우 우리나라는 상당한 부담이 될 것으로 예상된다. 왜냐하면 공정거래법상의 예외규정이나 수출자율규제, 수입선 다변화제도 등 국내기업의 경쟁력 강화를 위한 각종 관련법 제도가 경쟁제한 요소로 간주될 가능성이 크고, 또한 외국기업들의 시장접근을 제한하는 거래관행들(예컨대 독과점구조, 외국인 토지 소유제한)도 논의의 대상이 될 여지가 있어 CR에 관한 국제규범화는 우리나라의 경쟁법과 정책을 무역과 경쟁정책에 관한 국제규범화 시대에 알맞도록 선진화할 것을 요구하고 있기 때문이다. 이는 선진국에 비해서 실효성이 뒤떨어지고 있는 것으로 평가되고 있는 우리나라 경쟁정책의 실효성을 제고하고 글로벌 스탠더드 수준으로 높이기 위한 노력이 필요함을 의미한다.

6.5 부패라운드

부패라운드(Corruption Round)는 WTO 체제를 형성하는 과정에서 명명되었으나 국제거래에서 부패행위를 방지하고 공정한 경쟁질서를 보장하기 위한 노력은 UN · WTO · OECD와 같은 국제기구, IBRD · IMF와 같은 국제금융기구, 기타 국제단체 등을 중심으로 국제사회에서 오랫동안 논의되어 왔다.

이러한 추세 속에서 부패방지를 위한 국제적 논의가 1990년대 초부터 OECD를 중심으로 진행되어 왔는데 최근에 외국공무원에 대한 뇌물공여행위를 처벌하기 위한 형사처벌협정이 체결되고 그 후 최초로 법적 구속력을 갖는 국제부패방지협정이 1997년 12월 17일에 체결되었다. OECD 국제부패방지협정은 15개국이 비준함으로써 1999년 2월 15일 발효되었고 현재 총 34개국이 참여하고 있다.

이 협정은 집행력 있는 국제통상규범은 아니지만 외국공무원에 대한 뇌물제공행위를 처벌할 수 있는 단초를 열었다는 데 의의가 있다. 앞으로 외국공무원에게 뇌물을 준 것이 밝혀질 경우 외국정부 또는 경쟁기업이 해당 정부에 국내법에 의한 처벌을 요구할 수 있게 된 것이다. 동 협약에 따라 우리나라도 '국제상거래에 있어서의 외국공무원에 대한 뇌물방지법'을 특별법으로 제정하여 1999년 2월 15일부터 시행하고 있다.

부패관행의 척결을 위한 국제적 논의의 쟁점은 첫째, 외국공무원에 대한 뇌물공여행위를 범죄로 규정해야 한다는 것과 둘째, 외국공무원에게 공여된 뇌물에 대하여 조세공제를 배제해야 한다는 것이다. 이러한 부패방지 논의는 OECD에서만 이루어진 것은 아니다. UN이나 국제상공회의소(ICC)도 이미 1977년부터 각종 반부패행위규약을 제정한 바 있으며 최근에는 WTO와 국제금융기구, 지역경제협력기구에서도 해외부패 관행의 국제적 규제를 위한 논의를 추진해 옴으로써 부패방지를 위한 전 세계적인 논의가 그 어느 때보다도 활성화되고 있다.[32)]

즉 1978년 UN 경제사회위원회에서는 '부패관행에 관한 조약의 입안을 위한 회의의 개최에 관한 결의'를 채택한 바 있고 또한 1978년에 UN 국제기업위원회가 설치되고 본 위원회에서 '국제기업에 관한 행동준칙'(Code of Conduct on Transnational Corporations)의 입안이 추진되었으며 UN의 국제거래법위원회는 1993년의 부품 및 건설조달에서의 표준법 그리고 서비스거래에 관한 표준법에 뇌물방지 조항을 포함시킨 바 있다. 또한 1996년 12월 국제상거래의 부패방지에 관한 선언을 채택하였다. WTO는 미국 무역대표부의 캔터(M. Kantor) 대표가 WTO 사무총장에게 부패관행의 척결에 앞장서야 한다는 주장을 한 것을 계기로 논의의 단초가 마련되었다.

6.6 전자상거래 규범

인터넷의 전 세계적인 확산에 따라 전자상거래의 위력을 감지한 선진국, 특히 미국의 주도로 전자상거래에 관한 국제적 논의가 급속히 진행되고 있다. 전자상거

32) Joongi Kim and Jong Bum Kim, "Cultural Differences in the Crusade against International Bribery : Rice-Cake Expenses in Korea and the Foreign Corrupt practices Act," *Pacific Rim Law & Policy Association*, Vol. 6, No. 3, July 1997, p.11.

래가 국제적인 이슈로서 본격적으로 대두된 것은 미국 정부가 1997년 7월 '지구촌 전자상거래 기본계획'(A Framework for Global Electronic Commerce)을 발표한 이후이다. 이 기본계획에서 전자상거래에 대한 무관세화, 추가적인 내국세 도입 금지, 민간주도 및 정부규제 최소화 등의 기본적인 원칙과 함께 국제적인 협력 및 규범의 필요성을 주장하였다.

또한 거의 모든 전자상거래 관련 국제기구는 물론 지역협력기구에서 전자상거래가 주요 이슈로 다루어지고 있다. 기구별로 자체 과업을 정의하고 문제해결 방안을 유관 기구와의 협조 속에서 찾고 있다. 공공 및 민간부문을 포함한 국제적 노력은 대략 3가지 방향에서 전개되고 있다. 첫째 세계무역기구(WTO), 국제통신연맹(ITU), 유엔국제무역법위원회(UNCITRAL), 세계지적재산권기구(WIPO)와 같은 국제기구들은 기존 정책을 전자상거래에 조화시키기 위해 노력하고 있다. 둘째, 경제협력개발기구(OECD), 유엔무역개발회의(UNCTAD), 유럽연합(EU), 아·태경제협력체(APEC) 등 지역 및 국제협력기구는 다양한 전자상거래 이슈를 다루고 있다. 셋째, 범세계기업회담(GBDe), 국제인터넷주소관리기구(ICANN), 월드와이드웹컨소시엄(W3C) 등 비정부기구는 정부와 기업 및 비영리조직과의 협력 속에서 활동하고 있다.

국제무역질서를 관장하는 WTO는 1998년 2월 미국이 WTO에서 전자상거래 무관세화에 대한 국제규범화를 공식적으로 제안함으로써 시작되었는데 무관세화, 지적재산권 등 전자상거래의 무역 관련 이슈에 대해 논의하고 있다([표 13-2] 참조). 그러나 현재 WTO에서는 전자상거래를 통한 상행위에 대한 국제적 협정문은 존재하지 않는다.[33] 1998년 제네바 각료회의는 범세계적 전자상거래에 대한 선언(Declaration on Global Electronic Commerce)을 채택하였고 아울러 전자적으로 전송되는 제품에 대해서는 일단 관세를 부과하지 않고 그 연장 여부를 제3차 각료회의에서 검토하기로 하였다.

비록 제3차 시애틀 각료회의는 무산되었지만 전자상거래와 관련해서는 다

33) 현재 전자상거래 관련 국제규범으로는 유엔국제무역법위원회(UNCITRAL)에서 제정한 전자자금이체에 관한 모델법(1992), 전자상거래 모델법(1996), 전자서명통일규칙(1997)과 국제상업회의소(ICC)의 디지털로 보장되는 국제상거래의 일반관례(GUIDEC) 등이 있다.

표 13-2 전자상거래 주요 이슈와 관련 국제기구

구 분	지원	무역	조세	전자 서명	지적 재산	표준	보안	프라이 버시	소비자 보호	콘텐츠	교육
WTO		○									
ITU						○	○				
UNCITRAL				○							○
UNESCO							○		○		○
World Bank	○										○
WIPO					○						
OECD			○	○			○	○	○		○
APEC											○
EU				○		○	○	○	○	○	○
ICANN					○	○					
W3C						○		○		○	

자료 Mann, Catherine L., *Global Electronic Commerce*, 2000.

음 2가지 사항에 대한 컨센서스를 이룬 것으로 알려졌다. 그 하나는 전자적 전송물(electronic transmission)에 대한 무관세 조치를 차기 각료회의까지 연장하기로 하고 영구 무관세화 문제는 추후 논의를 계속하기로 하였으며, 다른 하나인 전자상거래 관련 논의는 각 이사회별로 진행하되 이를 위한 별도의 작업반(또는 전문가 상설회의) 설치 여부는 추후 논의하기로 하였다.

WTO 각료회의 산하의 일반이사회에서는 종합적 작업계획에 따라 상품교역이사회, 서비스교역이사회, 지적재산권이사회, 무역개발위원회의 4개 산하기구는 1998년 말부터 전자상거래의 무역 관련 이슈에 대해 본격적으로 논의하기 시작하였다. WTO에서의 전자상거래 논의는 서비스교역이사회에서 가장 활발하게 추진되고 있으며 상품교역이사회는 전자적 전송을 상품의 교역으로 볼 수 있는지의 여부에 따른 관망, 지적재산권이사회는 세계지적재산권기구(WIPO)와의 공조를 추진하고 있다.

이상과 같이 WTO에서는 전자상거래에 대해 어느 협정을 적용해야 하는지 또는 전자상거래를 관할하는 새로운 협정이 필요한지, 전자상거래와 관련하여 발생하는 지적재산권 문제를 어떻게 다루어야 할 것인지, 정부조달에 있어 전자상거래가 어떻게 활용될 수 있을 것인지 등에 대한 논의가 진행 중이다.

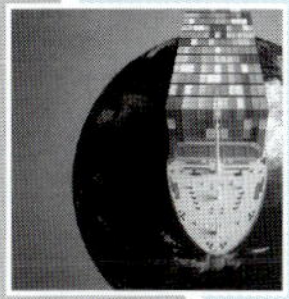

제 7 절 DDA 협상

7.1 의의와 출범

도하개발아젠다(DDA : Doha Development Agenda) 협상은 2001년 11월에 카타르의 도하(Doha)에서 개최된 제4차 WTO 각료회의에서 출범하였으며 UR 협상에 이은 제9차 다자간 무역협상으로 WTO 출범 후 최초로 시작된 협상이다. 이러한 다자간 무역협상은 GATT 창립 이후 지금까지 모두 8차례 이루어졌는데 시장개방을 확대하고 자유로운 무역을 위한 규범을 제정함으로써 국제무역과 세계경제의 성장에 크게 기여하였다. 특히 1986~1993년 동안 진행되었던 제8차 UR 협상의 결과 1995년에 WTO가 출범하였으며 이로 인해 세계경제 및 무역질서에 커다란 변화가 일어났다.

WTO 회원국들은 UR 협상을 타결하면서 농산물과 서비스분야의 시장개방 내용이 미진하여 2000년부터 추가적인 자유화 협상을 시작하기로 약속하였다. 그러나 많은 회원국들은 공산품분야에서도 아직 상당한 무역장벽이 남아 있고 다른 분야에서도 추가적인 협상의 필요성이 제기되고 있었다. 또한 UR 협상에서의 합의결과를 이행하는 과정에서 문제점들이 나타나고 있고 세계화의 진전에 따른 무역환경의 변화를 반영하기 위해 새로운 무역규범이 필요하다고 생각하여 새로운 다자간 무역협상의 시작을 거론하였다.

이에 따라 WTO 회원국들은 1998년 5월 제네바에서 개최된 제2차 각료회의에서 폭넓은 분야에서의 무역자유화를 위한 새로운 다자간 무역협상을 준비하기로 합의하였고 1999년 12월 미국의 시애틀에서 개최된 제3차 WTO 각료회의에서 보다 포괄적인 협상의제에 대한 뉴라운드의 출범을 시도하였으나 실패하였다. 결국 2001년에 카타르의 도하에서 개최된 제4차 WTO 각료회의에서는 WTO 체제의 출범 이후 다자간 무역협상인 DDA 협상의 출범을 선언하는 각료선언문을 채택하는 데 성공하였다.

7.2 특　징

(1) 회원국들의 모든 관심 분야를 망라한 의제

DDA 협상도 UR 협상과 마찬가지로 세계무역의 자유화 및 확대를 통해 세계경제의 활성화에 기여한다는 협상목적은 동일하다. 또한 과거 어느 다자간 무역협상보다 다수 회원국의 관심사항을 균형적으로 폭넓게 반영하는 의제를 다루고 있다. 즉 특정 분야만을 취급할 경우에는 국가 간 이익과 손실의 균형을 유지하기가 용이하지 않기 때문에 회원국들이 관심을 가지고 있는 모든 분야를 망라하였다.

이에 따라 DDA 협상에서는 농산물 및 서비스시장의 추가 개방, 공산품과 임수산품의 시장개방, 기존 무역규범의 개정과 같은 의제뿐만 아니라 무역과 환경, 무역과 투자, 무역과 경쟁정책, 정부조달의 투명성, 무역원활화와 같은 새로운 무역의제들과 함께 포도주의 지리적 표시 보호와 같은 새로운 의제들도 포괄하여 논의하고 있다.

(2) 개발도상국의 경제개발을 지원하는 의제

DDA 협상에서는 개도국의 경제개발을 지원하는 방법 역시 중요한 주제가 되고 있다. '개발'이라는 이름을 붙인 것도 앞선 협상들과 달리 개도국의 개발에 중점을 두어야 한다는 개도국의 주장을 반영하였기 때문이다. 개도국의 불만은 과거의 GATT나 지금의 WTO로 대표되는 다자간 무역체제가 선진국에만 유리하게 되어 있어 개도국의 경제발전에 도움이 되지 않는다고 주장하면서 DDA 협상에서는 이를 시정할 것을 주문하고 있다. WTO 회원국들은 이러한 주장을 받아들여 UR 협상결과를 이행하는 과정에서 나타난 문제점을 시정하고 개도국에 대한 우대조치를 강화하며 기술협력사업을 확대하는 방안을 DDA 협상에서는 적극적으로 수용하고 있다. 이와 같이 시장개방 문제와 함께 다수의 무역규범 관련 문제를 다루고 있고 개도국의 경제발전을 지원하는 데 초점을 두는 것이 DDA 협상이 과거의 다자간 무역협상과 구별되는 중요한 특징이다.

7.3 협상방식 및 경과

DDA 협상도 UR 협상과 마찬가지로 모든 의제에 대한 논의를 동시에 진행하고 동시에 종결하여 모든 참가국이 각 의제에 대해 협상결과를 모두 수용하는 일괄타결방식(single undertaking package deal)을 채택하고 있다. 특정 분야의 협상을 미리 끝낼 수 있도록 하거나 일부 분야의 협상결과만을 선별적으로 받아들일 수 있게 한다면 협상타결에 필수 불가결한 주고받기가 어렵기 때문이다. 다만 특정 사안에 대해 조기에 합의가 이루어질 경우에는 모든 회원국들이 동의한다는 전제 아래 합의된 결과를 조기에 시행하는 것이 가능하도록 하였다.

DDA 협상은 2005년 1월 1일까지 마무리하기로 되어 있었다. 그러나 협상의제 자체가 광범위하고 회원국들 간의 이해관계가 복잡하게 엇갈려 있기 때문에 실제로 정한 기한 내에 타결하기는 용이하지 않다는 견해가 지배적이었다. DDA의 협상의제는 ① 농산물과 농산물을 제외한 나머지 상품(공산품 및 임수산물) 및 서비스 시장의 개방과 ② 반덤핑, 보조금, 지역협정, 분쟁해결에 대한 기존 WTO 협정의 개선, 그리고 ③ 관세행정의 개선 등을 추구하는 무역원활화, 환경, 개발, 그리고 지적재산권 등 크게 세 그룹으로 나뉘어진다. 이에 따라 농산물, 비농산물(NAMA : non-agricultural market access), 서비스, 규범(반덤핑, 보조금, 지역협정), 환경, 지적재산권, 분쟁해결, 무역원활화, 개발 분야에 대해 협상 그룹이 설치되어 2002년부터 본격적인 협상이 진행되었다.

농산물과 비농산물에 대해서는 우선, 관세와 보조금의 감축 정도와 같은 시장

개방의 정도를 정하는 자유화 세부원칙(modalities)에 합의하고 이에 따라 각국이 구체적인 품목과 보조금 프로그램별 감축수준을 제시하는 이행계획서(C/S : Country Schedule)를 제출하여 이에 최종적인 합의를 도출하는 방식을 기초로 협상을 진행하였다. 협상 세부원칙이 협상의 대강을 결정하는 만큼 이에 대한 합의 도출이 계속 미루어지면서 2003년도에 개최된 칸쿤 제5차 WTO 각료회의도 성과 없이 끝나 한동안 협상이 공전하기도 하였다. 그러나 2004년 8월 자유화 세부원칙의 윤곽을 결정하는 기본골격합의(Framework Agreement)가 타결되면서 다시 협상은 본격적으로 진행되었다. 이때 소위 싱가포르 이슈라고 불리던 투자, 경쟁정책, 정부조달의 투명성, 무역원활화의 4개 이슈에 대한 개도국들의 반발을 수용하여 무역원활화를 제외한 나머지 이슈에 대해서는 논의를 중단하기로 결정하였고 무역원활화는 정식 협상의제로 다루기로 합의하였다.

2005년 12월 홍콩에서 제6차 WTO 각료회의가 개최되어 다시 한번 진전을 위한 노력이 시도되었지만 자유화 세부원칙 타결에는 이르지 못하였다. 2007년부터 더욱 가속화된 DDA 협상은 농업과 NAMA 및 규범 의장들이 각각 자유화 세부원칙의 초안을 제출하고 이를 개정하면서 조금씩 진전을 이루어 나갔다. 2008년 7월 개최된 소규모 각료회의에서는 농산물 및 NAMA 관세감축 수준과 농업보조금 감축수준을 포함한 잠정타협안에 의견이 수렴되는 듯한 모습을 보여 타결이 기대되기도 하였으나 개도국의 농산물 수입급증 시 긴급관세를 부과하는 메커니즘을 포함한 몇몇 쟁점에 대한 이견을 해소하지 못하여 합의를 도출하지 못하였다. 2009년 12월 제네바에서 개최된 제7차 WTO 각료회의에서는 2010년 DDA 협상 타결을 목표로 1/4분기 중 DDA 협상을 점검키로 합의하였다. 이에 따라 2010년 3월 개최된 협상 점검회의에서는 WTO 사무총장이 제시한 향후 협상 프로세스에 합의하고 현재 다각적으로 협상을 계속 진행 중이다.[34)]

34) 외교통상부 홈페이지.

제14장

남북문제와 UNCTAD

요약 및 도해

남북문제의 본질

- 〔의의〕
  - 적도 이남의 개발도상국
  - 적도 이북의 선진국
  - → 경제적 격차와 국제적 불평등 문제
- 〔등장〕 ―〔남북 간 경제적 격차 심화〕
  - 〈개발도상국〉
    - 내부적 요인 ― 원시적 생산방식, 과잉인구, 자본부족, 높은 대외의존도, 낮은 경제수준, 정치적 불안정 등 – 빈곤의 악순환
    - 외부적 요인
      - 전후 GATT–IMF 체제가 선진국 중심
      - 개발도상국 수출의 장기적 침체
      - 선진국의 무역장벽 강화
      - 개발도상국의 교역조건 악화
      - 개발도상국의 기술혁신 부진
- 〔남북문제의 추이〕
  - 1955년 반둥회의(아시아 · 아프리카회의)
  - 1964년 UNCTAD(UN무역개발회의)
  - 1974년 NIEO(신국제경제질서)
  - 1980년 GN(남북포괄교섭)

UNCTAD

- 〔UNCTAD의 성립 배경〕
  - 1964년 3월 국제연합무역개발회의(UNCTAD) 탄생 – 개발도상국의 무역과 경제개발 문제에 대한 국제회의
  - UNCTAD 총회는 매 4년마다 개최

- └ UNCTAD의 상설기구－TDB(무역개발이사회)
- 〔UNCTAD의 주요 내용〕－3개의 대항목＝남측의 3대 요구
  - 1차산품 수출에 관련된 요구
  - 제품 및 반제품에 대한 일반적 특혜관세제도의 요구
  - 원조자금의 제공 요구
- 〔UNCTAD의 주요 활동〕
  - 제 1 차(1964. 3 제네바)
  - 제 2 차(1968. 3 뉴델리)
  - 제 3 차(1972. 5 산티아고)
  - 제 4 차(1976. 5 나이로비)
  - 제 5 차(1979. 5 마닐라)
  - 제 6 차(1983. 6 벨그라드)
  - 제 7 차(1987. 7 제네바)
  - 제 8 차(1992. 2 카르테헤나)
  - 제 9 차(1996. 4 마드랜드)
  - 제10차(2000. 2 방콕)
  - 제11차(2004. 6 상파울로)

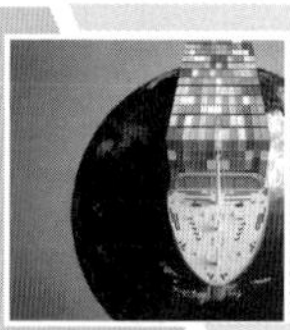

제 1 절

남북문제의 본질

1.1 남북문제의 의의와 등장

남북문제(north-south problems)란 일반적으로 적도 이남에 위치한 아시아, 아프리카, 라틴 아메리카 등의 개발도상국과 적도 이북에 주로 위치한 북미, 유럽 등 선진국 간의 경제적 격차와 국제적 불평등에 관한 여러 문제를 의미하는데 이러한

남북문제의 본질적인 핵심은 선진국과 개발도상국 간의 경제적 격차 해소에 있다고 할 수 있다.

일반적으로 산업의 발전속도가 빠른 국가와 느린 국가의 관계는 필연적으로 새로운 문제를 야기하게 된다. 서구에서 시작된 산업혁명과 자본주의의 발전에 따라 새로운 세계시장이 형성된 이후에도 이러한 관계가 존재하였다. 19세기 후반 식민지제도 아래에서의 종주국과 식민지 그리고 제1·2차 세계대전 사이의 블럭체제에서도 이러한 문제가 제기되었다. 그리고 제2차 세계대전 후 1960년대 초에 등장한 남북문제는 선진·후진의 관계로 해소되지 않는 특수한 역사적 사실을 반영하고 있었다고 할 수 있다. 실제로 남북문제가 대두된 것은 북의 선진국 측에서 전후 체제적 위기와 결부된 동서문제와 관련하여 공산권에 대한 자유진영의 결속과 마찬가지로 남에 대한 북으로서의 선진자본주의 제국의 결속을 강화하려고 한 데서 연유되었다고 할 수 있다.

개발도상국의 정치적 결속은 전후 냉전구조 속에서 주로 비동맹주의(구체적인 기구로서는 1961년에 창설된 비동맹제국 수뇌회의)를 슬로건으로 하여 전개되었고 경제적 결속은 1964년의 제1차 UNCTAD 총회에 즈음하여 결성된 소위 77개국 그룹으로부터 시작되었다.[1)]

제2차 세계대전 이후 GATT-IMF 체제를 중심으로 한 세계질서는 무역 및 외환의 자유화를 통하여 세계무역을 크게 신장시켰다. 그러나 이러한 세계무역의 신장은 주로 선진국 위주의 것이라고 볼 수 있어 선진국과 개발도상국의 경제적 격차는 더욱 확대되는 경향이었다. 이러한 경제적 격차문제, 특히 개발도상국의 경제발전에 관한 문제의 등장배경을 보면 대체로 다음과 같다.

먼저, 내부적 요인으로 볼 수 있는 것은 개발도상국의 경제구조의 심층에 밀착되어 있는 식민지적 유산이다. 즉 개발도상국의 원시적 생산방식, 과잉인구, 자본부족, 높은 대외의존도, 낮은 경제수준, 정치적 불안정 등이다. 이러한 내부적 요인으로 인해 넉시(R. Nurkse)가 주장하는 '빈곤의 악순환(vicious circle of poverty)'[2)]이

1) 久保新一·中川信義 編, 「國際貿易論」, 有斐閣, 1981, pp.282~283.

2) 빈곤의 악순환이란 넉시가 후진국 경제의 특징을 저소득 → 저저축 → 저생산 → 저소득의 관계로 설명한 것을 의미한다.

계속되어 개발도상국의 경제는 정체에서 벗어날 수 없다는 것이다.

그리고 외부적 요인으로는 첫째, 선진국 중심의 국제경제질서의 형성, 즉 제2차 세계대전 후의 세계통상질서가 GATT-IMF 체제 속에서 형성되었는데 이러한 통상질서는 선진국 중심으로 이루어졌기 때문에 개발도상국에는 매우 불리하다는 것이다. 둘째, 개발도상국의 수출이 장기적으로 정체상태를 벗어나지 못하고 있다. 셋째, 선진국의 무역장벽 강화를 들 수 있다. 특히 선진국은 관세장벽보다는 비관세장벽에 의하여 개발도상국의 수출상품에 대한 무역제한을 강화하고 있다. 넷째, 개발도상국의 주요 수출상품의 교역조건이 장기적으로 악화되어 왔기 때문에 무역이익이 개발도상국에서 선진국으로 이전됨으로써 남북 간의 경제적 격차가 더욱 심화되었다. 다섯째, 선진국은 기술혁신의 촉진에 의하여 고도의 경제성장을 유지할 수 있으나 개발도상국에서는 기술혁신이 부진하였기 때문에 상대적으로 불리한 입장에 있게 되었다.

1.2 남북문제의 추이

제2차 세계대전의 종결로부터 10년이 지난 1955년에 아시아·아프리카 회의(반둥회의)에서 평등, 호혜, 독립, 자주의 입장이 천명된 반둥 10원칙이 채택된 이래 1964년에는 사상 최대의 국제회의인 UN 무역개발회의(UNCTAD)가 개최되었고 10년 후에는 신국제경제질서(NIEO : New International Economic Order) 수립선언이 발표되기에 이르렀다. 이처럼 남북문제는 거의 10년의 주기로 새로운 움직임을 보여 왔는데 NIEO 선언 이후 남측의 분화 및 다양화에 따른 이해관계의 복잡화를 반영하여 공동 노력보다는 개별적 관심분야에서 실질적인 성과를 거두려는 움직임이 강화되었다. 이에 따라 NIEO 이념은 퇴색된 느낌이 들었으며 이를 시정하려는 방안으로 1980년대에는 1차산품, 에너지, 무역, 개발, 통화, 금융문제 등 세계경제 전반의 문제를 일괄하여 교섭하고자 하는 남북포괄교섭(GN : Global Negotiation)을 발족시켰다.

이러한 남측의 개별적·현실적 대응방식은 1980년 불황의 장기화로 더욱 강화되는 추세를 보였다. 또 다른 한편에서는 후진국 문제를 해결하기 위하여 1981년 9월 파리에서 후진국 UN 회의가 개최되어 '후진국을 위한 1980년대 신실행계획'[3)]이 채택될 정도로 남측의 분화가 진전되었다. 이런 상황에서 남측은 개별적·현실적 대응의 폐해를 시정할 목적으로 GN을 주장하였다. 이에 대해 선진국들은 GN이 너무 광범위한 문제를 다루고 있고 GATT, IMF, IBRD 등 기존 국제기구의 기능과 중복될 우려가 있으며 구체적인 성과를 거둘 수 있을지 의문스럽다는 이유에서 소극적이었다. 그러나 결국 수적으로 우세한 개도국의 주장대로 1979년 UN 총회에서 '개발을 위한 국제경제협력에 관한 GN 결의'가 채택되었다.

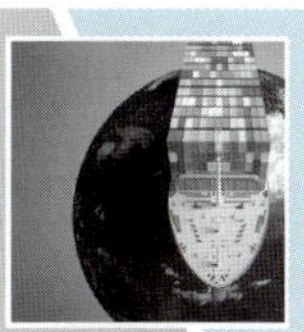

제 2 절 남북문제와 UNCTAD

2.1 UNCTAD의 성립배경

1950년대에 남북 간의 경제적 격차는 무역과 경제성장에 의해 더욱 심화되었다. 선진국의 무역은 계속 증가하는 추세였으나 개발도상국의 수출은 1차산품이 주종을 이루고 있어 1차산품 수출의 경우 교역조건의 악화는 물론 국제수지의 적자로 계속 악화되는 추세였다. 이에 대한 대책으로서 1958년 하벌러(G. Haberler) 보고서[4)]가 GATT 총회에 제출되었다. GATT 총회에서는 이 보고서에 입각하여 개발도상국의 무역확대 문제를 검토하는 위원회를 설치하였다. 이 위원회에서는 GATT

3) 박만승 외, GATT를 중심으로 한 국제무역질서의 전개방향과 우리의 대응, 한국산업경제기술연구원, 1984. 5, pp.137~148.

4) 하벌러 보고서는 1차산품의 수급 및 가격안정을 목적으로 한 국제상품협정, 국제유동성의 증가, 선진국에 의한 경제원조의 확대, 1차산품에 대한 선진국의 관세인하, 농업보호정책의 완화 등이 주 내용으로 되어 있다.

제19차 총회에서 개발도상국의 무역확대를 저해하는 요인으로 선진국 측이 취하고 있는 수입제한과 고율관세 등을 들고 이의 완화 내지 철폐를 권고하였으나 별다른 성과를 거두지 못하였다.

GATT는 개발도상국의 무역문제에 대한 해결에 미온적이었으므로 개발도상국들은 선진국 위주의 GATT 체제를 비난하고 남북문제를 UN에서 정식으로 논의하기에 이르렀다. 이에 따라 UN 총회에서는 1961년 개발도상국의 무역과 경제개발문제에 관한 국제회의를 개최하기로 결의하였고 개발도상국 대표들은 1962년 카이로선언을 통해 국제무역회의의 개최를 호소하기에 이르렀다.

이에 UN 경제사회이사회는 개발도상국의 취지를 받아들여 선진국의 동의를 얻어 준비위원회를 구성하게 되었다. 그리하여 1963년 2월에 있었던 제3차 준비위원회에서 이른바 프레비쉬 보고서[5)]가 발표되었다.

그림 14-1 UNCTAD의 기구

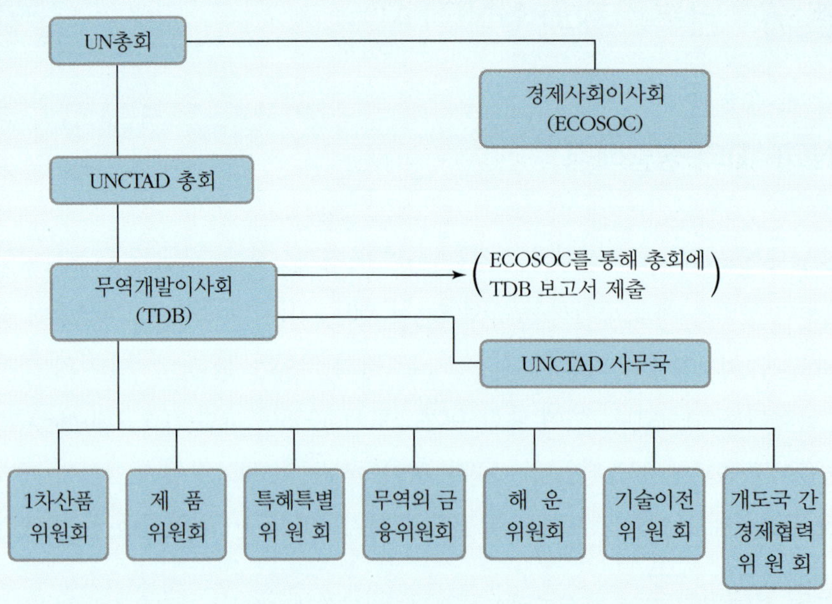

5) 프레비쉬 보고서는 후진국의 선진국에 대한 농산품 수출에 의해 소득증대 방안을 촉구하고 후진국의 공산품 수출에 대한 선진국의 관세특혜조치의 촉구를 주요 내용으로 하고 있다.

이러한 준비과정을 거쳐 1964년 3월에 전 세계 120여 개국의 대표 1,500명이 참가한 가운데 제네바에서 제1차 국제연합무역개발회의(UNCTAD : United Nations Conference for Trade and Development)가 탄생·개최되었다. 그리고 UNCTAD는 같은 해 제19차 UN 총회의 결의 제1995 XIX호에 의거 UN의 항구적인 기구의 하나가 된 것이다. 그 후 UNCTAD 총회는 매 4년마다 개최되었으며 회의가 없는 동안에는 UNCTAD의 상설기구인 무역개발이사회(TDB : Trade and Development Board)에 의해 운영되고 있다. 또한 TDB의 하부기관으로 1차산품, 제품, 특혜특별, 무역외 금융, 해운, 기술이전, 개발도상국 간 경제협력 등의 7개 위원회가 설치·운영되고 있다([그림 14-1] 참조).

2.2 UNCTAD의 주요 내용

UNCTAD 총회를 통해 개발도상국이 요구하고 있는 내용을 정리하면 크게 3가지 항목이 있는데 이를 남측의 3대 요구라고 한다.[6]

(1) 1차산품 수출에 관련된 요구

대부분의 개발도상국이 1차산품의 생산에 특화하여 이를 수출함으로써 이들의 경제성장이 가능하다고 생각하기 때문에 다음의 문제를 제기하고 있다. 즉 ① 1차산품의 수출이 확대될 수 있도록 선진공업국의 무역장벽 철폐, ② 1차산품의 가격안정화를 위한 국제상품협정의 체결, ③ 1차산품의 가격안정화와 개발도상국의 수출소득 증대를 위한 완충재고(buffer stock)[7]의 설치 등이다.

(2) 제품 및 반제품에 대한 일반적 특혜관세제도의 요구

개발도상국은 그들의 제품 및 반제품의 수출증대가 그들의 공업화를 촉진시키는 결정적인 요인이라고 간주하고 있음에도 불구하고 선진공업국에서는 그들의 국

6) 町田實 監修, 講座 國際經濟 3-國際經濟の展望, 中央經濟社, 1982, pp.68~70.

7) 1차산품 10개 품목(당초에는 18개 품목)의 가격을 안정시키기 위하여 가격하락 시에는 상품매입을, 가격상승 시에는 상품을 시장에 매각하는 완충재고를 설치하는 안이다.

내산업 보호와 국제수지 개선 등을 이유로 개발도상국의 제품 및 반제품의 수입을 규제하였기 때문에 이들 제품 및 반제품에 대한 선진공업국의 관세 및 비관세장벽의 철폐와 개발도상국의 제품 및 반제품에 대한 선진공업국의 일반특혜관세제도[8)]의 실시 등을 요구하는 것이다.

(3) 원조자금의 제공 요구

제1차 UNCTAD 총회부터 개발도상국은 선진공업국에 대하여 선진공업국은 개발도상국의 경제개발을 위하여 적어도 연간 국민소득의 1%를 원조자금으로 제공할 것을 주장하였다. 이러한 개발도상국을 위한 원조문제는 주로 원조의 규모 확대, 원조조건의 개선, 그리고 개발도상국의 대외채무 경감 및 국제통화제도에 관한 문제 등이다.

2.3 UNCTAD의 주요 활동

UNCTAD는 UN 내에서 남북 쌍방이 참가하는 전문기관이며 총회는 UNCTAD의 최고의사결정기관이다. 총회의 활동을 통해 UNCTAD의 주요 업적을 표로 정리하면 [표 14-1]과 같다.

8) 일반특혜관세제도(GSP : Generalized System of Preferences)란 개발도상국의 수출을 확대하고 공업화를 촉진하기 위하여 선진국이 개발도상국으로부터 수입하는 공산품의 완제품 및 반제품 등에 대하여 아무런 조건 없이 일반적으로 무관세의 적용 또는 저율의 관세를 부과하는 관세상의 특혜를 의미한다.

표 14-1 UNCTAD 총회의 주요 업적

총회 횟수	일 시	개최지	주요 결의사항
1차	1964.3	제네바 (스위스)	• 개도국의 1차산품에 대한 무역제한 철폐와 상품협정 체결 - 제품 및 반제품에 대한 선진국의 특혜관세 공여 - 선진국 국민소득의 1%의 원조 결정 등
2차	1968.3	뉴델리 (인도)	• 16개 1차산품의 가격안정과 수출촉진 - 일반특혜관세제도 실시의 원칙 합의 - 선진국 GNP 1%의 원조목표 달성 등
3차	1972.5	산티아고 (칠레)	• 1차산품의 시장진출조건 개선 및 가격안정을 위한 협의기구 설립 검토 - GATT 비가맹 개도국도 교섭에 참가할 수 있게 함 - 원조에 대해 GNP의 1% 목표를 1975년까지 달성 노력 - 개도국의 국내유동성 강화 도모 등
4차	1976.5	나이로비 (케냐)	• 1차산품 종합계획의 채택 - 개도국의 누적채무 구제를 위한 행동계획의 결정 등
5차	1979.5	마닐라 (필리핀)	• 1차산품의 가격안정 노력의 지속 - 최후진국들에 대한 원조 확대 결의 - 선진국의 대 개도국 기술이전의 확대 결의 등
6차	1983.6	벨그라드 (유고슬라비아)	• 개도국의 1차산품의 가격하락과 누적채무 등의 문제를 해결하기 위한 무역 및 통화금융체제의 재구축 요구 - 선진국의 경제적 어려움으로 인해 개도국의 요구에 미온적이어서 교섭이 난항
7차	1987.7	제네바 (스위스)	• 금융 및 통화문제를 포함한 개발재원, 1차산품, 국제무역, 최후진국 문제 등을 협의
8차	1992.2	카르테헤나 (콜롬비아)	• 선진국은 UNCTAD가 개도국 지원에 대한 조사 및 연구기능 강화 주장 - 개도국은 UNCTAD가 개도국의 국제무역, 금융, 기술 등의 분야에서 역할 강조
9차	1996.4	미드랜드 (남아공)	• 개도국, 특히 최후진국의 다자간 무역체제에의 동참 지원 - UNCTAD의 실용적이고 효율적인 기구로의 개혁 방안 강구
10차	2000.2	방콕 (태국)	• 상호 의존성이 심화되는 세계에서의 개발전략 - 개도국 경제개발 지원 - 개도국 경제를 세계경제로 통합하기 위한 전략
11차	2004.6	상파울로 (브라질)	• 개도국의 경제성장 및 개발을 위한 국내개발정책과 세계경제 간의 조화 강화 - 세계화 시대의 개발전략 - 생산부문 능력 및 경제경쟁력 배양 - 국제무역체제 및 무역협상으로부터 개발이익 확보 - 개발을 위한 파트너십

제15장

경제통합과 지역별 경제협력기구

요약 및 도해

경제통합

- 개념과 형성동기
  - 〔개념〕— 경제교류에 가해지고 있는 인위적인 여러 장애를 점진적으로 제거함으로써 2개국 이상의 다수 국가들이 단일경제로 바뀌어 가는 과정
  - 〔형성동기〕
    - 경제통합을 통한 자국의 이익 추구
    - 다자주의의 보완
    - 대외적인 위상 및 대외교섭력 강화
- 형태와 조건
  - 〔형태〕
    - 무역특혜협정 – 회원국 간 수입관세 인하, 비회원국 간에 높은 관세 유지
    - 자유무역지역 – 역내자유화 + 역외 독자적인 관세 적용
    - 관세동맹 – 역내자유화 + 역외 공동관세
    - 공동시장 – 역내자유화 + 역외 공동관세 + 생산요소의 자유로운 이동
    - 경제동맹 – 역내자유화 + 역외 공동관세 + 생산요소의 자유로운 이동 + 공동경제정책
    - 완전경제통합 – 경제적 통합 + 정치적 통합 = 연방국가의 형태
  - 〔조건〕
    - 경제발전단계와 생산구조의 유사성
    - 예상이익의 실현 가능성
    - 회원국 수의 크기
    - 지리적 근접성과 생활방식 및 문화수준의 유사성

- 경제적 효과
  - 관세동맹의 경제적 효과로 대체
- 문제점 및 과제
  - 각 회원국의 이익과 통합체 전체 이익과의 이해관계가 상반되는 경우 조정문제
  - 지역주의와 다자주의가 충돌할 경우의 조정문제
  - 시장 확대에 따른 독과점체제의 강화로 회원국들의 안정적인 성장이 저해될 경우의 조정문제

EU(유럽연합)

- 〔EC에서 EU〕
  - 유럽석탄철강공동체(ECSC)
  - 유럽경제공동체(EEC)
  - 유럽원자력공동체(EAEC)
  - → 유럽공동체(EC) → 유럽동맹(EU)
- 〔주요 내용〕
  - 역내 단일시장의 형성
  - 경제 및 통화동맹
    - 제1단계 : ~1993년
    - 제2단계 : 1994~96년
    - 제3단계 : 1997~99년
    - EMU의 출범 : 1999년~
  - 유럽정치동맹

NAFTA(북미자유무역협정)

- 〔추진배경〕
  - EU는 유럽을 단일경제권으로 결속하고 일본이 경상수지 흑자 확대를 통해 경제대국화를 기도하는 국제경제환경 변화에 대응하기 위해 미국은 지리적 · 경제적 상호 의존도가 높은 북미지역의 경제통합을 추진
- 〔추진경위〕
  - 1986년 미국 · 캐나다의 자유무역협정 체결협상 개시
  - 1990년 미국 · 멕시코 자유무역협정 추진 합의
  - 1991년 미국 · 캐나다 · 멕시코 NAFTA 추진 발표
  - 1994년 1월 1일 NAFTA 발효

- 〔목　　적〕
  - 3국 공동의 목적 : 역내국가 경제활성화
  - 미국의 목적 : 국제협상력 강화, 미국 기업의 멕시코 시장 진출, 중남미 시장과 연결
  - 캐나다의 목적 : 미국과 캐나다 간의 FTA에 따른 이득 유지, 캐나다의 멕시코 시장으로의 진출 등
  - 멕시코의 목적 : 대미수출 확대, 외자유치와 기술이전을 통한 경제성장 등
- 〔주요 기구〕
  - 자유무역위원회(FTC)
  - 노동협력위원회(CLC)
  - 국제조정사무국(ISC)
  - 환경협력위원회(CEC)
- 〔주요 내용〕
  - 관세 및 비관세장벽의 철폐
  - 원산지 규정의 강화
  - 서비스시장의 개방
  - 투자제한의 철폐
  - 부속협정
  - 기타 분야
- 〔경제적 효과〕
  - 〈미국에 대한 영향〉
    - EU, 일본에 대한 효과적인 대응
    - 미국의 대 멕시코 진출 용이
    - 멕시코 시장 확보
    - 고용 및 임금수준 하락, 여타 국가의 멕시코에 직접 투자 증가
  - 〈캐나다의 영향〉
    - 미국 기업의 캐나다에서 멕시코로의 이전
    - 캐나다와 멕시코 간의 무역증가
  - 〈멕시코에 대한 영향〉
    - 저임금을 바탕으로 한 노동집약상품의 대 미국 수출증가
    - 대 멕시코 직접투자 증대로 기술전수 및 경영기법 이전－경제개발 가속화
    - 대 멕시코 진출 증가로 멕시코 경제성장의 가속화
    - 외국의 자본유입으로 주체성 상실 우려

APEC(아시아 · 태평양경제협력체)

- 〔설립배경 및 필요성〕
  - 〈태평양 경제권〉=아주태평양지역+미주태평양지역+태평양 도서국가
    - → 지리적 광활, 경제구조와 경제발전단계 상이, 인종적 · 문화적 · 역사적 다양성
  - 〈필요성〉－세계경제의 중심 ⇨ 대서양권 ⇨ 태평양권
    - 역내의 급속한 경제성장과 역내 무역집중 현상
    - 자원부존상 역내국가 간의 높은 보완성
    - 역내 무역불균형에 따른 조정
    - 남북협상의 필요성
- 〔목　　적〕
  - 무역의 자유화
  - 무역 · 투자의 원활화
  - 개발협력
- 〔추진과정〕
  - 제 1 차(1989. 11 캔버라)
  - 제 2 차(1990. 7 싱가포르)
  - 제 3 차(1991. 11 서울)
  - 제 4 차(1992. 9 방콕)
  - 제 5 차(1993. 11 시애틀)
  - 제 6 차(1994. 11 보고르)
  - 제 7 차(1995. 11 오사카)
  - 제 8 차(1996. 11 마닐라)
  - 제 9 차(1997. 11 벤쿠버)
  - 제10차(1998. 11 쿠알라룸푸르)
  - 제11차(1999. 9 오클랜드)
  - 제12차(2000. 11 반다르스리베가완)
  - 제13차(2001. 10 상해)
  - 제14차(2002. 10 도스카보스)
  - 제15차(2003. 10 방콕)
  - 제16차(2004. 11 산티아고)
- 〔합의내용〕
  - 무역 · 투자의 자유화와 원활화
  - 경제 · 기술협력

└ 〔조　　직〕

- 저명인사그룹
- 각료회의 ── 고위실무회의
  - 무역투자위원회(역내자유화 그룹)
  - 100개 실무반
  - 경제동향 및 현안 논의 그룹
- 사무국

ASEAN(동남아시아국가연합)

- 〔설립과정〕
  - 1967년 8월 방콕에서 인도네시아, 말레이시아, 필리핀, 싱가포르, 태국 등 5개국 외무장관이 ASEAN 성명에 서명함으로써 발족
  - 1992년 1월 역내무역을 촉진하는 조치로 ASEAN 경제협력 증진을 위한 기본협정 채택
- 〔목　　적〕
  - 공동안보체제 구축, 경제협력과 국제무대에서의 공동보조 및 발언권 강화 등을 추구
- 〔조　　직〕
  - 정상회의
  - 각료회의
  - 상임위원회
  - 사무총장
  - 사 무 국
  - 실무회의
- 〔경제협력의 내용〕
  - 산업협력 : 'ASEAN 산업계획'에 따라 역내분업에 의한 공업화 촉진, 각 회원국의 경쟁력 있는 1개의 프로젝트 선정 특화 · 육성
  - 공동지역개발 : 특정 지역의 공동개발을 통한 회원국 간의 교역과 투자 확대
  - 관세협력 : 역내 무역의 자유화를 위한 관세인하, 특혜무역협정과 공동유효특혜관세제도 실시

기타 주요 지역경제통합체

- EFTA(유럽자유무역연합) 등

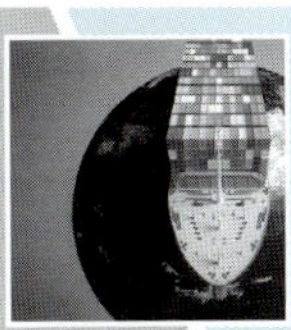

제 1 절
경제통합

오늘날 세계경제는 기술한 바와 같이 WTO 체제 아래 전 세계의 무역자유화를 추구하려는 다자주의와 FTA로 대변되는 지역적인 무역자유화를 추구하려는 지역주의가 병존하고 있는 것이 특징이다. 그러면 여기서는 후자의 문제에 대해 먼저 지역주의의 표현인 경제통합에 대한 이론적인 측면을 전반적으로 살펴본 후 현실의 경제통합의 예로 EU, NAFTA, APEC, ASEAN 등에 대해 살펴보기로 한다.

1.1 경제통합의 개념과 형성동기

(1) 경제통합의 개념

경제통합을 정의하기 전에 EU에 대해 그들 개별 국가들이 무엇을 목표로 하고 있고 현재 어떤 상태에 있으며 또한 어떤 이익을 얻고 있는지를 생각해 보면서 경제통합의 개념부터 살펴보기로 한다.

경제통합(economic integration)이란 국가 간에 상품교역, 서비스, 화폐, 노동 및 자본이동 등의 경제교류에 가해지고 있는 인위적인 여러 장애를 점진적으로 제거함으로써 2개국 이상의 다수 국가들이 단일경제화되어 가는 과정이라고 할 수 있다. 환언하면, 2개국 또는 다수의 국가가 경제에 관한 협정을 체결함으로써 각각 자국시장을 개방하여 하나의 경제적 조직체를 결성한 후 무역 및 투자를 자유화·원활화하고 생산요소 이동을 자유화하며 또한 외환거래의 자유화를 실시할 뿐만 아니라 금융·통화·재정·산업면에서의 상호 보조를 취하면서 이를 정책적으로 조정(즉 각국의 경제정책의 동일화)하는 경제적 조직체를 의미한다고 볼 수 있다.

(2) 경제통합의 형성동기

경제통합의 형성동기는 여러 가지가 있을 수 있으나 여기서는 중요한 다음 몇 가지 동기에 대해 살펴본다.

1) 경제통합을 통한 자국의 이익 추구

오늘날 세계화·정보화·기술화 사회에서는 일국이 고립적으로는 자국의 경제를 효율적으로 운영할 수 없다. 그러므로 자국의 경제를 효율적으로 운영하기 위해 자국과 이해관계를 같이하는 국가 간의 경제통합을 통해 자국의 이익을 추구하려는 것도 하나의 방법이다. 따라서 상품이나 서비스의 교역을 자유화하거나 투자를 자유화하여 국가 간에 자국의 이익을 창출할 가능성이 있다고 판단되면 경제통합을 형성하려고 할 것이다.

경제통합이 형성되어 회원국 간에 무역장벽이 제거되게 되면 상호간에 국내시장이 개방되므로 대시장이 형성되게 된다. 이러한 대시장이 형성되면 이에 따른 규모의 경제효과로 인해 내부경제 및 외부경제효과가 나타나 당해 기업 및 관련 기업의 생산비를 인하시키게 된다. 뿐만 아니라 기업 간의 경쟁의 심화로 경제의 효율성이 향상되며 아울러 기술수준도 향상되고 또한 국제무역에 따르는 위험과 불확실성을 완화 내지 제거시켜 줌으로써 생산성 향상 및 투자증대에 기여하게 되어 그 나라의 경제를 성장시키게 된다. 이는 결국 경제통합에서 오는 이익이라고 할 수 있으며 이로 인해 경제통합의 동기가 야기되게 된다.

2) 다자주의의 보완

WTO는 다자주의(multilateralism) 원칙을 추구하고 있다. 따라서 무역자유화를 위한 협상이나 협정에서 관련 회원국 모두가 참가하여 모든 회원국들의 이해관계가 반영된 하나의 통일된 국제무역의 규칙을 제정하여 실시하려고 한다. 그러나 이것은 하나의 이상에 불과할 뿐 현실적으로는 어려움이 많다. 왜냐하면 회원국 간의 경제적 격차문제로 그들의 이해관계가 서로 상반될 수 있고 각 회원국들이 추구하는 경제적 목표가 다르기 때문에 협상 참가국들 간의 입장 차이가 있을 수 있으며 또한 협상결과에 대한 무임승차 문제 등이 있을 수 있기 때문이다.

이러한 WTO 체제에 대한 하나의 보완으로 이해관계를 같이 하는 국가들이 경제적으로 통합하는 지역주의(regionalism) 경향이 나타나게 되었다. 이러한 지역주의의 하나의 표현이 경제통합이다. 경제통합은 WTO 체제에서 자신의 이익추구를 위해 이해관계를 같이하는 국가들의 결합체라고 할 수 있다.

3) 대외적인 위상 및 대외교섭력 강화

국제사회에서 각국은 그들의 대외적인 위상을 강화하기 위하여 경제통합을 형성하기도 한다. 예컨대, 유럽지역의 EU에 대응하기 위해 미국을 위시한 캐나다와 멕시코의 경제통합체인 NAFTA를 결성한 것을 들 수 있다. 또한 경제통합을 결성하게 되면 협상과정에서 발언권이 강화되어 개별 국가의 협상력에 비해 협상력이 한층 커지게 되어 자국 또는 경제통합체에 유리한 결과를 초래하도록 한다.

1.2 경제통합의 형태와 조건

(1) 경제통합의 형태

발라사 교수는 경제통합을 단계에 따라 자유무역지역, 관세동맹, 공동시장, 경제동맹, 완전경제통합으로 구분하고 있다.[1] 그러나 이러한 경제통합의 단계와 형태는 사실을 단순화한 하나의 모형이며 실제로 국가 간의 경제통합이 반드시 이러한 단계를 거치는 것도 아니고 이 형태와 반드시 일치하는 것도 아니다. 그러나 경제통합의 발전과정을 분석하는 데 필요한 모형이라 할 수 있다. 그런데 이러한 발라사의 구분에 대해 일부 학자들은 자유무역지역보다 한층 느슨한 형태의 경제통합인 무역특혜협정을 포함시키고 있다.

1) 무역특혜협정(preferential trade agreement)

가장 초보적인 단계의 경제통합의 형태로 회원국 간의 무역에 대해 완전한 자유무역은 아니지만 회원국 간에 일정한 특혜를 부여함으로써 비회원국에 대해서는

1) B. Balassa, *The Theory of Economic Integration*, George Allen & Unwin Ltd., 1969, pp.2~3.

차별을 하는 경우를 말한다. 즉 일부 또는 모든 상품에 대해서는 수입관세를 낮추지만 비회원국에 대해서는 각기 독립적인 관세정책을 시행한다. 1932년 영연방국가들이 영연방 특혜관세제도(Common Wealth Preference System)를 만들어 회원국 간에 서로 수입관세를 인하하고 비회원국에는 높은 관세를 유지하였던 것이 무역특혜협정의 대표적인 예로 볼 수 있다.

2) 자유무역지역(free trade area)

자유무역지역에 참가하고 있는 모든 회원국 간에 존재하는 관세를 포함한 모든 무역장벽을 철폐하여 자유무역을 실시하지만 비회원국에 대해서는 각 회원국이 자유무역지역 형성 전과 마찬가지로 각각 독자적으로 관세를 적용할 수 있는 형태의 경제통합을 말한다. 이 단계의 경제통합의 예로서는 1960년에 결성된 유럽자유무역연합(EFTA : European Free Trade Association), 1965년에 결성된 오스트레일리아와 뉴질랜드 자유무역협정(CERTA), 그리고 1994년에 출범한 미국, 캐나다, 멕시코 간의 북미자유무역협정(NAFTA : North American Free Trade Agreement) 등을 들 수 있다.

3) 관세동맹(customs union)

회원국들 간에 관세를 포함한 모든 무역장벽을 철폐하여 자유무역을 실시하는 것은 자유무역지역과 동일하지만 회원국들이 비회원국들에 대해 공동의 관세정책(즉 동일한 비율의 공동대외관세)을 실시한다는 점이 다르다. 관세동맹의 예로는 1957년 로마조약(Treaty of Rome)에 의해 창설된 유럽경제공동체(EEC : European Economic Community)와 1988년에 발표된 볼리비아, 콜롬비아, 에콰도르, 페루, 베네수엘라 등으로 구성된 안데안그룹(Andean Group) 등이 대표적인 것이다.

4) 공동시장(common market)

공동시장 단계에서는 회원국들 간에 자유무역이 시행됨은 물론 비회원국들에 대해 공동의 관세정책이 실시될 뿐만 아니라 노동, 자본 등 생산요소의 자유로운 이동도 허용되는 경우이다. 그 대표적인 예로 지난 날의 유럽공동체(EC : European Community)와 1995년에 발효된 브라질, 아르헨티나, 파라과이, 우루과이 등으로 구성된 남미공동시장(MERCOSUR : Mercado Comun del Sur, Sourthern Cone Common

Market) 등을 들 수 있다.

5) 경제동맹(economic union)

경제동맹은 회원국 간의 자유무역의 실시로 상품 및 생산요소의 자유로운 이동과 비회원국들에 대한 공동의 관세정책의 실시는 물론 회원국 상호간의 경제정책(즉 재정·금융·통화·산업·무역정책 등)의 협력 및 공동경제정책을 추진하는 경제통합의 형태이다. 그 예로는 프랑스, 독일 등 27개국으로 구성된 유럽연합(EU : European Union) 등을 들 수 있다.

6) 완전경제통합(complete economic integration)

완전경제통합이란 경제동맹이 지향하는 경제정책의 조정은 물론 초국가적 기구를 설립하여 그 기구로 하여금 각 회원국의 경제정책과 사회정책 등을 조정·통합·관리하는 형태이다. 사회·경제정책 등 공동의 정책을 수행하기 위해 회원국들은 주권의 일부를 이양하여야 하므로 새로운 국가가 형성되는 형태이다. 즉 완전경제통합은 경제적인 의미의 통합에 정치적인 통합이 포함되는 개념으로 이해하여야 한다.

위와 같은 5가지 형태의 경제통합을 표로 정리하면 [표 15-1]과 같다.

표 15-1 경제통합의 형태

경제통합의 정도 / 경제 통합의 형태	역내관세철폐: 역내자유무역	역외 공동관세	생산요소의 자유이동	역내공동 경제정책	초국가적 기구	대표적인 예
자유무역지역	■	□	□	□	□	NAFTA 등
관세동맹	■	■	□	□	□	EEC, Andean Group 등
공동시장	■	■	■	□	□	EC, MERCOSUR 등
경제동맹	■	■	■	■	□	EU
완전경제통합	■	■	■	■	■	

주 ■ 영역 : 인정 □ 영역 : 불인정

(2) 경제통합의 조건

경제통합이 성공적으로 결성되어 긍정적인 효과를 극대화하기 위한 조건들을 살펴보면 대체로 다음과 같다.

1) 경제발전단계와 생산구조의 유사성

경제통합의 조건으로 들 수 있는 것은 경제발전단계와 생산구조의 유사성이다. 즉 경제발전단계가 유사하여 소득수준이 거의 동일하며 산업구조가 동질적이어야 한다. 회원국들의 산업구조가 유사하여 생산구조가 경쟁적이어서 생산이 중복되는 부분이 많은 유사한 생산구조가 경제통합의 조건으로 바람직하다는 것이다.

일부 학자들의 주장에 의하면 생산구조가 보완적인 경우 농업국과 공업국은 각국의 생산요소가 서로 중복되지 않아 대량생산이 가능하므로 상호 이익이 발생될 수 있기 때문에 유리하다고 한다. 그러나 다른 쪽에서는 유사한 생산구조에서도 전문화(=특화)에 의해 보다 큰 이익을 얻을 수 있다고 반박하고 있다. 결국 유사한 생산구조에서 경제발전단계가 유사하여 소득수준이 거의 동일한 경우 중복수요가 커지므로 제품의 차별화에 의해 상호 보완성이 갖추어진다면 바람직한 경제통합이 가능할 수도 있다.

2) 예상이익의 실현 가능성

경제통합이 이루어질 수 있는 현실적인 조건으로 각 회원국이 경제통합으로 경제·사회적 이익이 예상되고 아울러 이러한 예상이익의 실현 가능성이 있어야 한다. 예컨대, 아프리카의 경제통합 경험에서 보는 바와 같이 다른 여건이 충족된다고 하더라도 경제통합 후의 경제적 이익이 발생하지 않게 되면 경제통합체의 유지·발전은 어렵게 된다.

경제통합의 예상이익으로는 무역창출효과에 의한 이익, 시장확대로 인한 규모의 경제 실현, 시장확대로 인한 경쟁촉진에 의한 기술혁신, 대외경쟁력 제고, 집단적 보호주의 실현, 대외신인도 제고 및 대외교섭력 강화 등을 들 수 있다.[2)]

2) 손병해, 경제통합의 이해, 법문사, 2003, p.32.

3) 회원국 수의 크기

경제통합에 참여하는 회원국의 수가 많으면 많을수록 무역창출효과가 커진다는 것이다. 왜냐하면 회원국 내에서 최소비용으로 생산하는 효율적인 기업이 많이 있을 가능성이 높고 대량생산으로 규모의 경제효과도 기대할 수 있기 때문이다.[3)]

4) 지리적 근접성과 생활방식 및 문화수준의 유사성

지리적 근접성은 회원국 간의 거래비용, 즉 운송비, 통신비, 정보비, 보험료 등을 절감할 수 있으므로 경제통합이 보다 용이하게 결성될 수 있다. 이러한 거래비용이 크면 회원국 간의 무역창출효과는 축소되기 때문에 거래비용의 절감은 경제통합을 가능하게 한다. 국제분업이론에서는 운송비, 통신비 등과 같은 거래비용을 무시하고 이론을 전개하고 있으나 현실적으로 관세나 비관세장벽이 점차 철폐되고 있는 상황에서는 거래비용이 무역발생의 중요한 요인으로 작용할 수 있다. 따라서 생산비가 동일한 경우 지리적 인접성에 의한 저렴한 거래비용은 인접한 국가 간의 무역을 가능하게 하고 무역이익도 증대시킬 수 있다. 이러한 이유로 지리적으로 인접한 국가 간의 경제통합이 용이하게 결성되게 한다.

그리고 다수의 국가 간에 경제통합이 결성되기 위해서는 언어, 생활방식, 종교 등 사회·문화적인 유사성이 있으면 더욱 용이해진다. 이러한 조건은 회원국 간의 상호교류를 보다 원활히 하게 하고 특히 언어의 공통성은 의사소통의 문제를 해결할 수 있게 해 주어 시간과 비용절감에 보탬이 된다. 또한 생활방식과 소비형태 등의 문화적 유사성은 회원국 간 상호수요의 폭을 넓혀 산업내무역을 확대시키는 계기가 되기도 한다.

1.3 경제통합의 경제적 효과

경제통합의 경제적 효과는 경제통합의 대표적인 형태인 관세동맹의 경제적 효과로 대체하는 것이 일반적이다. 따라서 경제통합의 경제적 효과는 전술한 관세동맹의 경제적 효과를 참조할 것(제3부 제9장 제3절의 관세동맹이론을 참조).

3) 손정식, 국제경제학, 문영사, 1997, p.449.

1.4 경제통합의 문제점 및 과제

경제통합이 결성되면 단기적으로 정태적 효과인 생산효과[4]와 소비효과가 발생할 뿐만 아니라 시장이 확대됨으로써 장기적으로는 동태적 효과인 내부경제, 외부경제, 경쟁의 심화, 기술향상의 가속화 등을 초래하며 나아가 생산성을 향상시킴으로써 경제성장을 촉진시킨다. 이러한 이점 때문에 경제통합의 필요성이 제기되게 된다.

그러나 이러한 필요성에 의해 결성된 경제통합으로 인해 발생될 수 있는 문제점과 그에 대한 과제들을 열거해 보면 다음과 같다.

첫째, 경제통합의 회원국들 간에 각 회원국의 주권과 통합체 전체의 권한과의 관계는 물론 각 회원국의 이익과 통합체 전체의 이익과의 이해관계가 상반될 경우 이에 대한 조정문제가 발생하게 된다. 예컨대, 통합체 내의 일국이 통합체 전체로 볼 때는 농업국으로 남아 있는 것이 회원국 간의 보완적인 관계가 형성되어 이상적인 것으로 판단되나 이 나라의 입장에서는 공업국으로의 전환을 위해 공업화를 원할 때 이러한 문제를 어떻게 조정할 것인가 하는 문제가 향후의 과제이다. 또한 회원국 상호간의 이해관계의 상충은 물론 회원국과 통합체 전체와의 이해관계가 상충될 경우에 이를 어떻게 극복할 것인가가 문제로 대두되게 된다.

둘째, 경제통합의 경우 역외 차별주의와 역내 우선주의를 원칙으로 하므로 통합체 내의 이익을 우선적으로 도모하게 된다. 이러한 경우 현재 WTO 체제의 기본원칙인 무차별 원칙 중 최혜국대우 원칙에 위배되게 된다. 결국 이는 경제통합에 의한 지역주의와 WTO에 의한 다자주의와의 상충을 의미하지만 보다 넓게 해석하면 상호 보완관계로 이해하여야 할 것이다. 현실세계에서는 엄연히 지역주의와 다자주의가 공존하고 있기 때문이다. 그러나 현실적으로 양 주의가 충돌할 경우 이의 조정문제가 또 하나의 과제로 제기되게 된다.

셋째, 경제통합으로 인하여 시장규모가 커짐에 따라 대기업이 생성되어 독과점가격을 형성하는 등의 독과점체제를 강화하게 되어 회원국들의 안정적인 성장을 저

4) 생산효과에는 무역창출효과와 무역전환효과가 있다.

해하게 되는 문제가 있을 수 있다. 따라서 회원국들은 이러한 문제가 발생되지 않도록 사전 또는 사후에 어떠한 정책으로 조정할 것인가 하는 과제가 있을 수 있다.

그러나 이들 문제는 회원국들의 국익 주장과 통합체 내외의 이익과의 조정문제이므로 그렇게 용이하게 해결될 수는 없을 것이다. 국제무역의 확대를 통한 세계경제의 균형 있는 성장을 위해 개별 회원국의 입장, 경제통합체 전체의 입장, 세계적인 입장 등 3자 간의 입장이 원활하게 조화되지 않으면 안 된다. 따라서 이러한 문제의 해결책이 향후 경제통합의 주요한 과제가 될 것이다.

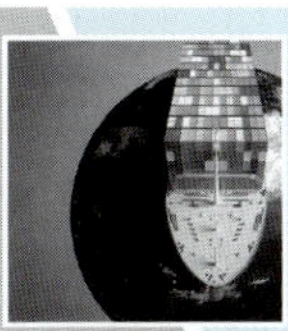

제 2 절 유럽연합(EU)

2.1 EC에서 EU

유럽공동체(EC : European Community)의 모태는 유럽석탄철강공동체(ECSC : European Coal and Steel Community)로, ECSC는 1950년 5월 프랑스 외무장관 쉬망(Schuman)의 제안에 의해 1952년 7월 파리조약이 발효됨에 따라서 독일, 프랑스, 이탈리아, 베네룩스 3개국 등 6개국을 회원국으로 하여 발족되었다.

유럽은 제1·2차 세계대전으로 인하여 대내적으로는 경제의 황폐화와 경기침체 및 정치적인 불안정이 초래되었고 미·소를 양대축으로 하는 동서 냉전체제에 직면하게 되었다.[5] 이로 인해 유럽에서는 경제적 복구, 독일과의 정치적 타협 및 화해, 공산권에 대한 공동방어체제의 구축 등이 중요한 과제로 대두하게 되었다. ECSC의 설립은 이와 같은 과제를 해결하기 위하여 전후의 독일과 정치적으로 화해

5) D. Swann, *The Economics of the Common Market*, 2nd edition, Penguin Books, 1972, pp.14~15.

를 하는 동시에 독일을 감시하여 전쟁의 재발을 방지하고 석탄과 철강을 공동감시 체제에 두기 위한 것이었다.

그 후 유럽에서의 정치적 안정은 경제통합이 선행되어야 한다는 1955년의 베네룩스 메모랜덤에 기초한 로마조약(The Treaty of Rome)이 1958년 1월 발효되었다. 이 조약에 의해 상품, 노동, 서비스, 자본의 자유로운 이동을 위한 공동시장의 형성과 경제정책의 점진적인 접근을 기본목적으로 하는 유럽경제공동체(EEC : European Economic Community)와 핵에너지의 평화적 이용을 위한 유럽원자력공동체(EAEC : European Atomic Energy Community)가 모두 6개국을 회원국으로 하여 동시에 발족되었고 이후 유럽통합의 기초가 되었다. 그 후 이들 3개의 공동체, 즉 ECSC, EEC, EAEC는 1967년 7월 1일 통합조약(Merger Treaty)에 의해 합병됨으로써 마침내 EC가 성립되게 되었다.

이렇게 출범한 EC는 11개 주요 정책목표를 제시한 로마조약을 기초로 1968년 8월 역내시장에 관한 관세철폐 및 역외공동관세 부과를 주요 내용으로 하는 관세동맹(customs union)을 결성하고 역내 농업생산성의 향상과 농산물시장의 안정 등의 구현을 위한 공동농업정책(CAP : Common Agricultural Policy)[6]을 채택함으로써 역내 공동시장(common market)으로 나아가는 제도적 기반이 마련되었다.

EC는 1960년대 말 브레튼우즈체제의 붕괴 조짐과 함께 국제적인 통화혼란에 직면하여 역내 각국의 환율 불안정과 통화·금융정책의 부조화로 인하여 역내 통화질서는 물론 EC 설립 초기에 중점을 두어 온 역내공동시장의 유지 자체에도 커다란 위협을 받게 되었다. 여기서 EC는 국제통화체제의 동요로 인한 영향을 최소화하고 경제통합의 순조로운 진전과 그 효과를 극대화하기 위하여 통화·금융면에서 역내국가 간의 긴밀한 협력이 필요하다는 인식 아래 1969년 말 네덜란드 헤이그 정상회담에서 경제·통화동맹(EMU)의 창설을 합의하고 1972~73년 사이에는 역내통화 간의 환율 변동폭의 축소를 위한 스네이크제도[7] 및 공동변동환율제도(joint floating

6) A. I. MacBean and P. N. Snowden, *International Institutions in Trade and Finance*, Geroge Allen & Unwin, 1981, pp.148~199.

7) 역내통화 간에는 일정 폭을 유지하면서 역외통화에 대하여는 집단적으로 굴곡현상을 보이고 있기 때문에 이 제도를 터널 속의 뱀(snake in the tunnel)이라고 하여 스네이크제도라고 한다.

exchange rate system)를 채택하였다.

그러나 이는 1973년 말 석유파동으로 유럽 각국의 국제수지 적자 확대와 경제사정 악화로 실패하였으며 1970년대 중반부터는 이에 대한 반성과 함께 유럽경제·통화동맹에 대한 새로운 접근을 시도하여 1979년 3월 영국을 제외한 나머지 EC 8개국으로 구성된 유럽통화제도(EMS : European Monetary System)를 발족하고 유럽통화단위(ECU : European Currency Unit)와 환율안정 메커니즘(ERM : Exchange Rate Mechanism) 등을 도입하였다.

그 후 EC는 1980년대 중반부터 유럽의 경제통합 작업을 본격적으로 추진하기 시작하였는데 1985년 6월에는 물리적 장벽, 기술적 장벽, 재정적 장벽 등 역내 비관세장벽의 제거를 통한 명실상부한 역내공동시장 완성을 위하여 세부적인 추진내용을 담은 역내시장 통합백서(The White Paper on the Completion of the Internal Market)를 채택하였다. 이어 1987년 7월에는 이 통합백서의 내용을 실행하고 경제통합을 추진하기 위해 법적·제도적 기초로서 단일유럽의정서(SEA : Single European Act)

그림 15-1 유럽통합의 추진 경위

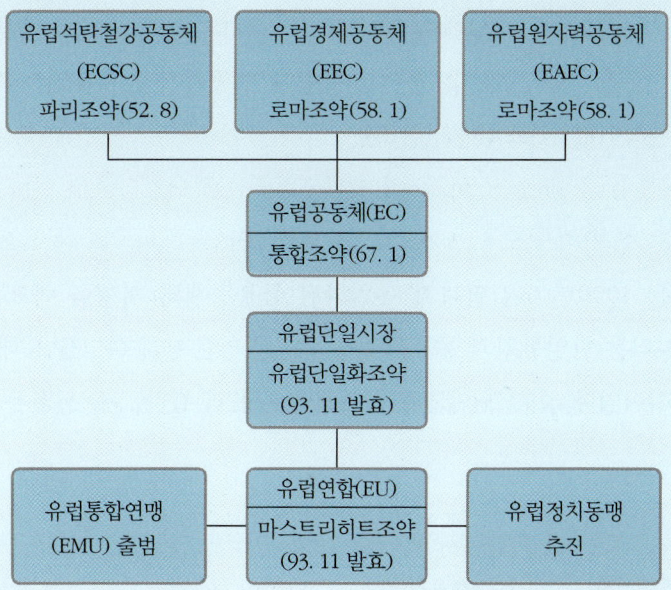

를 채택하여 발효토록 하였다. 여기에는 1982년 말까지 시장통합의 완성, EC 기구의 역할조정, 의사결정방식의 변경 등을 주요 내용으로 하고 있으며 EMS 협력 및 ECU 발전촉진의 필요성, 사회정책 및 정치협력 등의 신정책영역에 대해서도 명문화하였다.[8)]

EC가 1993년에는 역내단일시장을 형성하였으며 유럽연합(EU : European Union)조약(일명 마스트리히트조약)이 1993년 11월부터 발효됨에 따라 EC는 시장통합단계를 넘어 경제 및 화폐통합, 정치통합 등을 주요 내용으로 하는 EU가 결성됨으로써 과거 경제분야에 치중된 모습에서 나아가 역내 시민의식의 제고, 공동외교 및 안보정책의 추진, 사법 및 내무협력관계의 유지 등으로 그 목표를 확대시키는 한편 역내 산업경쟁력 강화, 에너지·환경·보건·직업훈련 등으로 활동영역이 확대되었다([그림 15-1] 참조).[9)]

2.2 주요 내용[10)]

(1) 역내 단일시장의 형성

단일유럽의정서(SEA)에 따라 역내 물리적·기술적·재정적 장벽이 제거됨으로써 인력, 상품, 자본, 서비스 등이 자유롭게 이동하거나 유통되는 명실상부한 단일시장이 완성되었다([표 15-2] 참조).

(2) 경제 및 통화동맹

EU는 1998년 6월 말까지 통일화된 금융정책의 시행을 목표로 하여 늦어도 1999년부터는 단일통화의 통용은 물론 유럽중앙은행의 설립을 통해 통화동맹을 결성할 계획이었다. 이를 단계별로 살펴보면 다음과 같다.

8) 김진두, "EC통합의 추진현황과 향후전망," 한은조사월보, 1992, pp.8~10.
9) 한국무역협회, 무역연감, 1994, p.87.
10) 전게서, pp.87~88.

표 15-2 EU의 역내 단일시장의 완성내용

구 분	분 야	주요 내용
물리적 장벽제거	• 상품	역내 일반상품 이동 시 세관절차 철폐 동식물 검역 폐지(단, 국보급 및 군사용 물품은 예외)
	• 사람	역내 사람에 대한 여권심사 폐지 역내 공항화물 검사 폐지 공동국경초소(common post) 철폐
	• 공동역외 • 국경설정	역내국가 입국 시 비자 요하는 역외 국가 리스트 공동 작성 (한국의 경우 비자면제협정 이미 체결)
	• 정치망명	정치망명자에 대한 공동정책 추진
기술적 장벽제거	• 공동표준 및 규칙 제정	EC 단일규격 제정(4,600개 중 2,000여 개 완성) 새로운 규칙 제정 시 EC규정과 사전협의·조정 회원국 간 상이한 표준 및 규격은 새로 제정
	• 구매시장 상호개방	에너지, 수송, 통신, 식수분야 공공조달시장의 역내국가 간 상호개방 및 입찰정보 공개
	• 근로자의 자유이동	근로자의 완전 자유이동 보장
	• 서비스시장 개방	은행업, 증권업, 보험업, 운송업 분야의 부분 개방
	• 자본이동 자유화	역내국가 간 자본의 완전한 자유이동 보장
	• 회사법	유럽 회사법 채택
재정적 장벽제거	• 부가세	국별로 상이한 부가세율의 구조를 표준세율(15%)과 저세율(5%)의 2가지로 단순화
	• 소비세	1993년 1월부터 물품별 최저세율 도입(포도주, 담배, 맥주, 휘발유 등)

1) 제 1 단계(~1993년)

회원국 간의 경제정책을 조화시키기 위한 가이드라인을 설정한다.

2) 제 2 단계(1994~96년)

경제통합을 위한 최종 준비기간으로 각국의 중앙은행을 정부로부터 독립시키고 유럽중앙은행의 과도기적인 기능을 수행할 유럽통화기구를 설립한다.

3) 제 3 단계(1997~99년)

경제·통화동맹의 완성, 유럽중앙은행의 설립, 통일된 금융정책의 실시 및 유럽단일통화를 발행하여 사용하기로 한다.

4) EMU의 출범

유럽경제·통화통합(EMU : European Economic and Monetary Union)은 1991년

12월에 체결된 마스트리히트조약에서 단일통화 창출을 골자로 하는 통화기금을 추진하기로 합의하면서 본격화되었다. 이어 1998년 5월 2일 EU 정상회담에서 EU 15개국 중 영국, 스웨덴, 덴마크, 그리스를 제외한 11개국이 EMU 참가국으로 확정되었고 동년 6월 30일에 유럽중앙은행이 공식 출범함으로써 EMU 역시 1999년 1월 1일부터 출범하게 되었다. EMU는 유럽 역내의 재화, 자본, 노동의 자유이동을 보장하는 단일시장에 이어 통화통합을 추진함으로써 완전한 단일경제권을 형성하게 되었다.

EMU의 출범과 동시에 유럽중앙은행(ECB : European Centeral Bank)은 유일한 통화당국으로서 단일통화인 유로화를 창출하여 단일통화정책을 수행하게 되었다. 유로화의 출현은 지난 50여 년간 국제기축통화로서 군림해 왔던 미 달러화의 지위에 적지 않는 영향을 미칠 것이며 향후 유로화는 미 달러화에 버금가는 국제기축통화가 될 전망이다.

2.3 유럽정치동맹

이는 연방의 성격이 가미된 보다 긴밀한 동맹관계의 형태로 유럽연합을 추진하며 공동 외교안보정책분야에서는 정부 간 협력을 공동정책의 차원으로 높인다. 또한 사법·내무 협력면에서는 정치적 난민, 역외국경 통과, 이민정책, 마약퇴치, 세관협력, 테러 등 국제범죄방지 차원에서 사법·치안분야에서의 정부 간 협력을 추진한다.

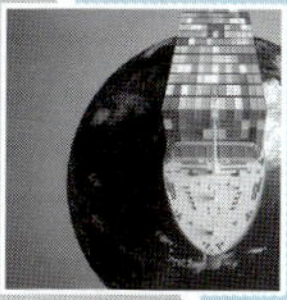

제 3 절

북미자유무역협정(NAFTA)

3.1 추진배경과 각국의 입장

제2차 세계대전 후 세계경제를 주도해 온 미국은 1980년대에 들어와 소비지향적인 경제구조와 생산성 저하에 따른 제조업부문의 국제경쟁력 약화로 재정 및 무역적자가 크게 확대되는 등 세계경제에서 차지하는 지위가 현저하게 약화되었다. 그런데 EU와 일본은 상대적으로 경제력이 급속히 부상하고 있는 가운데 EU는 유럽을 단일경제권으로 결속하여 세계 최대의 시장을 형성하려고 계획하고 있고 일본은 경상수지 흑자가 확대일로에 있어 이를 바탕으로 경제대국화를 기도하였다.[11]

이러한 국제경제환경의 급속한 변화에 대응하기 위하여 미국은 지리적·경제적으로 상호 의존도가 높은 북미지역의 경제통합을 추진하게 되었다. 미국은 NAFTA를 통하여 세계적으로 확산되고 있는 지역주의에 효과적으로 대응하고 향후 범미주 경제통합 및 범태평양 경제통합의 기초를 마련할 수 있을 것으로 기대하였다. 또한 멕시코의 저렴한 노동력을 이용하여 자국산업의 경쟁력을 향상시키고 멕시코 시장에의 접근을 용이하게 하여 무역수지의 개선을 도모하는 한편 멕시코로부터 에너지 자원의 안정적 확보를 겨냥하였다. 뿐만 아니라 멕시코에 대한 투자를 확대함으로써 멕시코 내에 고용기회가 확대되면 멕시코인의 불법입국과 마약유입을 감소시킬 수 있다는 것이다.

캐나다의 입장에서 보면 미국과 멕시코 간의 자유무역협정에서 캐나다가 배제된 경우에 그동안 미국과의 대외관계에서 누려왔던 미국·캐나다 자유무역협정의 기득권을 상당 부분 멕시코에 빼앗길 가능성을 우려하였다. 즉 자동차 및 자동차 부품산업과 에너지산업 등 일부 분야에서 미국의 수입이 캐나다에서 멕시코로 전환될 가능성이 있고 또한 멕시코의 임금수준이 캐나다에 비해 낮기 때문에 미국의

11) 민충기, "EC 경제통합과 대외무역정책의 변화," 대외경제정책연구원, 1990, pp.74~78.

대 캐나다 투자가 불리하게 된다는 것이다. 따라서 캐나다는 그동안 미국과의 관계에서 누렸던 기득권을 유지하는 동시에 미국시장을 안정적으로 확보하기 위하여 NAFTA에 참여하지 않을 수 없었다.

또한 캐나다는 NAFTA 체결로 인해 멕시코에 대한 투자가 증가될 뿐만 아니라 그에 따른 생산설비 및 부품의 대 멕시코 수출이 증가될 수 있다. 한편 멕시코의 입장에서는 NAFTA 체결로 멕시코 북부 국경지대를 중심으로 집중되어 있는 미국의 대 멕시코 투자가 멕시코 전역으로 확대됨으로써 사회간접투자의 확충과 멕시코의 산업 효율화를 기할 수 있다는 것이다. 또한 멕시코는 주요 수출대상국인 미국의 관세 및 비관세장벽이 철폐되면 미국시장에서 유리한 위치를 차지하게 될 것이다. 따라서 미국으로부터 자본과 기술 및 경영노하우 등의 도입이 증가하게 되어 멕시코 산업의 고도화에 크게 기여할 것으로 기대되었다.

그러나 이러한 이점이 있는 반면 우려도 제기되었다. 미국의 경우 NAFTA 체결로 멕시코에 대한 투자가 확대되고 멕시코로부터 수입이 증가하는 경우에 미국의 고용기회가 축소되어 실업이 증가하고 임금이 하락할 수 있다는 것이다. 그리고 멕시코의 경우도 NAFTA 체결로 무역장벽이 철폐되면 수입의 증가에 따른 구조적인 실업이 야기될 수 있고 미국 등 외국의 자본을 유치하기 위하여 낮은 임금을 유지하여야 하므로 멕시코 노동자들이 착취당할 수 있다는 것이다. 또한 멕시코의 산업 중 중소기업과 소규모 농가, 그동안 높은 보호를 받았던 금융이나 서비스산업, 그리고 멕시코의 독점산업이었던 석유산업이나 철도, 전기 등의 분야에 경쟁이 치열해지면 상당한 타격을 받게 될 것이다.

지금까지 살펴본 바와 같이 NAFTA 체결로 각국에 따라 장점과 단점이 공존하기 때문에 찬성과 반대의 의견이 있지만 일반적으로 3국 모두에게 이익을 가져다주는 것으로 평가되었다. NAFTA의 추진경위는 다음과 같다.

- 1986년 5월 　미국·캐나다 자유무역협정 체결 협상 개시
- 1989년 1월 1일 　미국·캐나다 자유무역협정(US-Canada Free Trade Agreement) 발효
- 1990년 6월 　미국·멕시코의 정상, 양국 간 자유무역협정 추진 합의

- 1990년 9월　캐나다가 미국·멕시코 협상에 참여의사 표명
- 1991년 2월　미국·캐나다·멕시코 3국 정상, NAFTA 추진 공식 발표
- 1992년 8월　미국·캐나다·멕시코 3국 NAFTA 초안에 공식 합의
- 1992년 10월　미국·캐나다·멕시코 3국 NAFTA 조인
- 1993년 5월　NAFTA 비준법안 캐나다 하원 승인, 6월 상원 승인
- 1993년 8월　미국·캐나다·멕시코 3국, NAFTA 부속협정 합의 발표
- 1993년 9월　미국·캐나다·멕시코 3국 정상, NAFTA 부속협정 서명
- 1993년 11월　멕시코 상원 NAFTA 비준안 승인
- 1993년 11월　미국 하원, 상원 NAFTA 비준안 승인
- 1994년 1월 1일　NAFTA 발효

3.2 주요 기구

(1) 자유무역위원회(Free Trade Commission)

NAFTA의 중심기구로 각 회원국이 지정한 각료급 대표로 구성되어 있다. 이 위원회는 NAFTA의 집행을 감독하고 NAFTA의 관련 규정의 해석 및 적용과 관련된 분쟁을 해결하며 NAFTA의 규정에 따라 설치된 모든 위원회 및 작업단의 업무를 감독한다.

(2) 노동협력위원회(CLC : Commission on Labor Cooperation)

각국의 각료급 노동관리들로 구성되며 이 위원회에서는 직업병, 안전, 유아노동, 노동자의 이익, 최저임금, 노사문제, 노동조합의 결성과 운영에 관한 입법 및 노사분규 해결 등에 대한 명령권을 보유하고 있다.

(3) 국제조정사무국(ISC : International Coordinating Secretariat)

중립기관으로 각국의 노동법과 적용실태, 평균임금, 노동생산성, 훈련과 재배치 프로그램 등에 관해 노동협력위원회에 정기적으로 보고한다.

(4) 환경협력위원회(CEC : Commission on Environmental Cooperation)

각국의 환경분야 최고위관리로 구성되며 동·식물을 포함한 환경의 보존, 보호 및 개선을 위해 협력하고 지원한다.

3.3 주요 내용

NAFTA 기본합의서에 의하면 미국·캐나다·멕시코 3국 간에는 모든 무역장벽을 궁극적으로 철폐하여 자유무역을 실현하고 공정한 경쟁여건을 조성함과 아울러 원산지규정을 강화하여 역내 생산활동을 보호하고 있다. 더 나아가 상호 서비스시장을 개방하고 투자에 대한 제한을 완화하며 또한 환경 및 지적재산권을 보호하고 있다. 그 구체적인 내용은 다음과 같다.

(1) 관세 및 비관세장벽의 철폐

북미 3국 간의 공산품 및 농산품 교역에 대한 관세는 상품별 관세인하 시기를 4단계로 분류하여 2008년까지 전 품목에 대해 관세를 철폐하기로 되어 있다. 단, 2개국 이상이 합의하여 기존의 관세철폐 시기를 앞당길 수 있다. 비관세장벽도 원산지규정을 충족시키는 경우 협정발효 즉시 또는 단계적으로 철폐하고 농산물에 대한 비관세장벽은 협정발효와 동시에 관세쿼터 및 일반관세로 전환되며 동 관세도 단계적으로 철폐하기로 하였다.

(2) 원산지규정의 강화

원산지규정은 수입품의 원산지를 규명하여 관세특혜를 부여할 수 있는지의 적합성 여부를 판정하기 위한 제도이다. 그러나 이에 대해서는 국제적으로 통일화된 규정은 없다. 현재 NAFTA의 원산지규정에 의하면 북미산 원재료를 모두 사용하여 생산된 제품은 북미산이지만 북미산 이외의 원재료가 포함된 제품이 북미산으로 인정받기 위해서는 다음의 두 조건, 즉 세번변경기준[12)]을 충족할 것과 일정한 현지

12) 세번변경기준이란 제품의 생산과정에서 역외국으로부터 수입한 원재료 또는 부품이 포함된 경우

조달 비율을 충족할 것(제품거래가격으로는 60% 또는 총비용으로는 50% 이상)을 모두 충족시켜야 한다.

(3) 서비스시장의 개방

NAFTA의 서비스 교역 규정은 역내 서비스 교역에 대한 원칙으로서 미국·캐나다 자유무역협정과 UR 협정을 확대 적용하여 최혜국대우와 내국민대우의 원칙을 보장할 것을 규정하고 있다. 그러나 이 규정의 실질적인 목적은 서비스 부문에서 경쟁력을 가지고 있는 미국과 캐나다 기업들이 멕시코 시장에 용이하게 진출할 수 있도록 멕시코의 서비스시장을 개방하도록 하는 내용이 주로 규정되어 있고, 미국과 캐나다는 대부분의 경우에 기존의 미국·캐나다 자유무역협정을 그대로 준수하도록 하고 있다.[13] 또한 기존의 무차별적 수량제한에 대해서는 일국이 상대국에 대해 협상을 요청할 수 있고 서비스 교역에 대한 규제나 제한수단으로 각종 허가나 증명을 요구해서는 안 된다고 규정하고 있다.

(4) 투자제한의 철폐

역내국가의 투자가나 투자조건에 대해서는 원칙적으로 내국민대우를 부여하고 역외국가의 투자에 대해서는 최혜국대우를 부여하고 있다. 투자규범에 의하면 생산된 제품이나 서비스의 수출의무 부과, 자국산 부품조달비율 준수, 수입대체를 위한 자국산 부품의 우선 사용, 무역수지 균형을 위한 외화지급 제한, 현지 투자기업의 기술이전이나 지적재산권 이전 의무와 같은 투자와 관련된 의무를 부과할 수 없다. 또한 투자로 인해 발생한 이익, 배당금, 수수료 등의 자유로운 이동을 보장하고 있다.

(5) 부속협정

위의 본 협정 외에 1993년 8월에 합의된 부속협정으로는 환경협력에 관한

에 국제통일상품분류제도(HS : Harmonized Commodity Description and Coding System)에 근거한 관세율표에서 완제품의 세번이 원재료나 부품의 세번과 달라져야 그 생산지를 원산지로 인정하는 제도이다.

13) 김완순·한복연, 국제경제기구론, 박영사, 2001, pp.398~399.

북·미협정, 노동협력에 관한 북·미협정, 세이프가드(긴급조치)에 관한 NAFTA 역내국가 간의 양해사항 등이 있다.

(6) 기타 분야

NAFTA는 역내국가 간의 분쟁해결을 위한 절차를 몇 가지로 유형화하여 규정하고 있다.

3.4 경제적 효과

NAFTA의 체결이 북미 3개국에 어떤 영향을 미칠 것인가에 대한 연구는 많으나 연구에 따라 또는 설정된 가정에 따라 정도의 차이를 보이고 있다. 많은 경제학자들은 멕시코가 가장 큰 이익을 얻을 것이라는 데 동의하고 있으나 미국과 캐나다, 특히 캐나다가 얼마만큼의 이익을 얻을 것인가에 대해서는 견해가 양분되고 있다.

(1) 미국에 대한 영향

NAFTA 체결이 미국에 미치는 긍정적인 효과는 다음과 같다.

첫째, 미국은 NAFTA로 인해 EU 및 일본에 대한 효과적인 대응이 가능하게 됨에 따라 미국 상품이 동아시아 및 유럽경제권에 대응하여 국제경쟁력을 보유할 수 있게 될 것이다.

둘째, 멕시코의 관세·비관세장벽이 제거되고 미국이 멕시코의 저임금 노동력을 적극적으로 활용한다면 미국의 대 멕시코 시장 진출 분야는 알코올과 음료 및 식료품뿐만 아니라 자동차, 의약품, 컴퓨터 등의 첨단산업에 이르기까지 급속히 확대될 것이다.

셋째, NAFTA로 인해 멕시코의 공업화 및 경제성장이 촉진됨에 따라 멕시코의 내수시장이 실질구매력을 가지게 된다. 이를 통해 미국은 신규시장을 창출할 뿐만 아니라 중남미 경제권 전체의 활성화를 촉진시킬 수 있을 것이며 이는 미국 상품의 중남미 진출에 촉매 역할을 할 수 있을 것이다.

넷째, 멕시코 국경지대로의 산업유치 및 사회간접자본의 확충에 따라 낙후지역인 동 지역의 경제 및 산업이 활성화되고 실업이 해소됨으로써 미국으로의 불법이민 등이 완화되게 된다.

그러나 부정적인 효과를 보면 멕시코의 저임금과 미국 공해산업들의 멕시코로의 이전으로 미국의 고용과 임금수준이 하락할 염려도 없지 않다. 또한 일본 및 유럽의 여러 나라들이 멕시코에 직접투자를 증가시키고 있어 컴퓨터, 자동차, 화학 등 멕시코의 중요한 산업에 대한 미국과의 투자경쟁이 치열해 질 수 있다.[14)]

(2) 캐나다에 대한 영향

캐나다는 NAFTA 체결 전에 이미 최대의 무역상대국인 미국과 60~70% 정도 무관세였으며 캐나다에 진출해 있던 미국 기업도 투자여건이 더 나은 멕시코로 이전을 검토하고 있어 NAFTA 체결로 별 이득이 없을 것으로 보았다.

NAFTA가 체결되면 현지 관계자들은 특정 국가의 손실이나 이익에 무관하게 캐나다와 멕시코 간의 무역이 급증할 것으로 예상하며 미국을 비롯한 각국의 해외투자는 멕시코로 집중될 것으로 보았다. 캐나다는 일부 산업, 특히 노동집약산업이나 단순가공분야에 있어서 멕시코와 경쟁관계를 유지하고 있었으나 산업 전반으로 볼 때 실질적으로 멕시코와는 상호 보완적인 산업·생산구조를 가지고 있으므로 NAFTA 참여로 인해 크게 손해를 보지는 않을 것이다.

(3) 멕시코에 대한 영향

NAFTA 체결에 따른 멕시코의 긍정적 효과는 다음과 같다.

첫째, 멕시코는 저임금과 풍부한 노동력을 바탕으로 노동집약상품 또는 부가가치가 다소 낮은 제품에서는 다른 나라에 비해 가격경쟁력을 유지하고 있으므로 대미시장 접근기회를 용이하게 확보함으로써 대미수출이 급속하게 신장될 수 있을 것이다.

14) 산업연구원, "북미자유무역협정 체결이 우리 산업에 미치는 영향," 1992, pp.24~27.

둘째, 미국·일본 등 선진국들의 대 멕시코 직접투자 증대로 인해 멕시코는 선진고급기술과 마케팅 등 경영기법을 이전받을 수 있으며 이를 통해 경제개발의 가속화 및 산업의 국제경쟁력 강화를 도모할 수 있을 것이다.

셋째, 미국은 사회간접자본을 비롯하여 제조업, 농업, 서비스업에 걸쳐 투자진출의 확대를 시도하고 있고 유럽·일본·동아시아 국가들의 투자증가와 투자기업의 현지화도 가속화될 것이므로 멕시코 경제는 자국의 큰 부담 없이도 성장할 수 있는 계기를 마련하게 될 것이다.

한편 부정적인 효과로는 외국의 자본유입으로 경제적 생존력, 정치적 자주성, 문화적 주체성이 상실될지도 모른다는 우려가 있다.

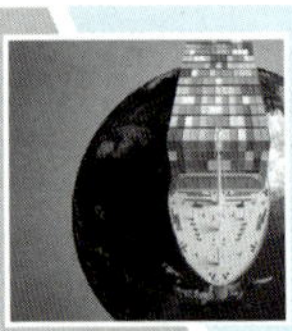

제4절 아시아·태평양경제협력체(APEC)

4.1 APEC의 설립배경 및 필요성

태평양경제권은 일본·중국·아시아 신흥공업국·ASEAN[15] 등의 아시아주 태평양지역과 미국·캐나다·멕시코·콜롬비아·칠레 등 미주태평양지역, 호주·뉴질랜드 같은 태평양 도서국가들로 구성된다. 이들 아시아·태평양지역은 지리적으로 광활하며 경제구조와 경제발전단계가 매우 상이하고 역내국가 간에 인종적·문화적·역사적으로 다양성을 지니고 있다.

이러한 이질성에도 불구하고 이 지역에서 일본, 아시아 신흥공업국, 중국,

15) ASEAN(Association of Southeast Asian Nations)이란 동남아국가연합으로 인도네시아, 말레이시아, 필리핀, 태국, 싱가포르의 5개국으로 구성되어 출범하였으나 2005년 현재 10개국(브루나이, 베트남, 미얀마, 라오스, 캄보디아 추가)으로 경제협력 중심의 포괄적 지역협력기구이다.

ASEAN 국가들이 급속한 경제성장을 이룩하여 태평양경제권은 세계경제의 성장축으로 부상하게 되었다. 그 결과 1970년대 후반부터는 세계경제의 중심이 대서양권에서 태평양권으로 옮겨오게 되어 이들 지역의 지속적인 성장추세를 유지하기 위해 역내국가 간의 경제협력체의 필요성이 대두되게 되었다. 그 필요성을 구체적으로 살펴보면 다음과 같다.

첫째, 역내의 급속한 경제성장과 이에 따른 역내무역 집중현상이 이 지역의 경제협력을 가속화하고 있다. 예컨대, APEC은 전 세계 인구의 40%, GDP의 약 52%, 교역량의 45%를 점유하는 세계 최대의 지역협력체로서 무역 불균형의 해소, 시장개방, 환율, 금리 등 거시적 정책의 협조에 관한 다자간 협력 메커니즘의 필요성이 커지고 있다.

둘째, 부존자원에 있어서 역내국가 간의 높은 보완성이 상호협력을 촉진하는 요인이 되고 있다. 특히 동남아시아 및 남태평양의 풍부한 천연자원과 태평양지역의 광대한 천연자원 그리고 미국, 일본 등의 선진기술 및 자본이 적절히 결합될 때 이 지역 전체의 성장과 발전이 보장될 수 있기 때문이다.

셋째, 역내국가 간의 경쟁관계가 심화되면서 역내교역 불균형이 발생함에 따라 이를 조정하기 위해서라도 협력체의 필요성이 대두되게 되었다. 이러한 통상마찰은 쌍무주의에 의해 당사자 간에 다루어질 수도 있겠지만 지역내 경제협력체를 결성하여 일정한 규칙을 정하고 이 규칙에 의해 마찰을 제거하는 것이 바람직하다는 인식이 고조되었다.

넷째, 이 지역에서의 남북협력의 분위기도 협력체 구성에 대한 필요성을 더해주었다. ASEAN으로 대표되는 역내 개도국과 역내 선진국과의 관계가 우호적이므로 이들 국가 간의 극심한 소득격차 등은 1차산품의 안정적 확보, 기술이전, 자본협력 등으로 상호 협력을 통해 해결될 수 있을 것이다.

4.2 APEC의 목적

아시아·태평양의 지역적 협력체인 APEC(Asia Pacific Economic Cooperation)은

어떠한 목적을 가지고 있고 어떠한 구체적인 행동지침을 설정하였는지 1989년 11월 호주의 캔버라에서 개최된 제1회 각료회의에서 다음 4가지 사항이 중심의제로 논의되었다. 즉 세계 및 아시아·태평양지역의 경제발전, 세계적인 무역자유화, 개별분야에 있어서 지역협력의 가능성, 아시아·태평양협력의 향후 방향 등이다.

그 후 1991년의 제3회 각료회의(서울)에서는 APEC의 목적 등을 명시한 '서울선언'이 채택되었다. 서울선언에서 제시한 APEC의 목적은 다음과 같다.

첫째, 아시아·태평양지역 주민 공통의 이익을 위하여 이 지역의 성장과 발전을 지속하고 나아가 세계경제의 성장과 발전에 공헌한다.

둘째, 지역경제와 세계경제를 위해 재화, 서비스, 자본, 기술 등의 교류를 장려하고 경제적 상호 의존관계의 진전에 따른 적극적 이익을 증진시킨다.

셋째, 아시아·태평양은 물론 세계경제를 위하여 개방적·다자간 통상질서를 확립·강화한다.

넷째, GATT 원칙에 따라 재화와 서비스 교역 및 투자에 대한 장애요인을 제거하기로 한다.

이러한 APEC의 목적은 1994년 인도네시아 보고르에서의 제2회 비공식 수뇌회의에서 채택된 '보고르선언'에서 구체화되었다. 그 내용은 다음과 같다.

(1) 무역의 자유화

APEC의 첫 번째 목적은 무역의 자유화이다. APEC은 UR 협상 진행과정에서도 각료회의선언을 통해 UR 협상을 지지하였고 UR 협상 타결 후에도 이의 비준은 물론 WTO를 중심으로 한 세계규모의 무역자유화를 추진하는 데 협력할 것을 표명하였다. 또한 APEC 내의 무역자유화를 점진적으로 실시하기로 결정하였다. 그런데 무역자유화를 실시하는 데 있어서 보고르 비공식 수뇌회의에서는 미국과 ASEAN 제국과의 의견이 일치하지 않아 선진국은 2010년, 개발도상국은 2020년까지 무역 및 투자의 자유화를 목표로 설정하였고 그 구체적 내용과 추진방향에 대해서는 다음의 각료회의에서 논의하기로 하였다.

(2) 무역·투자의 원활화

APEC의 두 번째 목적은 무역·투자의 원활화이다. 원활화에 대한 내용은 제5회 시애틀 각료회의에서 채택된 '무역·투자에 관한 기본합의서'에 명시되어 있는데 그 구체적 내용으로는 ① 투자협정, ② 금융문제와 거시경제정책에서의 협력, ③ 통관수속의 간소화와 통일화, ④ 관세제도의 투명화, ⑤ 기준인정의 조화, ⑥ 지적재산권의 보호, ⑦ 분쟁해결기구의 설립, ⑧ 환경문제에서의 협력, ⑨ 덤핑 방지 절차의 남용저지 및 경쟁정책에서의 협력 등을 중심으로 가맹국의 제도적 조화를 기하도록 결정하였다.

(3) 개발협력

APEC의 세 번째 목적은 개발협력이다. 여기에는 ① 교통·통신 등의 기반시설(infrastructure)의 정비, ② 인재의 육성, ③ 국제경쟁력이 있는 중소기업의 육성, ④ 선발국이 개발한 효율적인 발전(發電)기술 및 환경부담이 적은 기술의 후발국으로의 이전 등이 포함되어 있다.

그런데 APEC 가맹국 간에는 경제의 발전단계, 기술수준, 경영능력 등에서 상당한 격차가 있다. 더욱이 인프라 정비의 부족은 물론 인재육성이 지체되는 등 중소기업의 비효율성이 향후 이들 지역의 경제성장에 대한 중대한 장애요인이 되고 있는 실정이다. 이러한 상황에서 이들의 격차를 축소하는 데 필요한 것이 기술협력이다. 이는 개발협력 없이는 무역·투자의 원활화는 목적한 대로 진행될 수 없고 또한 무역자유화의 실효도 거둘 수 없음을 의미한다. 따라서 APEC에서는 앞에서 열거한 무역의 자유화와 무역·투자의 원활화 및 개발협력 등의 3가지 목적을 동시에 추진해야 하는 상황에 있다.

4.3 APEC의 추진과정

APEC은 1989년 1월 호크(Hawke) 호주 수상의 한국 방문 시 환태평양국가 간의 경제협력과 교역증진을 목표로 OECD 형태의 정부 간 협의체 구성 및 이를 위한 역내국가 간 각료급회의를 개최하자는 제의가 있은 후 1989년 11월에는 제1차 각료급회의가 호주 캔버라에서 개최되기에 이르렀다. 호주의 발의와 한국의 전폭적인 지지 속에 출범한 APEC은 1989년 당시만 해도 미국, 캐나다, 일본, 호주, 뉴질랜드 등 역내 선진 5개국과 한국을 비롯하여 ASEAN 6개국 등 12개국을 출범 회원국으로 하여 출발하였다.

제1차 각료회의(1989. 11. 캔버라)에서는 각료회의와 이를 지원하는 고위실무회의가 중심이 되었으나 제2차 각료회의(1990. 7. 싱가포르)에서는 무역 및 투자데이터 검토, 무역진흥, 투자 및 기술이전, 인적자원 개발, 에너지·수산·해양자원 보존 등의 7개 협력사업을 추진하기 위한 실무반의 활동이 본격화되었다. 제3차 각료회의(1991. 11. 서울)에서는 교통, 통신, 관광 등 3개 협력사업이 추가되었고, 경제동향 및 현안그룹과 역내무역 자유화그룹이 신설되었다. 그리고 제3차 이후 매년 각료회의가 열리고 있다. 현재 가입국 수는 21개국이다.

4.4 APEC의 조직

서울선언과 방콕선언을 중심으로 이루어진 APEC의 조직을 정리하면 [그림 15-2]와 같고 각 조직의 역할은 다음과 같다.

(1) 각료회의(Ministerial Meeting)

연 1회 개최되는 APEC의 최고기관으로 각 회원국의 외무장관과 경제각료로 구성되며 APEC의 전반적인 운영방향을 협의하고 입장을 정리한다.

(2) 고위실무회의(Senior Officials Meeting)

각료회의 준비를 위해 해당 각료회의의 주최국에서 연 3~4회 개최되는 APEC의 실질적인 운영기관이다. 각 회원국의 차관보급으로 구성된다.

그림 15-2 APEC의 조직

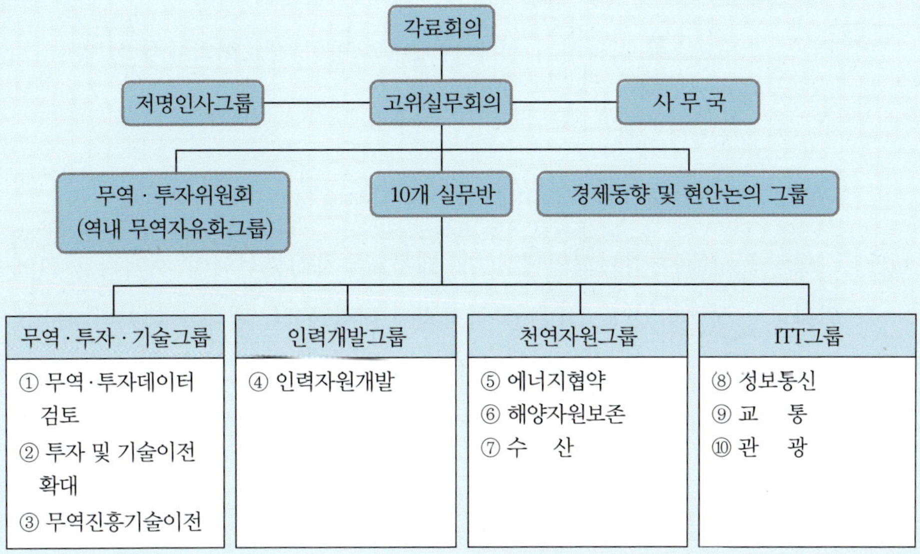

(3) 사무국(Secretariat)

1993년 2월 싱가포르에 설치된 상설 사무국은 APEC의 업무를 조정·연락하는 조직으로 총장과 차장 그리고 실험적으로 5개 실(협력사업연락실, 연구분석실, 행정재정실, 데이터베이스실, 홍보실)을 가동하고 있다.

(4) 실무그룹회의(Working Group Meeting)

10개 공동협력사업을 기획·실행하여 각 협력사업별로 필요에 따라 연 1~2회 개최된다.

(5) 비공식그룹회의(Informal Group Meeting)

거시적 중·장기적 관점에서 역내 무역자유화 추진 및 경제현안과 동향에 관한 보고서 제출을 위한 비공식그룹으로서 연 2~3회 개최되며 참가자는 각 회원국의 통상·경제 실무자들로 구성된다.

(6) 저명인사그룹(EPG : Eminent Person Group)

각 정부로부터 독립된 입장에서 아·태지역 협력에 대한 중기전망을 제시하고 역내무역 장애요소를 파악하기 위해 1992년의 방콕 각료회의에서 설치하기로 합의한 자문기구이다.

(7) 무역투자위원회(TIC : Committee on Trade and Investment)

1993년 시애틀 각료회의에서 아·태무역투자기본선언이 채택되고 그에 따라 동 위원회가 성립되었다. TIP는 무역정책에 대한 논의, 관세율 데이터베이스 작성, 시장접근 관련 행정규제 개선, 중소기업 지원, 저명인사그룹의 보고서 검토, UR 결과 검토 등에 대한 업무를 통해 역내무역 자유화 및 투자활성화를 추진한다.

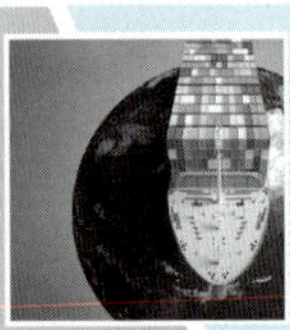

제 5 절

동남아시아국가연합(ASEAN)

5.1 설립과정

1967년 8월 방콕에서 인도네시아, 말레이시아, 필리핀, 싱가포르, 태국 등 5개국 외무장관이 ASEAN 성명, 즉 방콕성명에 서명함으로써 발족되었다. 그 후 1984년 1월에는 브루나이가 가입하게 되었다. 1992년 1월에는 역내무역을 촉진하는 조치로서 'ASEAN경제협력 증진을 위한 기본협정'이 채택되었다. 다음 해인 1993년 1월에는 ASEAN자유무역지역(AFTA : ASEAN Free Trade Area)이 정식 발효되었고 1995년 7월에 베트남, 1997년 7월에 미얀마와 라오스, 1999년 4월에는 캄보디아가 가입함으로써 회원국이 모두 10개국이 되었다.

5.2 목 적

처음에는 공동안보체제를 구축하기 위하여 결성되었으나 최근에는 경제협력과 국제무대에서의 공동보조 및 발언권 강화 등을 추구하고 있다. 그 구체적인 내용을 들어보면 다음과 같다. 즉 ① 상호협력에 의한 경제성장, 사회발전 및 문화발전 등을 촉진, ② UN 헌장의 원칙에 따라 지역평화와 안정도모, ③ 경제·사회·문화·기술·과학·행정분야의 공동이익에 대한 상호지원 및 협력, ④ 교육·직업·기술·행정에 대한 훈련 및 연구활동의 지원, ⑤ 농업 및 산업, 교역, 운송 및 통신의 발전과 생활수준의 향상을 위한 협력, ⑥ 동남아시아 지역연구 촉진, ⑦ 유사한 목적의 국제기구 또는 지역기구와의 호혜적 협력관계 유지 등이다.

5.3 조 직

ASEAN의 조직은 대체로 다음과 같다.

(1) 정상회의

최고의결기구로 공식 정상회의는 보통 3년마다 개최한다.

(2) 각료회의

관련 분야별로 각국 장관이 참석하는 회의이다. 예컨대, 외무장관회의는 각료회의 중에서 최상위급 회의로서 정책 가이드라인을 채택함은 물론 여러 활동의 역할을 수행하기 위해 매년 개최된다.

(3) 상임위원회

외무장관회의 폐회 후 차기 회의까지 1년간 정책조정 및 정책 진행사항 점검 등을 수행한다. 이 위원회의 의장은 차기 외무장관회의 개최국의 외무장관이 되고 사무총장 및 각 회원국의 사무국장으로 구성된다.

(4) 사무총장

외무장관회의의 추천에 의거 정상회의에서 임명하고 임기는 5년이다. 사무총장은 ASEAN의 각종 활동에 대한 계획, 자문 및 조정하는 권한을 가지며 연차보고서를 준비하여 외무장관회의에 제출한다.

(5) 사무국

1976년 정상회의에서 기구화되었고 상임위원회 산하에 있으며 인도네시아 자카르타에 소재하고 있다. 사무국장은 알파벳 순번에 따라 5년마다 교체된다.

(6) 실무회의

소관 부처별 29개 고위관리회의(SOM)와 122개 실무그룹으로 구성되어 있다.

5.4 경제협력의 내용

1970년대 이후 ASEAN 국가들은 아시아지역에서 가장 활발하게 경제협력을 추진하여 왔으며 AFTA를 결성한 후에는 무역의 자유화를 가속화하고 공동산업정책 및 지역정책을 확대하는 등 경제협력을 보다 강화하고 있다. ASEAN에서는 산업협력, 지역협력, 관세협력 등의 측면에서 경제협력을 추진하고 있다.

(1) 산업협력

ASEAN에서는 산업협력의 일환으로 'ASEAN 산업계획'에 따라 역내의 중복투자를 피하고 역내분업을 통하여 공업화를 촉진시키기 위하여 각 회원국은 경쟁력이 있는 1개의 프로젝트를 선정하여 특화·육성하는 것을 목표로 하고 있다. 또한 1981년 6월에 채결된 'ASEAN 산업보완 기본협정'에 의해 각 회원국은 특정 산업을 생산단계별로 분업화하여 수평적인 분업에 의해 회원국 간에 산업을 보완적으로 발전시키려는 목적의 협력사업을 추진하고 있다.

그런데 ASEAN은 위의 두 계획이 별다른 성과를 거두지 못하게 되자 1983년

11월에는 'ASEAN 합작사업계획에 관한 기본협정'을 체결하여 ASEAN 합작사업계획을 도입하였다. 이 계획은 ASEAN의 2개국 이상과 역외국가의 기업이 합작으로 참여하는 사업에 대하여 상호 특혜관세를 부과함으로써 선진기술의 도입을 촉진시키고 역내 생산 및 교역의 확대를 목적으로 하고 있다. 이 계획은 정부주도로 이루어진 종전의 'ASEAN 산업계획'이나 'ASEAN 산업보완계약'과는 달리 민간주도로 이루어진다는 것이 특징이다.

(2) 공동지역개발

ASEAN의 공동지역개발은 특정 지역을 공동 개발함으로써 회원국 간에 교역과 투자를 확대하고 외국인투자를 증가시키기 위하여 추진하고 있는 경제협력 형태이며 성장삼각지대(growth triangle area)라고 부르기도 한다. 성장삼각지대는 실질적으로 긴밀한 경제협력이 가능한 소지역의 공동개발을 통하여 단기간에 효과를 기대할 수 있다는 점에서 활발하게 추진되고 있다.

ASEAN의 대표적인 공동지역개발 프로그램은 1990년부터 추진되고 있는 싱가포르-말레이시아의 조호르(Johor)-인도네시아의 리아우(Riau) 성장삼각지대 등이다.

(3) 관세협력

ASEAN은 역내무역의 자유화를 위해 관세를 인하하기로 하였다. 그 일환으로 특혜무역협정(PTA : preferential trading agreement)이 1976년 제1차 ASEAN 정상회담에서 채택된 'ASEAN 협력선언'에 의해서 합의되고 1972년 2월에 개최된 경제장관회의에서 조인된 관세협력협정이다. 특혜무역협정은 AFTA가 결성되기 이전까지 회원국 간의 무역거래에 적용되는 관세율을 비회원국과의 무역거래에 적용되는 관세율보다 낮게 설정함으로써 역내무역을 활성화하는 것을 목적으로 하고 있다.

또 하나의 방안은 공동유효특혜관세(CEPT : Common Effective Preferential Tariff)제도를 실시하고 있다. 이러한 공동유효특혜관세는 1992년 싱가포르의 제4차 ASEAN 정상회담에서 AFTA의 창설에 합의하면서 AFTA를 효과적으로 추진하기 위하여 종전의 특혜관세제도에 비하여 보다 광범위하고 대규모의 관세인하를 목표로 'ASEAN 자유무역지대의 공동유효 특혜관세제도에 관한 협약'에 조인하면서 도입되었다. 이 제도에 따라 관세인하 대상품목을 농산물과 서비스부문을 제외한 공산품과 가공농산물 등 모든 제조상품으로 규정하고 대상품목에 대해서는 회원국 간에 별도 합의 없이 역내관세를 0~5%로 일괄 인하하는 방식을 채택하였다.[16)]

제 6 절 기타 주요 지역경제통합체

앞에서 설명한 EU, NAFTA, APEC, ASEAN 등과 기타 주요 지역경제통합체를 표로 작성한 것이 [표 15-3]이다.

표 15-3

	명 칭	회원국	성 격	서명일자	발효일자	비 고
유럽	유럽연합(EU : European Union)	프랑스, 독일, 이탈리아, 베네룩스 3국, 영국, 덴마크, 아일랜드, 그리스, 스페인, 포르투갈, 오스트리아, 핀란드, 스웨덴 (15개국) 2004년 5월 사이프러스, 체코, 에스토니아, 헝가리, 몰타, 슬로바키아, 폴란드, 슬로베니아, 라트비아, 리투아니아 10개국 가입, 2007년 루마니아, 불가리아 추가 가입 총 27개국	경제동맹	1992년 2월 7일(마스트리히트조약) 서명	1993년 11월 1일	종전의 EC에서 발전
	유럽자유무역연합 (EFTA : European Free Trade Association)	영국, 덴마크, 스웨덴, 노르웨이, 스위스, 오스트리아, 포르투갈(7개국)	자유무역지역	1960년 1월 4일	1960년 5월 3일	

16) 김완순·한복연, 전게서, 2001, pp.425~431.

유럽	유럽경제지역(EEA: European Economic Area)	EU와 EFTA (스위스 제외)	자유무역 지역	1992년 5월 2일	1993년 1월 1일	
	중부유럽자유무역연합 (CEFTA : Central European Free Trade Association)	체코, 헝가리, 폴란드, 슬로바키아(4개국)	자유무역 지역	1992년 12월 21일	1993년 4월 1일	
미주	북미자유무역협정 (NAFTA : North American Free Trade Agreement)	미국, 캐나다, 멕시코(3개국)	자유무역 지역	1992년 12월 17일	1994년 1월 1일	
	남미공동시장 (MERCOSUR : El Mercado Comun del Sur, Sourthern Cone Common Market)	브라질, 아르헨티나, 파라과이, 우루과이(4개국)	공동시장	1991년 3월 26일	1995년 1월 1일	
	중미공동시장 (CACM : Central American Common Market)	과테말라, 엘살바도르, 니카라과, 코스타리카, 온두라스(5개국)	공동시장	1960년 12월 13일	1990년 6월 17일	
	라틴아메리카 통합연합 (LAIA : Latin American Integration Association)	아르헨티나, 볼리비아, 브라질, 칠레, 콜롬비아, 에콰도르, 멕시코, 파라과이, 페루, 우루과이, 베네수엘라(11개국)	특혜무역 협정	1980년 8월 12일	1981년 3월 18일	종전의 LAFTA에서 변경
	안데안그룹 (Andean Group)	볼리비아, 콜롬비아, 에콰도르, 페루, 베네수엘라(5개국)	관세동맹	1987년 5월 12일	1988년 5월 25일	
	카리브공동시장 (CARICOM : Caribbean Common Market)	안티구아 바부다, 바하마, 바베이도스, 벨리즈(온두라스), 도미니카, 그레나다, 가이아나, 자마이카, 몬세레트, 세인트 크리스토퍼 네비스, 세인트 루시아, 세인트 빈센트 그레나디네스, 트리니다드 토바고(13개국)	관세동맹	1973년 7월 4일	1973년 8월 1일	
아시아·중동	아세안자유무역지역 (AFTA : ASEAN Free Trade Area)	태국, 말레이시아, 인도네시아, 필리핀, 싱가포르, 브루나이, 베트남, 미얀마, 라오스, 캄보디아(10개국)	자유무역 지역	1992년 1월 28일	1993년 1월 1일	
	서아시아 특혜무역협정 (SAPTA : South Asian Preferential Trade Arrangement)	방글라데시, 부탄, 인도, 몰디브, 네팔, 파키스탄, 스리랑카(7개국)	특혜관세 협정	1995년 5월	1995년 12월 7일	

아시아·중동	걸프만 연안국 협력위원회 (GCC : Cooperation Council of the Arab States of the Gulf)	사우디아라비아, 쿠웨이트, 아랍에미리트연합(UAE), 카타르, 바레인, 오만(6개국)	특혜무역협정	1981년 6월 8일	1983년 3월 1일	
	아랍공동시장(Arab Common Market)	이집트, 이라크, 요르단(3개국)	자유무역지역	1964년 8월 13일	1965년 1월 1일	
아프리카	서부아프리카제국 경제공동체(ECOWAS:Economic Community of West African States)	베냉, 부르키나파소, 케이프베르데, 코트디부아르, 감비아, 가나, 기니, 기니비사우, 라이베리아, 말리, 모리타니, 나이지리아, 세네갈, 시에라리온, 토고(15개국)	공동시장	1975년 5월 8일	미 상	
	중부아프리카 관세동맹 (UDEEAC : Central African Customs and Economic Union)	콩고, 가봉, 차드, 중앙아프리카공화국, 카메룬, 적도기니(6개국)	관세동맹	1964년 12월 8일	1966년 1월 1일	
	남부아프리카 개발공동체 (SADC : Southern African Development Community)	앙골라, 보츠나와, 레소토, 말라위, 모잠비크, 모리셔스, 나미비아, 스와질란드, 남아프리카공화국, 탄자니아, 잠비아, 짐바브웨, 콩고민주공화국, 세아셀(14개국)	관세동맹	1980년 4월	1992년 8월	
	아랍·마그레브연합 (AMU : Arab Maghreb Union)	알제리, 리비아, 모로코, 모리타니, 튀니지(5개국)	자유무역지역	1989년 2월	미 상	
오세아니아	호주-뉴질랜드 경제관계긴밀화협정 (ANZCERTA : Australia-New Zealand Closer Economic Relations Trade Agreement)	호주, 뉴질랜드 (2개국)	자유무역지역	1983년 3월 28일	1983년 1월 1일 (소급발효)	

자료 김완순·한복연, 전게서.
한국수출입은행, ECA·국제기구편람, 2004.

제 5 부

생산요소의 국제적 이동

제16장
국제자본이동

제17장
국제노동이동

05

05

제16장

국제자본이동

요약 및 도해

국제자본이동

- 〔의　의〕 — 무역대금 결제를 위한 화폐자본과 실물자본의 국가 간 이동 현상
- 〔형　태〕
  - 국제단기 자본이동
    - 자발적－민간부문 중심 국제수지 상관 없이 독립적으로 이루어지며 1년 미만의 자본이동
    - 유발적－공공부문인 정부에 의해 국제수지 조정 목적으로 국제수지 상황에 따라 유발되는 자본이동
  - 국제장기 자본이동
    - (해외)직접투자－기업에 대한 경영참가 또는 경영권 획득을 위해 단독 또는 합작투자
    - 간접투자－수익 취득 목적으로 회사채, 국공채 등을 매입(=증권투자)
- 〔동　기〕
  - 해외직접투자
    - 수입장벽을 우회한 수출시장의 확보와 수송비 부담의 감소
    - 외국의 값싼 노동력과 원료를 이용함으로써 생산비용의 절감
    - 국내의 정치적 · 경제적 · 사회적 여건의 불안으로 인해 투자
    - 새로운 시장을 개척하거나 기존 시장의 유지 · 발전
    - 기업경영의 위험을 지역적으로 분산
  - 해외간접투자 — 국내에서보다 해외에서 투자의 예상수익률이 이자율보다 크다고 예상
- 〔경제적 효과〕
  - 생산량 증가효과
  - 국민소득 증가효과
  - 소득재분배효과
  - 기타 효과
    - 국제수지효과－투자국과 투자수용국의 국제수지에 영향
    - 동태적 효과

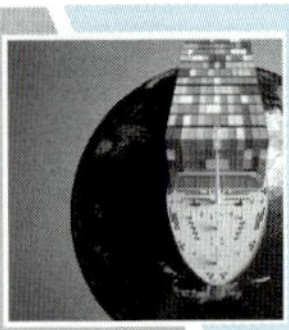

제1절

국제자본이동의 의의와 형태 및 동기

지금까지의 논의에서는 국제적으로 생산요소는 이동하지 않고 상품만이 이동한다는 가정 아래 이론을 전개하였다. 그러나 현실의 세계에서는 상품뿐만 아니라 생산요소인 노동과 자본이 국가 간에 빈번히 이동하고 있다. 따라서 여기서는 생산요소도 상품과 마찬가지로 국가 간에 자유롭게 이동한다는 전제 아래 논의를 전개하기로 한다.

상품의 경우 가격이 낮은 곳에서 높은 곳으로 이동하듯이 생산요소 역시 이동에 아무런 제한이 없다면 요소가격이 낮은 곳에서 높은 곳으로 이동하게 된다. 즉 노동이 풍부하여 임금수준이 낮은 국가의 사람들이 임금이 높은 국가로 일자리를 찾아 이동하는 것이나 자본이 풍부하여 이자율이 낮은 선진국의 자본이 개발도상국으로 차관이나 직접투자의 형태로 개도국으로 이동하는 것은 국가 간의 임금수준이나 자본수익률의 차이에 의한 것이다.

이하에서는 이러한 생산요소, 즉 자본과 노동이 국제적으로 이동하는 경우에 그 이동의 형태와 동기 및 그 경제적 효과에 대해 살펴보기로 한다.

1.1 국제자본이동의 의의

국제자본이동(international capital movement)이란 상품수입에 대한 반대급부, 즉 무역대금 결제를 위한 화폐자본은 물론 생산요소로서의 실물자본이 국가 간에 이동하는 현상을 말한다. 그러나 여기서는 생산요소로서의 실물자본의 국가 간 이동에 초점을 맞추려고 한다. 실물자본은 국가 간의 경제발전단계나 자본에 대한 선호도 등과 관련하여 자본의 한계생산력[1]에 따라 이동하게 된다.

1) 자본의 한계생산력이란 자본 1단위의 증가분에 의해 얻어지는 총생산량의 증가분을 의미하며 자본의 한계생산물이라고도 한다.

1.2 국제자본이동의 형태

국제자본이동을 분류방식에 따라 몇 가지 형태로 구분할 수 있다. 즉 ① 자본의 소유권 주체에 따라 민간자본이동과 정부자본이동, ② 자본의 형태에 따라 화폐자본이동과 실물자본이동, ③ 대부기간의 장단에 따라 장기자본이동과 단기자본이동, ④ IMF 분류방식에 따라 통화부분이동과 비통화부분이동 등으로 분류할 수 있다. 여기서는 장기자본이동과 단기자본이동을 중심으로 설명하려고 한다.

(1) 국제단기자본이동

상환기간이 1년 미만인 국제단기자본이동에는 자발적 단기자본이동과 유발적 단기자본이동이 있다.

1) 자발적 단기자본이동

자발적 단기자본이동은 국제수지의 상황과는 관계 없이 독립적으로 이루어지며 주로 민간부문이 주체가 되어 상환기간이 1년 미만의 자본이동을 의미한다. 이러한 자발적 단기자본이동의 유인으로는 첫째, 국가 간의 금리, 즉 이자율의 차이에 의해 금리가 낮은 국가에서 금리가 높은 국가로의 이동, 둘째, 환시세 차익을 추구할 목적으로의 이동, 셋째, 자본도피의 목적으로 전쟁의 위험, 국내의 정치적·경제적 불안 등을 회피하여 자본의 가치 유지와 보존을 위한 이동 등을 들 수 있다.

2) 유발적 단기자본이동

자발적 단기자본이동의 경우 민간부문이 중심이 되어 금리차나 환시세 차익을 이용하여 그들의 이익을 추구하거나 자본도피의 목적으로 국가 간 이동이 이루어지게 된다. 그러나 유발적 단기자본이동의 경우는 공공부문인 정부에 의해 국제수지의 적자와 흑자를 조정할 목적으로 국제수지 상황에 따라 유발되는 단기자본이동이다.

(2) 국제장기자본이동

상환기간이 1년 이상인 국제장기자본이동은 수익(즉 이윤)이나 장기금리 차익을 목적으로 국제적으로 이동하는 자본이다. 이러한 국제장기자본이동은 그 추구하는 목적에 따라 (해외)직접투자(foreign direct investment)와 간접투자(indirect investment)로 구분할 수 있다.

1) (해외)직접투자

직접투자는 기업이 이윤을 획득할 목적으로 외국에 있는 어떤 기업에 대하여 경영참가 또는 경영권 획득을 위해 단독 또는 합작으로 투자하는 것을 말한다. 이러한 직접투자의 유형으로는 ① 지점 또는 공장을 외국에 설치하거나, ② 자회사(subsidiary company) 또는 제휴회사(affiliated company)를 외국에 설치하거나, ③ 외국에서 자국의 기업을 경영하거나, ④ 자국의 기업을 외국인이 설립하는 것 등이 있다.

2) 간접투자

간접투자는 기업경영에 참가하는 것이 목적이 아니라 수익을 취득할 목적으로 외국기업의 주식이나 회사채를 매입하든가 또는 외국정부 및 공공단체가 발행한 국공채를 매입하는 것을 말하며 이를 증권투자(portfolio investment)라고 한다.

1.3 국제자본이동의 동기

보다 높은 수익을 취득하거나 위험을 분산하기 위하여 국가 간 자본을 이동시키는 것이 해외직접투자와 간접투자의 공통된 동기이나 2가지 투자의 고유한 동기를 찾아보면 다음과 같다.

(1) 해외직접투자의 동기

이러한 투자의 동기는 어떤 기업이 왜 국내에서 생산하여 이를 수출하는 대신에 외국에서 직접 생산하려고 하는가 하는 질문에 답하는 것과 같다고 볼 수 있다. 국내에서뿐만 아니라 외국에 나가 생산활동을 하기를 원하는 이유를 들어보면 다음과 같다.

첫째, 외국의 수입장벽을 우회하여 수출시장을 확보할 수 있으며 아울러 수송비 부담도 줄일 수 있기 때문이다. 즉 외국의 관세나 비관세장벽이 높을 경우 현지에서 직접 생산하여 판매하면 수입상품으로 취급되지 않기 때문에 이러한 수입장벽을 회피할 수 있을 뿐만 아니라, 현지에 직접판매가 이루어지므로 본국에서 현지까지의 수송비의 부담도 없어지게 된다.

둘째, 외국의 값싼 노동력이나 원료를 이용하여 생산함으로써 생산비용을 획기적으로 낮출 수 있다. 이를테면 우리나라와 같이 국내에 부존자원이 빈약하고 노임이 비싼 경우에 노임이 싸고 자연자원이 풍부한 동남아지역이나 중국에 직접투자를 하는 것은 좋은 예이다.

셋째, 국내의 정치적·경제적·사회적 여건으로 인한 불안이 국내투자에 흥미를 느끼지 못할 경우 해외직접투자가 이루어지게 된다. 즉 국내의 장기간 재정적자와 인플레이션, 계속되는 노조의 파업과 임금인상 압력, 과중한 세금부담 등으로 기업가의 투자의욕을 위축시킬 때 해외직접투자가 활성화되게 된다.

넷째, 해외직접투자를 통해 새로운 시장을 개척하거나 현지 수출을 통해 이미 확보된 기존 시장을 유지·발전시킬 수 있다.

다섯째, 기업의 경영위험을 지역적으로 분산시킬 수 있는 장점이 있다.

(2) 해외간접투자의 동기

해외간접투자의 가장 근본적인 동기는 국내에서보다 해외에서 높은 수익(이윤)을 취득하는 데 있다. 즉 증권투자이든 대부이든 간에 해외간접투자, 즉 민간장기자본이동의 동기는 자본이 국제적으로 이동함으로써 이윤을 추구하는 데 있다. 그 직접적·경제적 동기는 투자비용을 초과하는 이윤과 이자 간의 국제적 차이라고 할 수 있다. 즉 자본의 한계효율, 즉 투자의 예상수익률(이윤율)이 이자율보다 크다고 예상될 때 그 나라에 해외간접투자가 행해지게 된다.

제 2 절

국제자본이동의 경제적 효과

자본의 국제적 이동은 자본의 수익률, 즉 이자율의 국가 간 차이에 의해 발생한다. 따라서 자본은 수익률이 낮은 국가에서 높은 국가로 이동하게 된다. 여기서는 이러한 자본의 국제적 이동이 자본의 수익률, 관련 당사국의 생산, 세계총생산 등에 미치는 효과를 [그림 16-1]을 이용하여 설명하기로 한다.[2)]

그림에서 2국(A국과 B국), 2생산요소(자본, 노동) 모델에서 두 나라의 노동량과 자본량이 일정하다고 하면 A국의 자본량은 O_a에서 오른쪽으로 B국의 자본량은 O_b에서 왼쪽으로 표시한다. 그리고 종축은 두 나라 자본의 한계생산력(marginal productivity)을 나타내며 MP_a는 A국의 한계생산력을, MP_b는 B국의 한계생산력을 나타낸다. 또한 두 나라의 노동량이 일정하므로 자본의 한계생산력은 체감한다.

지금 A국의 자본량은 O_aQ, B국의 자본량은 O_bQ이고 A국의 자본의 한계생산

그림 16-1 국제자본이동의 경제적 효과

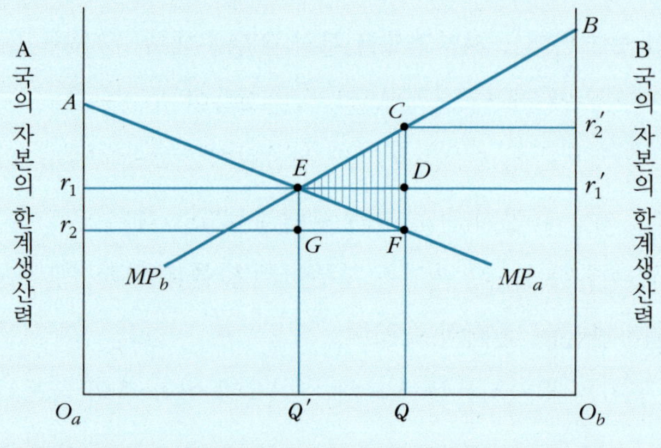

2) Appleyard & Field, *Trade Theory and Policy*, Irwin, 1995, pp.201~214.

력은 FQ, B국의 한계생산력은 CQ이므로 두 나라 사이에 자본이동이 자유로우면 자본은 한계생산력이 낮은 A국에서 한계생산력이 높은 B국으로 이동하게 되어 두 나라의 자본 단위당 수익률이 같아질 때까지, 즉 두 나라의 자본의 한계생산력곡선이 교차하는 점까지 자본이동이 계속되게 된다. 결국 A국의 자본량 $Q'Q$가 B국으로 이동하여 균형이 E점에서 이루어지게 된다.

2.1 생산량 증가효과

자본이동이 있기 전에 A국의 균형점은 F점이고 이때 이 나라의 생산량은 $\square O_aAFQ$이며 B국의 균형점은 C점이므로 생산량은 $\square O_bQCB$이었으나 자본이동의 결과 두 나라의 균형점은 E점이므로 A국의 생산량은 $\square O_aAEQ'$가 되고 B국의 생산량은 $\square O_bQ'EB$가 된다. 결국 자본이동의 결과 두 나라 전체로 볼 때 생산량은 $\triangle ECF$만큼 증가하게 되는 생산량 증가효과가 발생하게 된다.

2.2 국민소득 증가효과

그런데 자본투자국(home country)인 A국의 경우 국내생산량은 자본이동 전보다 $\square Q'EFQ$만큼 감소하지만 B국에 투자한 자본 $Q'Q$에 대한 수익인 $\square Q'EDQ$를 취득하게 되므로 자본이동의 결과 $\triangle EDF$만큼 국민소득이 증가하게 된다. 투자수용국(host country)인 B국 역시 자본수용의 결과 생산량이 $\square Q'ECQ$만큼 증가하였으나 A국에 $\square Q'EDQ$만큼 지불하게 되므로 $\triangle ECD$만큼 국민소득의 증가효과가 발생하게 된다. 따라서 국제자본이동의 결과 자본투자국은 물론 투자수용국에도 경제적 후생, 즉 이익이 증대된다는 것을 알 수 있다.

2.3 소득재분배효과

국제자본이동은 자본과 노동의 소득재분배에도 영향을 미치게 된다. 먼저 A국의 경우 자본이동 전의 자본소득은 □$O_a r_2 FQ$이므로 노동소득은 전체 생산량(전 소득) □$O_a AFQ$에서 자본소득 □$O_a r_2 FQ$를 공제한 △$r_2 AF$이다. 그런데 자본이동 후에는 자본소득이 □$O_a r_1 DQ$로 증대하고 노동소득은 △$r_1 AE$로 감소하며 이때 □$r_2 r_1 EF$ 크기의 소득이 노동소득에서 자본소득으로 재분배되게 된다. 즉 A국의 국내에서는 자본투자의 결과 자본가에게는 유리한 반면 노동자에게는 불리하게 된다는 것을 알 수 있다.

B국의 경우는 자본이동 전의 자본소득은 □$QCr_2'O_b$이고 노동소득은 △CBr_2'이었으나 자본이동 후에는 자본소득은 □$QDr_1'O_b$, 노동소득은 △EBr_1'가 되어 □$DCr_2'r_1'$가 자본소득에서 노동소득으로 재분배되게 된다. 즉 B국의 국내에서는 자본수용의 결과 자본가에게는 불리하고 노동자에게는 유리하다는 것을 알 수 있다.

2.4 기타 효과

(1) 국제수지효과

국제자본이동은 투자국과 투자수용국의 국제수지에도 영향을 미친다. 투자국이 해외투자를 실시하면 당해 연도의 해외지출은 증가하게 되고 이로 인해 국제수지 적자를 초래하게 된다. 이처럼 초기에 발생하는 투자국의 국제수지 악화는 해외투자에 따른 투자국의 자본재나 부품수출의 증가와 일정기간 후 투자국으로의 투자수익 송금으로 완화되게 된다. 따라서 단기적으로는 해외투자가 국제수지에 미치는 효과는 투자국에는 마이너스(-)효과를, 투자수용국에는 (+)효과를 초래한다. 그러나 장기적인 면에서는 일률적으로 단정하기 어렵다.

(2) 동태적 효과

국가 간에 자본이 이동함으로써 지금까지 제시한 정태적 효과 외에 다음과 같은 동태적 효과도 나타나게 된다. 즉 국제자본이동의 투자국이 취득할 수 있는 투자수익은 미래의 이익이기 때문에 다소 불확실한 불확실성 효과가 나타난다. 이러한 불확실성의 요인으로 투자수용국의 전쟁, 혁명, 누적채무 등을 들 수 있으며 이러한 위험도를 국가위험도(country risk)라고 한다. 또한 직접투자는 장기적으로 투자국의 생산, 투자, 고용을 감소시킬 위험성을 내포하고 있으며 이를 공동화 효과 또는 탈공업화 효과(deindustrialization effect)라고 한다.

한편 투자수용국의 경우에는 투자국의 직접투자에 의해 고용이 증가하는 고용증가 효과가 나타나게 된다. 따라서 직접투자는 자본이동과 함께 기술, 지식, 경영방법 등이 함께 이동함으로써 기술이전은 물론 경영방법과 노동훈련 등에 이르기까지 광의의 기술이전을 가져오게 하는 기술이전 효과가 나타난다. 또한 직접투자는 투자수용국의 기업과 여러 가지 마찰을 야기할 위험성이 있는 경쟁효과가 있다.[3] 그러나 외국기업이 투자수용국 시장을 독점하지 않는다면 외국기업의 진입으로 투자수용국 시장에서의 경쟁이 격화됨으로써 투자수용국의 경제적 효율이 증대되는 효과가 나타날 수 있다.

3) 山本繁綽, 要說 國際經濟學, 同文舘, 1994, p.100.

제17장
국제노동이동

요약 및 도해

동기와 유형

- 〔동 기〕
  - 비경제적 요인 : 정치적 · 종교적 요인
  - 경제적 요인 : 해외에서 보다 높은 임금과 소득 획득을 위한 요인
- 〔유 형〕
  - 이민 : 영구적 이동
  - 해외취업 : 일정기간 동안의 해외취업

경제적 효과

- 〔비숙련노동의 경우〕
  - 생산량 증가효과
  - 국민소득 증가효과
  - 소득재분배효과
  - 기타 효과
    - 제조원가 인하효과
    - 국내자원과의 대체효과
    - 갈등효과
    - 불법취업 등 사회적 문제 야기
- 〔숙련노동의 경우〕
  - 두뇌유출 : 과학자, 기술자, 간호사 등 숙련된 고급 두뇌를 개도국에서 선진국으로 유출
  - 게스트워커 : 어떤 국가의 노동력 필요에 따라 다른 국가로부터의 일시적인 노동유입
    예) 중동 산유국의 토목공사 및 건설용역에 필요한 아시아 국가들의 노동자

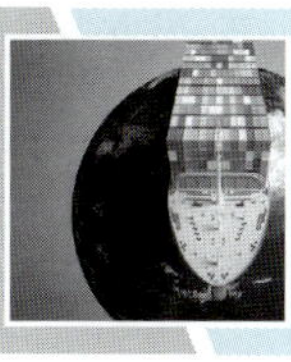

제 1 절

국제노동이동의 동기와 유형

1.1 국제노동이동의 동기

노동의 국제적 이동의 동기에는 경제적 요인과 비경제적 요인이 있다. 19세기 혹은 그 이전에 있었던 노동의 국제적 이동은 주로 정치적·종교적 요인 등 비경제적 요인에 의해 일어났으나 제2차 세계대전 이후의 노동이동은 주로 해외에서 보다 높은 임금과 소득을 획득하기 위한 경제적 요인에 의하여 이루어졌다.

예컨대, 일시적 노동이동의 가장 중요한 동기는 높은 소득을 얻기 위한 것으로 볼 수 있다. 1970~80년대에 사막지대의 열악한 근무조건과 가족과 격리된 생활을 감수하면서 한국의 건설인력이 중동 건설현장으로 진출하였던 것은 국내 임금수준보다 2~3배의 높은 임금을 받을 수 있었기 때문이었다. 또한 6·25동란 이후 한국에서 일시적 노동이동의 시초라고 할 수 있는 1960년대의 광부와 간호사들의 서독으로의 진출 역시 높은 임금획득이 주요한 동기라고 할 수 있다.[1)]

한편 영구적 노동이동인 이민의 동기는 다양하다고 할 수 있다. 특히 최근에 선진국으로의 이민은 자녀들의 교육을 위한 동기가 대부분이며 이외에도 한국의 정치적 현실에 대한 불만과 선진국에서의 많은 기회 그리고 여유 있는 생활 등으로 이민을 선택하기도 한다.

1.2 국제노동이동의 유형

노동의 국제적 이동의 유형으로는 영구적 이동인 이민과 일시적 이동인 일정기간 동안의 해외취업 등이 있다. 이민의 대표적인 예는 19세기와 20세기에 걸쳐서

1) 김수용, 국제무역론, 박영사, 2001, p.169.

유럽에서 미국 등지로의 대규모 이동이었다. 우리나라에서는 1970년 초 이후 1980년대 말까지 미국으로의 이민이 대부분을 차지하였으나 최근에는 이민 대상국이 호주, 뉴질랜드, 캐나다 등으로 다양화되었다.

일시적 노동이동의 대표적인 것으로는 유럽의 초청노동자(guest worker)와 중동국가에서의 외국노동자들의 취업을 들 수 있다. 우리나라의 경우 1970～80년대에 걸쳐 노동자들이 일시적으로 중동 건설시장에 진출한 바 있다.

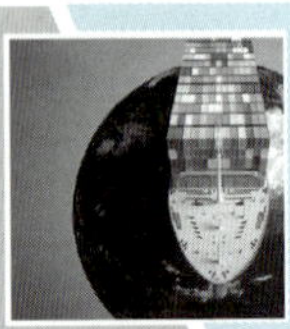

제 2 절

국제노동이동의 경제적 효과

2.1 비숙련 노동의 경우

노동의 국제적 이동의 경제적 효과를 설명하기 위하여 [그림 17-1]을 이용하기로 한다. 그림에서 보면 제16장의 '자본이동의 경제적 효과'에서 설명한 내용과 유사하다. 두 나라 전체 노동량은 O_aO_b로 일정하며 그중 A국의 노동량은 O_aQ이고 B국의 노동량은 O_bQ이므로 A국이 노동유출국이 되고 B국은 노동유입국이 된다. 그리고 두 나라 사이에 노동이 $Q'Q$만큼 이동함으로써 나타내는 효과는 다음과 같다. 단, 여기서의 노동은 비숙련 노동이라고 가정한다.

(1) 생산액 증가효과

노동이동이 있기 전 A국의 균형점은 F점이고 이때 생산액은 $\square O_aAFQ$이며 B국의 균형점은 C점이므로 생산액은 $\square O_bQCB$이었으나 노동이동의 결과 두 나라의 균형점은 E점이므로 A국의 생산액은 $\square O_aAEQ'$이고 B국의 생산액은 $\square O_bQ'EB$가 된다. 결국 노동이동의 결과 두 나라 전체로 볼 때 생산액은 $\triangle ECF$만큼 증가하게

그림 17-1 국제노동이동의 경제적 효과

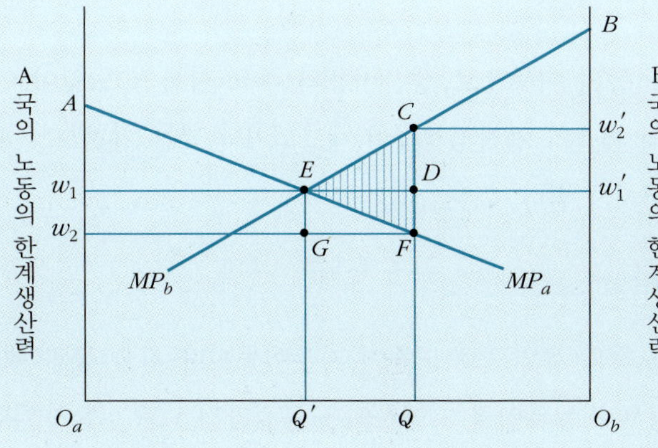

되는 생산액 증가효과가 나타나게 된다.

(2) 국민소득 증가효과

그런데 노동유출국인 A국의 경우 국내생산량은 □$Q'EFQ$만큼 노동이동 전보다 감소하였지만 B국으로부터 노동이동에 대한 소득을 송금받을 수 있다. 즉 송금소득 □$Q'EDQ$가 추가됨으로써 결국 A국은 △EDF만큼 국민소득이 증가하게 되는 국민소득 증가효과가 나타나게 된다. 노동유입국인 B국 역시 노동유입의 결과 생산량이 □$Q'ECQ$만큼 증가하였으나 A국으로 □$Q'EDQ$만큼 송금이 이루어졌으므로 나머지 △ECD만큼 국민소득의 증가효과가 발생하게 된다. 따라서 국제노동이동의 결과 노동유출국은 물론 노동유입국 역시 경제적 후생(국민소득, 즉 이익)이 증대된다는 것을 알 수 있다.

(3) 소득재분배효과

앞의 자본의 경제적 효과에서 살펴본 바와 같이 여기서도 A국의 경우는 노동자에게는 유리하게, 자본가에게는 불리하게 소득재분배가 일어나고 B국의 경우는 역으로 자본가에게는 유리하게, 노동자에게는 불리하게 소득재분배가 이루어지는 소득재분배효과가 발생하게 된다.

(4) 기타 효과

1) 제조원가 인하효과

비숙련 노동의 이동으로 생산비용의 주요 항목인 노임이 인하됨으로써 제품 가격이 낮아져 제품의 가격경쟁력이 제고되거나 같은 가격으로 판매하는 경우에는 이윤율이 높아지게 된다.

2) 국내자원과의 대체효과

비숙련 노동의 유입으로 노동이 자본이동이나 기술 등과 대체관계에 있게 된다. 이러한 경우 노동유입국 기업가의 노동절약적 노력, 즉 자본투자나 기술개발에 의한 자동화·기계화·정보화의 발전이 저해될 수도 있다.

3) 갈등효과

저임금 근로자들의 유입으로 국내 저임금 근로자들은 취업과 임금수준 등에서 불이익을 받게 된다. 이에 따라 국내 노동시장에서 외국인력 유입에 대한 반발로 인해 정부와의 갈등을 초래하게 된다.

4) 불법취업 등 사회적 문제 야기

외국근로자들의 유입으로 상당수가 계약기간을 초과함으로써 이들이 불법체류자가 될 가능성이 있어 불법 재취업의 문제와 이들의 불법체류 제재에 따른 정부의 비용부담 등 여러 가지 사회적 불안과 비용을 야기시킬 수 있다.

2.2 숙련 노동의 경우

앞에서의 분석은 비숙련 노동을 전제로 하였다. 그러나 현실적으로 고도로 훈련되고 숙련된 노동의 이동이 빈번히 일어나고 있으며 이는 비숙련 노동으로부터 야기되는 효과와는 상당한 차이가 있다. 숙련 노동의 이동에는 2가지 유형인 두뇌유출(brain drain)과 해외근로자 또는 게스트워커(guest worker)가 있다.

(1) 두뇌유출

일반적으로 비숙련 노동자들의 이민은 이민법(주로 선진국에서 적용하고 있음)에 의해 억제되고 있으나 숙련 노동자들의 이민은 용이하게 이루어지고 있는 것이 현실이다. 즉 현재까지 상당수의 과학자, 기술자, 간호사, 그리고 기타 숙련된 고급두뇌들이 개발도상국에서 선진국으로 유출되었다. 따라서 개발도상국의 입장에서는 이러한 고급두뇌의 유출로 다음과 같은 이유로 부정적인 효과가 나타나게 된다.

첫째, 교육훈련에 투입되었던 인적자본의 손실을 입게 된다. 상당 기간 교육을 통해 창출된 고급두뇌가 개도국에서 선진국으로 유출됨으로써 선진국의 경제에 대해서는 기여할지 모르나 개도국의 입장에서는 커다란 손실이다.

둘째, 고급두뇌의 유출로 경제 내적·외적인 손실이 나타나게 된다. 개도국 국내의 기술, 학문, 연구개발을 촉진시키고 경제발전의 기틀을 마련할 고급두뇌가 유출됨으로써 개도국의 발전잠재력을 약화시키게 되며 국가의 후생수준을 저하시키는 원인이 되고 있다.

(2) 게스트워커(guest worker)

게스트워커란 어떤 국가의 노동력 필요에 따라 다른 국가로부터 일시적으로 일어나는 노동유입을 말한다. 예컨대, 중동 산유국이 우리나라를 비롯하여 많은 아시아 국가들로부터 토목공사 및 건설용역에 필요한 노동자, 즉 게스트워커를 받아들이고 있다.

게스트워커는 노동유출국과 노동유입국에 각각 다른 경제적 영향을 미치는데 구체적 영향은 다음과 같다.

첫째, 노동유입국의 최저 생존임금수준이 게스트워커 자국의 임금수준보다 높으면 이러한 수준에서 취업하게 됨으로써 노동유출국의 소득증대효과가 나타나게 된다. 한편 노동유입국의 경우 외국의 임금이 싼 게스트워커를 고용함으로써 노동집약산업의 경쟁력이 강화된다. 또한 국내노동자를 게스트워커로 대체함으로써 국내노동자들이 종종 일으킬 수 있는 노동분쟁을 회피할 수 있다.

둘째, 게스트워커는 노동유입국의 경기변동을 조절하는 역할을 한다. 예컨대,

북유럽은 1970년대 호경기 때 많은 게스트워커를 받아들여 이용하고 1950년대의 불경기 때는 본국으로 돌려 보냄으로써 북유럽 국가들의 경기순환을 게스트워커로 조절하였다. 이처럼 게스트워커를 이용하여 노동의 수요·공급을 조절하게 됨으로써 노동 유출입국 모두에게 이익이 되게 할 수도 있다.

그러나 게스트워커는 노동유입국의 노동자들이 선호하지 않는 업종에 종사하지만 노동유입국의 비숙련노동자들의 일자리를 차지함으로써 노동유입국의 노동자에게 불리한 영향을 미칠 수 있다. 한편 게스트워커는 본국으로서는 자국에서 직장을 구하기 어려운 노동력이 노동유입국으로 이동하여 실업으로 인한 사회적·경제적 불안이 완화될 뿐만 아니라 취업에 따른 소득을 본국으로 송금할 수 있어 이익이 창출된다. 그러나 노동유입국인 선진국의 경우도 불경기에 직면하게 되면 게스트워커를 본국으로 송환시키게 된다.

국문색인

ㄱ

가격기구 77, 250
가격선 34
가격정책 175
가격·정화유출입기 82
가격차별 171
가격차별정책 175
가치적 투입계수 298
각료결정 및 선언 368
각료결정 및 양해 133
각료회의 353, 377, 432, 435
간접세 279
간접투자 446
갈등효과 456
개발도상국 교역조건악화론 168, 247
개발도상국의 궁핍화 성장 218
개발을 위한 국제경제협력에 관한 GN 결의 397
개방경제체제 193
거래비용 18
걸프만 연안국 협력위원회 440
게스트워커 456
게임이론 338
경쟁라운드 384
경쟁의 심화효과 320
경쟁적 국민경제 324
경쟁형 수입 192
경제동맹 411
경제발전단계설 255
경제성장 198
경제성장률 198
경제외적인 요인에 의한 산업보호론 254
경제적 분업 77
경제적 자립점 49, 239
경제적 후생 291
경제적 후생효과 243
경제정책 7
경제통합 407
경제통합의 경제적 효과 413
경제통합의 조건 412
경제·통화동맹(EMU) 416
경제학과 과세의 원리 85
경제협력개발기구(OECD) 387
계약곡선 56
고용유발효과 185
고위실무회의 432
골럽(S. S. Golub) 89
공격적 덤핑 172
공동농업정책 416
공동변동환율제도 416
공동시장 410
공동유효특혜관세 437
공동지역개발 437
공동화 현상 129
공동화 효과 451
관세 269, 278

관세동맹 314, 410, 416
관세동맹의 정태적 효과 314
관세동맹이론 314
관세 및 무역에 관한 일반협정 349
관세선 278
관세수입효과 303
관세영역 278
관세의 경제적 후생 291
관세의 본원적 손실 303
관세자주권 282
관세장벽 265, 307
관세할당제 310
관세협력 437
교역조건 165
교역조건개선론 249
교역조건선 160
교역조건악화론 218
교역조건의 결정 146
교역조건의 범위 145
교역조건효과 288, 328
교환이익 243
국가위험도 451
국경간 공급 129
국경관세시대 280
국내부가가치 296
국내자원과의 대체효과 456
국내총생산액(GDP) 58
국민소득 증가효과 449, 455
국민의 원리 256
국부론(The Wealth of Nations) 83, 235
국영무역 227
국정관세 282
국제가격 165
국제가격의 차별화 170
국제가치설 144
국제경쟁력 62
국제경제 5
국제경제학 5
국제금융론 9
국제기업에 관한 행동준칙 386
국제단기자본이동 445
국제무역기구(ITO) 설립에 관한 헌장 350
국제무역론 9
국제무역론의 과제 11
국제무역의 일반균형 143
국제무역의 일반균형의 안정조건 156
국제무역의 일반균형점 151
국제무역의 일반균형점의 안정성 151
국제무역의 일반균형점의 안정조건 153
국제부패방지협정 385
국제분업 73
국제분업론 235
국제분업의 결정요인 74
국제상거래에 있어서의 외국공무원에 대한 뇌물 방지법 386
국제상공회의소(ICC) 386
국제수지개선론 249
국제수지제한위원회 377
국제수지효과 287, 450
국제인터넷주소관리기구(ICANN) 387
국제자본이동 444
국제자본이동의 경제적 효과 448
국제장기자본이동 446
국제조정사무국 423
국제카르텔 174
국제통신연맹(ITU) 387
국제통일상품분류제도 425
국제표준산업분류 128

국제협약 플러스 접근방식 *371*
궁핍화 성장 *216*
궁핍화 성장의 발생 가능성 *217*
규모에 관한 보수불변 *17*
규모에 관한 수확불변 *17*
규모에 대한 수확체증 *125*
규모의 경제 *125*
규모의 경제성 *122, 319, 320*
규범적 분석 *15*
균형구입점 *35*
균형국내가격 *143*
균형국제가격 *143*
균형점 *143*
그루버(W. Gruber) *113*
그루벨 *82, 122*
그린라운드 *380*
근대 국제무역이론 *92*
근린궁핍화 정책 *341*
금지보조금 *327*
기술격차론 *114*
기술적 투입계수 *298*
기술적 한계대체율 *38*
기술진보 *200*
기술향상효과 *321*
기술혁신 *200*
기회비용 *34*
기회비용설(theory of opportunity cost) *92*
긴급관세 *284*
긴급수입제한조치 *270, 333*

ㄴ

남미공동시장 *410, 439*
남부아프리카 개발공동체 *440*
남북문제 *394*
남북포괄교섭 *396*
남측의 3대 요구 *399*
내국관세시대 *280*
내국민대우(national treatment) 원칙 *136, 355, 363*
내생적 왜곡 *251*
넉시(R. Nurkse) *395*
네거티브(negative) 방식 *135*
네기쉬(T. Negishi) *260*
노동가치설 *84*
노동절약적 기술진보 *202*
노동집약재 *56*
노동협력위원회 *423*
뉴라운드 *271*

ㄷ

다테모토(建元正弘) *98*
다자간 무역협정(MTAs) *369*
다자간 무역협정(MTN) *267*
다자간 섬유협정(MFA) *267*
다자주의 *138, 408*
다자주의(multilateralism) 원칙 *355*
단기적 또는 간헐적 덤핑 *172*
단순다수결 *379*
단일요소교역조건 *167*
단일유럽의정서 *417*
대국 *214, 288*
대표적 수요이론 *112*
덤핑 *171*
덤핑방지관세 *284*
도쿄라운드 *356*
도피조항 *333*
도하(Doha) *389*
도하개발아젠다 *389*

독립적 관세영역 378
동결과 철폐약속 272
동남아시아국가연합(ASEAN) 434
동태분석 16
동태적 효과 314, 450
두뇌유출 456
둔켈(Dunkel)초안 374
드러커(P. Drucker) 76
등량곡선 37
등비용선 38
등생산량곡선 37

ㄹ

라틴아메리카 통합연합 439
레온티에프 역설 98, 101
레온티에프의 정의 95
로마조약 410, 416
로이드 82, 122
리스트(F. List) 225, 247, 255
리카 85
린더 111
립진스키(T. N. Rybczynski) 204
립진스키 정리 204

ㅁ

마라케시 274
마라케시 각료회의 382
마샬 148
마스트리히트조약 418, 420
맥두걸(D. MacDougall) 88
메타(D. Mehta) 113
면책 353
명목관세율 296
모방기간 115
무역개발위원회 377
무역개발이사회 399
무역결합도 59
무역관련지적재산권이사회 377
무역관련지적재산권협정(TRIPS) 365, 371
무역균형의 안정조건 156
무역대표부 386
무역무차별곡선 157
무역삼각형 51
무역승수 186
무역승수이론 186
무역승수이론의 무역정책적 의의 188
무역의존도 58
무역이익 78
무역이익의 부분균형분석 240
무역이익의 일반균형분석 238
무역자유화 원칙 354
무역전환효과 317
무역정책 222
무역정책검토기구 372
무역정책검토제도 372
무역정책의 딜레마 338
무역차액론(무역차액주의) 233, 238
무역창출효과 315
무역·투자에 관한 기본합의서 431
무역투자위원회 434
무역특혜협정 409
무역특화지수 60
무역편향적(ultra pro-trade biased) 효과 206
무역·환경위원회 381
무차별곡선 32
무차별원칙 362
무차별주의 원칙 354
무형무역 5

물가평형관세 285
물물교환 18
물적자본 102
뮈르달 82, 118, 218
미국·캐나다 자유무역협정 422
미드(J. E. Meade) 148
민간항공기규약 368
민트 119
밀(J. S. Mill) 144, 258

ㅂ

바그와티(J. Bhagwati) 89
바라드와즈(R. Bharadwaj) 98
바르셀로나 281
바스테이블(C. F. Bastable) 259
바이너(J. Viner) 316
박스 다이어그램 53
반응기 115
발라사(B. Balassa) 88, 409
방어적 덤핑 172
버논 113
범세계기업회담(GBDe) 387
범세계적 전자상거래에 대한 선언 387
보고르 430
보고르선언 430
보복관세 284, 299
보복덤핑 172
보완적 국민경제 324
보이지 않는 손 236
보조금·상계관세 270
보조금정책 253
보호관세 282
보호무역과 실질임금 250
보호효과 286, 303
복수국 간 무역협정 367
복잡·다양성 307
복합세 282
본원적 손 291
부속서 132
부속서 1B 365
부패관행에 관한 조약의 입안을 위한 회의의 개최에 관한 결의 386
부패라운드 385
북미자유무역협정(NAFTA) 410, 421, 439
분과이사회 377
분쟁해결 규칙 및 절차에 관한 양해 371
분쟁해결 규칙 및 해결에 관한 양해각서 135
분쟁해결절차 270
불변비용 44
불변생산비 17
불확실성 308
브랜드(J. Brand) 339
브레튼우즈 349
블루라운드 381
비경쟁형 기술 수입 191
비경쟁형 수입 190
비경쟁형 원료 수입 191
비경쟁형 자본재 수입 190
비경제적 분업 77
비공식그룹회의 433
비관세장벽 266, 269, 306, 307
비관세장벽의 유형 309
비교생산비설 85
비교생산비의 차이 80
비교우위론 85
비교정태분석 16
비농산물 391
빈(Vienna)협약 373

빈곤의 악순환 395

ㅅ

사무국 378, 433, 436
사무엘슨 104
사무총장 436
사적 비용 251
사중손실 291, 303
사회무차별곡선 41
사회적 덤핑 173, 382
사회적 비용 251
산발적 덤핑 172
산업간무역 121
산업내무역 121
산업내무역이론 121
산업내무역지수 124
산업보호정책(산업보호주의) 233
산업연관표 98
산업협력 436
실물상품 127
상계관세 284
상업적 주재 129
상임위원회 435
상품교역조건 165
상품무역에 관한 다자간 협정(MTAs) 365, 369
상품무역이사회 377
상형도표 54
상호수요균등의 법칙 144
상호수요설 144
생산가능경계 43
생산가능곡선 43
생산량 증가효과 449
생산력설 256
생산 및 판매정책 175
생산변환곡선 43
생산성 53
생산액 증가효과 454
생산요소의 국가 간의 불이동 17
생산요소의 동질성 17
생산요소 이동성의 차이 7
생산유발효과 184
생산자균형점 39
생산자잉여 288
생산특화효과 242
생산 팬 157
생산함수 52
생산효과 244, 315
서부아프리카제국 경제공동체 440
서비스 127
서비스 경제(화) 129
서비스교역 271
서비스무역 128
서비스무역에 관한 일반협정(GATS) 130, 365, 370
서비스무역이사회 377
서비스협상그룹 271
서아시아 특혜무역협정 439
서울선언 430
석유파동 306
선택세 281
성숙제품단계 116
성장삼각지대 437
세계무역기구(WTO) 360, 387
세계무역 및 고용에 관한 제안 350
세계은행 349
세계지적재산권기구(WIPO) 387
세번변경기준 424
세이프가드조치 333

세입관세 *282*
소국 *203, 285*
소득교역조건 *167*
소득분배론 *250*
소득유발효과 *185*
소득재분배효과 *245, 287, 303, 455*
소비자균형이론 *31*
소비자균형점 *35*
소비자선택이론 *31*
소비자이익론 *236*
소비자잉여 *288*
소비효과 *243, 287, 303*
소풍부성의 물량적 정의 *95*
수입(收入)관세 *282*
수수료시대 *279*
수요기간 *115*
수요의 가격탄력성 *161*
수요의 소득탄력성 *207*
수요편향에 의한 무역구조의 반전 *103*
수입성향 *187*
수입세 *280*
수입수요탄력성 *154, 163, 296*
수입억제정책(=수입제한정책)의 수단 *226*
수입유발효과 *185*
수입의 경제성장효과 *190*
수입의 전시효과 *192*
수입의존도 *58, 187*
수입자유화율 *58*
수입투입재 *298*
수입특화지수 *61*
수입할당제 *309*
수입할당제의 경제적 효과 *311*
수입허가 *311*
수직적 분업 *77*
수출결합도 *59*
수출보조금 *326, 329*
수출성과 *326*
수출세 *280*
수출수입 *328*
수출수입효과 *328*
수출의 경제성장효과 *183*
수출의 산업연관효과 *184*
수출의존도 *58*
수출자율규제 *332*
수출자율규제협정 *333*
수출특화지수 *61*
수출확대정책(=수출장려정책)의 수단 *226*
수평적 분업 *77*
수확불변 *85*
순교역조건 *165*
순국가적 손실 *291, 312*
순무역편향적 *208, 211*
순무역편향적(pro-trade biased) 효과 *206*
쉬망 *415*
슘페터(J. A. Schumpeter) *200*
스네이크제도 *416*
스미스 *83, 235*
스태그플레이션 *262, 306*
스턴(R. Stern) *88*
스톨퍼(W. F. Stolper) *104*
스톨퍼·사무엘슨정리 *105, 250*
스펜서(B. Spencer) *339*
습득기간 *115*
시애틀 각료회의 *431*
시장기능의 실패 *250*
시장분할 *175*
시장질서유지협정 *333*
신고전학파 국제무역이론 *92*

신국제경제질서 396
신보호무역주의 261, 306
신제품단계 116
실무그룹회의 433
실무회의 436
실증적 분석 14
실효보호율 296
싱가포르 이슈 392
싱거(H. Singer) 169, 218, 247
싱거·프레비쉬(Singer·Prebisch) 명제 169, 218

ㅇ

아랍공동시장 440
아랍·마그레브연합 440
아세안자유무역지역 439
아시아·아프리카 회의(반둥회의) 396
아시아·태평양경제협력체(APEC) 387, 428
안데안그룹 410, 439
약탈적 덤핑 172
양허표 133
에지워스(F. Y. Edgeworth) 91, 148
에지워스·보울레이 54
역내공동시장 416
역무역편향적 208, 211
역무역편향적(anti-trade biased) 효과 206
역보복 300
연구·개발 321
연구개발요소이론 113
열대산품 270
영연방 특혜관세제도 410
예산선 34
예산재정행정위원회 377
오스트레일리아와 뉴질랜드 자유무역협정 (CERTA) 410
오퍼곡선 148
오퍼곡선의 도출 149
오퍼곡선의 탄력성 161
오퍼곡선이론 147
올드 이슈 267
완전경쟁 17, 250
완전경제통합 411
완전고용 17
완전비탄력적 311
완전특화점 257
완충재고 399
외국무역승수이론 186
외부경제 18, 250, 251
외부경제효과 321
외부비경제 18, 250, 251
외부효과 18, 250
외화가득률 60
요소가격균등화 명제 96
요소가격균등화의 효과 245
요소가격선 38, 57
요소가격효과 245
요소교역조건 167
요소부존도 94
요소부존비율이론 95
요소부존 상태 94
요소의 최적 배분점 39
요소집약도 56
요소집약도의 역전 100, 103
요소풍부성 95
요소풍부성의 가격정의 95
우루과이라운드(UR) 266
우연적 덤핑 172
월(D. F. Wahl) 98
월드와이드웹컨소시엄(W3C) 387

웰즈(L. T. Wells. Jr.) *116*
유럽경제공동체 *410, 416*
유럽경제지역 *439*
유럽경제·통화통합 *419*
유럽공동체 *410, 415*
유럽석탄철강공동체 *415*
유럽연합(EU) *387, 411, 418, 438*
유럽원자력공동체 *416*
유럽자유무역연합 *410, 438*
유럽정치동맹 *420*
유럽중앙은행 *418, 420*
유럽통화단위 *417*
유럽통화제도 *417*
유발적 단기자본이동 *445*
유발투자 *194*
유엔국제무역법위원회(UNCITRAL) *387*
유엔무역개발회의(UNCTAD) *387*
유치산업 *247*
유치산업보호론 *248, 255*
유치산업의 선정기준 *258*
유형무역 *5*
의무의 면제 *379*
이치무라(市村眞一) *98*
이사회 *353*
이중요소교역조건 *168*
이행계획서 *392*
인적자본 *102*
일괄타결방식 *391*
일반관세 *282*
일반요소 *110*
일반이론 *186, 193*
일반이사회 *377*
일반특혜관세제도(GSP) *306, 357, 400*
입수가능성 *111*
입수가능성이론 *111*
잉여분출설 *119*

ㅈ

자급자족론 *254*
자발적 단기자본이동 *445*
자발적 투자 *194*
자본절약적 기술진보 *202*
자본집약재 *56*
자본투자국 *449*
자연인의 이동 *129*
자연자원 *103*
자원민족주의 *199*
자유경쟁론 *236*
자유무역 *18*
자유무역론 *234*
자유무역위원회 *423*
자유무역의 경제적 효과 *242*
자유무역의 교환효과 *243*
자유무역의 생산특화효과 *244*
자유무역지역 *410*
자유화 세부원칙 *392*
자유화 원칙(=시장접근보장 원칙) *363*
자주적 할당제 *310*
재정관세 *282*
재정수입효과 *287*
재화시장왜곡론 *250*
저축성향 *187*
저명인사그룹 *434*
적극적 산업조정 *263*
전략적 무역정책 *339*
전략적 무역정책의 효과 *340*
전자적 전송물 *388*
절대생산비설 *83*

절대생산비의 차이 *79*
절대우위론 *83*
점진적 자유화(progressive liberalization) 원칙 *137*
정부조달협정 *368*
정상회의 *435*
정책적 왜곡 *251*
정치경제학의 국민적 체계 *255*
정태분석 *16*
정태적 효과 *314*
제조원가 인하효과 *456*
제품사이클이론 *116*
제품수명사이클이론 *116*
제품의 차별화 *122*
제한적 거래행위 *384*
조세 겸 보조금정책 *253*
조세법률주의 *283*
조정관세 *284*
조직적·장기적 덤핑 *172*
조치가능보조금 *327*
조화인하방식 *357*
존스(R. W. Jones) *102*
종가세 *281*
종량세 *281*
죄수노동에 의해 생산된 제품 *382*
죄수들의 딜레마 *338*
중금적 차액론 *233*
중금주의 *232*
중농주의 *235*
중립적 *211*
중립적(neutral) 효과 *206*
중립적 기술진보 *200*
중미공동시장 *439*
중부아프리카 관세동맹 *440*
중부유럽자유무역연합 *439*
중상적 무역차액론 *233*
중상주의 *231*
증권투자 *446*
지구촌 전자상거래 기본계획 *387*
지역주의(regionalism) *9, 409*
지적재산권 *270*
직접투자 *446*

ㅊ

차별가격 *171*
차별관세 *283*
차별성 *308*
체감비용 *46*
체증비용 *45*
초순무역편향적 *208, 211*
초역무역편향적(ultra anti-trade biased) 효과 *206, 208, 211*
초청노동자 *454*
총교역조건 *166*
총회 *351*
최빈개도국 *375*
최적관세 *293*
최적관세율의 도출 *295*
최적궤적 *56*
최혜국대우 원칙 *134, 136, 351, 354, 362*

ㅋ

카르텔 *171*
카리브공동시장 *439*
카이로선언 *398*
칸쿤 *392*
캔버라 *430, 432*
캔터(M. Kantor) *386*

컨센서스 *379*
케네(F. Quesney) *235*
케네디라운드 *356*
케넨(P. B. Kenen) *260*
케인즈(J. M. Keynes) *184, 193*
케인즈이론 *186*
켐프(M. C. Kemp) *259*
쿼터수입 *335*
크라비스 *111*
키싱 *82, 113*
킨들버거(C. P. Kindleberger) *184, 291*

ㅌ

탄력 *161*
탄력관세 *283*
탄력관세제도 *283*
탈공업화 사회 *129*
탈공업화 효과 *451*
테크노라운드 *383*
통과세 *281*
통합조약 *416*
투명성(transparency) 원칙 *137, 363*
투자수용국 *449*
투자승수 *186*
특별다수결 *379*
특별위원회 *377*
특수관세 *283*
특수요소 *110*
특수요소이론 *110*
특혜관세 *283*
특혜무역협정 *437*
특화 *74*
특화이익 *244*

ㅍ

파레토(Pareto) 최적점 *239*
파리조약 *415*
편익관세 *284*
평균교역조건 *162*
평균생산력 *53*
평균소비성향 *187*
폐쇄경제체제 *193*
포드(J. L. Ford) *101*
포스너 *114*
포지티브(positive) 방식 *135*
표준화제품단계 *116*
푼타 델 에스테 *271*
프레비쉬(R. Prebisch) *169, 218, 247*
프레비쉬 보고서 *398*

ㅎ

하바나헌장 *350*
하벌러(G. Haberler) *92*
하벌러(G. Haberler) 보고서 *397*
한계가치생산력 *53*
한계교역조건 *162*
한계기술대체율 *38*
한계대체율 *33*
한계변형률 *46*
한계생산력 *52*
한계생산물 *52*
한계소비성향 *187*
한계수입성향 *187*
한계실물생산력 *52*
한계저축성향 *187*
할인관세 *283*

할증관세 283
합의적 분업 118
합의적 분업론 118
해로드(R. F. Harrod) 81, 110, 118
해밀턴(A. Hamilton) 247
해외간접투자의 동기 447
해외소비 129
해외직접투자의 동기 446
허용보조금 327
허프바우어 114
헥셔·올린정리 93
헥셔·올린정리의 제1명제 91, 93
헥셔·올린정리의 제2명제 93
현대 국제무역이론 110
현시적 비교우위지수 62
협상곤란성 308
협정관세 283
협정할당제 310
호주-뉴질랜드 경제관계긴밀화협정 440
호크(Hawke) 431
호혜주의 351
혼합세 281
혼합할당제 310
홍원탁 99
화폐의 중립성 17
화폐제도 6
환경무역위원회 378
환경적으로 안전하고 지속 가능한 개발 380
환경협력위원회 424
환덤핑 173
환율안정 메커니즘 417
회색지대조치 332
효과 측정의 곤란성 307
효용 31
후생적 분석 15
후진국을 위한 1980년대 신실행계획 397
흄 82, 237
힉스(J. R. Hicks) 190
힐(T. P. Hill) 127

기타

1차동차 생산함수 17, 53
1차동차함수 124
1994년 GATT 369
ASEAN경제협력 증진을 위한 기본협정 434
ASEAN 산업계획 436, 437
ASEAN 산업보완계약 437
ASEAN 산업보완 기본협정 436
ASEAN 자유무역지대의 공동유효 특혜관세제도에 관한 협약 437
ASEAN 자유무역지역 434
ASEAN 합작사업계획에 관한 기본협정 437
ASEAN 협력선언 437
cross-sector 보복 135
GATT의 일반원칙 353
GATT의 조직 351
R&D이론 113
UN 국제기업위원회 386
UN 환경개발회의 380
UR 최종의정서 364
WTO 각료회의 389
WTO 보조금협정 329
WTO(설립)협정 364
WTO 실체법 369
WTO 체제 363

영문색인

A

absolute difference of cost *79*

actionable subsidies *327*

additional tariff *283*

adjustment duty *284*

ad valorem duty *281*

A Framework for Global Electronic Commerce *387*

AFTA : ASEAN Free Trade Area *434, 439*

agreed specialization *118*

Agreement on Government Procurement *368*

Agreement on Trade Related Aspects of Intellectual Property Rights *365*

alternative duty *281*

AMU : Arab Maghreb Union *440*

Andean Group *410, 439*

Annexes *132*

anti-dumping duty *284*

ANZCERTA : Australia-New Zealand Closer Economic Relations Trade Agreement *440*

APEC(Asia Pacific Economic Cooperation) *429*

Arab Common Market *440*

ASEAN(Association of Southeast Asian Nations) *428*

autarky point *49, 239*

availability theory *111*

availabilty *111*

average productivity *53*

average terms of trade *162*

B

balance-of-payments effect *287*

balance of trade theory *238*

Barcelona *281*

barter trade *18*

beggar-my-neighbor policies *341*

beneficial or convenient duty *284*

bilateral quota system *310*

box diagram *53*

brain drain *456*

BR : Blue Round *381*

Bretton Woods *349*

budget line *34*

buffer stock *399*

bullionism *232*

C

CACM : Central American Common Market *439*

CAP : Common Agricultural Policy *416*

capital-intensive goods *56*

capital-saving technical progress *202*

CARICOM : Caribbean Common Market *439*

cartel *171*

CEC : Commission on Environmental Cooperation *424*

CEFTA : Central European Free Trade Association *439*
CEPT : Common Effective Preferential Tariff *437*
Civil Aircraft Code *368*
CLC : Commission on Labor Cooperation *423*
closed economic system *193*
Code of Conduct on Trans-national Corporations *386*
combined duty *281*
commercial presence *129*
Committee on Balance-of-Payments Restrictions *377*
Committee on Budget, Finance and Administration *378*
Committee on Trade and Development *377*
Committee on Trade and Environment *378*
commodity terms of trade *165*
common market *410, 416*
Common Wealth Preference System *410*
community indifference curve *41*
comparative difference of cost *80*
comparative static analysis *16*
complementary economies *324*
complete economic integration *411*
constant returns to scale *85*
consumer's surplus *288*
consumption abroad *129*
consumption effect *287*
contract curve *56*
conventional duty *283*
Corruption Round *385*
Council for Trade in Goods *377*
Council for Trade in Services *377*
Council for TRIPS *377*
Council of Representatives *353*
counter retaliation *300*
countervailing duty *284*
country risk *451*
CR : Competition Round *384*
cross-border supply *129*
C/S : Country Schedule *392*
customs union *314, 410, 416*

D

Das Nationale System der Politischen Ökonomie *255*
DDA : Doha Development Agenda *389*
deadweight loss *291, 303*
Declaration on Global Electronic Commerce *387*
defensive dumping *172*
deindustrialization effect *451*
demonstration effect *192*
differential duty *283*
discount tariff *283*
discriminatory pricing *171*
domestic value added *296*
double duty *282*
double-factoral terms of trade *168*
DSU : Understanding on Rules and Procedures Governing the Settlement of Disputes *135, 371*
dumping *171*
dynamic analysis *16*
dynamic effect *314*

E

EAEC : European Atomic Energy Community 416
ECB : European Centeral Bank 420
EC : European Community 410, 415
economic growth rate 198
economic integration 407
economic union 411
economic welfare 291
economies of scale 125, 319
ECOWAS : Economic Community of West African States 440
ECSC : European Coal and Steel Community 415
ECU : European Currency Unit 417
Edgeworth·Bowley 54
EEA : European Economic Area 439
EEC : European Economic Community 410, 416
effective rate of protectio 296
EFTA : European Free Trade Association 410, 438
electronic transmission 388
emergency tariff 284
EMS : European Monetary System 417
EMU : European Economic and Monetary Union 419
endogenous distortion 251
environmentally safe and sustainable development 380
EPG : Eminent Person Group 434
ERM : Exchange Rate Mechanism 417
escape clause 333
ESI : export specialization inde 61
EU : European Union 411, 438
exchange dumping 173
export duty 280
export performance 326
export revenue 328
export revenue effect 328
export subsidy 326
external effect 250

F

factor abundance defined by factor price 95
factor abundance defined in physical terms 95
factoral terms of trade 167
factor intensity 56
factor intensity reversals 103
factor price line 57
flexible tariff system 283
foreign direct investment 446
foreign trade multiplier 186
free trade 18
free trade area 410
Free Trade Commission 423

G

gains from trade 78
GATS : General Agreement on Trade in Service 130, 365
GATT 1994 : General Agreement on Tariffs and Trade 1994 283, 369
GATT(General Agreement on Tariffs and Trade) 349
GCC : Cooperation Council of the Arab States of the Gulf 440
General Agreement on Trade in Services 365

General Council 377
general factor 110
GN : Global Negotiation 396
grey area measur 332
GR : Green Round 380
gross barter terms of trade 166
growth triangle area 437
GSP : Generalized System of Preferences 306, 400
guest worker 454, 456

H

harmonization formula 357
home country 449
horizontal specialization 77
host country 449
HS : Harmonized Commodity Description and Coding System 425
human capital 102

I

IBRD 349
immiserizing growth 216
import duty 280
import freedom ration 58
import licence 311
import quota system 309
income redistribution effect 287
income terms of trade 167
increasing returns of scale 122, 125
independent custom territory 378
indifference curve 32
indirect investment 446
infant industry 247
infant industry argument for protection 255
Informal Group Meeting 433
input-output tabl 98
intensity of export 59
intensity of trade 59
inter-industry trade 121
international capital movement 444
international cartel 174
international competitiveness 62
international division of labor 73
international economics 5
international monetary theory and policy 9
International Standard Industrial Classification 128
international trade theory and policy 9
intra-industry trade 121
investment multiplier 186
invisible hand 236
invisible trade 5
ISC : International Coordinating Secretariat 423
ISI : import specialization index 61
isocost curve or equal cost line 38
isoquant or equal product curve 37

J

joint floating exchange rate system 416

K

Kennedy Round 356

L

labor-intensive goods 56
labor-saving technical progress 202
labor theory of value 84

LAIA : Latin American Integration Association 439
large country 214, 288
law of equation of reciprocal demand 144
Leontief paradox 98, 101

M

marginal physical productivity 52
marginal productivity or marginal product 52
marginal rate of transformation 46
marginal terms of trade 162
marginal value productivity 53
market failure 250
Marrakechi 274
maturing product stage 116
mercantilism 231
MERCOSUR : El Mercado Comun del Sur, Sourthern Cone Common Market 439
MERCOSUR : Mercado Comun del Sur, Sourthern Cone Common Market 410
Merger Treaty 416
MFN treatment : most-favored-nation treatment 136
Ministerial Conference 377
Ministerial Decisions and Declarations 368
Ministerial Meeting 353, 432
mixing quota system 310
modalities 392
MRS_{XY} : marginal rate of substitution of X in terms of Y 33
$MRTS_{LK}$: marginal rate of technical substitution 38
MTAs(Multilateral Trade Agreements) 365
MTN(Multilateral Trade Negotiation) 270
MTO(Multilateral Trade Organization) 374
Multilateral Agreements on Trade in Goods 365
multilateralism 138, 408

N

NAFTA : North American Free Trade Agreement 410, 439
NAMA : non-agricultural market access 391
national duty 282
Nationalität 256
national treatment 136
neo-protectionism 261, 306
net barter terms of trade 165
net national loss 291, 312
neutral technical progress 200
new product stage 116
new round 271
NIEO : New International Economic Order 396
nominal rate of protection 296
non-actionable subsidies 327
non-competitive import 190
non tariff barriers 307
north-south problems 394

O

offensive dumping 172
offer curve 148
old issues 267
OMAs 333
On the Principles of Political Economy and Taxation 85
open economic system 193
opportunity cost 34
optimum efficiency locus 56

optimum tariff 293

P

perfect competition 250
perfectly inelastic 311
physical capital 102
policy induced distortion 251
portfolio investment 446
post-industrial society 129
predatory dumping 172
preferential duty 283
preferential trade agreement 409
presence of natural persons 129
price discrimination 171, 175
price line 34
price mechanism 77, 250
price-specie flow mechanism 82
price stabilization duty 285
prisoner's dilemma 338
producer's surplus 288
product cycle theory 116
product differentiation 122
production block 157
production effect 315
production fan 157
production function 52
production possibilities curve 43
productivity 53
product life cycle theory 116
prohibited subsidie 327
protection effect 286
protective duty 282
PTA : preferential trading agreement 437
PTAs : Plurilateral Trade Agreements 367
Punta del Este 271

Q

quota rent 335

R

rate of foreign exchanging earning 60
RCA : revealed comparative advantage index 62
R&D : research and developmen 321
reci-procity 351
regionalism 409
resource nationalis 199
restrictive business practices 384
retaliative tariff 299
retaliatory dumping 172
retaliatory duty 284
revenue duty 282
revenue effect 287
rival or competitive economies 324

S

SADC : Southern African Development Community 440
safeguards measures 333
SAPTA : South Asian Preferential Trade Arrangement 439
SEA : Single European Act 417
Secretariat 378, 433
Senior Officials Meeting 432
Session of Contracting Parties 351
short-run or intermittent dumping 172
simple majority 379
single-factoral terms of trade 167

single undertaking package deal 391
small country 203, 285
social dumping 173, 382
social indifference curve 41
specializatio 74
specific duty 281
specific factor 110
sporadic dumping 172
SS/RB : standstill & Rollback 272
stagflation 262, 306
standardized product stag 116
state trade 227
static analysis 16
static effect 314
strategic trade policy 339
systematic or long-run dumping 172

T

tariff autonomy 282
tariff barrier 307
tariff quota 310
tariffs, customs, customs duties 278
tax-cum-subsidy policy 253
TDB : Trade and Development Board 399
technical innovation 200
technical progress 200
technology gap theory 114
terms of trade 165
terms of trade effect 288, 328
The General Theory 186
the least developed countries 375
theory of comparative advantage 85
theory of consumer's preference 31
theory of international value 144
theory of representative demand 112
the substantial law of WTO 369
The Treaty of Rome 416
TIC : Committee on Trade and Investment 434
Tokyo Round 356
TPRB : Trade Policy Review Body 372
TPRM : Trade Policy Review Mechanism 372
trade creating effect 315
trade diverting effect 317
trade indifference curve 157
trade policy 222
trade triangle 51
transit duty 281
Treaty of Rome 410
TRIPS 365
TR : Technology Round 383
TSI : trade specialization index 60

U

UDEEAC : Central African Customs and Economic Union 440
UNCED : United Nations Conference on Environment and Development 380
unilateral import quota 310
unintentional dumping 172
UR Final Act 364
Uruguay 271
US-Canada Free Trade Agreement 422
utility 31

V

vent-for-surplus approach 119
VERs : voluntary export restraints 332, 333
vertical specialization 77

vicious circle of poverty *395*
visible trade *5*

W

waiver *353*
waiver of obligations *379*
welfare analysis *15*
Working Group Meeting *433*
WTO(World Trade Organization) *360, 364, 374*

【저자소개】

김정수

동아대학교 법경대학 법학과(법학사)
동아대학교 대학원 법학과(법학석사)
부산대학교 대학원 무역학과(경제학석사, 박사)
동아대학교 경영대학 학장 역임
한국무역학회, 한국국제통상학회, 한국항만경제학회,
한국무역통상학회 회장 역임
현재 동아대학교 경영대학 국제무역학과 명예교수
동양경제연구원 회장

〈저서 및 논문〉

EASY무역영어; 무역영어연습; 국제경제학연습(1);
국제통상정책론; 무역정책론; 경제학의 기본원리
(역서) 등
보호무역이 자원배분과 경제적 후생에 미치는 효과분석;
WTO체제하의 보조금협정의 법경제적 분석; WTO
세이프가드협정의 통상법적 고찰 등

심재희

전남대학교 경영대학 경제학과(경제학사)
전남대학교 대학원 경제학과(경제학석사, 박사)
고려대학교 경제연구소 연구교수, 중국 산동사범대학
국제상학원 전임교수 역임
현재 조선대학교 경상대학 무역학과 교수
전남지방노동위원회 위원

〈저서 및 논문〉

무역정책론; 현대경제의 이해; 지역경제학(역서) 등
한국 희토류산업의 국제교역구조와 정책적 시사점; 기술
수준별 한국 수출제품의 대 민트(MINTs) 경쟁력 분석;
지역 수산업의 대 일본시장 교역성과 분석 등

제4판
국제무역론

초판 발행 2005년 9월 10일
제2판 발행 2013년 3월 28일
제3판 발행 2015년 8월 30일
제4판 인쇄 2020년 1월 5일
제4판 발행 2020년 1월 15일

지은이 김정수 · 심재희
펴낸이 박노일

총괄기획 김중용
편 집 심성보

펴낸곳 pnc publishing and culture 피앤씨미디어
경기도 고양시 일산동구 강송로 153 310-1501
등록 제396-2012-000203호
전 화 070)7550-3758 팩 스 02)718-8554
홈페이지 www.pncmedia.co.kr 이메일 pnc@pncmedia.co.kr
ISBN 979-11-5730-707-4 93320

정 가 28,000원